正倉院
染織品の研究

尾形充彦

思文閣出版

序　文

　染織品の調査研究には、様々な要素があり、どこから始めるのがよいのか甚だ心許ないところがあるように思う。

　染織品は、素材・糸作り・織組織と構造（耳の作り方・金糸の織込み・綴れ織り・縫取り織り・上から刺繍で飾るなどの技法を含む）・文様・染色と色彩・仕上げ加工・由緒や歴史・用途（衣服や家具調度などの歴史を含む）・裁断縫製・服飾デザインなど、内容が非常に多方面にわたるため、中国でも全体に目を配ることができないまま途中で研究をやめる人が多いという話を、15年ほど前に中国絲綢博物館の趙豊（Zhao Feng）館長にうかがったことがある。また、長沙馬王堆１号漢墓から出土した紀元前２世紀の染織品の調査研究報告書である『長沙馬王堆１号漢墓』（湖南省博物館・中国科学院考古研究所編、文物出版社、1973）があり、意匠図（指図）・織方図・文様復元図・織り密度・糸の太さと撚りから、染料のクロマトグラフ分析・顔料と金銀糸のＸ線分析・Ｃ14年代測定などの科学的調査結果までが詳細に盛り込まれている。趙豊館長によると、この報告書は第２次大戦後初めて全中国の様々な分野の研究者が集結してまとめられたもので、それ以来、染織品の科学的研究が本格的に始まったとのことであった。

　ちょうどその頃、正倉院裂の周辺でも同様の調査研究が行われていた。それは、正倉院事務所が行った第１次と第２次の古裂調査（昭和28～47年(1953～72)）である。この時、太田英蔵・上村六郎・山辺知行・西村兵部・佐々木信三郎・明石国助・布目順郎・高木豊という第一級の染織品研究者達が集結して、由緒や歴史・文様・織組織・染色染料・絹と麻繊維について科学的な調査が行われた。単純に年代だけを追えば、正倉院の染織品の科学的調査研究が中国や西欧諸国に先駆けて行われたといえよう。昭和47年に古裂調査は終了したが、昭和54年（1979）に私が初めて正倉院裂を目の当たりにした時には、その膨大な調査の痕跡が正倉院事務所の其処此処に残されていた。そして、居ながらにして大事業の足跡のすべてをたどることができた。部分拡大写真を含む台帳写真、大量の染織品調査票、『書陵部紀要』などで発表された報告書（論文）に掲載された文様復元図などの原図、古裂調査の成果として刊行されたすべての出版物、染料と繊維の科学的調査に用いられて返還された古裂微細片と諸繊維の残片、調査にたずさわった研究者のメモや書付けなどが、そのままの状態でタン

スの引きだしや箱に納められており、私には、明日から再び古裂調査が始まっても不思議ではない様相を呈しているようにみえた。

　私は、当時、京都工芸繊維大学の繊維工学の修士課程を修了したばかりで、製糸学・紡績学・製織学・編組学・仕上学などを学んでいたが、文化財の染織品の調査研究を行うのは初めての体験なので不安が一杯であった。そのような私にとって、正倉院の古裂調査の有様を伝える品々は、最高の参考書であり心の支えになった。さらに、正倉院事務所には、裁断縫製・服飾デザイン・被服衛生学についての研究の痕跡もあり、山本らく・水梨サワ子・町野とく、という第一級の研究者の名前も残っている。私は、興味を惹かれたが、この方面の研究には全く手を付けることができなかった。

　その頃、種々のご指導をいただき、「花唐草獅子文綾について」(1983)を書いた。私にとって、この論文は数年間の学習の成果と言える。以後およそ12年間にわたって、あらゆる種類の正倉院裂をルーペや実体顕微鏡で観察して、文様や組織や糸の状態を既存の調査結果と報告に則った形で調書に記載する仕事と、正倉院裂が明治以来どのように整理・収蔵されて未整理品がどれだけあるかを知ることに専念した。したがって、正倉院裂に関して論文は書いていない。正倉院裂の現状と整理の歴史の理解、実物の広範な熟覧観察に一定の目処がついて、ようやく「正倉院の大幡」(1996)を書いた。正倉院の染織品は、朽損して本体以外に小片・細片となり別々に整理されているが、一片一片を正確にたどれば元来の姿に近づくものであることを示すことができた。

　平成5年(1993)からは10か年計画の復元模造事業が始まり、絹糸についての認識を深めた。同10年(1998)には、シルクロード学研究センターから新疆ウイグル自治区博物館へ派遣されて吐魯番県阿斯塔那古墓出土裂を熟覧調査した。この時、あらゆる種類の正倉院裂を20年近く熟覧観察していた目には、中国出土裂が全く異なる様相を呈しているようにみえた。さらに、C.I.E.T.A.(国際古代染織学会)の古代織物調査方法を知り、古代裂一つ一つの糸や織り傷などの詳細な情報が、製作技法・時代・地域(民族や流通を含む)を知る鍵になる重要なものであると考えるようになっていたので、中国出土裂を熟覧調査した経験は、私の正倉院裂調査研究に大きな影響を与えた。

　正倉院の調絁の復元模造を担当して様々なことが判明したことから「裂地としてみた正倉院の調絁」(1999)を書いた。それまでに学習したことをまとめて正倉院裂全般を概説したのが「正倉院の染織」(2001)、それまでに正倉院裂をどのように学習したかを示しながら、出土品などの新しい資料による将来の展望を示し、視点を変えて正倉院裂を概説したのが「正倉院裂の研究」(2001)である。

　吐魯番県阿斯塔那古墓出土裂調査の報告として「吐魯番県阿斯塔那古墓出土の絹織物」(2001)を書き、それ以降の論文は、自らまとめる必要を感じたり依頼されて書いた。「正倉

院の染織品の整理」(2005) と「古代織物の織技の研究について」(2008) は、正倉院裂の整理について学習し、広範な正倉院裂を日々熟覧観察した成果として書いた。「犀円文錦の研究」(2012) は、現在細片に分断されている錦が貼付された古裂帳のすべてを熟覧調査して判明したことを書いた。その他は、依頼されて書いたものである。

　昭和28〜47年にわたって行われた正倉院の古裂調査から学習し、C.I.E.T.A.の古代織物調査方法に大きな影響を受けて、身につけた調査研究方法を基にして正倉院の染織品の調査研究を進めた成果を、このたび1冊の本にまとめた。科学分析や裁断・縫製・デザインについては手を付けていないが、ささやかながら一応一部分の研究を完了することができたと思っている。

著　者

目　次

序　文

第1部　正倉院の染織品について

第1章　聖武天皇の時代の正倉院の染織品
　　　　　The Shoso-in Textiles of the era of Emperor Shomu
　Introduction ·· 3
　Ⅰ. Contents and Characteristics of the textiles of Shoso-in ············ 3
　Ⅱ. History of the textiles of Shoso-in ··································· 5
　はじめに ·· 7
　　1．正倉院の染織品の内容と特徴 ·· 8
　　2．正倉院の染織品の歴史 ··· 9

第2章　正倉院の染織
　はじめに ··· 11
　　1．正倉院染織の特徴 ·· 12
　　2．正倉院染織の由緒 ·· 15
　　3．正倉院染織の伝来と整理 ··· 17
　　4．正倉院染織の技法 ·· 22
　　5．正倉院染織の文様 ·· 32

第3章　正倉院裂の研究
　緒　言 ·· 36
　　1．研究略史 ·· 36
　　2．従来の正倉院裂観の検討 ··· 39
　　3．「古代染織略年表」による考察 ······································· 43
　　4．「古代染織略年表」の課題 ·· 48
　結　語 ·· 49

第2部　正倉院の染織品の研究

第1章　花唐草獅子文綾について
　　はじめに……………………………………………………………… 77
　　1．文様の復元に用いた綾……………………………………………… 77
　　2．綾の文様について…………………………………………………… 78
　　3．綾の意義……………………………………………………………… 79
　　おわりに……………………………………………………………… 81

第2章　犀円文錦の研究
　　はじめに……………………………………………………………… 82
　　1．文様復元図——当初の寸法の検討——………………………… 82
　　2．糸使いと織り組織………………………………………………… 84
　　3．色　彩……………………………………………………………… 85
　　4．シルクロードと犀円文錦………………………………………… 87
　　おわりに……………………………………………………………… 89

第3章　正倉院の大幡
　　はじめに……………………………………………………………… 100
　　1．大幡の整理の経緯と現状………………………………………… 101
　　2．大幡の寸法・形状………………………………………………… 101
　　3．大幡の使用裂……………………………………………………… 104
　　4．大幡の由緒………………………………………………………… 107
　　5．灌頂幡……………………………………………………………… 109
　　6．古代の染織幡の形状と大幡の全長……………………………… 111
　　おわりに……………………………………………………………… 114

第4章　裂地としてみた正倉院の調絁
　　はじめに……………………………………………………………… 128
　　1．調査対象品………………………………………………………… 128
　　2．古代の平絹の評価………………………………………………… 129
　　3．調査方法…………………………………………………………… 129
　　4．調査結果…………………………………………………………… 132
　　5．考　察……………………………………………………………… 137

第5章　古代織物の織技の研究について——正倉院の錦を中心にして——
　　はじめに……………………………………………………………… 156

1．研究上の諸問題…………………………………………………156
　　2．古代織物組織の調査研究例……………………………………158
　　3．正倉院の錦・綾の調査…………………………………………159
　　おわりに………………………………………………………………167

第6章　正倉院の花氈と文様
　　はじめに………………………………………………………………174
　　1．大陸における花氈・絨毯・毛織物……………………………175
　　2．我が国における花氈・絨毯・毛織物…………………………179
　　3．正倉院の花氈の由緒……………………………………………181
　　4．正倉院の花氈の文様……………………………………………184
　　おわりに………………………………………………………………187

第3部　正倉院の染織品の保存と技術

第1章　正倉院の染織品の整理
　　はじめに………………………………………………………………195
　　1．奈良時代から明治時代までの染織品の整理…………………196
　　2．明治時代に始まった染織品の整理……………………………197
　　3．大正時代から第2次世界大戦終了まで………………………199
　　4．第2次世界大戦後から現在まで………………………………201
　　おわりに………………………………………………………………203

第2章　正倉院裂の復元模造——小石丸種の蚕の繭を用いて——
　　緒　　言………………………………………………………………210
　　1．開始前夜…………………………………………………………210
　　2．古代の絹糸と養蚕史……………………………………………211
　　3．小石丸との邂逅…………………………………………………212
　　4．染色の問題………………………………………………………213
　　5．模造事業を終えて………………………………………………214
　　今後の課題——製織——……………………………………………215
　　今後の課題——染色——……………………………………………215

第3章　正倉院の絹織物の保存科学
　　はじめに………………………………………………………………217
　　1．正倉院染織の特徴………………………………………………217
　　2．正倉院染織の保存科学的研究…………………………………220

おわりに——研究と課題——……………………………………………………………… 223

第4章　正倉院の染め色

　　　はじめに…………………………………………………………………………………… 229
　　　1．正倉院の染色染料の化学分析調査…………………………………………………… 229
　　　2．近年増加した古代の染色資料………………………………………………………… 233
　　　3．文献史料からみた古代の染色染料…………………………………………………… 237
　　　4．植物染料を用いた染色………………………………………………………………… 242
　　　5．正倉院古裂の染め色…………………………………………………………………… 245
　　　おわりに…………………………………………………………………………………… 247

第4部　正倉院以外の染織品の調査・研究

第1章　吐魯番県阿斯塔那古墓出土の絹織物

　　　はじめに…………………………………………………………………………………… 251
　　　1．中国古代の絹織物……………………………………………………………………… 251
　　　2．古代の絹織物調査……………………………………………………………………… 254
　　　3．吐魯番県阿斯塔那古墓出土の絹織物………………………………………………… 257
　　　4．正倉院の錦綾との比較………………………………………………………………… 273
　　　おわりに…………………………………………………………………………………… 275

第2章　藤ノ木古墳出土の組紐について

　　　はじめに…………………………………………………………………………………… 281
　　　1．棺外遺物中の組紐……………………………………………………………………… 281
　　　2．棺内遺物中の組紐……………………………………………………………………… 283
　　　3．今回調査した組紐……………………………………………………………………… 284
　　　4．藤ノ木古墳出土の組紐の種類………………………………………………………… 285
　　　5．二間組組紐……………………………………………………………………………… 286
　　　6．三ツ組組紐……………………………………………………………………………… 289
　　　7．綾巻と称されるもの…………………………………………………………………… 289
　　　8．角八ツ打組紐…………………………………………………………………………… 289
　　　9．考　察…………………………………………………………………………………… 290

第3章　鶴巻鶴一博士のロウケツ染め

　　　はじめに…………………………………………………………………………………… 292
　　　1．鶴巻鶴一とその作品…………………………………………………………………… 293
　　　2．正倉院の﨟纈の影響…………………………………………………………………… 294

3．バティックと﨟纈……………………………………………………………… 295
　　おわりに………………………………………………………………………… 296

図　　　版……………………………………………………………………………… 299
参 考 文 献……………………………………………………………………………… 371
初 出 一 覧……………………………………………………………………………… 380
図 版 一 覧……………………………………………………………………………… 381
後　　　記……………………………………………………………………………… 391
索　　　引……………………………………………………………………………… 393
英 文 目 次

凡　　例

　　錦・綾に（No.15）などと付した番号は、「正倉院の綾」（『書陵部紀要』第12号、1960）、「正倉院の錦」（『書陵部紀要』第13号、1961）に記載した整理番号である。

　　正倉院宝物名の後に（南倉185）などと付した番号は、正倉院の御物目録番号である。

　　図版キャプションに付した「→」は、織物の経糸方向を示す。

　　表は、原則として各章の末尾に、図版は本文末尾にまとめて掲載した。

第 1 部

正倉院の染織品について

第1章　聖武天皇の時代の正倉院の染織品

The Shoso-in Textiles of the era of Emperor Shomu

Introduction

Tempyo, meaning heavenly peace, is the name of the era of Emperor Shomu (701-756) in the mid-eighth century. However the era was quite different from the name. This disparity is because the reality of the society was very severe. And many people were anguished.

Because social anxiety was increased by a civil war, Emperor Shomu, hoping for the peace and prosperity of the nation, had decided to build the great Buddha. Together with the common people, beyond the many difficulties, the ceremony of opening the eyes of the Great Buddha of Todaiji Temple took place in the year 752 (**Plate 1**). Incidentally, Todaiji Temple was built in Nara.

After the demise of Emperor Shomu in the year 756, his Heritages, the core of the treasures of the Shoso-in, were dedicated to the Great Buddha of Todaiji Temple by the Empress Komyo. Even today, the Shoso-in treasures convey the characteristic atmosphere of the Tempyo age. The textiles of Shoso-in had been used in the everyday life of Emperor Shomu (**Plate 2**).

The textiles of Shoso-in consist of articles of various different kinds. This textile collection used in the memorial service, which was held at Todaiji Temple, number more than 5000. To reach approximately 200,000 individual pieces, one counts each fragment of textile. The vast majority of the eighth-century textiles preserved in Japan are stored in the Shoso-in new respository (**Plate 3**) which is under the management of The Imperial Household Agency. Indeed, the only other comprehensive collection of textiles from ancient times in Japan belongs to Horyuji Temple.

The textiles in these two collections have been well preserved. Their ancient colors are still brilliant today.

I. Contents and Characteristics of the textiles of Shoso-in

The particularly gorgeous colors of the Shoso-in textiles, as well as the Chinese taste (**Plate 4**) and Iranian taste (**Plate 5**) of design, which were strongly influenced by Sui (581-619) and Tang (618-907) dynasty techniques and patterns, and were markedly different from colors-and-patterns produced in earlier periods in Japan, drew the attention and appreciation of the specialists as early as the Edo period (1603-1867). But it was not until the textiles began to be systematically classified in the Taisho period (1912-1926) that a comprehensive study actually got under way.

The textiles of Shoso-in have been formed into a variety of different objects. There are Buddhist instruments (**Plate 6**) such as banners, canopies, flower plaques (花鬘), and priests' robes (袈裟); clothing such as bugaku dance costumes, belts, ornaments, and working clothes (浄衣); items of furniture such as textile screens (**Plate 7**), kinds of armrests (挾軾), curtains (幕), partition curtains (帳), mats on the desk (褥), covers (幞), and flower-patterned felt rugs (花氈) (**Plate 8**); and bags for items such as medicines, screens, gigaku masks, swords, musical instruments. The musical instruments are for example a flute, a biwa-lute, a koto, and a kind of harp. There are also cords for mirrors, linings for mirror boxes, cloth masks, and other objects. This textile collection gives a picture of everyday life of the period. It is one characteristic of the textiles of Shoso-in that they have been used for a wide variety of objects.

The types of fabric are brocade (錦; multi-color patterned weave), twill (綾; figured twill), plain-weave silk (平絹), gauze (羅; complex gauze, 紗; simple gauze), tapestries (綴れ), and plain weave cloth made by ramie-and-hemp (麻布). And the types of dyeing are kyokechi (夾纈; clamp-resist), rokechi (﨟纈; wax-resist), kokechi (纐纈; bind-resist), painting (彩絵) and woodblock prints (摺絵). Other textiles are mainly embroidery (刺繡) and braids (組紐).

It is considered that the sources of dyes used in the textiles of Shoso-in are sumac (haze), sappanwood (suo), safflower (benibana), gardenia (kuchinashi), gromwell (murasakigusa), madder (akane), miscanthus (kariyasu), Japanese indigo (tadeai), phellodendron (kihada) and acorns (tsurubami). Sappanwood was imported, but the others could have been collected in Japan.

Recent scientific investigations into the sources of dyes used in the textiles of Shoso-in have established that the standard materials were as follows: blue was made with indigo; red with Japanese madder (nihon akane) and safflower (benibana); yellows with phellodendron (kihada), miscanthus (kariyasu), and sumac (haze); and purples with gromwell (murasakigusa). Though it seems likely that dyes were made using animals such as "purple-producing shells" (kaimurasaki) and "red beetles" (enji) because they existed in the Nara period, so far no textiles using these dyes have been found in the textiles of Shoso-in.

We can see almost all of the basic technology of modern dyeing-and-weaving in the textiles of Shoso-in. These textiles revive the rich world of ancient matured textiles in the present age. However, the textiles made in China of the Sui and Tang Dynasty are negligible in the Shoso-in textiles. Moreover, none of the textiles of Shoso-in has been manufactured in Europe, such as Persia, Central

Asia, or the west of China. The majority are made in Japan. The reason is probably that textile production system would have been already equipped in the Nara period because production of textiles was necessary for Japan's political system modeled on the China's political system.

It is considered that the textiles of Shoso-in are characterized into three types.

The first characteristic of the textiles of Shoso-in is that many pieces either bear inscriptions or have tags attached. Therefore the history of the textiles of Shoso-in is explained by inscriptions and tags. The most numerous pieces were used either at the ceremony of the opening of the eyes of Great Buddha at Todaiji temple in 752 or on the first anniversary of the demise of Emperor Shomu in 757. A majority of the pieces were thus created and used within a period of several years in the middle of the eighth century.

The second characteristic of the textiles of Shoso-in is the inclusion of many types of textiles. To give an example that was stated previously, consider, brocade(錦；multi-color patterned weave), twill(綾；figured twill), plain-weave silk(平絹), gauze(羅；complex gauze, 紗；simple gauze), tapestry(綴れ), linen and hemp cloth(麻布), embroidery(刺繡), braid(組紐), kyokechi(夾纈；clamp-resist dyeing), rokechi(﨟纈；wax-resist dyeing), kokechi(纐纈；bind-resist dyeing), painted textiles(彩絵), and woodblock print textiles(摺絵). They are almost all of the basic technology of modern weaving and dyeing.

The third characteristic of the Shoso-in textiles is an international aspect. The textiles of Shoso-in make use of numerous original patterns from around the world: grapevine arabesque scrolls and palmette patterns from Greece; lotus patterns from Egypt and India; animals under a tree(**Plate 9**), beaded medallions(**Plate 10**) and hunting scenes from Persia. In addition, the pattern created in China has been added to the above pattern of the textiles of Shoso-in. Such Chinese patterns are magical clouds, scenes of sacred Mt. Horai, phoenixes, kylins, dragons, tortoises, karahana(composite flowers), and hosoge(an imaginary flower based on the peony).

II. History of the textiles of Shoso-in

In a historical meaning, the textiles of Shoso-in contain five other types of articles: articles used at the ceremony of the opening of the eyes of Great Buddha, articles used at the ceremony of the demise of the Emperor Shomu, articles dedicated to the Great Buddha of Todaiji temple, articles used on the First Anniversary of the demise of Emperor Shomu, and other types of articles.

There are textiles used at the ceremony of the opening of the eyes of Great Buddha on the ninth day of April in the year 752; two hundred costumes for use in performances of outa, tokogaku, tochugaku, tosangaku, komagaku, doragaku, and kuregaku(gigaku)dances, some ritual banners, some linings for musical instruments.

There are textiles used at the ceremony of the demise of Emperor Shomu on the second day and the nineteenth day of May in the year 756; the sashes and cover for his coffin; flower plaques and plain silk cords; etc.

At the demise of Emperor Shomu in the year 756, the Empress Komyo dedicated large numbers of Emperor Shomu's heritage to the Great Buddha of Todaiji Temple on four different occasions: on the twenty-first day of the sixth lunar month of the eighth year of Tempyo Shoho (756), on the twenty-sixth day of the seventh month of the same year, and on the first days of the sixth and tenth months of the second year of Tempyo Hoji (758). The pieces were transferred to the North Section of the repository of Shoso-in. This is the origin of the Shoso-in treasures.

The textiles dedicated to the Great Buddha include priests' robes (kesa); the stitched and patched robe and the tapestry-weave robe mentioned in the section of the eighth-century inventory Record of Rare National Treasures (Kokka Chinpocho) that details the objects offered on the twenty-first day of the sixth month of the eighth year of Tempyo Shoho; a twill bag for a priest's robe, and a rokechi bag for a box holding a priest's robe. Other pieces included among the offerings were twill linings for mirror boxes, screens dyed in kyokechi and rokech, plant-fiber screen bags, a large pillow covered with twill, and round nishiki armrests. A notation in the Record of Various Medicines made on the same day as the Record of Rare National Treasures entry cited above mentions silk and plant-fiber medicine pouches and pouch linings, and a notation made in the Record of Screens and Flower-patterned Felt Rugs on the twenty-sixth day of July of the eighth year of Tempyo Shoho (756) mentions a patterned felt rug and a pair of brocade footwear decorated with embroidery.

There are textiles used on the First Anniversary of the demise of Emperor Shomu on the second day of May in the year 757, six large brocade ceremonial banners (大灌頂幡), about seven hundred brocade and gauze hall banners (道場幡), etc.

There are other textiles: a few dozen pieces of tax plain-weave silk, and many plant-fiber cloths paid as tax.

Among some catalogs of the inspections of the treasures of Shoso-in, after medieval times the records from the fourth year of Kenkyu (1193), the seventeenth year of Keicho (1612), the sixth year of Kambun (1666), the sixth year of Genroku (1693) and the fourth year of Tempo (1833) are known. Judging from these lists, many of the textiles had fallen apart, losing the appearance of their original form. This disintegration can be concluded because in the seventeenth and nineteenth century catalogs the notes of lists have been written about the textiles such as "A scrap of silk", "A scrap of cloth", "An old scrap", and "A fragment of clothing".

From the Meiji and Taisho era, the restoration and categorization of the Shoso-in textiles was started, and until now has continued. Fragments of the textiles have continued to be categorized and mounted for preservation, with the result that today a staggering total of approximately two hundred thousand fragments and scraps have been preserved in approximately five hundred and seventy one-panel screens (**Plate 11**), nine hundred booklets (**Plate 12**), five hundred glass mountings (**Plate 13**), and two hundred and fifty scrolls. Since 1960, work on the preservation of fragments and scraps has been accompanied by new preservation aimed at restoring more or less recognizable textiles such as banners, articles of clothing, and pads to approximations of their original forms. Therefore this preservation has been nearly completed, and we are recently begnning to have the first complete picture of the textiles of Shoso-in.

Finally, it should be mentioned that new East and West Treasure Repositories were completed respectively in 1953 and 1962, and that all of the treasures of Shoso-in are now stored in these two ferro-concrete buildings, which are entirely climate controlled and fire-resistant.

はじめに

　天の平和という意味の天平は、8世紀中頃の聖武天皇（701～756）の時代の年号である。しかし、天平時代は、年号の意味とは全く異なる時代であった。現実の社会は非常に厳しく、多くの人々が苦悩に満ちた暮らしをしていた。

　政争により社会不安がさらに増加したため、聖武天皇は、国の平和と繁栄を願って大仏を造立する決心をした。一般の庶民と共に協力し合って、多くの困難を乗り越えて、752年に奈良の地で東大寺の大仏開眼法要をとりおこなうことができた（図1）。

　天皇の遺産は、聖武天皇が崩御した756年に、光明皇后によって東大寺大仏に奉献された。それらは、正倉院宝物の中核をなしている。正倉院宝物は、天平時代の独特の雰囲気を今日に伝えるものと言える。正倉院の染織品は、聖武天皇の毎日の暮らしの中で使われていた（図2）。

　正倉院の染織品は、いくつもの異なる種類の品物から構成されている。東大寺で営まれた様々な式典や法要で使用された染織品のこのコレクションは、5千点以上を数える。裂地断片1片まで数えると約2万点に達する。それらは、日本にある8世紀の染織品の大部分を占めており、宮内庁が管理している正倉院の近代的な宝庫（図3）に収蔵されている。日本で唯一の比較できる古代の染織品のコレクションは、奈良斑鳩の法隆寺に所属するものである。これらの二つのコレクションの染織品は、良好に保存されている。それらの古代の色は今日でもなお輝いている。

1．正倉院の染織品の内容と特徴

　とりわけ豪華で美しい正倉院の染織品の色と文様は、中国風（図4）並びにイラン風（図5）の意匠の趣があり、中国の隋（581～618）と唐（618～907）の時代の染色技術と文様に強い影響を受けていて、日本のそれ以前に作られたものの色と文様とは全く異なるものである。すでに江戸時代（1603～1867）に専門家の注意を引き、評価されていた。しかし、正倉院の染織品が体系的に分類され始めるのは、包括的な研究が実際に行われ始めた大正時代（1912～26）のことである。

　正倉院の染織品には、様々なものがある。幡・天蓋・花鬘（けまん）・袈裟のような仏具（図6）がある。舞楽の装束・帯・飾りなど、浄衣と称される労働着がある。染織品の屏風（図7）・挟軾（きょうしょく）と称される肘付き・幕・帳・覆・机の上敷き・花柄のフェルトの敷物（図8）のような調度品がある。薬・屏風・伎楽面・剣・楽器などの袋もある。楽器とは、たとえば、横笛・琵琶・琴・ハープの一種などである。この染織品のコレクションは、その時代の日常生活の有様を視覚的に知らせてくれる。そのように幅広い様々な品物に用いられていたことが、正倉院の染織品の特徴の一つである。

　織物の種類は、錦・綾・平絹・羅や紗・綴れ・平織りの麻（苧麻と大麻）である。染め物の種類は、夾纈（きょうけち）・﨟纈（ろうけち）・纐纈（こうけち）・彩絵・摺絵である。その他の染織品は、主に、刺繍と組紐がある。

　正倉院の染織品の染色に用いられた染料は、櫨（はぜ）・蘇芳（すおう）・紅花（べにばな）・支子（くちなし）・紫草（むらさきぐさ）・茜・刈安（かりやす）・蓼藍（たであい）・黄檗（きはだ）・橡（つるばみ）であると考えられてきた。蘇芳は輸入されたが、他の染料はすべて日本で集めることができた。

　最近の正倉院の染織品に用いられた染料成分の科学的調査は、標準的な原料が次のようなものであったことを明らかにした。すなわち、青は藍、赤は日本茜と紅花、黄は黄檗と刈安と櫨、紫は紫草である。それ以外に、奈良時代に存在した貝紫や臙脂（えんじ）のような動物質のもので染められた可能性があると思われるが、そのような染色をしたものは、正倉院の染織品の中には全く発見されていない。

　正倉院の染織品の中に、現代の染色と製織の基本的な技術のほとんどすべてをみることができる。これらの染織品は、古代の成熟した染織品の世界を現代に蘇らせている。しかし、隋と唐の時代に中国で生産されて舶載された染織品は、正倉院の染織品の中にはほとんど存在しない。その理由は、中国の政治制度を手本にした日本の政治制度にとって染織品の生産が必須であったことから、染織品の生産機構が奈良時代にすでに整備されていたからだと思われる。

　正倉院の染織品は、総括的に以下の三つの特徴を持つと考えられている。

正倉院の染織品の第一の特徴は、多くのものに銘文が記され、あるいは題箋が付いていることである。したがって、正倉院の染織品は銘文と題箋によって由緒を明らかにすることができる。752年の東大寺の大仏開眼法要、あるいは757年の聖武天皇一周忌法要において用いられた染織品が、最も多く残っている。すなわち、正倉院の染織品の大部分は、8世紀の中頃に生産されて使用されたものと考えられる。

正倉院の染織品の第二の特徴は、多くの種類の染織品を含んでいることである。すなわち、錦・綾・羅と紗・刺繍・綴れ・平絹・麻布・組紐・夾纈・﨟纈・纐纈・彩絵・摺絵である。それらは、現代の織りや染めの基本的な技術のほとんどすべてを含んでいる。

正倉院の染織品の第三の特徴は、文様に国際性があることである。正倉院の染織品は、世界中の起源となる文様を数多く用いている。たとえば、ギリシャ起源の葡萄唐草やパルメット、エジプトやインド起源の蓮華文、ペルシャ起源の樹下動物文（図9）や連珠円文（図10）や狩猟文である。正倉院の染織品の文様には、世界の文様に中国で作り出された文様が付け加えられている。追加された中国の文様とは、霊芝雲・蓬莱山・鳳凰・麒麟・龍・亀・唐花（複合花）・宝相華（牡丹に基づく空想上の花）である。

2．正倉院の染織品の歴史

由緒の点から、正倉院の染織品は五つの種類を含んでいる。それらは、大仏開眼法要に用いられた品々、聖武天皇の葬儀に用いられた品々、東大寺の大仏の奉献された品々、聖武天皇の一周忌法要に用いられた品々、その他の由緒を持つ品々である。

752年4月9日の大仏開眼法要に用いられた染織品は、次のようなものである。大歌・唐古楽・唐中楽・唐散楽・狛楽・度羅楽・呉楽（伎楽）が演じられた時に着用された舞楽装束200点、いくつか残る仏幡、いくつかの楽器の入れ物など。

756年5月2日の聖武天皇崩御の時と5月19日の葬送の儀式に用いられた染織品は、棺の覆いと帯、花鬘、平絹の紐である。

同年、光明皇后は、4回に分けて莫大な数の聖武天皇の遺産を東大寺の大仏に奉献した。それは、天平勝宝8歳（756）6月21日、同年7月26日、天平宝字2年（758）6月1日と10月1日のことである。それらの品々は、正倉院宝庫の北倉に移された。これが、正倉院宝物の起源である。

大仏に奉献された染織品は、756年6月21日に献納された8世紀の珍しい国家の宝物の詳細を記した献納品目録（「国家珍宝帳」）に記載されているもので、刺納袈裟・織成袈裟・袈裟の包み・﨟纈の袈裟箱袋である。献納品に含まれる他のものは、鏡箱の内張の用いられている綾・夾纈と﨟纈の屏風・麻の屏風袋・綾で包まれた大きな枕・錦の肘付き、さらに、珍しい国家の宝物の目録と同じ日に作られた、様々な薬の目録に記された絹や麻の薬袋や包み

第1部　正倉院の染織品について

である。そして、7月26日の屛風と花柄のフェルトの敷物等の記録に記載された、花柄のフェルトの敷物と刺繡で飾られた錦の履物である。

　757年5月2日の聖武天皇一周忌法要で用いられた染織品は、6旒の錦の大灌頂幡、約700旒の錦と羅の道場幡などである。

　その他の染織品は、たとえば、数十点の調絁、多数の調庸布がある。

　正倉院宝物の点検目録の中で、中世以降のものでは、建久4年（1193）・慶長17年（1612）・寛文6年（1666）・元禄6年（1693）・天保4年（1833）の目録が知られている。

　これらの目録をから判断すると、多くの染織品は、元来の形状の外観を失ってばらばらになっていた。なぜなら、17世紀あるいは19世紀の目録には、染織品についての品目説明は、「絹の切れ端」「布の切れ端」「古い切れ端」「衣類の切れ端」と書かれているからである。

　正倉院の染織品の修復と分類整理は、明治時代から開始されて、今も続けられている。染織品の断片は、保存のために分類整理されたものが増加し続け、今日までに凡そ20万点になり、残片は、凡そ571扇の屛風画面に保存されており（図11）、900冊の帳面（図12）、500枚のガラス挟み（図13）、250巻の軸に巻かれている。1960年以来、小断片の保存の作業と並行して、新たに、元来の形状のわかる幡や衣服や褥の修復整理を行ってきたが、今ではほぼ完了した。それに伴い、正倉院の染織品の全体像が初めて明らかになり始めている。

　最後に、東・西の新宝庫がそれぞれ1953年と1962年に完成し、今では、正倉院宝物のすべてが、これらの二つの鉄筋コンクリート造りの空調装置を完備した耐火構造の建物に収納されていることを述べておきたい。

（日本語訳）

第2章　正倉院の染織

はじめに

　日本の上代の染織は、量と質の両方の面から、法隆寺と正倉院に伝わったものがほとんどすべてであるといっても過言ではない。数量の点では法隆寺よりも正倉院の染織の方が圧倒的に多いが、奈良時代のしかも8世紀の中頃というほぼ限定された時期のものであり、それに対して法隆寺の染織は、飛鳥・白鳳時代の7世紀を中心とする染織を含むものであるため、両者は相俟って、我が国の上代染織史研究にかけがえのない貴重な実物資料として、甚だ大きな意義をもっている。

　正倉院染織は、江戸時代からすでに一部の人々の関心を惹いていたが、一般の人々の研究や鑑賞の対象となるのは大正時代以来のことである。かつては、法隆寺と正倉院以外の伝存品や考古学的発掘品がほとんど皆無に等しく、7世紀以前の染織研究というと、魏志倭人伝や『日本書紀』『新撰姓氏録』『日本三代実録』『令集解』などの文献記述が、わずかな発掘品をもとにした考古学的研究を裏書きしている状態であり、正倉院染織が法隆寺の染織とともに古代染織の実際の有様を彷彿するほとんど唯一の実物資料であった。

　今日でも正倉院染織を取り巻く状況はさほど変わらないが、発掘調査の進捗に伴い、わずかではあるが7世紀以前の染織の出土をみて、今では7世紀以前の染織について、次のような事柄が判明している。

　すなわち、先史期については、縄文時代前期（数千年前）から、大麻・アカソ・ヒノキなど様々な植物繊維の縄や編物などの繊維製品が作られていたこと、縄文晩期（紀元前5世紀頃）には、平組織の織物の圧痕のある土器がみられ、織物が生産されたこと、弥生時代前期末（紀元前2、3世紀頃）になると、染色した絹の平織物が付着した鉾や鏡や刀子が出土し、我が国に養蚕と平絹を織る技術が伝わっていたことなどがわかっている。

　古墳時代中期（5世紀頃）になると、平絹以外に薄絹・平地四枚綾文綾・複様平組織経錦などがみられるようになり、後期（6、7世紀頃）には、筬目のある平絹・平地四枚綾文綾・複様平組織経錦・撚り紐・組紐・糸房・真綿・刺繍などが用いられたことが、最近の発掘調査で明らかになっている。

実物資料により、我が国の染織の黎明期にもようやくわずかな光が射そうとしている今日、7世紀以前の染織について明らかになるにつれて、5世紀中頃に新漢人（古く帰化した漢人に対し、新たに帰化した漢人）とされた定安那錦らの伝えたとされる染織技法（平地四枚綾文綾や複様平組織経錦に代表される、いわば古墳時代中〜後期のもの）を以て7世紀頃の法隆寺伝来の染織が製作されたとする従来からの説が、より信憑性を強めている（ただし、法隆寺裂はいまだ未整理で全貌が不明なため、中には後に納められた奈良時代のものもあるといわれているが、今後の研究が待たれる）。それに対して、8世紀中頃の正倉院染織は、隋・唐の先進技術が導入されて製作されたとみなされるのである。

後世の染織の基本的な技術がほとんど網羅されているといわれ、世界に比類ない量と質を誇る正倉院染織は、どのようなものであるのか、以下に項を分けて概説する。

1．正倉院染織の特徴

まず、大摑みにすれば、三つの特徴が考えられる。

第一の特徴は、直接裂地に書かれた墨書銘文や付箋から知られるように、正倉院染織が、天平勝宝4年（752）4月9日の東大寺大仏開眼供養会と天平勝宝9歳（757）5月2日の聖武天皇一周忌斎会に用いられたものを中心としていて、使用年代（生産年代とほぼ重なると考えられる）が8世紀中頃の数年間にほぼ集中していることである。

第二の特徴は、染織の種類が、錦・綾・羅・紗・刺繡・綴れ・平絹・麻布・組紐・夾纈・﨟纈・纐纈・彩絵・摺絵と多種多様で、大文様の緯錦や平地綾文綾よりも文様がより鮮明に表される綾地綾文綾や比較的薄物の絹織物に染めてあるため、色彩に透明感のある華麗な夾纈など、少なくとも半世紀はさかのぼる法隆寺の染織（7世紀のもの）にはほとんどみられないものを中心としながら、後世の基本的な染織技法の種類をほぼ網羅していることである。

第三の特徴は、染織文様に、ギリシャの葡萄文・パルメット文、エジプトのロータス文、インドの蓮華文、イラン（古代ペルシャ）地方の樹下動物文・連珠円文・狩猟文など、世界の代表的な文様が多用されていて、7世紀の法隆寺の染織にはほとんどみられないような、世界性があることである。

第一〜三の特徴からみて、正倉院染織に隋・唐の強い影響がうかがわれることは、確かである。そのため、隋・唐からの舶載品が正倉院染織にかなり多数含まれている可能性があると考えられたこともあった。しかし、今日では整理が進み、正倉院に伝来した染織の技法と文様のほぼ全貌が掌握された結果、錦綾の中に舶載品とみられるものが数点ある以外、ほとんどすべてが国産であると考えられるに至っている。現時点では、残念ながら確実な証拠があって国産であることが実証されているわけではないが、国産の根拠となるものをあげれば、凡そ次のようである。

まず、錦・綾・羅・刺繡・組紐・夾纈・﨟纈・纐纈のいずれにも、類似したものが多く存在し、同様の文様の色違いのものや同文同色のものが、幡と天蓋、幡と褥、衣服と袋など、異なる用途に使用されている場合が多いこと。

　また、平絹と麻布は、例外的な薄絹や曝したような白布を除けば、ほとんどすべてが、当時地方から税として輸納された調絁および調布、調庸布であるとみなされること。

　その他、個々の染織に応じて、様々な理由から舶載品である可能性が否定されている。なお、かつて、織り傷が多く技術に未熟さが感じられるものは国産で、精妙な作りのものは舶載品であるという説もあった。しかし、『続日本紀』和銅6年（713）11月の条に、鞍作磨心が独り群を抜いて上手に妙麗な錦綾を織成するので「栢原村主」という姓を賜ったとあるように、国内で染織生産に従事する者の中にも抜群の技量を持つ者がいて、優れた錦綾を作っていたと考えられることから、今では、いちがいに国産のものが劣っているとはいえないという説が有力である。

　正倉院染織は、ほとんどすべて国産であるが、生産年代が8世紀の中頃の数年間にほぼ集中して、大仏開眼会や聖武天皇一周忌斎会という日常的でない用途のために多量に生産されたのであるから、当時の通常の染織生産体制の下に作られたものだけでは十分にまかなえなかったと考えられている。

　では、最初に、8世紀の我が国の通常の染織生産体制についてみてみることにする。『令集解』『延喜式』や正倉院古文書、調庸銘などの文献史料が伝えるところによると、中央では、大蔵省の被管である織部司に挑文師（実技者兼文織りの技術指導者）4人と挑文生（文織りの実技者）8人が配置され、錦綾織110戸（河内国に居住か）、呉羽部7戸（河内、摂津国に居住か）、河内国広絹織人350戸が、付属の品部（律令制下、官司に隷属し使役された特殊技術者集団）とされて、錦・綾・羅・絹・紬を織成していた。また、中務省の被管である内匠寮にも、12人の錦・綾・羅の織り手がいたが、平安初期に中務省の被管である内蔵寮に移管され、その後、織部司に移管されたとされる。染色は、織部司付属の品部である緋染70戸、藍染33戸（大和国と近江国に居住か）が行っていた。また、宮内省の被管である内染司には、染師2人が配置されていた。写経所に、﨟纈工・押﨟纈・染﨟纈などと称される﨟纈工がいた記録もある。平安時代になると、内蔵寮には、雑作手として夾纈手2人、﨟纈手2人、暈繝手2人、染手として5人が配置され、夾纈・﨟纈・その他の染色を行っていた。したがって、中央における高級織物の生産は、近在の技術者集団が支えていたといえよう。

　一方、地方では、地方諸国に郷里の単位で設置された機場で、織成を専らとする者が、専業的に各郷里の負担分の調絁や調庸布を生産したと考えられている。そして、先に述べたように、正倉院裂をみる限り、中央での絁と麻布の消費のほとんどが、調絁や調庸布によってまかなわれていたようである。また、錦・綾・羅などの高級織物は、各郷里から国衙工房に

年間 1 か月ほど上番する織生達（上番しない時は、おそらく、各郷里で専業的に調絁や調庸布を生産した）によって織成されたと考えられている。越前国の国衙工房に28条（枚）の綜絖を付けた錦機（錦を織る織機）が 2 台、2 条の綜絖を付けた羅機が 2 台、6 条の綜絖を付けた綾機が 9 台置かれていたこと、尾張国で錦生（錦を織る工人）4 人が錦 3 匹を織り、綾生52人が綾52匹を織ったこと、駿河国で織生27人が綾羅合わせて27匹を織ったことなどの記録がある。このような、地方における錦綾羅の織成は、和銅 4 年（711）に挑文師を地方諸国に派遣した成果の表れであるが、公的なものとは別に、有力豪族達が私設工房に新技術を持つ帰化人などの織り手を置いて染織生産を行っていた可能性もある。地方での染色は、錦を生産していることから、国衙の工房で絹糸の先染めを行ったことがわかり、「調緋絁」「調黄絁」「調橡絁」と銘記のある絁が存在することから、郷里に設置された染場で絁の後染めを行っていたことがわかる。調庸布（麻布）については、地方で染色して輸納されたことが明らかなものが正倉院に存在しないので、多くは染色されずに中央へ輸納されたのであろう。

　以上のような、通常の生産に対して、急な用向きに応じた生産については、大きく分けて次の二つの見解がある。

　一つは、正倉院染織の多くが、東大寺大仏開眼供養会という国家的大事業を飾る染織を生産するために、ある時期に急遽導入された新技法により生産されたとするものである。正倉院染織の中心をなす複様組織の緯錦や文羅や夾纈の生産は、その後平安時代にかけて、しだいに廃れたといわれているが、この見解に立てば、それらの技法は一時的なものであり、新しい簡便な技法が採用されて、我が国に定着しなかったと解釈される。

　今一つは、新技法は、急遽導入されたものではなく、7 世紀の初め頃から遣隋使・遣唐使などによってもたらされ、8 世紀になって我が国に律令制が発足し国家が整備される過程で、それまでの技法（すなわち、古墳時代に渡来した帰化人達の技法）に替わるものとして採用され、正倉院染織も一時的に生産量が増やされたものの、同様の技法で生産されたとするものである。そして、律令国家を彩った染織は、多少の変遷があったとしても、同様のものが奈良時代を通じて連綿と作り続けられており、正倉院染織にその大要をみることができるとするものである。

　先の見解によれば、導入されたばかりの新規の技法（緯錦や綾地綾文綾に代表される）により、多量の染織が生産されたことになる。織部司の挑文師や挑文生ならば、新しい技法を直ちに自らの物とすることができたかもしれないが、織部司に付属する地方の織戸の織り手達が短期間に新技法を身に付けたとすることには、疑問の余地がある。やはり、新技法導入に当たって、技術指導者のみならず、実技者である織り手も多数渡来したとみるべきであろう。

　後の見解によれば、律令制施行当初から、中国の先進技法が取り入れられ、織部司や付属

の染戸や織戸で新技法による染織生産が行われたことになる。そして、和銅4年に挑文師が地方諸国に伝えた技法も、そのような新技法であったと解される。正倉院染織は8世紀中頃の数年間にほぼ集中して多数生産されたものであるから、経常的な生産体制では対応できずに、織部司付属の織戸の数を増やしたり、1戸の織り手の数を増やしたりしたとみられるのである。

墨書銘文や付箋から明らかになった由緒によれば、正倉院染織の生産年代は、8世紀中頃のある時期にほぼ集中しているため、直ちにそれのみをもって我が国の奈良時代全般にわたる染織の進展や変遷を論じることはできないが、いずれにしても、正倉院染織は、天平盛時の日本の染織の有様を今日に伝えるほとんど唯一無二の資料である。そして、シルクロードの終着駅といわれる正倉院に伝来する染織は、ほとんどすべてが国産であるが、新たに渡来した帰化人達によってもたらされた新しい技法によって生産されたと考えられ、唐を介して伝えられた中国と西方世界の東西交渉の影響が色濃く現れているのである。

正倉院染織について、もう一つ忘れてはならないことがある。それは伝来と整理である。すなわち、染織品が経年変化により破損崩壊してできた塵芥といえども、捨て去られることなく伝えられ、明治から大正にかけて、展観や研究に供するために染織品の整理が開始され、今日でも連綿と続けられていることである（もっとも、戦後は文化財保護の見地から、もっぱら破損の進行を少しでも和らげるための保存整理が行われている）。それらの進捗により、主要な墨書銘文が明らかとなり、技法や文様についてもおおむね全貌が掌握されようとしている今日、ようやく正倉院染織を巡って様々な議論が膨らもうとしているといえよう。

最後に、本書では、染織の用途について特に採り上げていないが、一応列挙すれば、正倉院には、幡・天蓋・花鬘・袈裟などの仏具、楽舞装束・帯・佩飾具・浄衣などの衣服、染織屏風・挟軾・幕・褥・覆・帳・花氈などの調度、薬物袋・屏風袋・伎楽面袋・楽器袋・太刀袋など種々の袋、鏡の紐、箱の襯、布作面、その他の染織品があり、当時の我が国の生活や中国唐の文化の受容の実態を伝えるものとみなされよう。

次節から、由緒、技法、文様、伝来と整理の順に正倉院染織を概説する。

2．正倉院染織の由緒

正倉院染織には、しばしば、一端に墨書銘文が書かれているか、題箋が綴じ付けられていて、由緒が明らかなものが多い。このようなことは、我が国のみならず世界の古代裂の中でも稀なことであり（伴出した墓誌銘から由緒が知られる場合が多い）、資料価値を高いものにしている。

銘文の内容をみると、大仏開眼会に奉じられた楽舞の衣裳に記されているのは年月日・演目・役などであり、東大寺の様々な法要で用いられた幡や机褥や帯には年月日が記されてい

第1部　正倉院の染織品について

たり（又は記年の題箋が綴じ付けられていたり）、東大寺に献納された品物を載せた机褥には年月日や献納者が記されていたり、薬物の袋や裏には薬物の重量を検定した年月日と重量が記されていたり、衣服の袖には所有者（使用者）の名前などが記されている。したがって、細かな由緒を書き記した銘文ではなく、主に記録や覚え書きの類であるのが特徴といえよう。また、銘文や題箋が存在するものは染織全体の2割にも達さないが、銘文が記されているものの一部分に相当すると考えられる関連品や類似品が多く、そのものの由緒は不明でも、由緒の明らかな染織と関連性があるものが大部分である。

　また、正倉院宝物には献物帳が添えられており、鎌倉時代以前の開封点検目録も存在するので、献物帳や目録に記載された特徴が一致すれば、どの宝物に当たるかがわかる。それらは、銘文や題箋がなくても由緒が明らかである。

　以下に、正倉院の染織品の由緒を示す。

(1) 献納宝物

　聖武天皇崩御後の四十九日目に当たる天平勝宝8歳（756）6月21日に光明皇后が2巻の献物帳を添えて東大寺毘盧舎那仏へ献納された聖武天皇御遺愛の宝物。献物帳のうち「国家珍宝帳」には、刺納や織成の袈裟、綾の袈裟幞、﨟纈の袈裟箱袋をはじめ、鏡箱の綾の襯、﨟纈と夾纈の画面屏風、麻布の屏風袋、綾を張った大枕、錦の御軾などが記載されており、もう1巻の「種々薬帳」には、絹や麻の薬物の袋と裏が記載されている。なお、同年7月26日にも「屏風花氈等帳」を添えて献納が行われており、花氈と刺繡で飾った錦の繡線鞋が記載されている。これらは、正倉院宝物の成り立ちからみて最も由緒正しい宝物である。

(2) 大仏開眼会と聖武天皇一周忌斎会用物

　天平勝宝4年（752）4月9日の東大寺大仏開眼供養会で奉納された大歌・唐古楽・唐中楽・唐散楽・狛楽・度羅楽・呉楽（伎楽）の楽舞装束と楽具の袋や裏など約200点、天平勝宝8歳5月2日の聖武天皇崩御の日に用いられた櫃覆の帯や、5月19日の葬送の日に用いられた花鬘や絁製の紐など聖武天皇の御葬儀に関する品々約50点、天平勝宝9歳5月2日の聖武天皇一周忌斎会を荘厳した大灌頂幡や錦および羅の道場幡の合計約700点は、それぞれ銘文や題箋があり、これらは、同じ由緒のものが数多くまとまって伝来している染織品である。

(3) その他

　その他の由緒の明らかな染織は、由緒の同じものが数点ないし1点ずつ伝わっている。おおむね列挙すれば、天平14年（742）2月14日銘の最勝王経帙の縁の錦、天平勝宝2年（750）3月25日銘の駿河国金献納時机覆絁貼箋、同5年3月29日の仁王会で使用した麻布製の屏風

袋、同 6 年 5 月 3 日の大弁才功徳天講で用いた天蓋・幡・敷物などの断片、同 7 歳 7 月 19 日の中宮宮子（聖武天皇の生母）斎会で使用した幞残片、天平宝字 2 年（758）正月の年中行事品（子日目利箒と子日手辛鋤と卯日杖の机褥・覆・帯）、天平神護元年（765）7 月 15 日の盂蘭盆会に内裏から献納された品々を載せた机褥の心の麻布、同 3 年 2 月 4 日の称徳天皇東大寺行幸に際して献物を載せた机褥、神護景雲 2 年（768）4 月 3 日の再度の称徳天皇東大寺行幸に際して献物を載せた机褥とそのとき用いられた帯、同 2 年 4 月 26 日銘の裏衣香（防虫香として、沈香や白檀や丁字や甘松香などを混ぜて絁の巾着で包んだもの）、承和 4 年（837）3 月 12 日銘の林邑楽を演じる際に使用した夾纈絁の幕類の残欠、延喜 19 年（919）4 月と天暦 9 年（955）4 月 8 日の二つの年月日が記された呉楽の力士装束の裏、応永 20 年（1413）11 月銘の麻布製の駕輿丁の衣と袴、大小数十点を数える調絁と調庸布および庸布（調庸絁および布には、様々な年次のものがある）などである。

　また、正倉院に伝来した宝物とは系統が異なるが、明治初年に東大寺東南院旧蔵から献納された麻布製の地図（天平勝宝 8 歳 3 月 25 日銘の東大寺山堺四至図や天平勝宝 3 年、天平宝字 3 年、天平神護 2 年、神護景雲元年銘の東大寺開田地図）も由緒の明らかな染織品である。

　さらに、袖・衽・紐・裏裂などに所有者（又は使用者）の名前が記載された絁や布の作業衣（浄衣）、麻布製で絁裏とした袷の伎楽面袋、重量のみを記した薬物袋、寸法の記載のみがある絁や布の断片などが存在する。これらの銘文には年月日の記載はないが、年月日のある銘文との関連や人名などから、由緒をほぼ明らかにできる染織品である。

3. 正倉院染織の伝来と整理

　光明皇后により聖武天皇御遺愛の宝物が東大寺毘盧舎那仏へ献納されて、8 世紀の中頃に正倉院宝物が成立して以来、宝物の利用、拝見に伴う出入りや献納宝物とは別系統の宝物の搬入などはあったものの、染織が破損、朽壊した細片に及ぶまで廃棄されることなく、連綿と伝えられて今日に至っている。その間、宝庫と宝物は、手付かずのまま時空を越えて伝えられたわけではない。正倉院内外に残るいくつかの宝物点検目録や、『東大寺要録』『東大寺続要録』、あるいは開封を記した古文書など種々の文献によれば、宝庫の修理がたび重なったことやしばしば宝物の点検が行われたことが知られ、それぞれの時期に宝物が宝庫内にどのように納められていたかについて、凡そのことが知られるのである。また、宝物点検目録に幡・褥・覆などの名称がみえることから、宝物の点検のたびに染織品が内容に応じて分類されたことが知られるが、特に染織品の修理が行われた痕跡はなく、年々量が増えていく塵芥もそのままにされていた。ようやく裂地の修理と整理に目が向けられるようになったのは、近世になってからのことである。

　以下に、正倉院染織が伝えられた経緯と近代に始まった整理について、文献記録から知ら

第1部　正倉院の染織品について

れることを概略記載する。

（1）宝物染織の伝来

　聖武天皇崩御後の四十九日に当たる天平勝宝8歳6月21日をはじめとして、同年の7月26日、天平宝字2年（758）6月1日および10月1日の4回にわたって、光明皇后により聖武天皇御遺愛の宝物の東大寺毘盧舎那仏への献納があった。献納宝物は、しばらく大仏殿に置かれた後、正倉院の双倉の北端（北倉）に納められた。ここに正倉院宝物が成立する。

　正倉院の双倉とは今日の正倉院正倉のことである。その創建年代はよくわからないが、少なくとも天平宝字3年（759）3月以前には建っていたと考えられている。

　正倉院に伝わる延暦6年（787）、同12年（793）、弘仁2年（811）、斉衡3年（856）の4巻の献納宝物点検目録には、厨子2口と唐櫃30合ほどに納められた献納宝物が記載されており、そのうち染織品は、袈裟・大枕・御軾・御床覆・薬物袋・夾纈屏風・﨟纈屏風などが今日に伝存する。しかし、献納宝物以外の染織品については、いつ正倉院宝庫に納められたのか判然としていない。東大寺の塔頭である羂索院の双倉が破損し、その収蔵品が、天暦4年（950）6月に正倉院の正倉南端に移納されたという文献記録が、献納宝物以外の系統の宝物が正倉院正倉に納められたことを示す最も古いものである。したがって、献納宝物以外の正倉院宝物のほとんどすべてが、この時に正倉院正倉に入ったという説もある。また、大仏開眼会や聖武天皇一周忌斎会の用物は、急遽多数が製作されたものであり、元来の収納場所はなく、供養会・斎会の終了後、まだ羂索院から重物が移納される前のほとんど何も入っていなかったと考えられる正倉院南倉に納められたという説がある。さらに、正倉院正倉の建っていた辺りには、今日では全て失われている北倉代と称される大きな収蔵庫をはじめ数棟の倉があったことが知られるから、それらの収蔵庫の倒壊や焼失に際して、そこから正倉へ移納されたものも正倉院宝物の中に含まれている可能性があるのである。

　献納宝物以外のものの内容を記した最も古い文献は、永久5年（1117）8月7日付の「綱封蔵見在納物勘検注文」（中倉19『正倉院塵芥文書』第16巻）である。これは、正倉院南倉の最も古い点検目録で、そこには、前年に重要な品物を勅封倉（北倉と中倉も含まれる可能性がある）に移したものの残りを調べたとある。したがって、その頃正倉院正倉全体でどのような品物があったのか判然としないが、南倉に関していえば、染織品は、「古破損幡」「大廣赤褥」「舞装束但破損」「破損幡」「破損衾幷褥小」「破損幡幷白布」「錦襪」などが、約60合の櫃に納められていた。

　それ以降、正倉院正倉はしばしば開扉（封紙をはずして扉を開けることから、一般に開封と称される）され（文献にあるものだけで数十回を数える）、おそらくそれに見合う回数の宝物点検も行われたことと思われるが、今日に残る明治以降の宝物点検目録は、建久4年

(1193) 8月25日付の「東大寺勅封蔵開検目録」、慶長17年（1612）11月13日付の「東大寺三蔵御宝物御改之帳」、寛文6年（1666）3月4日の開封に伴う中倉と南倉の宝物点検目録、元禄6年（1693）5月16日の開封に伴う中倉階下と南倉階下の宝物の点検目録、天保4年（1833）10月18日の開封に伴う北中南三倉の宝物点検目録などを数えるに過ぎない。それらを概観すると、櫃の数などからみて、染織品全体としては減少している様子はない。たとえ、崩壊して塵芥と化しても、倉の中に置かれていたのだろう。ただし、収納されている櫃や倉も入れ替わって、由緒や種類の同じものが分かれてあちらこちらに分散し、混淆が進んでいることがわかる。それには、しだいに染織品の破損が進み、やがて崩壊すると、その断片化した部分を塵芥（染織を主とした宝物の断片や破片）として別の櫃に移すようにしたことが原因していると考えられる。全体として、平安末から鎌倉にかけて献納宝物とその他の宝物の混淆が進み、江戸になると重要なものが修理のため綱封蔵（南倉）に移されたこともあり、献納宝物とその他の宝物がすっかり混在して、ほとんど区別が付かなくなっている。

　染織品については、塵芥を除いた後のものの混淆が進んでいるだけではない。元禄6年や天保4年の目録には、絹切・布切・古切・衣類切などの記載が多くみられるようになり、染織品が裂地片と化して、もはや幡や衣服や褥としての原形を保てなくなっていることがうかがい知れるのである。

（2）染織整理
　染織品の破損が早い時期から始まっていたことは、永久5年の「綱封蔵見在納物勘検注文」（南倉の点検目録）に「古破損幡」「舞装束但破損」「破損衾幷褥小」などと記されていることから明らかである。その後、破損が進んでもはや塵芥となった部分は取り除かれて、幡や衣服や褥などの形を保つものとは別の櫃に集められるが、やがて、幡や衣服や褥であったものも崩れて、原形を残さない裂地片になっていったようである。

　そのような状態にあった正倉院染織の整理は、江戸時代からその兆しがあったといえるが、様々な経緯を経て、現在は正倉院事務所内の修理室で行われている。冗長ではあるが、染織整理にかかわる様々な出来事を年度ごとに書き出してみると、以下の通りである。

○元禄6年の開封期間（5月16日〜8月7日）
　この期間中に、「鴨毛屏風」と称される観音之屏風や絵屏風など27枚が修復された。それらが、現在伝わるどれとどれの屏風にあたるのかはわからないが、少なくとも、鳥毛篆書屏風（北倉44）と鳥毛帖成文書屏風（北倉44）は修理されて元禄時代の屏風に仕立てられているから、この時に修復されたことは明らかである。これらの屏風は、本紙の周囲を飾る縁裂として古裂の紫地唐花文錦を巡らせている。正倉院染織を別の宝物の修復に利用することなど、今日では考えられないが、襤褸となって朽ちるに任せるだけだった裂地片に初めて着目

して、整えて伸展し再利用したのであるから、この再利用は正倉院染織の整理の嚆矢といえよう。ただし、以後はこのような整理は行われていない。

○天保4年の開封期間（10月18日～同7年6月20日）

この期間は長期にわたり、古文書の整理修復、宝物の写生や拓本採取などが行われている。閉封に先立ち、八幡宮神主上司延寅は、東大寺別当勧修寺宮済範親王の命を受けて大破した献納屏風の下地骨（六曲屏風二双の12扇分）を再利用して新たに屏風下地を作り、塵芥古裂七十数枚を貼り込んだ。経錦・緯錦・浮文錦・綴錦・綾地綾・浮文綾・文羅・夾纈・﨟纈・纐纈・彩絵・刺繡など、正倉院染織の主な種類を網羅しているところなどは、単なる懐古趣味を越えている。ここに、近代的な染織整理に向けての第一歩が踏み出されたといえよう。

○明治5年（1872）の開封期間（8月12～23日）

この期間中に、正倉院宝物全般の点検調査が行われている。その時の点検目録（壬申検査「古器物目録」正倉院の部）によると、北倉はほとんど塵芥の櫃で占められており、中倉にも塵芥の櫃が多く、染織品は、袈裟・町形帯・机褥や「古絹裂」「白絹切々」「古裂」などが、染織品以外のものと混在した状態で、中、南倉の櫃の中に納められている。この時の点検で染織品の多くが襤褸化し塵芥となろうとしていることがあらためて明らかになり、古裂の整理と調査に取り組む必要性が再認識されたようである。

○明治8年の第1回目の奈良博覧会開催中（3月1日～5月20日）

この時、「塵埃」記号の箱に入った古裂が東京の内務省博覧会事務局へ運ばれて、整理と調査が行われたことが知られる。ただし、今ではその詳細は不明である。

○明治9年（1876）12月27日

大久保利通卿の上申により、櫃1合分の古裂を手鑑（実際にはガラス板挟みであったといわれる）にして頒布し、内務省博物館および諸府県博物館へ配備することが決まった。この時に頒布されたといわれる正倉院裂が現在も東京国立博物館と京都国立博物館に残っている。また、奈良国立博物館のものは、明治に正倉院宝庫へ戻され、現在は錦繡綾絁等玻璃板挟4箱（北倉180）として整理されている。その他の頒布裂は、今も私立の美術館や研究所をはじめとする様々な施設で、小さな古裂でも大切に保管されているのをみることができる。ただし、それらをすべて合わせても、とうてい櫃1合分には満たないので、多くは巷間に亡失したといわれている。

○明治11年（1878）2月

法隆寺から皇室へ宝物が献納されることが決まり、3月にはそれらの宝物（法隆寺献納宝物）が正倉院に仮納された。法隆寺献納宝物は、その後4年余りを経て、明治15年12月に東京へ運ばれるが、その時、献納宝物の塵芥古裂の櫃13合のうち少なくとも1合が、正倉院の塵芥古裂の櫃1合と取り違えられたといわれている。そのために、正倉院宝物に混じって、

法隆寺の染織や金銅の飾金具がみられるのであろう。

○明治25年（1892）6月

　宮内省正倉院御物整理掛が新設され、旧赤坂離宮内の広間で正倉院宝物の修理と整理が開始された。

　染織品の分類整理は、幡や衣服や褥などの形を保つものを由緒によって分類し、不明なものは種類によって分類して、納箱又は櫃に収納している。また、原形を残さない裂地片やさらに破損が進んだ塵芥の類については、比較的大きく整った裂地片を染織の種類別にまとめて、その他は、破損の程度によって、残欠（まだ原形が判別できる断片）、断爛（やや大き目の裂地片）、塵芥（裂地小片）、塵粉（裂地の微細片か又は絹の粉）の四段階に選別して合計22合の櫃に収納した。

○明治41年（1892）5月

　御物整理掛の業務を引き継ぐ形で東京帝室博物館に正倉院宝庫掛が新設され、正倉院宝物の修理と整理が再開された。ここでは、染織整理は、天保7年（1836）に作られた東大寺屏風を手本とし、大破した献納屏風の下地骨（六曲屏風三双の18扇分）を再利用して、1扇ごとに独立した屏風下地を作り、各下地ごとに伸展した古裂を貼り込んでいる。この整理は、その後の本格的な染織整理の先駆けとなった。

○大正3年（1914）9月

　奈良帝室博物館に正倉院掛が新設され、前年の正倉院正倉の解体修理に伴って倉から出されたまま留め置かれた染織の残欠・断爛・塵芥などを対象として、本格的な染織整理が開始された。ここでは、下地骨を再利用して作った屏風下地に伸展した古裂を貼り込む整理方法（屏風装）以外に、比較的小さい古裂を伸展して帖冊に貼り込む方法（古裂帖）、2枚のガラス板に挟む方法（玻璃装）、長い裂地（又は和紙）に古裂片を縫い付けて（又は貼り付けて）裂と一所に軸に巻き付ける方法（軸装）などが考案され、染織整理はようやく進展をみるようになった。

○大正14年（1925）

　屏風装、古裂帖、玻璃装、軸装、その他数百点を出陳して、奈良帝室博物館において「正倉院宝物古裂類臨時陳列」（4月15～30日）が開催された。古裂整理の成果が大いに上がったため、それまで未公開であった正倉院染織を一般に公開し、各方面に大きな反響があったことが知られる。同様の染織展は、東京帝室博物館における「御物上代染織特別展覧会」、奈良帝室博物館における「正倉院整理古裂第2次展観」（昭和7年4月23日～5月8日）などが知られる。

○昭和31年（1956）6月

　宮内庁の付属機関である正倉院事務所が、宝物と宝庫の管理機関となり、現在に至るまで

染織の整理は、正倉院事務所の修理室で行っている。修理室では、それまでの染織断爛・塵芥・塵粉を中心とした整理と並行して、幡や衣服や褥など形態がわかる染織品を対象にして、水で軽く湿らせて伸展するだけの展開仮整理も実施している。なお、大正3年以来連綿と続けられてきた結果、断爛・塵芥が今では、屏風装約570扇、古裂帖約900冊、玻璃装約500枚、軸装約250巻を数えるようになった。それらに貼り込まれた裂地片の点数でいえば、約20万点に達している。

4 正倉院染織の技法

　染織とは、文字通り解釈すれば、染物と織物である。しかし、一般に、刺繍・組紐・彩絵・摺絵・綱・撚り紐・糸房・真綿・木綿・毛氈なども、染織として分類される。したがって、全体を合わせて繊維製品などと呼ぶこともある。

　以下、織物・染物（彩絵・摺絵を含む）・刺繍の順に概説する。もとより総説の性格上、各項目について詳細に解説することは不可能であるが、できるだけ今日の研究の動静がわかるように心掛けた。

　なお、正倉院染織の素材は、絹・大麻・苧麻が大部分を占め、その他に、楮・三椏・山羊の毛・木綿などがみられる。中でも、木綿は、法隆寺伝来といわれる断片と同様の、茶と白茶色の2色で文様を表した錦の小断片数点しか発見されていない。また、山羊の毛を縮絨させた毛氈（全体を単色に染めたものを色氈、染め分けたものを文様の形に填め込んだものを花氈と称する）は多数存在するが、毛織物は褪色した錦風の小断片がわずか数点しか発見されていない。『日本後紀』延暦18年（799）7月の条に崑崙人が綿実をもたらしたとあることや、『延喜式』に下野国が毎年毛氈を貢納するとあることから、平安時代初期に国産の木綿織物や毛氈や毛織物が存在した可能性はあるが、これらの木綿や毛の織物は、舶載されたものの断片と考えられている。

（1）織物

　上代の織物は、無地織物・地文織物・錦類の3種類に大別することができる。

　無地織物とは、文様を織り表していない裂のことで、平組織の絹・絁・無文紗・麻布のことである。薄絹と称される糸が細く織り目の大きい平絹や縮絹も含まれる。無文紗は、白地山水夾纈紗がほとんど唯一の例である。麻布は、これまで知られている限り、すべて平組織の無地織物である。

　地文織物とは、地組織の一部を異組織として文様を表した文織物のことで、綾・文羅・文紗のことである。綾という言葉には、織り組織の一種である斜文組織（又は綾組織）という意味と、綾目で文様を表した文織物という二つの意味がある。正倉院の綾という場合には、

後者の意味で用いられる。正倉院に多数伝存する文羅は、網捩（最も細かい単位の捩組織で、文様部分を成す）と籠捩（粗い捩組織で、地部を成す）の組織が組み合わさって文様を表した捩織物である。しかし、正倉院に無文羅は発見されていない。文紗は、所々緯糸を浮かせて（経糸と組織させないで）菱形の文様を表した捩織物で、白地庵室夾纈紗がほとんど唯一の例である。

　錦類は、総称して数種の色糸によって色柄を織り出した織物のことである。典型的なものとして、複様組織（色糸と生地を成す糸と、色糸の１本を表側に出し他を内側に沈ませる糸の２種類が織り込まれている組織のこと）の経錦（経糸に色糸を用いている）と緯錦（緯糸に色糸を用いている）、浮文（又は裏浮き固文）の緯錦（文様部分のみ色緯を表面に出していて、複様組織になっていない）、風通（上下に別色の織物を織り出した二重織物で、文様部分において上下の織物の糸を上下間で交替することによる色の違いで文様を表す）などがある。さらに、綴れ、織成（綴れの手法で色緯を一越織り嵌めるごとに、地緯を織幅一杯に織り入れた特殊な織物）、縞文裂（緯糸に杢糸を用いて色彩効果を出した、平組織の織物）、雑色織裂（別色の経や緯糸を交互に並べて組織した織物）、絣裂（平組織の織物であるが、経糸を予め段々に染めておいて文様を表す織物。正倉院伝存品であることが明らかなものは発見されていない）なども錦類に含まれる。

　以下に、錦、綾、羅と紗を採り上げて概説する。

錦　錦とは、今日に至るまで、織物中最も豪華で華麗なものである。先染め織物で、何色もの色糸を組み合わせて、表面に現れる色糸の変化すなわち色彩の変化により文様が表される。

　正倉院に伝存する錦は、緯錦が多いが、経錦も含まれる。ただし、この経錦は複様綾組織経錦であり、中国でも隋・唐に至って出現する経錦である。それに対して、古墳から出土する錦や７世紀の法隆寺裂の錦の多くは、漢代に通じる複様平組織経錦であり、そこに両者の技法上の違いがみられる。

　ところで、かつて経錦は、技法上大きい文様の織成が困難で、それゆえ大文様を比較的容易に織り出せる優れた緯錦が主流となり、しだいに織られなくなったという説が一般的であった。しかし、今日では、小文様の緯錦も存在することや、経錦と緯錦とを並べて風合や文様を比較してみると、必ずしも経錦が劣るとはいえないことから、経錦が廃れたのは、緯錦よりも劣るためではなく、技術的に熟練が要求され、織成が困難であったからだと考えられている。なお、経錦の技法では、技術が優れていなくては美しく織り上がらないともいわれている。

　ちなみに、中国漢代の錦はすべて経錦であり、南北朝時代まで下らないと緯錦は出現しない。そのことが、中国で発達した経錦の技法が西方（ササン朝ペルシャか）に伝わり、西方で経糸と緯糸の転換が行われて緯錦が誕生し、中国へ逆輸入されたという説を生んでいる。

しかし、緯錦を織る試みが中国で独自に行われなかったかどうかは、新たな出土錦などをもとにして検討を重ねなければ判明しないという説もある。

　正倉院の緯錦は、複様組織のものが多いが、経糸が複様ではなく１種類だけが織り込まれているものも存在する。前者の中で、複様綾組織緯錦は、複様三枚綾組織のものがほとんどすべてで、これまでに１点だけ複様四枚組織のものが発見されている。また、複様平組織緯錦といわれるものは、我が国では、法隆寺に３色の色糸を用いたものがただ１点存在する。連珠と唐草の円を輪違いにして中に双獣文を置いた文様であることは、全体の模写図から知られるが、裂地は断片的なものが伝わる。後者の複様組織ではない緯錦は、浮文錦や文様部分だけ色緯が地経と組織して、それ以外の部分では裏で浮いている錦などがある。それらの錦は、後世になるとしだいに一般的にみられるようになるため、正倉院の錦の中では時代の下るもので、技法の変転を物語る先駆け的な存在と考えられている。

　錦は技法上最も複雑な文織物で、その遺物である正倉院の錦は、糸や織組織や文様などに関する様々な情報を今日に伝えているといえよう。

綾　綾は、錦とは全く異なる技法で文様を織り表す文織物で、単色の後染め織物である（ごくわずかだが、経糸と緯糸を別色に先染めした二色綾も存在する）。表面で反射した光の陰陽で地文を浮かび上がらせる綾は、単色であるから、色彩で文様を表す錦と比べるとデッサン画と彩色画の違いがあり、地味な印象を持たざるを得ないが、錦と並んで高級織物の代名詞といえる。葡萄唐草文や樹下動物文などの大きい文様のものは、常に幡や褥や衣服の表地として用いられており、いわば主役を演じている。それに対して、たとえば四菱文緑綾のように、平組織の一部を、経糸を浮かすなどして変化させて単純な幾何学文様を表している綾は、しばしば褥や襯の裏地に用いられている。

　織組織について概説すれば、平地綾と綾地綾に大別することができる。平地綾は地の部分が平組織で、文様部分の糸が浮いていれば平地浮文綾、文様部分の糸が綾組織であれば平地綾文綾である。綾地綾は地の部分が綾組織で、文様部分の糸が浮いていれば綾地浮文綾、文様部分の糸が綾組織であれば綾目の方向が地組織と逆さのものは綾地異方綾文綾、綾目の方向が地組織と同じものは綾地同方綾文綾である。なお、正倉院では、綾地浮文綾は１点しか発見されていない。綾地同方綾文綾も珍しく、文様部分が緯斜文の六枚綾、地の部分が経斜文の三枚綾となっていて、両者の織り組織の違いによって文様が表される。

　正倉院の綾は、織組織と文様の両方とも変化に富んでいるといえるが、その理由の一つに、中央で織成された綾と地方産の綾が混在している可能性があることが挙げられるだろう。正倉院には調銘の書かれた綾がただ１点存在する。「近江国調」と書かれた八稜唐花文黄綾は、綾のような高級織物でも実際に地方で生産されて輸納された証左となるものであるが、この断片をみる限り文様の細部が明瞭ではなく、それは織組織（平地四枚綾文綾）が原

因している面もあると思われるが、文様が織り縮みのため経糸方向にひしげており、織技が優れていたとは考えられない。この綾が近江国のものであるため、中央に近い地域であるから、高級織物を織成して輸納することができたという説もあるが、それにしては、品質の良くない綾である。

　地方産の綾について、正倉院の綾のどれがそれに当たるのか、上記の近江国調綾以外に実証できるものはないが、先に述べたように、郡稲帳や正税帳から、越前国・尾張国・駿河国でも綾が織成されたことが知られるから、おそらく正倉院には、他にも地方産の綾が存在するであろう。なぜなら、しばしば同文様の変化形が存在することや、類似した文様でありながら平地綾文綾と綾地異方綾文綾、あるいは綾地同方綾文綾と綾地浮文綾のように織組織が異なるものが存在するため、すべてが同じ工房で製作されたとは考え難いからである。

　それに対して、樹下鳳凰双羊文白綾・天馬文白綾・花樹獅子人物文白茶綾などは、織組織が特異で（最初のものが正倉院で唯一の綾地浮文綾、他の２点は綾地同方綾文綾）、文様に西方的要素が散りばめられている（いずれも樹下双獣文で、間地を中国風の鳥・雲・花卉などの小文で埋めており、最後のものは、特に異国情緒が豊かで、南国風である）。さらに、花樹獅子人物文白茶綾は、正倉院に数点しか存在しない二色綾（経糸と緯糸を予め別色に染めて、地と文の色を別色に織り出した綾）であり、舶載された可能性があるという説もある。したがって、これら３点は、仮に舶載品でなければ、少なくとも織部司の挑文師などのように中央工房の優れた技術者によって織成されたものであろう。

　綾は基本的な織組織を組み合わせた織物であるが、変化に富む正倉院の綾は、古代の綾の発達と変転の様相を今日に伝えているといえよう。

羅と紗　経糸が捩れて絡む捩組織（搦組織）の織物には、羅・紗・絽の３種類がある。各々の経糸が左右両隣りの経糸に絡むものは、羅である。２本１組の経糸が決まっていて、それぞれの２本の中だけで互いに絡むものが、紗である。平組織で織って、所々経糸を紗のように絡めて透かし目の部分を作るものは、絽である。羅と紗は、上代の遺物があるが、絽は江戸時代に始まったといわれる。

　羅は、最も複雑な捩織物である。正倉院には、無文羅は存在しないが、文羅が多数伝えられる。正倉院の文羅は、調査の結果80種類以上に分類できることが知られている。いずれも菱形を組み合わせたもので、菱格子・入子菱・子持菱などを基本として、中には花文や花蝶文のものも存在する。さらに、類似した文様でも、経糸と緯糸の密度が変われば形が多少異なるので、厳密にいえば数百種類に分類されるであろう。そのため、あたかも一点一点が個別に作られたようで、一般的な織成ではなく、一目一目を手工芸的に織り出したような印象を受ける。

　『延喜式』巻三十「織部司式」「雑織」条によると、冠羅は、有文のものと無文のものとが

あり、雑羅と比較すると、織り幅は約1.3倍で、同じ長さのものが、重さは約2.8倍であることがわかる。すなわち、単位面積当たりの重量が2倍以上になるから、無文の冠羅は、雑羅の2倍以上緻密で、もしも雑羅も無文であれば、冠羅の方が雑羅よりも相当織り難いことが予想される。ところが、1日に織れる寸法を比較すると、雑羅は無文の冠羅よりもほんの少し多いだけである。したがって、雑羅と称されるものが文様のある羅であることは明らかである（ちなみに、冠羅の場合は、文羅は無文羅の2倍近い時間がかかる）。

　その雑羅は、正倉院の文羅にほぼ相当し、おそらく1日に織れる寸法も同様であったと考えられる。すなわち、幅60cm足らずの文羅を1日に長さ50～60cm織成できたことになる。ちなみに、今日の振綜装置による文羅織成技法は、大正末頃に考案されたもので、糸の本数や太さを正倉院に伝存する文羅と同じにすれば、1日に古代の四分の一程度しか織成できないといわれる。そのため、古代には今日と異なる技法や特別な装置が存在した可能性が指摘されている。また、長沙馬王堆1号漢墓から出土した漢代の文羅は、正倉院の文羅や中国唐代の羅よりも経糸が細く、密度が高いことが知られる。漢代には、文羅をさらに容易に製織することができたのかもしれない。

　紗は羅よりもはるかに容易に織れる織物である（紗の文の有無にはよらない）。前述の「織部司式」「雑織」条によると、羅の数倍の速度で織成できたことがわかる。

　ところで、正倉院の紗は、断片まで合わせても、文紗と無文紗を合計して数片しか存在しない。正倉院に文羅が多数存在することからいえば、紗の数量は極端に少ないといえよう。中国の7、8世紀の出土裂についても、同様の傾向がみられる。文羅よりもはるかに生産性がよい紗が、数量的に文羅よりも極端に少ないことは謎といえよう。そのことについては、7、8世紀に捩織物が紗から羅へと発展したのではなく、まず最初に羅の織成技法があって、後に紗の織成技法が発明されたのではないかという説もあり、この問題はまだ解決されていない。

（2）染物

　奈良時代には、植物染料が用いられた。当時貝紫や臙脂などの動物染料も存在したと考えられるが、正倉院染織には用いられていないようである。現在までに我が国で知られる植物染料は、百数十種類ともそれ以上ともいわれるが、文献の伝えるところによると、上代に用いられたものはその一部である。『延喜式』『万葉集』『養老令』などにみる植物染料を、以下に書き出してみることにする。

　『延喜式』「縫殿寮」「雑染用度」条によると、黄櫨・蘇芳・紅花・支子・紫草・茜・刈安・藍（蓼藍）・黄檗・橡（櫟の団栗にあたる）が用いられた。その中で、蘇芳は輸入されたが、その他は国内で採取（あるいは栽培）された。

『万葉集』には、多くの古代の色名や染料名が詠み込まれていることが知られる。たとえば、山藍はトウダイグサ科の多年草で、青摺り（山藍摺り）の染料として用いられた。蓼藍のように発酵建によるものではなく、葉の絞り汁を直接摺り付けて染色したもので、染料成分としてインジゴを含まない。ただし、正倉院染織に山藍の使用例があるとは考え難い。また、茜・紫・紅・橡なども、色名あるいは染料名として、しばしば詠み込まれている。

『養老令』衣服令には、服色として、紫・蘇芳・緋・紅・緑・紺・縹・黄とともに、黄丹・黄橡・纁・桑・榛・柴・墨などがある。黄丹は、『延喜式』によれば、紅花と支子の重ね染めによる色で、黄橡は、櫟の団栗の煮汁を灰汁媒染した薄茶色のものといわれる。纁は、茜による黄味のある赤色の染色といわれる。桑は、樹皮の煮汁による黄色染めで、榛は、樹皮の煮汁による赤味のある茶色染めである。柴は、櫟などの樹木による茶色染めといわれる。また、『養老令』賦役令には、染草料として黄蓮がある。衣服令や賦役令にみるそれらの染料が正倉院染織に用いられている可能性はあるが、明らかではない。

正倉院古文書には、染紙の染料として、上記のもの以外に、胡桃・楸・木芙蓉・蓮葉・杉などがみられるが、染織に用いられたかどうかはわからない。

その他、丁字は、舶載されて正倉院に香料として伝わっており、平安時代から薄茶色の染料として用いられたといわれる。阿仙薬は、マメ科の木やアカネ科の木に含まれるカテコール系のタンニンを水に溶かして濃縮したエキスで、正倉院の薬物中には存在しないが、鑑真和上が将来したといわれる。また、阿仙薬は、染料としても用いられたが、我が国で染料として用いられたかどうかはわからない。矢車は、榛の木の実で、奈良時代に榛の木染めが行われていたのであるから、おそらく、茶色系の染織染料として用いられていたことであろう。五倍子は、ウルシ科の落葉高木のヌルデの葉に付いた虫癭でタンニンを含有し、平安時代にすでに行われていたといわれるお歯黒に用いられた。古代に染織染料として用いられたかどうかはわからない。

なお、鬱金・楊梅・小鮒草・檳榔樹などは、中世から近世にかけて、我が国で用いられるようになった染料である。

以上の中で、文献にみえて、奈良時代に染織染料として用いられたと思われるものを、色別に示し各々の色素成分を示す（媒染剤を括弧内に記す）。

①青系色　　藍（蓼藍の葉）：インジゴ（不要）

　　　　　　（山藍：藍色の色素を含まない）

②赤系色　　日本茜（根）：プルプリンおよびムンジスチン（灰汁）

　　　　　　（西洋茜（インド茜）：アリザリン）

　　　　　　紅花（花弁）：カーサミン（灰汁などのアルカリと酢）

　　　　　　蘇芳（木材）：ブラジリン（灰汁→暗褐色・鉄→紫）

③黄系色　　黄檗（樹皮）：ベルベリン（不要）

　　　　　　　　黄蓮（根）：ベルベリン（不要）

　　　　　　　　刈安（葉、茎）：フラボノイド系（灰汁）

　　　　　　　　黄櫨（木材）：フラボノイド系（灰汁）

　　　　　　　　支子（果実）：クロセチン（不要）

　　④紫系色　　紫草（根）：シコニン（灰汁）

　　⑤茶系色　　橡（櫟の団栗）：タンニン系（灰汁→茶褐色・鉄→黒）

　　　　　　　　榛（樹皮）：タンニン系（灰汁→茶褐色・鉄→黒）

　◎灰汁は、『延喜式』によると椿の灰汁。『和名類聚抄』によると椿灰や柃灰（ひさかき）。鉄は、酢酸に鉄片を浸した酢酸第一鉄のことと考えられる。

　次に、植物染料には染色に媒染剤が必要なものが多い。ただし、藍は、発酵させて還元した液に浸けた裂地を空気中で酸化して色を定着させるので、媒染剤は用いない。支子は、直接染着する染料であり、黄檗や黄蓮も媒染剤によって染着性がよくならない。それら以外のものは、いずれも媒染剤がなければ染色し難い染料である。媒染剤は、繊維素材に結合し難い染料成分を染着させて、鮮やかな色に染め、染色後の堅牢度を高める働きをする。

　各染料に用いられた媒染剤を挙げれば、茜・刈安・黄櫨・紫草には、灰汁が用いられた。タンニン系の染料には、鉄か灰汁が用いられた。タンニン系の染料は、鉄で媒染すると黒に、灰汁で媒染すると茶色や茶褐色に染まる。紅花は、黄色素を水で洗い流してからアルカリ（灰汁）を加えて赤色素を可溶性とし、その溶液に媒染剤として酸（梅酢又は米酢）を加えると紅色に発色する。蘇芳は、鉄で媒染すると紫色を呈し、明礬か灰汁で媒染すると暗褐色に染まる（明礬は、平安時代以降に使われ始めたといわれる）。

　ところで、近年に正倉院染織の染料の化学分析が行われたが、その結果、青色系は藍（インジゴ）、赤色系は日本茜（プルプリンおよびムンジスチン）、黄色系は黄檗（ベルベリン）と刈安（フラボノイド系）、黄櫨（フラボノイド系）、紫色系は紫草（シコニン）が用いられていることが同定された。さらに、蘇芳（ブラジリン）が使用されている可能性があることも示唆された。しかし、紅花（カーサミン）や支子（クロセチン）の色素成分は変化しやすく、長時間を経た後で抽出して分析することは困難であり、タンニン系の染料をどの植物のものか同定することも難しいと結論付けられた。上代裂の植物染料の化学分析による同定が困難である理由は、一つの染料に何種類もの染料成分が混在していることがよくあり、また、長時間経つことにより染料成分が化学変化を起こしていて、元来とは異なる化学物質に変質していることがよくあるからであるといわれる。

　染色は、予め媒染剤をしみこませた裂地を、加熱した染料液に浸けて行われたであろうし、絹糸は、おそらく綛の状態で染められたであろうが、具体的にはほとんど不明である。場合

によっては、刷毛による引染も行われたかもしれない。

　文様染めの染色方法は、手描き染め・型染め・絞り染めに分類されたり、防染・捺染・描絵に分類されたりする。本書では後者によるとして、防染の場合、染料がしみこむのを文様に合わせて防いで、地と文の色を染め変えて文様を表す。防染方法には、圧力を加えるものと、防染剤を置く（熱した溶蠟を版型や筆で置くとか、防染用の糊を型紙や筆で置く）ものとがある。捺染の場合、裂地に直接色付けして文様を表す。色付けする方法には、捺染糊を置くもの（型紙やスクリーン型を用いる）と、型版（木版や銅版）によるプリントとがある。描絵は、最も簡単な文様染めで、進歩して複雑な文様や絵を描いたものもあり、直接染料から顔料まで用いられる。

　正倉院染織の文様染めは、防染によるものとして、圧力を加える夾纈・纐纈、防染剤を置く﨟纈がある。描絵によるものとして、直接染料や顔料で文様を描いた彩絵がある。捺染によるものとして、型版によりプリントする摺絵がある。

　以下に、正倉院染織にみられる文様染め技法について、夾纈・﨟纈・纐纈・彩絵・摺絵の順に述べる。

夾纈　夾纈の名称は、奈良時代の文献にあり、板締めによる防染であると考えられるが、その技法は平安時代に廃れたといわれ、今日まで伝わっていない。さらに、奈良時代に我が国で用いられた版木は発見されていないので、当時どのような版木が用いられて、どのような技法で染色されたか不明である。しかし、インドや中国には、時代の下るものではあるが、古い板締め染めの版木が存在し、それらにみられる文様各部へ染料を注ぐ小孔の開いた様子や、正倉院の夾纈文様がほとんどすべて対称形で、裂地を折り畳んで染めたためにできた折り目に沿った細い筋が残っていることなどから、凡そ次のようにして染色したのではないかと推定されている。

　すなわち、文様の境目が残るように、同じ文様を彫った2枚の板の間に、二つ折りした裂地を何枚も挟んで、文様の境目が防染されるように版木を強く縛ってから、各文様の細かく分けられた部分に別色の染料を注して染色し、染料を流し出して、染料が乾いてから版木を外すのである。ただし、版画のように、各色ごとに部分的に文様を彫った版木をいくつも準備して、挟み替えて染色した可能性もある。文様が単純であれば、版木は彫り抜いてあったかもしれないし、裂地を四つ折りにして染色した可能性もある。いくつもの手法が併用されたのかもしれない。おそらく、夾纈と称される唯一の方法があったのではなく、版木で挟むような板締め染めを総称して夾纈と呼んでいたのであろう。

　正倉院に伝存する夾纈から、種々の夾纈の技法を明らかにすることはできないが、染め方の違いを知ることはできる。たとえば、深縹地花樹双鳥文夾纈絁と白地花鳥文夾纈絁と暈繝夾纈羅とは、異なる染め方によるものである。1種類の版木を用いる場合や、数種類の版木

﨟纈 﨟纈の名称は、奈良時代の文献にあり、蠟防染（蠟染め）の一種である。蠟防染とは、裂地に蠟の付着した部分は染まらないので、蠟の形に添って元の色が残ることから、色の違いで文様を表す技法であるが、古代の文献に「押﨟纈」と記され、正倉院に伝存する﨟纈が防染用の溶蠟を版型で押したとみられることから、当時の蠟防染は、熱した溶蠟を版型で裂地に押し付けて防染したと考えられる。実際、正倉院の﨟纈は、小文様のものから、大文様のものまで、なんらかの版型で蠟を押捺しているとみられる。その技法は平安時代に廃れたといわれ、今日まで伝わっていない。文様に添って筆で溶蠟を置く、現代の我が国のローケツ染めは、インドネシアのバティックをもとに近年新たに創作されたものである。

　古代の﨟纈の特徴は、小さい版型に溶蠟を付けて、手で裂地に繰り返し押しているので、文様の向きや配置が一定ではないことや、押捺のたびに版型に付く蠟の分量に違いがあるため、同じ版型を用いたと思われるものでも、文様の細部が一つ一つ変化していることなどが挙げられる。そして、そのようなことが、﨟纈の風趣になっているといえよう。

　また、蠟を置いた所は染まらずに元の色が残るから、多色の文様は、蠟を置いては染色することを繰り返すことになる。その場合、地の部分は染料が染め重ねられることになり、色が濃い濁ったものになるので、3回ぐらいしか重ね染めできないといわれる。正倉院の﨟纈も、文様が3色のものまでしか存在しない。最も色数の多いものの例として、赤紫地水波魚鳥文﨟纈絁・焦茶地霞襷花鳥文﨟纈絁・赤地花樹飛鳥文﨟纈絁などがあり、いずれも黄・縹・赤の順に3回染色されている。特に最初のものは、一部の文様の防染のために蠟を裏から置いていて、文様の色彩に変化を付けるための工夫がみられる。

　ところで、﨟纈は、染色した後で防染剤である蠟を裂地から取り除く必要があるが、古代には簡単に脱蠟できる溶剤など存在しないので、灰汁を熱したものなどに浸けて、時間をかけて行ったと考えられている。したがって、薄物の裂地には不向きであったと思われるが、正倉院には羅地の﨟纈が存在する。いずれも蠟を1回置いて染められているだけであるが、それにしても、裂地を傷めにくい脱蠟の工夫があったのかもしれない。

　﨟纈に用いられた蠟は、正倉院に多数の蜜蠟が伝わっていることから蜜蠟であると推定されている。ちなみに、バティックに用いられる蠟は、木蠟である。

纐纈　古代の文献には纐纈の文字はみられない。纐纈は後世に名付けられた名称である。今日の纐纈を意味する言葉としては、纈と記されている。

　さて、圧力を加える防染方法として、古代には夾纈と纐纈とがあった。今日では、夾纈の技法が伝わっていないために、絞り染め（絞り）で総称されているが、夾纈は、いわゆる板締め絞り（裂地を折り畳んで板の間に挟んだり、棒状の板に裂地を巻き付けて縛って防染す

る）の一種で、広い意味で絞り染めである。したがって、絞り染め全体から夾纈を除いた残りが纐纈に当たると解釈することもできよう。

　正倉院の纐纈には、いわゆる一目の鹿の子絞り（目結絞り）を斜めに何列も並べたものや、七曜文を形成するものなど、鹿の子絞りのものが多くみられる。それ以外の括り染めによるものとして、表裏から染めたものや、括り替えて２色（地の白を加えると３色）に染めたものや、括った防染個所に染料がかなり染み込んでいるものなど様々なものがみられ、様々な括り方が行われたことがわかる。裂地を斜めに縫い締めて、七宝繋ぎの形に防染した、今日の縫い絞りに当たるものも存在する。そのような技法は、今日まで連綿と伝えられている。

　ちなみに、今日、目結絞り（鹿の子絞り）の纐纈文様を目交文と称しているが、「国家珍宝帳」には、夾纈屏風の縁裂について「目交」「目交夾纈」「目交﨟纈」とあり、夾纈や﨟纈にも同様の文様があったことがわかる。ただし、それらがどのような文様であったのか不明である。

彩絵　裂地に直接染料や顔料で文様を描く技法は、最も原始的なもので、当初は単純な幾何学文様などが描かれたようである。この最も素朴な染めの技法は、進歩を遂げて、８世紀になると敦煌から精妙な文様や仏伝図を描いた彩絵の染織幡が数多く出土している。おそらく、我が国の奈良時代においても、彩絵は一般的な染織技法の一つであったのであろう。正倉院には、裂地に顔料で文様を描いた彩絵の染織品がいくつも存在している。しかし、染織品は、木工品や皮革製品などと異なり、用途として曲げ伸ばしされることが多いので、顔料が剥落する可能性が高い。実際、正倉院に残る彩絵の染織品の幡・幕・楽器袋・衣服・香袋などの中で、特に彩絵の衣服は、着用することによって曲げ伸ばしされて、顔料の剥落がひどく、現在顔料がほとんど残っていない。

摺絵　染料や墨を付けた版型の上に裂地を載せて擦った摺絵の染織品が、正倉院に伝存している。

　正倉院の摺絵の染織品は、麻布の屏風袋がほとんどである。摺絵は、同じく文様を彫った版木を用いる夾纈と異なり単色なので、華やかな装飾用には向かないかも知れないが、夾纈よりも製作が簡単であり、おそらく、奈良時代おいて広く一般的に使用された技法の一つであろう。

（３）刺繡

　正倉院の刺繡は、撚りを掛けていない平糸を用いて、平面部分を刺し繡で埋め、細長い線状の部分を鎖繡していて、暈繝配色になっているものがほとんどである。その他、平面部分に平繡のようなものが施されていたり、線状の部分に返し繡が施されているものや、様々な変化形がみられる。それらの繡法は、今日の日本刺繡の基本的な繡法として伝わっている。

第1部　正倉院の染織品について

天寿国繡帳や飛天繡仏などの飛鳥時代の刺繡は、いずれも強撚糸を使用して、前者は返し繡、後者はや継ぎ針繡を施してあり、暈繝配色にはなっていない。正倉院の刺繡と飛鳥時代の刺繡は、技法面や配色の面で一線を画しているといえよう。

ちなみに、勧修寺に伝えられた刺繡釈迦説法図は、撚り糸を使用して鎖繡と相良繡で全体を埋めたもので、奈良時代の作例として正倉院のものとかけ離れており、中国唐からの舶載品であるという説もある。

正倉院の刺繡の中で、幡頭・幡身・帯のように表裏からみる必要のあるものは、高度な技術を必要とするといわれる両面刺繡が施されているが、すべてが両面刺繡されているわけではなく、裏面が別裂で覆われるものは、糸の一部が裏面では文様を横切って斜めに走る個所もあるなど、両面刺繡になっていない。

金糸や銀糸を飾りとして上に縫い付けてある刺繡はあるが、それらを地裂に刺してある刺繡は発見されていない。綴れには金銀糸が織り込まれているから、当時の金銀糸に刺繡糸として用いる耐久性がないためではなく、撚りが掛かっていて硬い感じの金銀糸を平糸と一所に刺繡すると平糸の持つ柔らかさが損なわれる恐れがあることから、刺繡糸として金銀糸が用いられなかったのであろう。

5．正倉院染織の文様

大正の末に初めて正倉院染織が一般公開されると、その文様が多くの人々の注目を集めたといわれる。それは、正倉院染織の文様は、部分の形象も全体から受ける印象も、平安時代以降の我が国の染織文様とは異なる種類のものであったからである。やがて、それらの文様がヨーロッパやイランや東トルキスタンやインドの影響を強く受けているものであることが知られるようになった。

正倉院染織の文様の中には、ギリシャの葡萄文・パルメット文、エジプトのロータス文、インドの蓮華文、イラン（古代ペルシャ）地方の樹下動物文（又は樹下双獣文）・連珠円文・狩猟文など世界の代表的な文様がみられる。そして、それらの文様と一緒に、中国で生まれた霊芝雲・蓬萊山（あるいは三神山）・鳳凰・麒麟・獅子・霊亀・龍（中国のもの）・唐花・宝花（宝相華）・獅噛文（饕餮文の一種か）などの文様のいくつかが表現されていることが多い。すなわち、中国以西の様々な文様は、シルクロードを通して中国に伝わり、中国の文様と融合してから我が国に伝わったと考えられる。正倉院には、ヨーロッパやイラン地方など中国以西の地で作られたことが明らかな染織品は存在しないから、中国を通して間接的に西方世界の文様の影響を受けたとみて間違いあるまい。

茶地犀連珠文錦は、典型的な西方の文様が表されているもので、中国唐からの舶載品とみられる。オーレル・スタインがシノイラニカ錦と称した、イラン地方の錦文様を手本にして

中国で織成された錦の一種である。同様に、典型的な西方の文様が表されている染織に、葡萄唐草文錦・狩猟文錦・花樹獅子人物文白茶綾などがある。しかし、それらに混じって、有職文様の窠に霰の前身とみなされる文様の霰地花文錦や、菊の花が集まったような和風を感じさせる文様の浅緑地草花文夾纈綾などが存在することは、我が国で、西方世界と中国の文様が融合したような文様に影響を受けながらも、日本的趣向に基づいた和風化が始まっていることを意味しているといえよう。

なお、古代の染織文様の名称は、国家珍宝帳の注記から数多く知ることができる。今、煩雑さを省みずそれらを書き出せば、横笛・尺八の袋の高麗錦、太刀袋の高麗錦と秘錦、短甲の絁地菱形錦、碧地随目形錦、白地葛形錦、緋地小花錦、疑鳥錦、白斑錦、亀甲錦、挂甲の亀甲錦、町形錦、車釧（菱形の付箋あり）錦、物口錦、絁地花形錦、紫地雲幡錦、絁地小花錦、黄地古錦、絁地田次形錦、縹地随目形錦、夾纈屏風の山水夾纈、庵室草木鶴夾纈、麟鹿草木夾纈、鹿草木夾纈、鳥木石夾纈、鷹木夾纈、鷹鳥夾纈、鷹鶴夾纈、古人鳥夾纈、鳥草夾纈、目交夾纈、目交﨟纈、御軾の紫地鳳形錦、長斑錦などである。

また、斉衡3年（856）の宝物点検目録である「雑財物実録」には、「黒地獅子鹿□」「鶴形橡地﨟纈」「紫地青画木」「橡地象羊木」「□地牛虎木」「紫地白青画」「熊鷹鶯鸚鵡」などという﨟纈屏風の名称が記されている。それらの中で、現在実物が伝わっているのは、山水夾纈、庵室草木鶴夾纈、鹿草木夾纈、鳥木石夾纈、古人鳥夾纈、橡地象羊木、熊鷹鶯鸚鵡の屏風各扇と、紫地鳳形錦と長斑錦の御軾などわずかである。

さて、正倉院染織の文様は、錦・綾・刺繍・夾纈・﨟纈・纐纈・彩絵・摺絵など、それぞれの染織技法に応じた特徴があるが、全体に共通していることも多く、染織文様全体を大摑みにすることにも意義があるといえよう。正倉院染織全体の文様は、大きく分けると、以下のように分類することができる。

（1）幾何学文様

最も基本的な文様であり、世界中でみられる文様である。正倉院染織の幾何学文様を列挙すれば、散点文、小菱文、小四菱文、襷文、格子文、山形文、入子菱文、子持菱文、菱格子文、目交文、亀甲文、七曜文、七宝文、立涌文、毬文、網代文、網目文などがある。これらの文様は、花や動物などと組み合わされている場合が多い。

（2）連珠円文

茶地犀連珠文錦・狩猟文錦・双竜円文綾などは、東トルキスタン（ビザンチン帝国）に伝わるペルシャ錦にみるような最も典型的な連珠円文である。そのような連珠円文はイラン地方発祥の文様と考えられているが、中国の文様との融合がみられるものである。ちなみに、

第 1 部　正倉院の染織品について

連珠繋ぎの文様は自然発生的で、中国でも漢代からすでに文様の一部に円弧や直線として用いられていた。

　連珠円文は、綾、錦の文様の一部に用いられていたり、円弧の一部が連珠繋ぎとして表されていたり、正倉院染織にしばしばみられる文様である。

（3）樹下動物文様

　鹿草木夾纈屏風や、羊木および象木﨟纈﨟纈屏風などは、一頭の動物を配した大文様が裂地いっぱいに表されている。また花樹双鳳双羊文綾や茶地犀連珠文錦などは、樹木の下に 2 頭の動物が対照的に表されており、これらから、樹下に対称的に動物が 2 頭存在する場合と、1 頭のみの場合があることがわかる。

　樹下動物文様に表されている動物は、獅子・鳳凰・麒麟・馬（天馬）・犀・象・山羊・鹿・鳥・虎など様々である。

（4）唐草文様

　葡萄の蔓が絡み合って伸びている葡萄唐草や、パルメットから蔓が派生したもの（いわゆる忍冬唐草か）が最も典型的である。花文を蔓で繋いだり、花文から枝が派生したものや、霊芝雲の尾が伸びて絡む雲の唐草などもある。

　今日では宝相華と称されている、牡丹風の空想上の花をもとにした唐草や、宝相華と動物文が混じったものもみられる。なお、宝相華という名称は奈良時代にはまだ用いられておらず、宝花文と称されていた。

（5）その他

　植物文様は想像上の植物がほとんどであるが、動物文様は、鳳凰・麒麟・龍などの空想上の瑞祥動物を除いて、ライオン・鹿・山羊・馬・象・鳥など実在のものが多い。それらの中でも、鳥には、細部まで忠実に表現された鴛鴦・戴勝・錦鶏・真孔雀などがみられる。それらの鳥は中国に生息するもので、西方世界特産の鳥はみられない。そこにも、中国の影響が大きいことがうかがわれる。

　さて、織文様は、糸把釣による輪郭線の凸凹が生じるので、線描を完璧に滑らかにすることは不可能であり、絵画的な文様表現には限界があるが、逆にそのような制約が染織文様独自の世界を作り出している。

　染織文様を代表するものは錦である。錦の中には文様を写実的に表す綴れ織りのような絵画的なものもあるが、絵画に近付けようとしたのではなく、あくまでも錦の技法で表現したものと思われる。

綾は、光の陰影による単色の濃淡で単純な幾何学文様から写実的な絵画風の文様まで表している。糸の流れる方向による反射の違いが文様を表すために、文様の形状に明瞭さを欠いているのが一般的である。綾の中には、経糸と緯糸に異なる色の糸を用いて光の陰影に色の違いも加味した文様表現をした織色綾（二色綾）も存在する。

第3章　正倉院裂の研究

緒　言

　正倉院裂の研究は、文献資料に基づくものが最も重視される[(1)]。次に、実物資料をもとにした技法（糸・組織・染色等）や文様に関する研究が重要である[(2)]。さらに、従来ほとんど行われていないが、正倉院裂に近い時代の、海外を含む他の地域の出土裂並びに伝世裂と詳細な比較検討を行う研究が重要である。特に最後の研究は、先の二つの研究が、正倉院裂のみならず比較対象である他の地域の古裂にも充分に行われる必要があり、総合的な研究といえる。そのような研究は、我が国の古代染織全体の体系化に大いに資することが期待される。また、正倉院裂は大多数が国産と考えられており、琵琶袋断片の縹地大唐花文錦（図1）や古裂帳（第6号他）に小断片が貼付されている茶地犀連珠円文錦（図2）など、ほんのわずかしか渡来品と見なされるものはないが、いずれも大陸から渡来した染織品の組織・文様に直接的な影響を受けたものであり、馬鞍（第1号）下韉上縁の赤地獅子唐花文錦（図3）のように渡来品の可能性を考えさせられるものも存在するから[(3)]、正倉院裂と他の地域の染織品との比較研究は、世界の古代染織全体の体系化にも資するところがあると思われる。

　本章では、総合的な正倉院裂研究の第一歩として、我が国の古代文献資料の染織関係事項と内外の古代染織品の実物資料とを一つの表の中に年代順に並べた（章末の「古代染織略年表[(4)]」参照）。そして、その表をもとに考察していくつかの新しい見解を持つに至ったので、それらについて述べる。

1．研究略史

　正倉院裂の種類は、錦・綾・羅・紗・平絹・調庸絁布などの織物、夾纈・﨟纈・纐纈などの染物、組紐・刺繍・彩絵・摺絵などがあり、多種多様である。用途も、袍・襖子・半臂・衫・袴・裳・接腰・襪などの衣服（楽舞装束および労働着）、様々な幡や天蓋・褥・帳・幕・覆・袋など様々である。そして、数量が非常に多い（数の多いものの種類がいずれにも片寄らず、万遍なく多い）。したがって、正倉院裂の研究は非常に奥行きが深く、全体を俯瞰して研究の方向を定めることは至難の技であるといわなくてはならない。現に、今日でも充分に研究

し尽されていない個所があるだけではなく、まだほとんど手を着けられていない個所も少なくない。

　東方学術協会編『正倉院文化』（大八洲出版、1948）に掲載された「上代錦綾とその作者」（太田英蔵執筆）や佐々木信三郎『日本上代織技の研究』（川島織物研究所、1951）は、今日の正倉院裂の研究方向を定めた先駆的な研究であった。もっと古い時代にも、明石国助（染人）をはじめとするいくつかの研究はあるが、直接今日につながるものではない。両者の研究により、文献資料並びに実物資料からのアプローチの仕方が示された。特に後者は、正倉院・法隆寺に伝来した古代織物の織組織を詳細に調査検討した、画期的な研究である。古代織物の織組織の研究は古くから復原模造のために行われていたが、このように詳細に解説して公刊されたのは、おそらく世界で初めてのことであろう。

　上記の「上代錦綾とその作者」には「その（法隆寺裂の）年代の考定は今後の研究にまつべき点が多い」と述べられ、また『書陵部紀要』第13号（宮内庁書陵部、1962）に掲載された太田英蔵「正倉院の錦」（概説）には「これらの（獅鳳円文蜀江錦＝赤地双鳳獅子唐草連珠円文錦（図4）、格子花文蜀紅錦＝赤地格子蓮華文錦（図5）および年紀ある墓誌をともなうアスターナ発掘品の）年代推定できる資料に関してはまだ充分な調査はなく、今後の研究にまたねばならぬ」と述べられている。さらに、山辺知行『日本美術大系　第8巻　染織』（講談社、1960）には「古墳からの発掘品には既に絹も発見されて居り、これは多く鏡や太刀の上に覆いかけられたものがそのままさびついて残っている。しかしその数は少なく、当時果たしてどの程度の染織技術が実際に行われていたものかをこれによって確実に判定することは困難といわなければならない」と述べられている。

　これらのことから、1960年代初頭の時点では、法隆寺裂、中国出土裂（および舶載品）、古墳出土裂の重要性が理解されながらも、調査研究対象にできなかったことがわかる。その頃、昭和25年以来、通算13年間に及ぶ正倉院裂の基礎研究が実を結び、『書陵部紀要』第11号（1960）に上村六郎・高木豊「上代裂の染色に関する化学的研究」、『書陵部紀要』第12号（1960）に西村兵部「正倉院の綾」、『書陵部紀要』第13号（1962）に太田英蔵・佐々木信三郎・西村兵部「正倉院の錦」が報告された。また、原寸大の図版を掲載した原色図録、正倉院事務所編『正倉院宝物　染織』上・下（朝日新聞社、1963・64）が刊行された。正倉院裂の研究は、近代的かつ科学的な点において、当時のフィステル、ビビ・シルワン、ルボ・レスニチェンコ、夏鼐、武敏などの研究に並ぶものであり、総合的である点においては、むしろ先行したといえるだろう。

　新疆維吾爾自治区博物館出土文物展覧工作組編『絲綢之路―漢唐織物』（文物出版社、1972）は、1950年代から中国の発掘調査隊により発掘された古裂の優品を集成したものである。この図録は日本語に翻訳されて『漢唐の染織』（小学館、1972）として刊行された。布

目順郎『養蚕の起源と古代絹』(雄山閣、1979)は、我が国の弥生時代・古墳時代から奈良時代(正倉院裂)までの出土・伝来絹織物と、中国の殷・春秋・戦国・両漢代から唐代までの出土絹織物を広範囲に調査したもので、主として絹繊維の断面形状・断面完全度を調査し、文献学的な見地も考慮しながら、古代の養蚕と絹織物についての見解を示したものである。『法隆寺・東大寺伝来上代裂(東博保管)の技法、文様等に関する調査研究』(研究代表者三宅敏之、昭和55〜57年度科学研究費補助金研究成果報告書、1983)は、法隆寺献納宝物裂全体を初めて分類して明らかにした研究報告である。その他、Krishna Riboud et Gabriel Vial, "Tissus de Touen-houang", Acadèmie des Inscriptions et Belle-Lettres, 1970 (『敦煌の織物』) は、ポール・ペリオ(Paul Pelliot)が将来した敦煌出土裂数十件の組織・文様・織技を詳細に分析調査したものである。佐藤武敏『中国古代絹織物史研究』上・下(風間書房、1977・78)は、中国・インド・ヨーロッパ・アメリカ・日本など世界中に分散している中国出土裂を、それぞれの報告書をもとにして広汎に紹介している。

かくして、1970年代から80年代初めにかけて古墳出土裂、法隆寺裂、中国出土裂の調査報告書が次々に刊行された。内外各地の古裂資料を比較検討して、総合的かつ体系的な研究を進める状況ができつつあったのである。そして、上記の『養蚕の起源と古代絹』は、織物の組織や文様についてほとんど言及していないが、絹繊維については諸資料を比較検討して論じている。

その後、中国の青海省都蘭県の熱水古墓群から北朝末から盛唐期のソグド錦(ペルシャ錦も1点発見されている)を含む数百点の染織品が発掘され(1982〜85)、陝西省扶風県の法門寺塔の地下倉庫から晩唐期の錦・綾・羅・平絹・刺繍など数百点が発見され(1987)、新疆維吾爾自治区民豊県尼雅遺跡から後漢〜魏・晋代の錦・綾・平絹などで作られた、衣服、衾(夜具)、顔覆い、枕、香袋、袋類、帽子が発掘され(1994〜97)、新疆維吾爾自治区尉犁県營盤遺址第15号墓から漢晋時代の錦・綾・平絹・刺繍などで作られた衣服、衾(夜具)、枕、香袋が発掘された(1995)。しかし、出土裂の調査報告は次々に行われているが、諸資料を比較検討するような研究はみられない[6]。大半の研究は、主にコレクションの中だけの閉鎖系で行われている。

我が国と中国のように異なる地域の出土裂の場合、文献資料によってそれらを関連付けることはまず不可能であるから、技法・文様を一定の方法(たとえばフランスのリヨンにあるC.I.E.T.A.の提唱している方法)で詳細に調査して、調査結果を比較検討し、それらを相互に関連付けて、古代染織全体の体系化を目指すことが必要である。本章では織組織や文様の概要を比較したに過ぎないが、今後は、より詳細な調査事項(織糸密度・糸幅・撚り・糸の配列・糸の把鈞・文丈・間幅・織幅・その他)についても、比較検討する予定である。また、本章末尾の「古代染織略年表」は、内外の古代染織品の実物資料を大雑把に編年して、

それらを年代順に並べただけのものであるが、内外の古裂資料全体を俯瞰するのに役立つと考えられ、古裂資料を網羅して掲載できるよう今後とも編年を進めたい。

2．従来の正倉院裂観の検討

　正倉院裂は、奈良朝最盛期の我が国の染織文化を現代に伝える伝世品であり、色彩のよく保存されていることや絹にまだ性（強さや粘り）が残っていることは奇跡的といわれる。また、染織品の種類が多種多様であり、伝存量が非常に多く、紀年銘のあるものが多いことから、古代文化が花開いた天平期の有様を彷彿することができる貴重な実物資料である。

　今日では、長期間にわたる修理と整理の成果に基づいて、それらが、どのような歴史的経緯を経て発達し、このような豊かな内容を持つに至ったかが明らかになりつつある。本節では、そのような正倉院裂観について検討する。

（1）5世紀（高級織物生産技術の渡来）

　正倉院には多数の錦・綾が伝来しているが、我が国に最初に高級織物（錦・綾・羅等）の生産技術が中国から朝鮮半島を経て渡来したのは、5世紀頃とみなされる。そのことは、『日本書紀』の次のような記載が示しているといえよう。

　5世紀の初期頃とみなされる応神朝には、応神天皇20年（409頃か）に倭漢氏（中国系有力帰化人）の祖先である阿知使主とその子都加使主が17県の民を率いて来朝し、機織等の技術を伝えた。同37年に阿知使主父子は呉（中国の江南の地を指し、国は南朝の宋）に遣わされ、高麗国を経て呉王に縫製技術者衣縫兄媛、衣縫弟媛並びに製織技術者呉織、穴織の四工女を与えられ、同41年に帰朝、兄媛を胸形大神に奉り他の三工女を仁徳天皇に貢いだ。5世紀の後半である雄略朝には、雄略天皇7年（463）に百済の貢いだ新漢（新参の中国系帰化人）の手末才伎である錦製織技術者の錦部定安那錦らを上桃原、下桃原、真神原に住まわせた。同12年に身狭村主青と檜隈民使博徳とを呉に遣わし、同14年に身狭村主青らが呉の貢いだ手末才伎である綾織技術者の漢織、呉織や衣縫兄媛、衣縫弟媛らを伴って帰朝した。また、同15年に秦造酒（秦酒公）は、秦の民（秦氏の祖先は百済から渡来した弓月君）が諸臣・連に使役されてばらばらに分散しているのを嘆き、天皇に訴えたところ、秦の民を集めて賜ったので、民を率いて庸調の絹絁を朝廷に積み上げ、「禹豆麻佐」の姓を賜った（その他、「古代染織略年表」参照）。

（2）6～7世紀（高級織物生産の進捗と法隆寺裂）

　5世紀の初期から後半にかけて渡来した高級織物生産技術は、それらを伝えた人々の子孫に引き継がれたと思われ、6世紀から7世紀にかけて高級織物が盛んに生産された。その事

情は、『日本書紀』（一部は『上宮聖徳法王帝説』）の次のような記載や法隆寺裂（一部に年紀銘あり）が示している。

　武烈天皇8年（506）に天皇は日夜宮人達と酒に溺れ、錦繡を用いて座席とし、そこに列席する人々の多くは、綾や白絹を着用していた。推古天皇13年（605）に鞍作鳥（止利仏師）に銅と刺繡の丈六の仏像製作を命じ、翌年完成した。同15年に小野妹子が隋に遣され（第3回遣隋使）、翌年隋の使者と帰朝、天皇の前で使者の書状を奏じる際に、皇族・諸臣は悉く冠に金の飾りを付け、皆が錦・紫絹・刺繡・織（綴の一種か）・五色綾羅の衣服を着用した。同30年に聖徳太子逝去、妃の橘大郎女は、天寿国（極楽）にある太子の姿を偲んで天寿国繡帳を製作した（『上宮聖徳法王帝説』）。大化2年（646）に薄葬の詔が下されたが、そこでは、棺を覆う裂地を白布にすることや錦綾・五綵などを墳墓に納めないことなどが述べられ、当時の葬儀に白絹や高級織物が頻繁に用いられていたことが知られる。推古11年（603）に冠位十二階が制定された時には、紫・青・赤・黄・白（無染色）・黒に染色された平絹（この順番に、徳・仁・礼・信・義・智冠に当てた）の冠が使われたが、大化3年に七色十三階の冠位が制定されると、冠自体が織（綴れの一種か）・刺繡・錦で作られたり、その縁が大・小伯仙錦、車形錦、菱形錦で飾られており、錦が多用されていることから、その間に錦の生産が盛んになったと考えられる（その他、「古代染織略年表」参照）。

　我が国には、古代裂の実物資料として、正倉院裂以外に法隆寺裂が現存している。その中には、正倉院裂よりも半世紀以上さかのぼる白鳳時代後半以降の年紀銘（682～723）のものも発見されていて、整理と調査が行われた法隆寺裂と正倉院裂とを比較検討すると、総体に前者の方が後者よりも古調を帯びており、古い型式のものが含まれている傾向にあるといえる。[7]しかし、法隆寺裂の大部分は年代不明であり、未整理品も多いため、軽々に正倉院裂と比較検討することはできない。我が国の上代裂の中で、まとまった量が現存するものは正倉院裂を除けば法隆寺裂のみであるから、今後の詳細な調査検討を経て、比較検討資料として非常に重要な意味を持つようになると考えられる。

（3）8世紀（奈良時代の豊かな染織文化を示す正倉院裂）

　8世紀になると、律令制が敷かれ平城に遷都して、我が国の染織品生産は質と量の両面で大いに発展した。そのことは、『続日本紀』『令集解』『正倉院文書』や正倉院伝来の絹と布の調庸銘（調綾は1点のみ）、あるいは正倉院の厖大な数の錦綾の組織・文様の調査結果が物語っているといえよう。

　すなわち、『続日本紀』によると、大宝2年（702）『大宝律令』が実施され、「職員令」には、中務省に縫殿寮（女官の衣服調進等）と内蔵寮（宮中装束調進等）、宮内省に内染司（宮中雑染等）、大蔵省に織部司（宮廷用織物製織及糸染め等）と縫部司（衣服の裁縫等）が置

かれたとあり、「賦役令」には、地方の調庸の平絹や麻布の負担量が示され、その規定は養老〜天平期にかけて幾度か改訂されたが、実際に徴収され（調庸銘のある絁と麻布が正倉院に伝来）、奈良時代の重要な税収であったと考えられる。和銅4年（711）に挑文師を諸国に派遣して錦綾製織の教習を開始させ、翌5年に伊勢・尾張・三河・駿河・伊豆・近江・越前・丹波・但馬・因幡・伯耆・出雲・播磨・備前・備中・備後・安芸・紀伊・阿波・伊予・讃岐など21か国で錦綾の製織を開始させた。和銅6年になると正七位上の鞍作磨心は、妙麗な錦綾を織るので、子孫の雑徭を免じられ「栢原村主」の姓を賜った。神亀5年（728）に内匠寮が中務省に新設され、そこには雑工手が所属したが、天平17年（745）の匠寮解（『正倉院文書』）によると、同年の内匠寮には12人の錦綾羅の織り手がいた。

地方国衙でも実際に高級織物が生産された証拠として、天平5年（733）の越前国に錦綾羅の織機が13台設置されていたことや（「越前国郡絁帳」）、同6年の尾張国に56人の錦并綾生が居たことや（「尾張国正税帳」）、同10年の駿河国に27人の綾羅の織生が居たことが（駿河国正税帳）、『正倉院文書』の「郡絁帳」や「正税帳」にみられる。

また、正倉院には、調銘のある綾の唯一例である文様のやや崩れた八稜唐花文黄綾断片（図6）があり、「近江国調小宝花綾壱一絁　无綾文　織蒲生郡東生郷田尻小東人」と記されている。地方に居住する織部司付属の織戸（部民）以外の者が、地方で綾を生産したことを示す証左である。

今では、正倉院裂の整理が進み、多数の錦綾の組織・文様の調査が行われた結果、多種多様な組織・文様の存在が明らかになり、8世紀中頃には染織生産が非常に発達していたと考えられるようになった。また、染織品の多くの紀年銘が明らかにされたことにより、正倉院の錦綾の組織・文様を年次順に並べて、その変遷を検討できるようになった。ただし、それらの年代は、せいぜい天平14年（742）から神護景雲2年（768）までの間で、ほぼ8世紀の中頃に集中しており、正倉院の錦綾だけをもとにして、5〜8世紀に及ぶ我が国の錦綾の技法・文様の変遷を考察することは不可能である。より広範囲の時代変遷を考察するためには、年代の離れた古代裂の実物資料が必要であり、上記（2）で述べた法隆寺裂や中国新疆の吐魯番阿斯塔那出土裂など中国出土裂や我が国の古墳時代の出土裂などが、比較検討資料として重要である。

それらを詳細に調査検討し、時代変遷を明らかにすることによって、正倉院裂に至るまでの我が国の古代染織の体系化を進めることが可能になるといえよう。

（4）従来の正倉院裂観の問題点

以上、従来の正倉院裂観（正倉院裂に至るまでの歴史を含む）を通観すると、5〜7世紀中葉まではすべて文献資料により考察されていることがわかる。かつては、4〜6世紀（7

世紀のものも存在する）とされる古墳出土裂は、数が少なく、染織技術の判定は困難と考えられていた。また、4～8世紀に及ぶ中国新疆維吾爾自治区の吐魯番阿斯塔那古墓・哈拉和卓古墓や甘粛省の敦煌莫高窟出土裂も、十分調査が行われておらず、比較検討資料とは考えられていなかった。したがって、それらが実物資料としてほとんど検討されなかったことが原因であろう。しかし、今日では、かなり多数の実物資料が調査報告されており（「古代染織略年表」参照）、それらとの比較検討が促進されるのは必至の情勢と言わざるを得ない。3世紀前半の『三国志』『魏志』東夷伝倭人条（以下、『魏志倭人伝』）に記された卑弥呼の錦の検討は措くとしても、5世紀に渡来した技術でどのような錦・綾が生産されたのか、6～7世紀に新たに渡来した技術によりそれまでの技術がどのように変化したのか、などのことが検討課題になると思われる。

　次に、法隆寺裂の存在であるが、以前から概して正倉院裂よりも時代が古いと考えられてきた。3種類の蜀紅錦（いずれも複様平組織経錦）や太子間道（広東錦とも称される絣のこと）を聖徳太子の縁のものとみなして、それらの年代を飛鳥時代までさかのぼることは疑問視されたが、年代考証に決め手はなく、漠然と古いとする以外になかった。その後、法隆寺裂の整理と調査が進み、「壬午年（天武天皇11年(682)か）」から「和銅7年（714）」や「癸亥年（養老7年(723)か）」までの年紀銘のある幡が7旒発見され（「古代染織略年表」参照）、古くから葡萄唐草文錦褥（図7）の麻布芯に天平勝宝年代（6年か）の常陸国調布が用いられていることが知られていることなどから、法隆寺裂は、7世紀末から8世紀にかけてのものではないかと推測されるに至っている。しかし、正倉院裂とは異なり、年紀銘のあるものは極少数で、個々の年代はほとんど不明であり、未整理品も多いため、現状で正倉院裂と比較検討することは難しいといわざるを得ない。

　また、正倉院裂との比較検討に当たっては、これらの在銘幡が「命過」や「誓願」と記された奉献幡であることなど、正倉院裂とは用途が異なることについても考慮する必要があるだろう。法隆寺裂中にみる正倉院裂と同様の錦・綾の存在についても、明治期に混在したものではないことを確認した上で、検討する必要がある。法隆寺の「和銅7年」銘の広東綾幡残欠の第1坪の縁と脚には、正倉院の天平勝宝9年（757）銘の聖武天皇一周忌斎会用幡に多用されている雲唐草獅子文綾（綾地異方綾文綾）（図8）が使われている（文様・織組織が同様である）。法隆寺の天平勝宝年代の常陸国調布を芯とする褥には、正倉院の天平勝宝4年の大仏開眼会に使用されたと考えられる「古楽安君子」と銘記のある楽舞装束の半臂に使用されている葡萄唐草文錦（複様三枚綾組織緯錦）（図9）が用いられている（文様・織組織が同様である）。これらは一例に過ぎないが、正倉院裂と同様の文様・織組織をした同年代の法隆寺裂は、意外に多い可能性がある。今後法隆寺裂が精査されれば、正倉院裂と法隆寺裂との関係についても見直しが必要になると考えられる。

3．「古代染織略年表」による考察

　巻末に掲載した「古代染織略年表」によって、我が国の古代の染織品と海外の同時代の染織品とを簡単に比較検討できるものではないが、我が国の古代の染織技術のほとんどすべてが中国から朝鮮半島を経て渡来したと考えられる以上、単純な比較によっても何か新しいことが判明するはずである。次に、「古代染織略年表」から気づいたことを記す。

（1） 4世紀の我が国の養蚕

　養蚕が我が国に渡来したのは、弥生前期末頃（紀元前100頃）と考えられている[10]。しかも、3世紀までの間に絹が出土する地域は、九州の北部（福岡・佐賀・長崎県）に限られており、このことは、養蚕が九州の北部から始まったことを意味すると考えられる。

　また、その頃の出土絹は平組織の絹織物すなわち平絹（筬目のあるものはないようである）のみであり、『魏志倭人伝』に記された、3世紀前半に卑弥呼とその娘壱与が魏王に貢いだ国産の斑布・倭錦・絳青縑・異文雑錦や魏王から贈られた絳地交竜錦や句文錦などに類するものは、これまで全く出土していない[11]。したがって、少なくとも3世紀前半に我が国の人々は2色以上の先染め糸を用いた織物を生産する技術を持っており、中国三国時代の錦の実物に接触していたが、それらはあまりに稀少であるため、権力者でも日常的に使用するとか、古墳に副葬できなかったのではないかと推測される。

　4世紀になると、中部・畿内・北陸（広島・島根・奈良・京都・富山・石川）から平絹（筬目はないようである）が出土する。おそらく、3世紀末から4世紀の初めにかけて、養蚕と絹織物生産技術が九州北部から中部・畿内・北陸へと広がったのであろう。対外関係を重視し渡来人の技術を背景に4世紀頃から日本を支配した大和朝廷は、養蚕に注目したはずであり、当時から中国の絹織物に接触していたに違いないと考えられる。すなわち、『日本三代実録』にある仲哀天皇4年の功満王蚕種奉献のことは（『新撰姓氏録』には仲哀天皇8年とある）、我が国の養蚕の始まりを伝えるものではなく、すでに全国的に広がろうとしていた養蚕を大和朝廷が取り入れたことを意味するのであろう。また、『日本書紀』に、弓月君（功満王の子とされる融通王）が応神天皇14年（5世紀初頭）に百済から多数（120県）の民を率いて渡来したとあることから、この頃、新しい養蚕・製糸技術を導入したと考えられる。なお、4世紀の古墳からは、平絹だけでなく交織織物（経糸に大麻、緯糸に絹を用いるなど糸の素材を2種類以上用いたもの）も出土している[12]（京都府園部町垣内古墳・奈良県天理市下池山古墳）。

（2）5～7世紀の我が国の絹織物生産

　5世紀中頃から後半にかけて、福岡・熊本・岡山・鳥取・兵庫・奈良・京都・大阪・福井・静岡・栃木の古墳から平絹（筬目のあるものは少ない）が出土する。平絹以外に、経錦（福井県十善森古墳）・綾（平地四枚綾か。東京都亀塚古墳）・横（緯）畝織(13)（奈良県猫塚古墳）も出土する。したがって、養蚕が九州から関東まで全国的に広がっていることがわかる。また、経錦や綾が、養蚕の先進地域である九州北部以外の地域から専ら出土していることから、この頃大和朝廷が新しい染織技術（高級織物生産技術や平絹を効率良く製織する技術などであろう）を持った渡来人達を帰化させて、新しい染織技術を導入したと推測される。『日本書紀』応神紀にある阿知使主父子（製織技術者か）・衣縫兄媛（縫製技術者）、衣縫弟媛（縫製技術者）、呉織（製織技術者）、穴織（製織技術者）来朝のことや、雄略紀にある錦部定安那錦（錦製織技術者）・漢織（綾織技術者）、呉織（綾織技術者）、衣縫兄媛、衣縫弟媛来朝のことは、おそらくそのことを示すものであろう。そして、やがて稀少な錦綾も権力者達の手に入るようになり、5世紀中頃から後半にかけて、古墳から錦綾が出土するようになったと考えられる。

　6世紀の前半には、しばしば都が遷されて、宮（御所）が造営され（宮を遷す場合には多量の染織品が必要であったと思われる）、百済から仏教が伝わり、6世紀の末には法興寺と四天王寺が創建された（寺を創建する場合にも多量の染織品が必要であったと思われる）。これらのことから、6世紀に我が国で大量の染織品（おそらく高級織物を多く含む）が生産されたと推定される。そのことを示唆するように、いくつもの古墳から経錦・綾（平地四枚綾か）・平絹（筬目のあるものが多い）が出土し（希有な例として、奈良県藤ノ木古墳からは、金属製品に錆着していたり数ミリの微小片として土中の混入しているものではない経錦・平地四枚綾・刺繍・筬目のある平絹等の塊が出土している）（図10）、法興寺の心礎から出土した挂甲には、経錦や平絹が錆着していた。では、それらの染織品は、5世紀に導入された技術をもとにして生産されたのであろうか。6世紀の吐魯番阿斯塔那古墓出土錦・綾が5世紀のものより変化に富んでいることからみて（「古代染織略年表」参照）(14)、中国では5世紀から6世紀にかけて染織技術が進歩し変化していたといえよう。すると、その影響下にあったであろう百済の染織技術も変化していたと考えられ、6世紀に百済から我が国に渡来した錦・綾は、5世紀のものと異なる新しい錦・綾であったと推測される。そして、それらの新しい錦・綾を生産する染織技術も同時に渡来して導入されたのではないだろうか。今後は、古墳から出土した5世紀頃と6世紀頃の経錦を詳細に比較調査して、両者の違いを検討し、技術の変遷を明らかにすべきであろう。

　7世紀前半には、冠位十二階が制定され、褶の着用が制度化され、繍仏が製作され、法隆寺が創建され、幾度か宮を遷している。いずれも、染織品生産体制がある程度整っていなけ

ればできないことである。美術史上は、遣隋使・遣唐使が派遣された7世紀前半の我が国に隋から初唐にかけての様式がみられないとされ（遣隋使は推古8～22年(600～614)まで6回派遣されたといわれ、遣唐使の第1回は舒明2年(630)である）、その理由として、古墳時代の先端文化の担い手であった中国六朝や百済の文化をもたらした帰化人の子孫達が、中国との直接交通で入ってきた新しい様式を容易に受け付けなかったためではないかといわれている。飛鳥時代であることが確実な、7世紀前半の年紀銘のある国産の染織品が発見されておらず、美術品の様式と同様のことが染織技術の面でも成り立つ確証はないが、おそらく、その頃の染織品生産体制は、5、6世紀の染織生産技術がそのまま用いられ、生産規模が拡大されただけのものであろう。では、遣隋使のもたらした新しい染織技術とは、どのようなものであったのだろうか。今、中国出土裂に目を向ければ、吐魯番阿斯塔那古墓（トルファンアスターナ）からは、6世紀後半の年代資料のある経錦（複様平組織）と緯錦（複様綾組織）の両方が出土しており、吐魯番哈拉和卓古墓（トルファンカラホージャ）からは、7世紀前半の年代資料のある両者が出土している。したがって、中国ではその頃すでに緯錦（複様綾組織）が製織されていたことが知られる。このことは、遣隋使のもたらした染織技術について一つの示唆を与えているといえよう。

　7世紀後半には、大化改新詔が下されて、律令制にならった国家体制の整備が進められた。大化3年（647）、同5年、天智3年（664）、天武14年（685）と冠位制がたびたび改められているのは、身分序列を形成する位階が国家にとって重要な意味を持っていたことの現れである。天武13年（684）に衣服の形について（襴の有無や袴の着用等）、翌14年に朝服の色について、それぞれ詔が下され、持統4年（690）に冠位の進階についてと朝服に用いる裂地（種類と色）についての改訂が行われ、同7年に百姓は黄色の衣服、奴隷は皁の衣服を着ることが定められたのも、同様の意味を持つと考えられる。そして、位階を示す冠や衣服が高級織物を含む染織品で作られることからみて、染織品の生産は国家的な関心事で、重要な意味を持っていたとみなされよう。大化3年の冠位制の改定以降は、冠に錦・繡・織（綴れの一種か）が使用されるようになり、持統8年（694）に藤原宮へ遷り、同10年に蝦夷の伊奈理武志などに錦の袍袴・緋紺絁・斧を賜ったことから、高級織物生産体制が次第に充実したことを示していると考えられる。その頃、新しい染織技術が中国唐から直接次々に取り入れられて、染織品生産体制が充実・刷新されたようである。なぜなら、舒明2年に始まる遣唐使の派遣は、次の白雉4年（653）から天智8年（669）まで5回に及び、5、6年以内の間隔で行われており、その後の遣唐使と比べると遥かに頻繁であり、この頃、唐の諸制度・文化・技術等が大いに導入されたとみられるからである。これまで、7世紀後半の年紀銘のある実物資料は、法隆寺裂の平絹幡しか発見されていないので、実物資料をもとに錦・綾の生産技術の変遷を明らかにすることはできないが、美術史上、天智2年（663）の百済滅亡の後、同9年（670）の法隆寺の焼失と天武元年（672）の壬申の乱により天武天皇系の政権が開始

されたことが主な契機となり、我が国に初唐の様式が現れて一般的にみられるようになるといわれることも、この時期に新技術が導入されたことを示唆するものであろう。[16]

なお、染織に関して遣唐使がもたらしたものは技術に限らなかったようである。一説によると、天智8年に遣唐使として唐に渡った河内鯨が帰朝時に法隆寺の四騎獅子狩文錦を持ち帰ったとされるが[17]、遣唐使がそのような最上級品を唐からもたらしたとしても首肯される。おそらく、渡来した優品は、我が国の染織技術者の製作意欲を刺激したと思われる。

(3) 7世紀末～8世紀の法隆寺裂と正倉院裂

法隆寺裂は、これまでに知られている年代資料からいえば、7世紀末から8世紀にかけてのものである。天寿国繍帳は、亀の背の繍文にある作成の由来を示す銘文の通り（この銘文は『上宮聖徳法王帝説』に全文収録されている）、推古30年（622）の聖徳太子逝去時の作で、飛鳥時代のものであろう。ただし、法隆寺伝来のいわゆる蜀江錦は、太子や太子妃ゆかりのものとは考えられない。善光寺如来御書箱や膳妃下帯に用いられている文様が小さい方の格子花文蜀江錦（赤地格子蓮華文錦）と同様の錦が、中国新疆吐魯番哈拉和卓周辺のトユクの乾封2年（667）の墓誌が伴出した古墓からル・コック（Albert von Le Coq）によって発掘されたといわれるからである[18]。また、格子花文蜀江錦の格子を取り去り、中央の蓮華文を主文とし、四方のパルメットを組み合わせて副文とした団花文錦が、中国新疆吐魯番阿斯塔那古墓から7世紀後半の墓誌や文書を伴って2点出土しており、年代資料のないものも数点出土している（文様に大小あり、複様平組織経錦と複様綾組織経錦の両方がみられる）（図11）。同様の団花文錦は、正倉院裂（法隆寺裂が混在か）の中にもみられる（図12）。ただし、蓮華文の中央の形状が異なる。また、格子花文蜀江錦は複様平組織経錦であるが、正倉院の団花文錦は複様綾組織経錦である。

獅鳳円文蜀江錦（赤地双鳳獅子唐草連珠円文錦）とほとんど同じ文様の錦が、中国新疆吐魯番阿斯塔那の第5区2号墓からスタイン（Mark Aurel Stein）によって発掘されている[19]（図13）。文様の細部がわずかに異なるだけであるため、従来からこの蜀江錦が中国からの渡来品である可能性が指摘されている。ただし、この錦の年代資料はなく、本資料から獅鳳文蜀江錦の年代を推定することはできない[20]。

法隆寺献納宝物中の幡の幡身1坪目に、複様平組織緯錦（色緯糸顕文で、地は平組織）とされる錦（図14）が用いられている。正倉院裂中にも同じ錦があり、連珠花獅子文錦と称されているが、これは明治に法隆寺裂が混入したものと考えられる。したがって、この錦は、我が国の上代裂中唯一種類の複様平組織緯錦である。我が国では非常に珍しい組織の錦で、文様も蓮華文と帯状の段文と唐草連珠円を輪違いにした連環文の中に樹下双獅子文とパルメット風唐草を配したもので、他に全く類をみない。中国でも珍しいが、新疆吐魯番阿斯塔

那古墓から、類似した所のある錦が出土している（図15）。これらの錦の年代資料はないが、六朝から隋（初唐か）と思われ、組織は複様平組織緯錦である（経錦という説もある）。そのように、我が国で唯一例しかみない複様平組織緯錦も、中国ではいくつも出土している。新疆吐魯番の哈拉和卓古墓からは5世紀中頃のものが、阿斯塔那古墓からは6世紀中頃と7世紀中頃のものが出土している（「古代染織略年表」参照）。阿斯塔那古墓出土の年代資料のない錦の中にも、複様平組織緯錦はいくつか出土している[21]。ただし、7世紀末からは一切出土していない。そのため、組織からみて、この錦を7世紀前半かそれ以前のものと考えることができるかもしれない。次に文様について、双獅子文を囲むものが連珠唐草円か連珠唐草の円環かの違いはあるが、その部位は獅鳳円文蜀江錦と類似している。さらに、蓮華文と帯状の段文の組み合わせが発展して格子花文蜀江錦の文様になったとみれば、この錦の文様は、2種類の蜀江錦（獅鳳円文蜀紅錦と格子花文蜀江錦）の要素を持ち、しかもその前身に当たることになる。

　以上をまとめると、法隆寺のこの錦（連珠花獅子文錦又は連珠華文錦）は、文様構成の似た7世紀中頃以前のものが中国で出土しており、その頃のものとみれば複様平組織緯錦であっても珍しくはない。文様は、7世紀後半のものとみなされる2種類の蜀江錦の源流のようである。

　法隆寺裂にみる広東裂（絣）は正倉院裂中にまず使用例をみない。今後、その理由について検討したい。また、法隆寺裂の綾は、組織と文様が正倉院のものと類似しているものがあり、生産年代が重なっていることを示していると思われる。今後、そのことについても詳細な検討を行いたい。

　正倉院の最勝王経帙（図16）の縁と帯に使用の黄地唐花文錦は、中央にある次の織文から、正倉院の年紀銘のある錦の中で最古であることが知られる。

　　依天平十四年歳在壬午春二月十四日勅
　　天下諸国毎塔安置金字金光明最勝王経

しかし、最古の錦であることを意識して、空引（花楼）機で緯錦を製織する技術が未熟であったから文様が小さい、などと議論するのは見当はずれである。この錦は、緯糸に黄・濃黄・白・縹・碧・紫の6色を用いて経糸を薄茶とした、複様三枚綾組織の緯錦で、文様は、主文と副文の区別が明確で古様さを感じさせない典型的な唐花文錦である。また、経帙の裏面に縫い付けられた綾は、天平勝宝9歳（757）の聖武天皇一周忌斎会に用いられた大灌頂幡に多用されている綾地異方綾文綾の花唐草文綾（図17）である。次に、天平14年（742）という年代であるが、先の和銅4～6年（711～713）には挑文師を派遣して諸国に錦・綾の製織技術を教習し、翌年には21か国で錦・綾の製織が開始され、鞍作磨心が妙麗な錦・綾を製織している。天平5・6年（733・734）に、地方（越前・尾張など）で錦・綾を生産して

いたことが、『正倉院文書』の「郡稲帳」や「正税帳」によって証拠立てられる。したがって、この錦が充分成熟した技術を用いて製織されたことは明らかである。幅の細い経帙の縁に大文様の錦を用いても、文様の形がわからず意味がないから、小さい文様の錦が用いられたと考えられる。

4．「古代染織略年表」の課題

　ここで、「古代染織略年表」をもとにした考察について、いくつかの課題があると考えられるので、次に述べておきたい。

　最初に、出土遺物は、年代資料が伴出しない限り正確な編年が困難で、年代順に並べて年表に載せ難いという問題がある。すなわち、中国両漢代（紀元前202〜後220）の出土遺物は年紀を記した年代資料を伴出していないが、北朝から唐代（4〜8世紀）にかけての吐魯番阿斯塔那の出土遺物は年代資料を伴出しているものが多くあり、4世紀以降の編年は比較的容易である。それに対して、我が国の出土遺物は、弥生時代から古墳時代後期（終末期を含めれば7世紀中頃までか）に至るまで全て年紀銘の記された年代資料が欠けていて（年代資料のある古墳を見逃していれば、著者の不明による）、編年は困難である。したがって、そのようなものを併記することにどれだけの意味があるかという問題に帰着する。しかし、たとえ大雑把にでも時代順に並べて記載すれば、何らかの傾向が判明すると考えられる。そして、より詳細な検討するために、出土染織遺物に関する一層精緻な時代考証を進める必要があるといえよう。

　次に、我が国の弥生時代から古墳時代にかけての出土遺物のほとんどすべてが人骨・土壺・鉾・剣・鏡・大刀・挂甲・馬具に固着（錆着）したもので、実物資料ではあるが、組織・色彩・文様などがよくわからないという問題がある。そのため、正倉院裂・法隆寺裂等の調査結果などを基本にして、平絹・筬目の平絹・交織平織物・交織縞織物・畝織・経錦・平地綾・刺繍などと、裂地を類別するだけで調査を終了していては、とうてい比較検討資料の役割を果たさないことは明白である。重要な基礎資料であるから、弥生（前・中・後期）・古墳時代（前・中・後期）の各時代それぞれに固有の織機・組織・染織技法を明らかにすることを前提にして、慎重に詳細な調査を進めていかねばならないといえよう。

　次に、比較検討資料とした北朝から唐代にかけての中国出土染織品の多くが西域の吐魯番阿斯塔那古墓出土のもので、北魏・南朝・隋・唐、あるいは朝鮮の百済・新羅・統一新羅などの国の中央からの出土品がほとんど発見されていないという問題がある。ただし、砂漠地帯の出土裂の中には、西域で生産されたと思われるものに混じって中国の中央から輸入されたと考えられるものもみられる。砂漠地帯の出土裂は、これまでに多数出土していて非常に残存状態が良いので、貴重な比較検討資料といえよう。

次に、『古事記』や『日本書紀』などの文献の4～5世紀以前の記載の中に、年代も内容も事実と受け取れない伝承が含まれるという問題がある。染織関係では、4世紀末頃の仲哀天皇の時に功満王が蚕種を奉献したことをはじめ（『日本三代実録』『新撰姓氏録』）、5世紀に錦・綾などの機織技術が渡来したことを示す様々な重要事項がみられる（「古代染織略年表」参照）。これらの内容は、そのまますべてを事実とみなすことはできないにしても、日本を統一した大和朝廷が4世紀に新しい養蚕技術を導入し、5世紀に新しい機織・縫製技術を導入したことを示しているとみなすことに大過はないと思われる。

　次に、この年表に海外から我が国への染織品貢献のことを網羅的に取り上げていないという問題がある。貢献時に新しい染織技法も入ったと考えられ（少なくとも、新技法の研究材料となる見本裂として用いることができるものは入ったとみられる）、染織品の貢献は染織史上重要な出来事であるので、今後年表に追加したい。新技法導入の窓口は、唯一渡来した帰化人と遣隋使や遣唐使のみではなかったと思われる。ただし、新羅や中国の商人達が次々に渡来して舶載品や新技法をもたらすのは、晩唐（9世紀中頃）以降といわれており、奈良時代までは、おそらく窓口がほとんど限られていたのであろう。

結　語

　古墳出土裂や中国出土裂など実物資料の数が飛躍的に増加しているので、従来と比べると、古代染織の歴史について木目の細かい考察が可能になった。「古代染織略年表」は、文献資料と実物資料とを見比べて、検討しながら考察するために役立つと考えられ、考察の結果、以下のようなことがわかった。

　①養蚕は、4世紀に九州から全国各地に広がったようである。

　②7世紀前半の遣隋使によってもたらされた染織技術は、その頃の中国出土裂に緯錦（複様三枚綾組織）が存在することから、緯錦の製織技術も含まれていた可能性がある。ただし、この頃の中国の緯錦を最初期のものとみる説があり、そのようなまだおぼつかないものを遣隋使が我が国にもたらしたかどうか、今後の検討課題である。

　③7世紀後半に遣唐使が頻繁に派遣されており（第2～6回）、この時に8世紀以降に主流になる新しい染織技術（緯錦製織技術を含む）が渡来したと考えられる。あるいは天武朝になるまでは新しい染織技術が渡来しても取り入れられることはなく、天武朝になって初めての大宝元年（701）の遣唐使（帰朝は、慶雲元年(704)と同4年）によってもたらされた新しい染織技術が、史上初めて中央の官営染織工房に導入されたのかもしれないが、その後、霊亀2年（716）まで遣唐使は派遣されていないから、この時にもたらされた技術、すなわち製織のノウハウと織機および筬・綜絖などの道具類だけを用いて（織機と道具類は同様のものを真似て製造したかもしれない）、数年後に諸国（少なくとも21か国）に挑文師を派遣

第1部　正倉院の染織品について

して錦・綾の製織技術を教習させることができたのであろうか。今後の検討課題としたい。

　④5世紀後半に渡来した染織技術は、百済から仏教が伝わった6世紀前半から後半にかけて刷新されたと推測されるが、5世紀と6世紀の古墳出土裂の詳細な調査を行って、比較検討しなくては確かなことはいえない。

　⑤法隆寺裂と正倉院裂の中には、未整理の品がまだ存在するので、両者を完全に比較検討することは難しいが、最近の整理の成果からいえば、意外に年代が重なるものがあることがわかっている。また、正倉院裂に混在している法隆寺裂を明確に区別できるようにすべき問題を避けることはできない。今後の検討課題である。

　なお、法隆寺裂から正倉院裂にかけての変遷について、調査検討すべきことは多いが、本章では、蜀江錦（獅鳳円文蜀江錦と格子花文蜀江錦）、連珠花獅子文錦（複様平組織緯錦）、黄地唐花文錦（正倉院の年紀銘のある錦の中で最古）について、文様・組織の両面から検討するに留めた。今後、正倉院裂、法隆寺裂、我が国の古墳出土裂、中国など海外の出土裂について詳細な調査を行い比較検討することによって、様々な問題点が明らかになり、我が国の古代染織全体の体系化、ひいては世界の古代染織全体の体系化の端緒が付くことは確かであり、調査の進展が期待される。

(1)　文献による正倉院裂ないし上代裂の研究には、黒川真頼編『工芸志料』（内務省博物局、1878）、明石国助『日本染織史』（思文閣出版、1928）、佐々木信三郎『西陣史』（芸艸堂、1932）などがあり、近年では、『正倉院文書』も文献資料として、石母田正「古代・中世社会と物質文化」（『古代末期政治史序説』下巻、未来社、1956）、三瓶孝子『日本機業史』（雄山閣、1961）、原島礼二「八世紀における絁布生産の技術史的考察」（『続日本紀研究』第125号、1964）、平野邦雄「手工業」（体系日本史叢書10『産業史Ⅰ』山川出版社、1964）、遠藤元男『織物の日本史』（NHKブックス、日本放送出版協会、1971）その他、多数の研究がある。

　　文献資料の中でも資料価値の高いものは、正倉院裂の一端に直接書かれた銘文であり、綴じ付けられた題箋に記された銘文である。正倉院裂には銘文のあるものが多く、世界の古代裂の中でも稀なことであり、資料価値を高いものにしている。

　　なお、正倉院裂の銘文の中で、楽舞装束の楽名・年代、調庸銘などがすでに明治の整理以来知られていた。大正3年から正倉院裂の整理と修理は本格化し、その間に銘文が次々に発見され、それらは石田茂作編「正倉院御物年表」（『東洋美術特輯　正倉院の研究』飛鳥園、1929）の銘文の項目に発表された。

　　やがて、正倉院裂の銘文は、松嶋順正「正倉院古裂銘文集成（結）」（『書陵部紀要』第3号、1953）にまとまった形で一括して発表された。その後、新発見の銘文を増補した松嶋順正編『正倉院宝物銘文集成』（吉川弘文館、1978）が出版された。なお、銘文判読の最近の成果は正倉院事務所編『正倉院宝物』1～10（宮内庁蔵版、毎日新聞社、1996・97）に発表されている。

(2)　昭和25年（1950）には文部省科学研究費交付金（総合研究）を受けて「正倉院裂の基礎的調査」（昭和25～27年、研究代表者黒田源次）が行われ、引き続いて、正倉院事務所の事業として古裂第1次調査が行われた（昭和28～37年。「正倉院の綾」『書陵部紀要』第12号（1960）による）。

翌26年には川島織物所所蔵上代裂（正倉院裂および法隆寺裂）の調査研究報告書である佐々木信三郎『川島織物研究所報告第2報　日本上代織技の研究』（川島織物研究所）が上梓された。その後も正倉院古裂の研究は進められており（下記染織調査一覧表参照）、特別調査と並行して経常の古裂整理調査事業報告が『書陵部紀要』第1号（1951）所収「正倉院年報（昭和22〜25年）」以来今日まで毎年発表され、整理調査資料に基づいた研究論文が発表されている（「正倉院年報」は、昭和54年には『正倉院年報』第1号として独立して刊行され、平成9年には「正倉院紀要」と改題されて現在に至る）。

正倉院染織調査一覧表

調査項目名	調査期間	調査内容	既刊の報告書
古裂　第1次調査	昭和28〜37年	錦綾を中心の染織総合調査　染料の化学分析調査	『書陵部紀要』第7〜13号　『書陵部紀要』第11号
羅	昭和37〜43年	羅の組織の研究調査	『正倉院の羅』（佐々木信三郎著、正倉院事務所編、日本経済新聞社、1971）
組紐	昭和43〜45年	組紐の組織・色彩・文様調査	『正倉院の組紐』（正倉院事務所編、平凡社、1973）
古裂　第2次調査	昭和38〜47年	染料の化学分析調査　繊維素材の科学的調査	『書陵部紀要』第14・19号　『書陵部紀要』第26号
繊維（絹以外）	平成2・3年	繊維素材の科学的調査	『正倉院年報』第16号
刺繡	平成12・13年	刺繡の技法調査	『正倉院紀要』（第25号）

（3）　この錦は、正倉院の錦の中では非常に珍しく経糸に撚りが加わっている。さらに、裂地表面が緻密で艶があり、他の錦とは異質な印象のものである。このように、渡来品の可能性を検討するべきものが正倉院にはいくつも存在する。今後、正倉院裂の詳細な調査を行い、織組織や文様や絹繊維の品質などを総合的に判断することにより、渡来品と認められるものが発見されることが予想される。

（4）　これまで、太田英蔵「正倉院の錦　概説」（『書陵部紀要』第13号、1962）や山辺知行『日本美術大系　第8巻　染織』（講談社、1960）や松本包夫「正倉院裂の世界」（『仏教芸術』第200号、毎日新聞社、1992）などによると、正倉院裂と我が国の古墳出土裂や中国出土裂との比較検討は、後者の資料不足と調査不十分のため、難しいとされてきた。角山幸洋「錦綾の伝播と生産」（『服装文化』第153号、文化出版局、1977）は、我が国の古代裂研究に、古墳出土裂や中国出土裂を実物資料として取り入れた先駆的な論考である。そこでは、法隆寺裂を対象として論じられているが、正倉院裂にも応用できる示唆に富んだものである。ただし、我が国の古墳時代のことを記した文献資料と実物資料とを並べて論じられていないことや各裂地の詳細な調査記録が記されていないことから（紙数の関係からとされている）、本章とはやや主旨が異なる。

（5）　調査対象品の数量が非常に多いことと、未整理品が存在することから、すべての上代裂の織組織を調査し尽くしてはいないが、ほぼ全貌を明らかにした研究で、平地浮文綾・平地綾文綾・平地変り綾文綾・綾地異方綾文綾・綾地同方綾文綾・複様平組織経錦・複様綾組織経錦・複様平組織緯錦・複様綾組織緯錦などの古代錦綾の織組織の名称を一般的なものとしたことでも知られる。ちなみに、法隆寺献納宝物上代裂と東京国立博物館頒布正倉院古裂（明治9年）の合計は、昭和55〜57年度科学研究費補助金研究成果報告書『法隆寺・東大寺伝来上代裂（東博保管）の技法、文様等に関する調査研究』（昭和58年度、研究代表者三宅敏之）によると、合計約2498点である（まとめて約二千有余件とも記されている）。それらの東京国立博物館保管の上代裂は、昭和56年度から復元修理が行われており奥村秀雄「東京国立博物館保管　上代裂について（上）」（『ミュージ

アム』第389号、東京国立博物館、1983)、その成果は刻々と澤田むつ代によって『ミュージアム』誌上に発表されており、今日までに修理を終えたものは176点に及ぶ(澤田むつ代『上代裂集成』中央公論美術出版、2001)。また、『法隆寺の至宝―昭和資財帳―』第10・12・14巻(小学館、1989・93・98)に収録されている上代の染織品は、合計約百数十件である(未収録品数は不明)。それに対して、正倉院の染織品は約3千件を数え、別に古裂残片が約20万点整理されていて、それ以外に未整理の檻褸が経常的に整理されており、点数が日々増加している。

(6) 前掲注(4)角山幸洋「錦綾の伝搬と生産」は、先駆的であるが、諸資料全般を比較検討対象としているとはいえない。

(7) 法隆寺裂の中には、正倉院裂と同様のものがかなり存在することが知られつつあり、8世紀中頃に及ぶものも相当数存在するかもしれない。

(8) 7世紀後半に緯錦生産技術が渡来したとするならば(本章第3節の(2)参照)、8世紀初期にその技術が行き渡っていた可能性はあるだろう。しかし、地方諸国に最新の技術を普及するだけの余裕があったかどうかは不明である。地方の官営工房では、まだ錦・綾を生産していなかったと思われるので、律令制という新国家体制の完成に向けて、地方でも錦・綾を生産できるようにしようとしただけなら、最新の技術を教習したとは限らないと思われる。『正倉院文書』の「越前国郡稲帳」に錦機2台で綜絖が28条とあるが、綜絖の数がそのような地方に設置された機は、空引装置を付けた大文様の緯錦を織る機とは思えない。

(9) 新技術で緯錦を上手に製織したことを意味するのかもしれないが、緯錦に限らず、経錦も平地綾文綾も綾地綾文綾も上手に製織したのであろう。

(10) 『布目順郎著作集』第1巻「34 養蚕の渡来」(桂書房、1999)参照。

(11) 布目順郎「下池山古墳出土の縞織物について」(『青陵』第92号、1996)では、下池山古墳出土の縞織物を卑弥呼が魏王に貢いだ斑布や絳青絁の類とみなすことを否定している。あえて卑弥呼に関わる織物とみなすには、充分な根拠が必要であろう。

(12) 京都府園部町垣内古墳や奈良県天理市下池山古墳など。

(13) 経糸を2本以上引き揃えて開口緯入れし、経糸方向に筋を現す織物。

(14) 錦に複様平組織緯錦(平地緯錦)や複様平組織経錦(平地経錦)以外に、複様綾組織緯錦(綾地緯錦)がみられ、綾の平地綾文綾が初めてみられる。

(15) 天寿国繍帳は、飛鳥時代の作と一般に認められている我が国唯一の染織品であり、撚糸を用いた刺繍で人物の衣服などに百済風の趣があることから、様式のことが染織にも成り立つかとも思われるが、これは錦綾ではないので、染織技術全般については、なお不明である。

(16) 吐魯番阿斯塔那古墓出土錦をみると、6世紀後半には平地緯錦や平地経錦に加えて綾地緯錦が、7世紀中頃には綾地経錦が出現し、7世紀後半には平地経錦・綾地経錦・平地緯錦・綾地緯錦の4種類が同時並行して生産されている。そして、8世紀になると、平地緯錦はみられなくなる。このような傾向は、我が国に渡来した錦生産の新技術にもみられたのではないだろうか。すなわち、綾地緯錦は遣隋使によってすでに渡来したが、綾地経錦は遣唐使によってもたらされた。また、平地緯錦は西方からもたらされた毛織物にみられ、中国の中央では主流ではなかったようで(ほとんど作られておらず)、我が国に渡来することもほとんどなかったと思われる。

(17) 太田英蔵「大瑞錦獅子狩文錦について」(『服装文化』第156号、文化出版局、1977)参照。

(18) Albert von Le Coq., *Chotscho, Koniglich Preussische Turfan-Expedition*, Berlin, 1913.

(19) Aurel Stein, *Innermost Asia*, London, 1928, Vol. II, p.697, Vol. IV, Pl L X X V Ⅲ.

(20) 3種類の蜀江の残りの一つである亀甲花文蜀江錦(赤地花葉亀甲繋錦)(図18)は、花葉を亀甲風に繋いで双鳥文を配した構成の文様である。7世紀の前半の造営といわれる中国新疆のクチャ(庫車、亀茲とも記されるオアシス都市)に近いキジル千仏洞のマヤ洞主室左壁に描かれた

トハラ族（又はトハラ地方）の貴婦人像の錦か刺繍か染め物か不明の衣服に、亀甲花文蜀江錦と似た文様が表されている（図19）。しかし、そのことから、この蜀江錦が7世紀前半に生産されたとはいえないであろう。

(21) 横張和子「複様平組織の緯錦について」（『古代オリエント博物館紀要』第11号、1990）、『シルクロード学研究8　トルファン地域と出土絹織物』（2000）参照。

(22) クリシュナ・リブー講演「正倉院染織の源流」（道明三保子翻訳、『服装文化』第176号、文化出版局、1982）に「ここで強調しておきたいのは、織物の組織構造を詳細に分析することにより、織物の実際の製作方法が判明するということです」「法隆寺や正倉院コレクション中の豊富な織物は、技術上のきわめて有益な知識をわれわれに与えてくれるはずです」とあるように（リブーは、西欧の古代織物研究の最高権威の一人である）、織物の文様・組織構造を詳細に分析することが古代染織研究に必要不可欠であることは、少なくとも海外では自明のことといえよう。本章第1節で述べたように、我が国の佐々木信三郎による組織構造の詳細な研究は世界に先駆けたものであったが、現状ではその研究を踏襲して発展させているとはいえない。私は、1997〜2000年にかけて、正倉院の錦21点と綾18点の織りの構成などについて調査を行う機会があり、その結果を『正倉院紀要』第22・23号（2000・01）に報告した。ただし、それらの報告は、組織・織機（あるいは織りの機構）・文様・染色・歴史的背景などに及ぶ C.I.E.T.A.の提唱している方法に至らないものであり、調査点数も全体からみればわずかに過ぎないから、今後とも正倉院裂の詳細な調査を進めて行く必要があると考えている。

(23) 法隆寺裂に限らず、海外の古裂と正倉院裂とを文様・組織について詳細に比較検討することにより、新しい見解が明らかになると考えられる。たとえば、1968年には、吐魯番阿斯塔那第108号墓から唐開元9年（721）銘の庸調布と共に正倉院にはみられない組織の縞文錦（綾地の経縞の経錦で、縞ごとに綾目の方向が逆さになっている）が出土し、年代資料のない阿斯塔那第105号墓から正倉院にはみられない八彩暈繝提花錦（綾地の経縞の経錦に縫取織り風に花文を織り出している。盛唐期であろう）が出土している。また、両漢代の「綺」と称される織物は、平組織の経糸を文様部分だけ緯糸を2本越して浮かせているもので、文様部分が斜文組織をなしていない。今日我が国で綾と呼ぶ織物を中国で綺と呼んでいることとは異なる。また、阿斯塔那では平地綾文綾は6世紀以来のものが出土するが、綾地綾文綾は8世紀中頃のものまで出土していない。しかし、法隆寺裂の中から8世紀初めの綾地異方綾文綾が発見されているから（本章第2節の(4)参照）、中国でもそれ以前に綾地綾文綾を製織していたのであろう。佐々木信三郎『日本上代織技の研究』（既出）には、格子花文蜀江錦の整経時の三重経の並び順の（三色を甲・乙・丙として）甲・乙・丙・丙・乙・甲と打ち返しになっていることが注目されており、その理由として織法や文様の色彩効果が言及されている。同じく経錦の整経時の色経の並び順については、横張和子「古代織技の問題点—空引機と棒機—」（『服装文化』第178号、文化出版局、1983）にガブリエル・ヴィアールとドナルド・キングの説が紹介されているが、佐々木の指摘と相通じるものである。ただし、佐々木は経錦がいわゆる空引機で織成されたと推想されると記しているが、ヴィアールは経錦が空引機以外の織機である棒機（メチエ・オ・バゲット）で織成されたという仮説を立てており、おのずと解釈の違いが生じている。中国の両漢代など初期の経錦がすべて棒機で織成され、その頃には空引機が存在していなかったと断じるには、まだ問題を残すが、経錦の棒機による織成の仮説は、今では通説になりつつある。

古代染織略年表

年代	時代	文献の記述	我が国の出土・伝来染織遺物	中国など海外の出土染織遺物 [出土年]	中国	朝鮮
BC200	弥生前期 ↓		福岡県北田遺跡出土壺付着の平織布の羅・刺繡・平絹（苧麻又は楮か） 山口県綾羅木遺跡出土壺付着の麻布（苧麻） 福岡県有田遺跡出土銅戈付着の平絹	河北省満城出土経錦・羅・刺繡・紗・平絹等残片 [1968] 湖南省長沙馬王堆1号墓出土経錦・紗・刺繡・平絹等 [1972] 南シベリアのオグラクティ墳墓出土経錦 [1903]	〈前漢〉 BC202 〜AD8	
100	弥生中期		福岡県比恵遺跡出土銅剣銅身巻の平絹 佐賀県吉野ヶ里遺跡甕棺墓（SJ1768）出土諸甕棺内発見の平絹	バイカル湖南イルモヴォイ・バディ古墳出土経錦 [1927] 居延（エツィン・ゴル）・扞泥城（ミーラン）		
AD1			佐賀県朝日北遺跡出土人骨（肋骨）付着の平絹 兵庫県桜ヶ丘遺跡出土銅鐸・銅戈付着の麻布（大麻か） 福岡県立岩遺跡出土素環頭刀子柄巻及子付着の平絹 福岡県吉ヶ浦遺跡出土人骨（小児・熟女）付着の平絹 福岡県門田遺跡出土剣身巻の平絹 福岡県須玖岡本遺跡出土の重圏・連弧文鏡付着の平絹 長崎県三会村遺跡出土甕棺内浮遊の平絹	出土平絹等 [1935] 楼蘭L・C古墓出土経錦・毛織物等 [1914] 新疆民豊県尼雅出土平絹・羅・刺繡・組紐・毛織・毛氈等 [1959] 甘粛省武威磨咀子出土錦縁刺繡針絹等 [1959]	〈新〉 〈後漢〉 25〜220	〈高句麗〉
100	弥生後期 ↓		福岡県楢渡遺跡出土鉄剣及銅剣付着の平絹 福岡県栗山遺跡出土人骨（塾女右脛骨）付着の平絹	山西省陽高漢墓群出土羅・平絹等 [1943] モンゴルのノインウラ古墳群出土経錦・綾・羅等 [1926]	〈後漢〉	〈高句麗〉
200			熊本県石原亀甲遺跡出土鏡銀孔内の紐痕跡（楮又は穀） 熊本県慈恩王遺跡出土鏡鈕孔内の紐痕跡（大麻）	朝鮮楽浪郡石巖里墳址出土平絹等 [1925] シリアのパルミラ遺址出土平絹等、シリアのドゥラ・ユーロポス出土緯錦（複様平組織）等 [1925〜44]		

年代	時期	日本	中国	朝鮮
200～	弥生前期 ↓	福岡県汐井掛186号木棺内発見鏡鈕孔内の紐痕跡　絹又は穀 熊本県西弥護免遺跡出土鏡付着の麻布（大麻） 静岡県登呂遺跡出土の麻布（大麻） 福岡県宮の前遺跡出土縄付着の平絹 福岡県唐原遺跡出土縄付着の平絹	クリミアのケルチ遺址出土菱文綾 [1842] 【文献】（魏）景初2年（238）、倭女王卑弥呼が魏王に斑布を献じ、絳地交竜錦・句文錦などを賜った（『魏志倭人伝』） 【文献】（魏）正始4年（243）、倭国の女王卑弥呼が魏王に倭錦や絳青縑や帛布などを献じ、卑弥呼の娘壱与が魏王に異文雑錦を貢いだ（『魏志倭人伝』）	〈後漢〉 〈三国〉 魏・呉・蜀 〈高句麗〉
300	古墳前期 ↓ 仲哀天皇4年、功満王が蚕種を奉る（『三代実録』） 仲哀天皇8年、功満王が蚕種を奉る（『姓氏録』）	富山県杉谷A遺跡素環頭大刀身付着の平絹 福岡県那珂八幡古墳出土三角縁神獣鏡付着の平絹及同鏡鈕孔内の紐痕跡（苧麻） 京都府福知山市広峯15号墳出土盤龍鏡付着の平絹 島根県椿谷出土鉄剣付着の平絹 島根県松本1号墳出土鉄剣・剣形鉄器付着の平絹 島根県小谷土壙墓出土縄・刀子付着の平絹 島根県造山3号墳出土縄・刀子付着の平絹 奈良県大和天神山古墳出土神獣龍鏡付着の平絹 奈良県桜井茶臼山古墳出土筒形銅器・鉄鉾付着の平絹 福岡県昌蒲浦古墳出土方格規矩鏡付着の平絹、同鏡付着の平綿布 京都府園部垣内古墳出土神獣画像鏡付着の交織平織物、同鏡付着麻布（苧麻） 奈良県下池山古墳出土鏡付着の交織縞織物・平絹・真綿、同鏡箱内張の羅 石川県国分尼塚1号墳出土鉄斧・絁・檜		吐魯番（以下略）阿斯塔那古墓（第6区1号墓）出土経錦 紗・刺繡（升平8年（364）文書伴出）[1916] 阿斯塔那古墓（TAM39）出土「富且昌侯王天命長」織銘巻（升平11年（367）・14年文書伴出）[1964] 〈西晋〉 〈東晋・五胡十六国〉 〈三国〉 高句麗・百済・新羅・任那

300〜	弥生前期↓	仲哀天皇9年、新羅の王波沙寐錦が金・銀・綾・羅・絁絹を八十艘の船で貢献した（『書紀』）	大刀・短剣等付着の平絹、槍付着の麻布（大麻） 福岡県神蔵古墳出土三角縁神獣鏡鈕孔内の紐痕跡（楮又は穀） 広島県御堂2号墳出土の麻布（大麻） 京都府福知山市広峯15号墳出土盤龍鏡付着の平絹、槍装着部巻の漆塗り絹糸 福岡県一貫山銚子塚古墳出土鏡・刀子付着の平絹	〈東晋・五胡十六国〉 〈三国〉
400	古墳中期↓	応神天皇14年（403頃）、百済王が縫衣工女の真毛津を朝廷に貢ぐ（『書紀』） 同年、弓月君が百済より120県の民を率いて来朝（『書紀』）（養蚕技術を伝えたと説話とされる） 同年、融通王（弓月君）が127県の百姓を率いて来朝、融通王吊を献じ、大和朝津間の腋上の地を与えられる（『姓氏録』）（説話とされる） 応神天皇20年（409頃）、倭漢氏（中国系有力帰化人）の祖先の阿知使主とその子都加使主が17県の民を率いて来朝（『書紀』）（機織等技術を伝えた） 同年、阿知使主らは大和高市郡の桧前村に住んだ（『姓氏録』） 応神天皇37年（426頃）、阿知使主とその子都加使主を呉に遣わし、高麗国を経て呉王に兄媛、弟媛、呉織、穴織の四工女を与えられた（『書紀』） 応神天皇41年（430頃）、阿知使主呉より帰朝、兄媛を胸形大神に奉り他の三工女を仁徳天皇に貢いだ（『書紀』）	京都府与謝郡愛宕山3号墳出土鎌付着の平絹 熊本県向野田古墳出土内行花文鏡付着平絹、刀柄巻平絹 静岡県馬場平古墳出土神獣鏡・銅鏃付着の平絹 熊本県久保遺跡1号石棺内発見鉄剣付着の平絹 兵庫県西野山3号墳出土刀子付着の平絹 栃木県那須八幡塚出土縄付着の平絹 福井県龍ヶ岡古墳出土剣付着の平絹及綴風織物 大阪黒媛山古墳出土短甲付着の平絹 大阪府界市大塚山古墳出土鏡付着の経絹（？）反成日平絹	〈南北朝〉 阿斯塔那古墓（TAM1）出土故練覆面・故練襦・故生絹裙等（西涼建初4年（418）衣物疏伴出）[1963]

時期	文献記録	日本出土品	〈南北朝〉	〈三国〉
400～ 古墳中期	（年代不明）応神天皇の時に百済の昭古王が呉服の西素を貢いだ（『古事記』）（絹織物技術者の来朝） （年代不明）応神天皇の時に百済から努理使主が帰化、その子孫が顕宗天皇の時に絹・絹の見本を献じ調首の姓を賜った（『姓氏録』） （年代不明）仁徳天皇の時に弓月君の一団は諸郡に分置され、養蚕や絹織物生産の功績により弓月君に波多公（秦氏）の姓を賜った（『姓氏録』） （年代不明）仁徳天皇の時に、阿知使主の一団は、摂津、参河、近江、播磨、阿波などの諸国に分置された（『姓氏録』） （年代不明）允恭天皇の時に麻績宿禰が絹綿の縫工を束ねさせて、麻績宿禰に服部連の姓を賜った（『姓氏録』） 雄略天皇6年（462）、天皇は后妃に自ら養蚕を行わせて養蚕を奨励した（『書紀』） 雄略天皇7年（463）、百済の貢いだ新漢の手末才伎である錦部定安那錦らを上桃原、下桃原、真神原に住まわせた（『書紀』） 雄略天皇12年（468）、身狭村主青と檜隈民使博徳とを呉に遣わす（『書紀』） 雄略天皇14年（470）、身狭村主青らが呉の貢いだ手末才伎である漢織、呉織、兄媛、弟媛らを伴って帰朝（『書紀』） 雄略天皇15年（471）、秦造酒（秦酒公）は秦の民が諸臣連のもとに分散されて駆使されているのを憂いて天皇に訴え、秦の民を賜って、民を率いて庸調の絹縑を朝廷に貢績（『書紀』）	大阪府黄金塚古墳出土刀子付着の平絹 岡山県月の輪古墳出土中央槨内発見の縦・剣・刀、南槨内発見の剣・刀付着の平絹（歳日平絹不存在） 鳥取県長瀬高浜遺跡75号墳出土剣付着の平絹 奈良県猫塚古墳出土籠手小札付着の横臥織絹 福井県十善の森古墳出土鉄器片付着の経錦 大阪府（伝）仁徳天皇陵出土獣帯鏡付着の歳目平絹 奈良県円照寺墓山1号古墳出土鏡付着の経錦（？）及歳目平絹 福岡県七夕池古墳出土銅鏡付着の平絹 福岡県門田遺跡辻田2号墳出土青銅製丸玉の孔内の撚紐 福岡県勝浦41号墳出土神獣鏡・大刀付着の平絹、同左柄外装付着の繊維束（大麻か） 東京都亀塚古墳出土金銅大帯金具付着の綾（組織は平地四枚綾か）	阿斯塔那古墓（TAM177）出土禽獣文経錦（複様平組織）（北涼承平13年（455）文書伴出）[1972] 哈拉和卓古墓（TKM90）出土瑞文毛織物（複様平組織緯錦）（柔然永康17年（482）文書伴出）[1975]	

				〈三国〉
			〈南北朝〉	
400～	古墳中期 ↓	みしあげて禹豆麻佐の姓を賜った(『書紀』)(年代不明) 雄略天皇の時に秦の民が一万八千六百七十人を賜い、養蚕を行い絹を織って朝廷に積み上げて禹都万佐の姓を賜った(『姓氏録』)		甘粛省敦煌莫高窟第125・126窟出土刺繍仏像(北魏太和11年(487)文書伴出)[1965]
500	古墳後期 ↓	武烈天皇8年(506)、帝は日夜宮人達と酒に溺れ、錦繍を席とし、大勢が綾や白絹を着用していた(『書紀』)	大阪府陵南遺跡出土の平織物(植物繊維か)	阿斯塔那古墓(TAM306)出土鳥獣段文経錦(平)(高昌章和11年(541)文書伴出)[1959]
		宣化天皇元年(536)、天皇が都を檜隈(奈良県高市郡明日香村の盧入野に遷した(『書紀』)	滋賀県膳所稲荷山古墳出土金銅冠内張の平絹茨城県三味塚古墳出土の平絹及綾	阿斯塔那古墓(TAM170)出土波斯錦(経緯?)(高昌章和13年(543)衣物疏伴出)[1972]
		宣化天皇3年(538)、百済聖明王が仏像と経論を献じた(『上宮聖徳法王帝説』『元興寺伽藍縁起并流記資財帳』)	和歌山県天王塚古墳出土の挂甲留小札付着の筬目平絹・平絹及経錦	阿斯塔那古墓(TAM170)出土樹葉文錦(経緯?)(高昌章和18年(548)衣物疏伴出)[1972]
		欽明天皇元年(540)、天皇が倭国磯城郡の磯城嶋(奈良県桜井市金屋付近)に遷した(『書紀』)	奈良県孤塚古墳出土挂甲付着の筬目平絹・平絹及経錦	阿斯塔那古墓(TAM313)出土依獅文緯錦(平)・亀甲鳥文綺(平地)(綾)(高昌章和18年(548)伴出)[1959]
		欽明天皇13年(552)、百済聖明王(聖王)が釈迦仏金銅像一躯と幡・天蓋若干と経論若干巻を献じた(仏教公伝を示す起源説話か)(『書紀』)	大阪府出雲井遺跡14号墳出土馬具付着の薄絹大阪府南塚古墳出土の平絹、麻布(苧麻)	阿斯塔那古墓(TAM303)出土鳥獣連円文経錦(平)・樹葉文経錦(平)・鳥獣円文綺(平地綾)(高昌和平元年(551)墓表伴出)[1959]
				阿斯塔那古墓(TAM169)出土細錦(経緯伴出)(高昌建昌4年(558)衣物疏伴出?)[1972]
		欽明天皇23年(562)、新羅により任那の日本府が滅ぼされる(『書紀』)	大阪府富木車塚古墳出土の筬目平絹・平絹奈良県藤ノ木古墳出土の経錦・平地四枚綾・筬目平絹・平絹・刺繍等	阿斯塔那古墓(TAM170)出土天青色幡文綺(綾)(平地)(高昌延昌2年(562)衣物疏伴出)[1972]

年代	時代	出来事	出土品	中国
560〜	古墳後期 →	敏達天皇4年(575)、天皇が宮を訳語田(奈良県桜井市戒重か)に造り幸玉宮(天寿国繡帳には平沙乎多宮とある)と称した(『書紀』) 用明天皇2年(587)、崇峻天皇が即位し倉梯(奈良県桜井市倉橋)に宮を造った(『書紀』) 崇峻天皇元年(588)、飛鳥の真神原に法興寺(初め飛鳥寺と呼ばれた)を建て始めた(推古天皇4年(596)竣工)(『書紀』) 崇峻天皇5年(592)、推古天皇(崇峻天皇の皇后)が豊浦宮(奈良県高市郡明日香村豊浦)にて即位した(『書紀』)	奈良県珠城山古墳出土の筬目平絹・平絹 熊本県江田船山古墳出土の筬目平絹・平絹 茨城県上野古墳出土絁付着の平絹 奈良県法興寺(飛鳥寺)心礎より出土の桂甲小札付着の麻布・平絹・経錦	〈南北朝〉 阿斯塔那古墓(TAM84)出土霊獣文経錦(平)(高昌延昌7年(567)墓表伴出)[1967] 阿斯塔那古墓(TAM84)出土提婆錦(経緯?)(高昌延昌14年(571)文書伴出)[1967] 阿斯塔那古墓(TAM169)出土雑色錦(経緯?)(一百段)(高昌延昌16年(576)衣物疏伴出)[1972] 阿斯塔那古墓(TAM323)出土連珠小花文緯錦(模様綾組織)(高昌延昌27年(587)文書伴出)[1959] 阿斯塔那古墓(TAM308)出土樹局文錦(経緯?)(高昌延昌28年(588)文書伴出)[1959] 阿斯塔那古墓(TAM18)出土胡王文経錦(平)(高昌延昌29年(589)文書伴出)[1964] 阿斯塔那古墓(TAM335)出土連珠連環襞文綺(綾)(平地綾)(高昌延昌32年(592)文書伴出)[1959]	〈三国〉
	飛鳥時代 →	推古天皇元年(593)、厩戸皇子(聖徳太子)を皇太子とし摂政にする(『書紀』) 同年、四天王寺建 推古天皇2年(594)、仏教興隆の詔が下された(『書紀』)	島根県比久尼原横穴群V号穴出土頭鉾骨(女)付着の平絹 千葉県金鈴塚古墳出土の平絹・経錦	〈隋〉 589〜618	
600	飛鳥時代 → 古墳終末期?7C	推古天皇8年(600)、倭王が使者を隋に遣した(第1回遣隋使)(『隋書』東夷伝倭国条) 推古天皇9年(601)、聖徳太子斑鳩宮を造営(『書紀』) 推古天皇11年(603)、冠位十二階を制定した(施行は翌年)(『書紀』) 推古天皇12年(604)、憲法十七条を作った(『書紀』)	群馬県綿貫観音山古墳出土の平絹・経錦 大阪府阿武山古墳出土の筬目平絹・平絹及経錦	〈隋〉	〈三国〉

		〈三国〉
600〜	飛鳥時代	〈隋〉

年代	日本	中国(出土織物)	王朝
600〜	推古天皇13年(605)、鞍作鳥(止利仏師)に銅・繡の丈六の仏像を作らせた(翌年完成)(『書紀』)		
	同年、諸王諸臣に裙の襠を着用させた(『書紀』)		
	推古天皇15年(607)、小野妹子を隋に遣した(第2回遣隋使)(翌年隋の使者と帰朝、皇族・諸臣皆、冠に金飾り、錦繡・紫絹・五色綾羅を着て書状を受けた)(『書紀』)		
	同年、法隆寺創建(『法隆寺伽藍縁起并流記資財帳』)		
	推古天皇16年(608)、倭王が使者を隋に遣した(第3回遣隋使)(『隋書』煬帝紀)	阿斯塔那古墓(TAM48)出土連珠対孔雀「貴」文経錦(平)、連環「貴」字文綺(平)地綾(高昌章和11年(541)、高昌延昌36年(596)、高昌義和4年(617)衣物疏伴出)[1966]	
	同年、小野妹子を隋に遣した(隋の使者を送る)(第4回遣隋使)(『書紀』)		
	推古天皇18年(610)、倭王が使者を隋に遣した(第5回遣隋使)(『隋書』煬帝紀)	哈拉和卓古墓(TKM48)出土連珠対孔雀文緯錦(複様綾組織)(高昌延昌36年(596)、延和3年(604)、義和4年(617)衣物疏伴出)[1969]	
	推古天皇20年(612)、百済人味摩之が渡来し、呉の伎楽舞を伝えた(『書紀』)		〈唐〉 618〜907
	推古天皇22年(614)、犬上御田鍬を隋に遣した(第6回遣隋使)(『書紀』)	善光寺如来御書箱表面貼付赤地格子蓮華文錦(蜀江錦)(錦の年代は8世紀前後までさがるか)	
	推古天皇30年(622)、聖徳太子斑鳩宮において逝去(『上宮聖徳法王帝説』)	聖徳太子妃膳妃の下帯の赤地格子蓮華文錦(蜀江錦)(錦の年代は8世紀前後までさがるか)	
	同年、聖徳太子妃橘大郎女が天寿国繡帳を製作した(『上宮聖徳法王帝説』)	阿斯塔那古墓(TAM331)出土幾何瑞花文緯錦(複様綾組織)(高昌義和6年(619)文書伴出)[1960]	
	推古天皇31年(623)、新羅、任那使・仏像・金塔・舎利・灌頂幡一具・小幡十二条を奉献した(『書紀』)	阿斯塔那古墓(TAM31)出土樹下対羊吉字文経錦(平)(高昌重光元年(620)衣物疏伴出)[1964]	
		阿斯塔那古墓(TAM50)出土「天王」化	

| 620〜 | 飛鳥時代 → | 舒明天皇2年 (630)、大上三田鍬を唐に遣した (第1回遣唐使)(『書紀』)
同年、天皇が飛鳥岡のほとり (奈良県高市郡明日香村雷の辺り) に遷った (岡本宮)(『書紀』)
皇極天皇元年 (642)、天皇が小墾田宮 (飛鳥の地の仮の宮か) に遷った (『書紀』)
皇極天皇2年 (643)、天皇が飛鳥の板蓋宮 (奈良県高市郡高市村大字岡付近) に遷った (『書紀』) | | 生文経錦 (平)(高昌重光元年 (620) 文書伴出) [1966]
阿斯塔那古墓 (TAM151) 出土藍地対鶏羊燈樹文経錦 (平)(高昌重光元年 (620) 墓表伴出) [1972]
阿斯塔那古墓 (TAM99) 出土格子獣文綺錦 (平、連環対鳥人物文綺 (綾)(平地綾)(高昌延寿8年 (631) 文書伴出) [1968]
阿斯塔那古墓 (TAM173) 出土波斯錦 (経錦？) 面衣・抜幕等 (高昌延寿10年 (633) 衣物疏伴出) [1973] | |
| | 白鳳時代 → | 大化元年 (645)、中大兄皇子、中臣鎌子が蘇我入鹿を暗殺した (大化改新が始まった)(『書紀』)
同年、天皇が都を難波の長柄豊崎 (大阪市東区法円坂町) に遷した (『書紀』)
大化2年 (646)、大化改新詔が下された (『書紀』)
大化3年 (647)、七色十三階の冠位が制定され、冠に織、刺繡、大小伯仙錦、青絹、車形錦、菱形錦などが用いられた (『書紀』)
大化4年 (648)、新冠位が施行されたが、左右大臣は古冠を被る (『書紀』)
大化5年 (649)、新冠位十九階が制定された (『書紀』)
白雉元年 (650)、丈六の繡仏など三十六像を造った (翌年成る)(『書紀』)
白雉2年 (651)、天皇が新造成った難波の | 奈良県高松塚古墳出土漆塗木棺下地の麻布 (大麻)
奈良県平野塚穴山古墳出土漆塗木棺下地の麻布 (大麻) | 阿斯塔那古墓 (TAM42) 出土連珠立鳥文 | |

640〜	白鳳時代			〈唐〉	〈三国〉
		長柄豊崎宮に遷った(『書紀』)		緯錦(複様綾)面衣(唐永徽2年(651)墓誌伴出)[1965]	
		白雉4年(653)、吉士長丹・高田根麻呂を唐に遣した(第2回遣唐使)(『書紀』)		阿斯塔那古墓(TAM302)出土対馬文経錦(平)・団花文経錦(平)(唐永徽4年(653)墓誌伴出)[1959]	
		白雉5年(654)、高向玄理を唐に遣(第3回遣唐使)(『書紀』)		阿斯塔那古墓(TAM76)出土赤地小団花文経錦(複様綾)(唐永徽6年(655)文書伴出)[1967]	
		斉明天皇元年(655)、天皇が飛鳥板蓋宮にて重祚した(『書紀』)		阿斯塔那古墓(TAM44)出土亀甲「王」字文緯錦(平)(唐永徽6年(655)墓誌伴出)[1966]	
		同年、天皇が飛鳥川原宮(奈良県高市郡明日香村の南か)に遷った(『書紀』)		阿斯塔那古墓(TAM337)出土連珠大鹿文緯錦(複様綾)・鷲奪文緯錦(唐顕慶2年(657)墓誌伴出)[1969]	
		斉明天皇5年(659)、坂合部石布を唐に遣した(第4回遣唐使)(『書紀』)		阿斯塔那古墓(TAM134)出土連珠対鳥文錦(経緯錦?)(唐龍朔2年(662)墓誌伴出)[1969]	
		斉明天皇6年(660)、百済の使が百済の滅亡を伝えた(百済王が唐・新羅軍に降伏)(『書紀』)	神奈川県赤田古墳出土頭椎大刀柄頭肉の麻布(苧麻)	阿斯塔那古墓(TAM317)出土亀甲文緯錦(複様綾)(唐龍朔2年(662)墓表伴出)[1969]	
		天智天皇2年(663)、日本・百済軍が白村江で唐・新羅軍に敗北し(我が国は朝鮮半島から撤退)(『書紀』)		阿斯塔那古墓(TAM325)出土小団花文緯錦(複様綾)・猪頭文緯錦(唐顕慶4年(659)〜唐龍朔3年(663)文書伴出)[1959]	
		天智天皇3年(664)、新冠位二十六階の制定された(『書紀』)		阿斯塔那古墓(TAM322)出土騎士文緯錦(複様綾)(唐龍朔3年(663)墓誌伴出)[1959]	
		天智天皇4年(665)、守大石を唐に遣した(第5回遣唐使)(『書紀』)		阿斯塔那古墓(TAM332)出土連珠大鹿文緯錦(複様綾)・鷲鳥文錦(経緯?)(唐龍朔元年(661)〜唐麟徳2年(665)文書伴出)[1960]	
				阿斯塔那古墓(TAM214)出土宝相花文緯錦(複様綾)(唐麟徳2年(665)墓誌伴出)	

				〈唐〉	〈三国〉
660〜	白鳳時代 ↓	天智天皇6年(667)、天皇が都を近江(大津宮)に遷した(『書紀』) 天智天皇8年(669)、河内鯨を唐に遣(第6回遣唐使)(『書紀』) 天智天皇9年(670)、法隆寺が焼失した(『書紀』) 天武天皇元年(672)、壬申の乱で大海人皇子が大友皇子に勝利した(『書紀』) 同年、天皇が飛鳥浄御原宮(奈良県高市郡明日香村飛鳥の北か)に遷った(『書紀』) 天武天皇10年(681)、新羅の金忠平と金首世が朝貢して霞錦や幡などを献じた(『書紀』) 天武天皇13年(684)、襴の有無についてや主冠や括緒袴の着用などの詔があった(襴に襴が付くのは中国風の服制)(『書紀』) 天武天皇14年(685)、朝服(朝廷に出仕する際に着用する服)の色を定めた(『書紀』) 朱鳥元年(686)、天皇の為に皇后、皇太子が繍仏一帳、天皇の菩薩像を奉造し大官大寺(大安寺)に安置した(『大安寺伽藍縁起并流記資財帳』) 同年、諸王臣が天皇の為に観世音像を造り大官大寺で観世音経を説かせた(『書紀』)	四騎獅子狩文錦(咸亨元年(670)長安に達したとされる遣唐使河内鯨が持ち帰ったものか?)(法隆寺宝物) 壬午年(天武天皇11年(682)?)銘平絹幡(法隆寺献納宝物)	阿斯塔那古墓(TAM92)出土連珠対獅対鳥「同」字文緯錦(平)、連珠双鴨文経錦(綾)(高昌延寿16年(639)、唐総章元年(668)墓誌伴出)[1967] 阿斯塔那古墓(TAM330)出土遍地瑞花文・連珠対鹿文緯錦(複様綾)(唐咸亨3年(672)墓誌伴出)[1959] 阿斯塔那古墓(TAM232)出土庸調布(唐調露2年(680)銘)[1973] 阿斯塔那古墓(TAM117)出土宝相花文緯錦(複様綾)(唐永淳2年(683)墓誌伴出)[1969] 阿斯塔那古墓(第9区墓)出土庸調布(唐光宅元年(684)銘)[1916]	〈統一新羅〉 676〜935

[1973]

年代	時代	日本		〈唐〉	〈統一新羅〉
670～	白鳳時代 →	持統天皇3年(689)、諸司(中央政府の諸官司)に令一部22巻を配備した(飛鳥浄御原令の施行)(『書紀』) 持統天皇4年(690)、百官の進階と朝服の色や使用する裂地とについて改訂した(『書紀』) 持統天皇7年(693)、全国の百姓に黄色の衣服を、奴隷(家人と奴婢)に皀色の衣服を着させた(『書紀』) 持統天皇8年(694)、天皇が藤原宮(奈良県橿原市高殿町付近)に遷った(『書紀』) 持統天皇10年(696)、蝦夷(我国最北辺境の人か)の伊奈理志などに錦の袍や袴を排し紺綾や糸を賜った(『書紀』) 文武天皇元年(697)、藤原宮子(不比等の娘)が文武天皇の夫人となった(『続紀』)	戊子年(持統天皇2年(688)?)銘平絹幡(法隆寺献納宝物) 壬辰年(持統天皇6年(692)?)銘平絹幡(法隆寺献納宝物) 藤原宮跡出土の綾	阿斯塔那古墓(TAM206)出土鳥獸立勇文経錦(複様綾)小半臂、目文緑地・赤地菱繋文羅(唐永昌元年(689)墓誌伴出)[1973]	
700		大宝元年(701)、栗田真人を唐に遣わした(翌年出発)(第7回遣唐使)(『続紀』) 同年、大宝律令が完成した(翌年に実施された)(『続紀』) 大宝2年(702)、中務省に縫殿寮(女官の衣服、宮中裁染等)、大蔵省に織部司(宮廷用織物製織及糸染め等)と縫部司(衣服の裁縫等)が置かれた(『職員令』) 慶雲元年(704)、鴈子錦を伊勢神宮の幣帛とした(『続紀』)		阿斯塔那古墓(TAM221)出土黄双龍文綺(綾)(平地絞文綾)(武周久視元年(700)墓誌伴出)[1973] 阿斯塔那古墓(TAM230)出土紅地宝相華文緯錦(複様綾)小半臂(武周長安2年(702)墓誌伴出)[1972]	

年代	時代			〈唐〉	〈統一新羅〉
700〜	白鳳時代 ↓	慶雲3年(706)、正丁の歳役が庸布2丈6尺から1丈3尺に半減された(『格』)(『続紀』) 和銅元年(708)、平城の地に都を造営するとの詔があった(『続紀』)		阿斯塔那古墓(TAM20)出土紅地団花文緯錦(複様綾)(唐顕慶4年(659)文書・唐神龍2年(706)文書伴出)[1964] 阿斯塔那古墓(第9区墓)出土庸調布(唐神龍2年(706)銘)[1916]	
	奈良時代 ↓	和銅3年(710)、平城に都を遷した(『続紀』) 和銅4年(711)、挑文師を諸国に派遣して錦綾製織の教習を開始させた(『続紀』) 和銅5年(712)、太安万侶が『古事記』を筆録し奏上した(『古事記』の序文) 同年伊勢・尾張・三河・駿河・伊豆・近江・越前・丹波・但馬・因幡・伯耆・播磨・備前・備中・備後・安芸・紀伊・阿波・伊予・讃岐など21か国で錦綾の製織を開始させた(『続紀』) 同年、諸司の者の衣服の袖を狭く裾を長大にすること、枉言を広く取ることを禁止すること、無位の者の朝服を全て欄黄衣として欄の広さを1尺2寸以下にすることを制定した(『続紀』) 和銅6年(713)、庸布を2丁(正丁二人分)の2丈6尺で1段(端)とした(『令集解』) 同年、相模・常陸・上野・武蔵・下野の5国に調として絁と布を輸納させた(これ以前は布のみ)(『続紀』)		阿斯塔那古墓(TAM363)出土連珠対鴨文緯錦(複様綾)面衣(唐麟徳2年(665)〜唐景龍4年(710)文書伴出)[1967]	

| 710～ | 奈良時代 | 和銅6年、鞍作糖心は、妙麗な錦綾を織るので子孫の雑徭を免じられ柏原村主の姓を賜った(『続紀』)

和銅7年(714)、相模・常陸・上野・武蔵・下野の5国に初めて調として絁を輸納させた(布による調貢も同時に許した)(『続紀』)同年、商布の長さを2丈6尺で1段(端)と制定した(『続紀』)

同年、諸国の庸綿(真綿)を1丁毎に5両(約80g)、安芸国の糸を1丁に2両、近江国の糸を1丁に3両とし、2丁分でまとめることが制定された(『続紀』)

霊亀元年(715)、里を改めて郷と為し、郷を2、3の里に分割した(国郡郷里制)(『出雲国風土記』)

霊亀2年(716)、多治比県守を唐に遣わした(第8回遣唐使)(『続紀』)

養老元年(717)、調庸の斤、両及び長短の法を定めた(『続紀』)

同年、諸国で織る綾を6丁分で1匹に制定した(『続紀』)

同年、調布の1丁分の長さを2丈8尺広さ2尺4寸、庸布の1丁分の長さを1丈4尺(広さ2尺4寸)とし、併せて4丈2尺を1端(段)とした(同年12月格)(常陸布、上総絁細布、望絁布(上総国望陀郡は現在の千葉県君津郡)の1端も同じ寸法)(『令集解』)(広く実施されたといわれる寸法規定、ただし正倉院には広さの異なるものもある) | 和銅7年輸納の甲斐国調絁(正倉院の年紀銘が残る調絁22点中最古。最新は天平宝字2年(758)常陸国)(北倉141金青宝字袋に籠製)(正倉院宝物)

同年銘広東綾幡残欠(『法隆寺良訓補忘集』に記す同年の幡に比定される)(法隆寺献納宝物) | 阿斯塔那古墓(TAM188)出土藍地宝相華文経錦(複様錦)(唐開元3年(715)墓誌伴出)[1972]

甘粛省敦煌莫高窟第17窟封蔵の錦(経緯?)・綾(綾地絵・平地絵?)・羅幡等(スタイン第2次探検時将来)(盛唐期?)[1907]

甘粛省敦煌莫高窟第17窟封蔵の緯錦(16点)、綾(綾地絵・平地絵?)・羅・平絹・綴れ・夾纈・彩絵・刺繍等(ペリオ将来)(盛唐期?)[1908] | 〈統一新羅〉|

年代	日本	〈唐〉	〈統一新羅〉
710〜 奈良時代	養老2年（718)、養老律令を藤原不比等らに選定させた（『類聚三代格』）（賦役令）には、調絹絁は長さ5丈1尺（6丁分）広さ2尺2寸で1匹とし、美濃絁は長さ5丈2尺（8丁分）広さ2尺2寸で1匹とし、調庸布は長さ5丈2尺（2丁分）広さ2尺4寸で1端（段）とし、望絁布は長さ5丈2尺（4丁分）広さ2尺8寸） 養老3年（719)、全国の百姓を名簿に統一させて、主典（律令制の四等官の最下位）より上位の者には笏をにぎらせた（『続紀』）同年、諸国の調の絁絹、狭絹、狭絁、美濃狭絁の寸法を、長さ6丈、広さ1尺9寸に制定した（『続紀』）（広く実施されたといわれる平絹の寸規格） 養老4年（720)、舎人親王らが『日本書紀』（日本紀）を編纂して奏上した（『続紀』） 養老6年（722)、陸奥国の貢納布は長さ3丈9尺（3丁分）広さ1尺8寸で1端とした（『続紀』） 神亀元年（724)、元正天皇が譲位し、首皇子が即位して（聖武天皇）改元した（『続紀』）	己未年（養老3年?）銘平絹絁（法隆寺献納宝物） 辛酉年（養老5年（721)?）銘絁綾・平絹幡（法隆寺献納宝物） 養老6年12月4日に天皇が納めたと『法隆寺伽藍縁起幷流記資財帳』に記す秘錦錦灌頂一具の幡に比定されている広東綾大幡（蜀江大幡もこの頃（8世紀前半）に納められたか?）（法隆寺献納宝物） 癸亥年（養老7年（723)?）銘平絹（綾縁）幡（法隆寺献納宝物）	阿斯塔那古墓（TAM108）出土縞文錦（綾地経縞の経錦)、騰纈平絹、庸調布（唐開元9年（721)銘）[1968] 阿斯塔那古墓（TAM192）出土庸調平絹幡（唐開元12年（724)銘）[1973] 甘粛省敦煌莫高窟第130窟出土平絹幡（唐開元13年（725)銘）・経錦（複様綾)・平地様綾	

| 720～ | 奈良時代 | 神亀5年 (728)、中務省に内匠寮が設置され、雑工手（錦綾羅の織り手は天平17年に12人）が所属した（『続紀』）
天平元年 (729)、諸国に4丈の広幅の絁を止めさせて6丈の狭幅の絁を作らせることとした（『続紀』）
同年、端亀の出現により改元した（『続紀』）
同年、藤原夫人（光明子）を皇后とする詔があった（『続紀』）
天平2年 (730)、皇后宮職に施薬院を置いた（『続紀』）

天平4年 (732)、天皇が初めて冕服（礼冠と礼服）を着用して朝賀を受けた（『続紀』）
同年、多治比広成を唐に遣わした（翌年出発）（第9回遣唐使）（『続紀』）
天平5年 (733)、越前国に錦綾羅の織機が13台存在した（『越前国郡絁帳』）（地方国衙でも実際に高級織物が生産されていた証拠
天平6年 (734)、尾張国に56人の錦井綾生が居た（『尾張国正税帳』）（地方国衙で農民の徭役労働ではなく、特殊な工人をつくり高級織物を生産した証拠）
天平8年 (736)、諸国の調布は長さ2丈8尺広さ1尺9寸、庸布は長さ1丈4尺広さ1尺9寸を1端（段）として貢がせ、常陸国の曝布、上総国望陀細布、安房国細布、絁を出す郷の庸布は旧規格で貢がせた（『続 | 天平3年 (731) 銘の輸納国不明庸布断片（正倉院の年紀銘の残る調庸布60数点中最古）（正倉院宝物）

天平6年銘の武蔵国調布断片（正倉院の年紀銘・国銘の残る調庸布約50点中最古） | 綾文綾・纈纈・﨟纈幡等 [1965]
甘粛省敦煌莫高窟第122・123窟前出土綾・纈纈・﨟纈・平絹幡等 [1965] | 〈唐〉 | 〈統一新羅〉 |

| 730～ | 奈良時代 → | 天平12年(740)、この頃に郷里制から郡郷制に戻した(戸籍・計帳などの文献資料から里がなくなる)(『続紀』)
同年、天皇が恭仁京(京都府相楽郡加茂町瓶原付近)に遷り、新都造営を開始した(『続紀』)
天平13年(741)、国分寺建立の詔があった(2月14日)(『続紀』三代格)日付を3月24日と誤記
天平14年(742)、金字金光明最勝王経を諸国の塔毎に安置させた(正倉院宝物「最勝王経帙」の織文)(『続紀』は天平13年と記載)
同年、紫香楽宮(滋賀県甲賀郡信楽町)を造営させた(『続紀』)
天平15年(743) 大仏(盧舎那仏金銅像)造立の詔があった(紫香楽宮の地に大仏造立の寺地を開く)(『続紀』)
同年、恭仁都の造営を停止した(『続紀』)
同年、難波宮を皇都とした(『続紀』)
天平17年(745)、天皇が平城に行幸して都とした(『続紀』)
同年、大養徳国(大倭国)の国分寺金光明寺(もと金鐘寺、後の東大寺)の寺域に大仏造立を開始した(『東大寺要録』)
天平21年(749)、聖武天皇、光明皇后が行基により受戒した(『扶桑略記』)
天平感宝元年、聖武天皇が譲位して皇太子阿倍内親王(孝謙天皇)が即位し、改元した(『続紀』)
天平勝宝2年(750)、藤原清河を唐に遣わ | 天平14年2月14日詔勅の織文のある最勝王経帙(中倉57)(縁の唐花文錦は年紀のわかる錦の中で最古)(正倉院宝物) | 〈唐〉 阿斯塔那古墓(TAM187)出土白地条花文両面錦(鳳通・黄地異方綾)(綾地異方綾)武周花綾(689)・武周長安4年(704)・唐周載初元年(689)・武周長安4年(704)・唐天宝4年(745)文書伴出[1972] | 〈統一新羅〉 |
| | | した天平勝宝2年(750) 3月25日銘の駿河国金 | | | |

年代	時代	出来事	宝物	〈唐〉	〈統一新羅〉
740～	奈良時代 →	した（翌々年出発）（第10回遣唐使）（『続紀』）	献時机覆白絁袈（正倉院宝物）		
		天平勝宝4年（752）、東大寺の盧舎那仏大仏開眼供養が行われた（『続紀』『東大寺要録』）	天平勝宝3年（751）銘の羊木臈纈屏風画面調絁（北倉44）（正倉院宝物）		
			天平勝宝4年（752）4月9日銘の東大寺大仏開眼会用物（開眼縷・楽舞装束・絁・楽器袋・花机帯・大仏殿敷紅赤布等）（約200点伝存）（正倉院宝物）		
		天平勝宝5年（753）、東大寺において仁王経会が講じられた（仁王会）（『続紀』）	天平勝宝5年（753）3月29日銘の揩布屏風袋3口（北倉45）（仁王会）（正倉院宝物）		
		天平勝宝6年（754）、東大寺において大弁才功徳天講（弁才天を賛嘆する法会）が行われた（正倉院宝物幡・天蓋残片の墨書銘）	天平勝宝6年5月3日銘の弁財天功徳天講用物（天蓋・夾纈羅幡・小濯頂壇敷物（又は覆？）・弁財天壇敷物など）（正倉院宝物）		
		天平勝宝6年（754）、遣唐副使大伴古麻呂が鑑真や法進ら唐僧8人を伴って帰朝した（『続紀』）			
		同年、鑑真が東大寺に戒壇を築いた（『唐大和上東征伝』）			
		同年、皇太后藤原宮子（聖武天皇生母）没（7月19日）（『続紀』）	天平勝宝7年（755）銘の中宮子ー一同忌斎会用紺絁（南倉146-15）（正倉院宝物）		
		天平勝宝8年（756）、聖武太上天皇没（5月2日）（『続紀』）	天平勝宝8年（756）5月2日銘の櫃覆町形形帯・町形形帯紐・櫃綱（この日聖武太上天皇逝去）（正倉院宝物）		
		同年、太上天皇の葬儀が行われた（5月19日）（『続紀』）	同年5月19日銘の夾纈絁花鬘残欠・小材綱（緑絁紐）（聖武太上天皇葬儀用品）（正倉院宝物）		
		同年、光明皇太后が七七忌（6月21日）に太上天皇遺愛の品々を献納した（『国家珍宝帳』）（天平宝字2年（758）にわたり全部で5回の献納があった）	袈裟・袈裟絁・袈裟箱袋・鏡箱袋・灰纈及臈纈屏風・楷布屏風袋・大杖・御軾・挟軾梅・薬物袋・繍線鞋・花氈等現存する献物帳記載品（帳内品）（約300点伝存）（正倉院宝物）		
		同年、光明皇太后が18年に太上天皇遺愛の	天平勝宝8年銘の輪納国木明調絁（調絁45		

| 750～ | 奈良時代 | 品々を分納した（東大寺、法隆寺以下18寺に）（『法隆寺献物帳』）

天平勝宝元年（757）、太上天皇の一周忌を僧侶1500余人により東大寺において行った（『続紀』）

同年、養老律令を施行した（『続紀』）

天平宝字2年（758）、孝謙天皇が譲位して大炊王（淳仁天皇）が即位した（『続紀』）

天平宝字3年（759）、高元度を唐に遣わした（同年出発）（第11回遣唐使）（『続紀』）

天平宝字8年（764）、恵美押勝乱が平定された（『続紀』）

同年、淳仁天皇を廃して孝謙上皇が重祚した（称徳天皇）（『続紀』）

天平神護元年（765）、盂蘭盆会にあたり内裏から大仏に献物があった（正倉院宝物の裸形布の御服の墨書銘）

同年、河内国の御服の絹を織る戸を止めた（『続紀』）

神護景雲元年（767）、称徳天皇が東大寺行幸した（正倉院宝物「銀盤」刻銘及び几褥墨書銘） | 点中唯一歳目が確認できる）（一周忌羅道場幡頭縁）（正倉院宝物）

天平勝宝9年5月2日銘の大灌頂幡・銅及羅道場幡・幡鎮袋等（聖武太上天皇一周忌斎会用物）（約700点伝存）（正倉院宝物）

天平宝字元年8月24日東大寺に献納した人勝残欠（正月用品）（斉衡三年雑財物実録に記載）（正倉院宝物）

子日目利箒及手辛鋤机椅・棒帯・覆・覆帯、卯日目御杖机覆残欠（正月儀式具）（正倉院宝物）

天平宝字2年銘の常陸国調絁（正倉院の年紀銘が残る調絁22点中最新）

絁袷幡鎮袋に使用されている）（正倉院宝物）

天平宝字7年（763）銘の常陸国調曝布（正倉院の年紀銘が残る調庸布六十数点中最新）（正倉院宝物）

天平神護元年7月15日銘の盂蘭盆会に内裏から東大寺へ献物があった時に使用された裸（麻布心？）（南倉150-55）（正倉院宝物）

天平神護3年2月4日銘の称徳天皇東大寺行幸時献納用棒残欠（南倉150-44）（正倉院宝物） | 〈唐〉 | 〈統一新羅〉 |

年代	時代		〈日本〉	〈唐〉	〈統一新羅〉
760〜	奈良時代 ↓		神護景雲2年(768)、称徳天皇が東大寺に行幸した(正倉院宝物「碧地彩絵几」付属榻墨書銘)	神護景雲2年4月3日銘の称徳天皇行幸(再度)時の献物几褥(中倉177-14・15)、同机褥(南倉150-5・18・19・34)、同縁綾帯(南倉147-5)(正倉院宝物)同年4月26日銘の縕衣香(正倉院宝物)	
			神護景雲3年(769)、太宰府に綾師を置いた(『続紀』)		阿斯塔那古墓(TAM381)出土真紅地牡丹鳳凰文褌錦(複様綾組織)、変形宝相花文経錦(複様綾組織)(唐大歴13年(778)文書伴出)[1968]
			延暦3年(784)、長岡京に都を遷した(『続紀』)		
	平安時代 ↓		延暦13年(794)、平安京に都を遷した(『日本紀略』)		
			延暦18年(799)、崑崙人が三河に漂着し、綿種をもたらした(『日本後紀』)		
800			延暦19年(800)、崑崙人がもたらした綿種を、諸国に植えさせた(『類聚国史』)	承和4年(837)銘の林邑楽用物(灰縷鼕等)(正倉院宝物)	
900			延喜5年(905)、延喜式の編集に着手(延長5年(927)完成)(『続紀』)	延喜19年(919)4月銘の力士裏(付天暦9年銘)(正倉院宝物)	

この年表の文献の欄は、『日本三代実録』(『三代実録』と略記、以下同)・『隋書』(『書紀』)・『古事記』・『日本書紀』(『書紀』)・『古語拾遺』・『上宮聖徳法王帝説』・『元興寺伽藍縁起并流記資財帳』・『古事記』・『魏志』倭人伝・東夷伝(『魏志倭人伝』)・『隋書』東夷伝倭人条・『大安寺伽藍縁起并流記資財帳』・『続日本紀』(『続紀』)・『職員令』・『令集解』・『出雲国風土記』・『類聚三代格』・『類聚国史』稲帳・『尾張国郡稲帳』・『東大寺要録』・『唐大和上東征伝』・『法隆寺献物帳』・『国家珍宝帳』・『日本紀略』・『日本後紀』・『類聚国史』の記載事項を、『工芸志料』(黒川真頼著)や各種論文・文化史年表から選出し、原本に当たって作成した。我が国の出土遺物の欄は、布目順郎「養蚕の起源と古代絹」

(雄山閣、1979)・『布目順郎著作集』(桂書房、1999)・角山幸洋『日本染織発達史』(三一書房、1965)・太田英蔵『絹帛』(『月の輪古墳』月の輪古墳刊行会、1960) を参考にして作成した。

中国など海外の出土遺物の欄は、岡崎敬編『中国おょびその北方・西域における古代絹織物発見表』(『漢唐の染織』小学館、1972)・横張和子編『トルファン墳墓出土染織(錦綾)編年一覧』(『シルクロード学研究8 トルファン地域と出土絹織物』2000)・夏鼐「新疆新発現的古代絲織品一瞥、錦和刺繡」(『考古学報』第1期、1963)・夏鼐「新疆新発現的古代絲綢」(『文物』第2期、1972)・新疆維吾爾自治区博物館『吐魯番県阿斯塔那―哈拉和卓古墓葬発掘簡報」(『文物』第10期、1973)・陳娟娟「新疆吐魯番出土的几・唐代織錦」(『文物』第2期、1979)・王㤗華「吐魯番出土唐代庸調布研究」(『文物』第1期、1981)・『漢唐の染織』(小学館、1972)・『長沙馬王堆1号漢墓』上・下(平凡社、1976)・『中国の博物館 第1巻 新疆ウイグル自治区博物館』(講談社、1987)・武敏「織繡」(幼獅文化事業有限公司、1992)・『西域美術 第1巻 ギメ美術館ペリオコレクション』(講談社、1994)・『中日・日中共同尼雅遺跡学術調査報告書 第2巻』(中日・日中共同尼雅遺跡学術調査隊、1999) などを参考にして作成した。

第 2 部

正倉院の染織品の研究

第1章　花唐草獅子文綾について

はじめに

　我が国における8世紀の染織品のほとんどすべてを蒐集しているとも言うべき正倉院の染織品は、大正3年に本格的な整理が開始された。それ以来、その成果はさまざまな形で報告されてきている。そして、今日もなお整理は継続中であり、未知の染織品の数量は測り知れない。

　ここで、本章で取り上げる花唐草獅子文綾（仮称）について簡単に説明する。この綾は60年以上も前に整理されている染織品中にすでに1点みられるが[1]、それを含めても適例が極めて少なく、現在、聖武天皇一周忌斎会用大灌頂幡垂脚の花形裁文4点と同垂脚の覗花形裁文1点の計5点が発見されているに過ぎない。その5点の中でも昭和53年に第129号櫃から発見された花形裁文は、文様がとくに鮮明に現れている。この花形裁文の図版はその年の年次報告に発表されているが[2]、それからもわかるようにこの文様は非常に雄勁で特異である。しかしながら、年次報告でも述べられているように、その当時文様の全貌は明らかにされてはいなかった。

　さて、この文様が非常に特異であることに興味を引かれて、文様の全貌を明らかにして正倉院の染織品中に有する意義を多少とも考察したいと考えた。その後、この文様の復元を進めた結果ほぼ全貌を摑むことができたので、以下にこの文様の復元の過程を述べると共に、主に文様の上からこの綾の正倉院の染織品中に有する意義を考察する。

1．文様の復元に用いた綾

　現在この綾は、前述のように花形裁文と覗花形裁文を合わせて計5点が発見され整理されているが、復元の資料には文様の明白に認められる花形裁文4点を用いた。それらはいずれも聖武天皇一周忌斎会用大灌頂幡垂脚に付けられていた花形裁文である[3]（図1～4）。復元に当たって文様の形状をみやすくするため、まず資料各片の白描図（図5～8）を作製した[4]。次に文様復元の過程を簡単に説明する。説明の便宜のため各片の白描図をA（図5）・B（図6）・C（図7）・D（図8）と称することにする。C・Dは凡そ半分が重複しているが、重

複部分を重ね合わせてみると縦方向の文様の繰り返しの一単位が明らかになった。その一単位の文様をEと称する。次に、AにはEに欠けている部分がかなり多く現われているので両方の重複している個所をたどりながらAの一部をEに追加した。なお、BはAとほとんど同一箇所であるが、Aの不明瞭な箇所を明瞭にすることができた。以上のようにして、まだ欠落部分もあるが、ほぼ全貌を示している復元図（図9）を作製することができた。

次に、織法は地・文様とも四枚綾で綾地異方綾文綾である。また、経・緯糸ともわずかに撚りのかかった単糸で、資料4片いずれも、経糸は巾約0.2mm、糸込数が1cm当たり約50本であり、緯糸は巾0.3～0.35mm、糸込数が1cm当たり約30本である。糸の色は経・緯とも同じで、図1のものは白橡色、図2のものは橡色、図3のものは茶橡色、図4のものは橡色（図2のものとほぼ同色）である。なお、中でも図2のものは全体に朽損しているために糸がやせた感じにみえる部分がある。

2．綾の文様について

次に、復元図（図9）に基いて文様の構成について述べる。主文と考えられる唐草による円文（縦糸方向に長い楕円形である）の中には、花卉か樹木のような文様を芯にして4頭の獅子が存在する。しかし、この主文は中心線（緯糸の方向）を境にして対称になっているため、4頭の獅子も形の上からは2種類である。その一つは跳躍して上半身を捻り、他の一つは爪をたてながら一方の前脚を差し上げて口を開いている。主文と主文の間地には主文の獅子とは異なる4頭の獅子が配されている。それらも中心線（緯糸の方向）を境にして対称になっているため、形の上からは一方の前脚を延ばしながら大きく口を開けてあたかも前方の獲物に飛びかかろうとしているような獅子と、跳躍しながら上半身と首を大きく捻って振り向いている（ちょうど頭の位置にある角の形と向きから判断して、振り向いていると考えられる）獅子の2種類である。これら8頭の獅子は、筋肉の躍動と共に動く毛の様子やたてがみのなびく有様、あるいは容貌などがかなり写実的に描かれている。また、唐草は宝相華と牡丹の花（牡丹様の花と言うべきなのかもしれないが、ここでは牡丹の花とみなすことにする）と蔓と小枝や小葉（又は蕾か）から成り立っている。宝相華の葉形の文様は写実的で、先が二、三に分かれていることから、牡丹の葉とも受け取れる。

なお、資料のすべてに織耳がなく、巾方向の端の部分が不明なために復元図では左右約6cm幅の文様を描くことができなかったが、これまでに判明した文様の構成から考えてこの綾が通常の1巾（1尺9寸11尺は現在の約29.7cmに当たるので約56.4cm）ならば、前述の獅子と唐草以外に別の図柄が存在するとは考えられない。したがって、この復元図から文様の全体像を理解することができるといえる。

3．綾の意義

　さて、以上に述べたことに基づいて、この綾の正倉院の染織品中に有する意義を考察する。

　まず織法は、前述したように地・文様とも四枚綾の綾地異方綾文綾であるから、組織の上からは一般的にみられる上代の綾である[5]。また外見上の糸質や糸込数も他の正倉院の染織品と比べて極端に差があるとは思われない。

　次に文様についてであるが、非常に特異である。すなわち、奈良時代の染織品の中ではこのような様式の文様はあまり類をみないものであるが（ただし、正倉院の染織品中ただ一つNo.117 紫地獅子奏楽文錦のみ文様の部分的な特徴がよく似ているので、後でそのことについて触れる）[6]、平安時代以降にも登場しない。したがって、これは上代のある一時期に生まれたがそれ以後継続して作られ発展を遂げることはなかった文様だといえる。しかし、主文が動物を唐草で囲んだ円文であることや主文と主文の間地を獅子が埋めていることなどの特徴を有する文様は、本件の綾と同時代の上代の染織品中にもみられる。やはり、そのような上代の染織品とは文様の上で縁戚関係にあるのだろう。いま、それらと本件の綾とを比較検討して、文様の変遷の経緯に関して私見を述べることにする。その前にまずこの綾の製織年代について思いつくことを述べたい。

　（1）唐草文様の雰囲気からいって天平時代もやや盛期を過ぎた頃の作品のように思われる（この唐草文様は大ぶりな宝相華と牡丹の花が流麗で軽妙ではなく、むしろ力強いというか重い感じのする太い茎の上に配されていて、飛鳥時代や白鳳時代の我が国の唐草文様にはみられないと言われている特徴を有している）[7]。

　（2）牡丹の花（あるいは牡丹様の花）の文様は上代の染織品の中では比較的新しいモチーフである（これが日本で数多くみられるようになったのは平安時代から鎌倉時代にかけてだと考えられている[8]）。

　（3）聖武天皇一周忌斎会用大灌頂幡垂脚の花形裁文に用いられていることから、天平勝宝9歳（757）以前に製織されていたことは確実である。

　したがって、文様の上からだけみると、天平時代もやや盛期を過ぎた頃の作品ではないかと考えられる。さらに（3）を考慮すれば、この綾は757年をあまりさかのぼらない頃に製織されたものではないだろうか（いま、凡そ750年頃とする）。ただし、国産品か舶載品かの判別は非常に困難であり、今後の課題としたい。

　次に、他の上代の染織文様と比較検討するに当たって、まずこの文様の全体的な特徴を次のようにまとめることにする。

　（イ）主文は4頭の獅子の周囲を唐草が構円形に囲んだ形をしている。
　（ロ）副文は見当たらず主文と主文の間地は疾走する4頭の獅子が埋めている。

（ハ）主文の間地を埋める小文様が含まれていない。

さて、（イ）のような動物の周囲を何かで囲んだ文様は、上代の染織品中№75 双禽唐花文綾や№103 浅緑地鹿唐花文錦などのような動物唐花文系の文様と、№98 紫地鳳形錦や№99 赤地鴛鴦鹿草文錦などのような動物唐草丸文系の文様と、№47 双鳳円文綾や№48 双鳳獅子円文綾や№39 茶地犀連珠文錦や№41 緑地狩猟連珠文錦などのような連珠円文系の文様などにみられる。それらのいずれの系統が本件の綾の文様の原形になっているかを簡単に推測することはできないが、主文の円帯の中に4頭の動きのある獅子がいる点から、連珠円文系の中でも狩猟文系の文様が比較的近いのではないかと思われる。しかし、本件の綾の文様には副文がなく狩猟文系の文様とは全体の構成が異なるから、狩猟文系の文様が原形になったのではなく発想の助けになったのだろう。ところで、（ロ）のような特徴を有する文様は、北朝時代から隋時代のものと考えられる連珠孔雀「貴」字文錦[9]や唐時代初期のものと考えられる連珠双鳥双獅「同」字文錦[10]、あるいはそれらを受け継いだ形の我が国上代の染織品である赤獅鳳文蜀江錦[11]や№48 双鳳獅子円文綾などにみられる。しかし、それらはいずれも主文の円帯の中が向かい合う2羽の鳥であり、本件の綾とは異なる。したがって、それらの文様が直接本件の綾の文様の原形になったのではないだろう。さらに、花鳥文錦[12]や№105 赤紫地唐花獅子文錦なども主文の周回に獅子など動物が配されていることから何らかの関連性があるのかもしれないが、（ハ）の特徴からみてこれらは直接的な関連性はなかったのでないかと思われる。

以上から、本件の綾の文様はそれまでにあった種々の文様を発想の助けとしながら、前述したように凡そ750年頃新しく考案されたものではないだろうか。

ところで、前述したように正倉院の染織文様の中で極めて特異な№117 紫地獅子奏楽文錦の文様が部分的に本件の綾と非常によく似た特徴をもっているので、ここでそのことについて簡単に述べる。まず、獅子について、双方とも非常に写実的であり、№117 紫地獅子奏楽文錦の獅子の前足と後足の掌・指・爪の形やたてがみと脇の下でなびく毛の様子などの部分が、本件の綾の獅子（4種類ある）のどれかの部分によく似ている。また、宝相華の花文様についても花びらが本件の綾は内に巻き込まれ、№117 紫地獅子奏楽文錦は外に巻き込まれている違いはあるが、№75Ａ 浅縹地大唐花文錦や№79 縹地唐花文錦や№71 大唐花文綾など多くの上代の染織品にみられる宝相華文様と比べてみると、両者がいかによく似ているかがわかる。したがって、本件の綾の文様が新しく考案されたものだとすれば、ことによると本件の綾の文様と№117 紫地獅子奏楽文錦の文様は同一人物によって作図されたものかもしれない。たとえそうでなくても、それら二つの文様が生まれる過程において何か共通するものがあったのではないかと想像される。

おわりに

以上を要約すると次のようになる。

①国産品か舶載品かはわからないが、聖武天皇一周忌斎会用大灌頂幡に用いられていることや牡丹文様、唐草文様からみて凡そ750年頃に製織されたものであろう。

②文様は、上代のある一時期に生まれたがそれ以後継続して作られ発展を遂げることはなかったのだろう。

③文様を新しく考案するに当たって、主文の部分の発想の助けとなったのは連珠円文系の文様の中でも狩猟文系の文様であり、副文に相当する部分の発想の助けとなったのは獅鳳文錦の系統の文様であろう。

④№117 紫地獅子奏楽文錦と文様の部分的な特徴が非常によく似ているから、両者とも同一人物によって作図されたものかもしれない。

最後に、上述のようにほぼ全貌を明らかにした復元図を製作することができ、本件の綾の文様が正倉院の染織品中他に類をみない特異な文様（ただし、№117 紫地獅子奏楽文錦の文様のみ部分的な特徴が類似している）であることがわかった。また欠落部分もあるが、上代の染織文様に一つの新資料を加えることができたと思う。

本章を成すにあたり、終始御指導下さった正倉院事務所松本包夫整理室長と、資料の写真を撮影して頂いた同事務所山中五郎技官に厚く感謝します。

（１）　松本包夫編『日本の美術 №102　正倉院の染織』至文堂、1974、第39図。
（２）　「年次報告（染織品の整理）」『正倉院年報』第１号、1979。
（３）　資料はいずれも南倉納物の大幡垂脚花形裁文で、図１のものは昭和５年に展開整理した129号櫃納在品、図２のものは昭和51年６月に展開整理した129号櫃納在品、図３のものは昭和48年１月に展開整理を行った127号櫃納在品、図４のものは大正11年に玻璃装古裂として整理した大幡残欠四裏中のもの。
（４）　白描図並びに復元図の斜線の方向は、緯糸の方向を表している。また、復元図製作に当たって、文様が緯糸によって表出されている面を表とした。
（５）　佐々木信三郎『川島織物研究所報告第２報　日本上代織技の研究』1976、38～39頁。
（６）　以下、綾文・錦文に付した番号はそれぞれ『書陵部紀要』第12・13号の「正倉院の綾」・「正倉院の錦」の図版番号である。
（７）　西村兵部「上代の唐草」『日本の文様　第９巻　唐草』６、光琳社出版、1974。
（８）　渡辺素舟『東洋文様史』富山房、1971、593～594頁。
（９）　『漢唐の染織』小学館、1973、第28図。
（10）　前掲注（９）『漢唐の染織』第29図。
（11）　『法隆寺献納宝物目録』東京国立博物館、1974、第56図。
（12）　前掲注（９）『漢唐の染織』第45図。

第2章　犀円文錦の研究

はじめに

　犀円文錦（図1）は、縹地大唐花文錦（図2）[1]と四騎獅子狩文錦（図3）[2]に並ぶ、隋・唐代の最高級の名錦の一つに数えられる。連珠円帯に中に犀を納めた主文の直径が約60cmあり、三者の中で最も大きい雄渾な錦であるが、褪色した断片しか伝わっていないため、文様の詳細な構成や色彩、当初の形状や寸法などについては、不明な点が多い。そのため、太田英蔵[3]の論文が公表されて以降、染織品に対する調査が下記のように著しく進行しているにもかかわらず、これまで、論考と言えるものが他には見当たらないというのが現状である。

①正倉院の古裂整理事業の進捗により犀円文錦断片が新たに1000片以上発見された。正倉院では、これらを古裂帳に整理して保管している（表1）。

②連珠円文錦などが、近年中国各地で多数発見され報告されている（表2）。

③各国の博物館や美術館から、古代染織コレクションの図録が新刊されるようになった[4]。

④正倉院に至るシルクロードの染織品の研究成果[5]が、近年多数報告されるようになった[6]。

⑤古裂調査用具として、ルーペに替わるLEDライト付単眼マイクロスコープが登場し、デジタルカメラとパーソナルコンピューターの発達で、高細密な画像が容易に得られて、活用できるようになった。

　以上のことから、この錦の再調査が必要ではないかと考えていたところ、熟覧調査する機会があり、本章では新たに得られた知見について、詳述する。

1. 文様復元図 ——当初の寸法の検討——

　断片のみ伝わる犀円文錦の文様復元図については、太田論文に発表された線描図が知られている（図1）。獅子や織り出し部分の小石畳文に不明な箇所があると言われる[7]が、そのような細部を除けば、完成度は高いと考えられる。その太田の文様復元図に基づき、断片化する前の製作当初の裂地寸法を検討した。

　犀円文錦の文様復元・寸法検討などに与る資料は、約40片の断片であり、それらが貼付された古裂帳の頁は、下記の通りである。図版には、代表的な数頁のみを掲載した。

○古裂帳第4号：1（図4）・7・11頁
○古裂帳第6号：2（図5）・3・8（図6）・9・10・11（図7）・12・15（図8）・16・17頁（図9）
○古裂帳第7号：18頁（図10）
○古裂帳第8号：14頁
○古裂帳第10号：5頁
○古裂帳第11号：15・17頁（図11）
○古裂帳第584号：4頁（図12）
○古裂帳第645号：1頁（図13）

　以下に、裂地寸法の検討結果を述べる。検討にあたって、主要な断片の図版を復元図の上に実際に並べて様々な配置を試みたが、その際に次のことを条件にした。すなわち、犀や双鳥や獅子などの双獣文様は主文1個に1組しか存在しないため、それら双獣文様の個数は主文の個数を示していること。また、今日に伝わる断片の数量からみて、すべてが1枚の裂地から分解したとみなせるので、どの断片も互いに重なることはあり得ないこと。

【犀文の個数】

　犀の文様は、向かい合う左右両方の頭部を含む断片（図14）と左向きのもの（図15）と右向きのもの（図16）が存在するので、主文は、少なくとも2個存在したことがわかる。

【双鳥文の個数】

　花樹の上方中央に位置する双鳥文は、左右の鳥を含む断片が2片（図17・18）、右の鳥の断片（図19）と左の鳥の断片（図20）が各々1片ずつ存在するので、少なくとも3組の双鳥文が存在することがわかる。さらに、左側の鳥の頭部で連珠の一部を含む断片（図21）をみると、文様の一部分が3組の双鳥文のいずれにも重なる。したがって、この断片は先の3組とは別の双鳥文の一部であることがわかる。全部で4組の双鳥文が存在するから、主文は、少なくとも4個存在したことになる。

【副文の重なり】

　犀円文錦は、主文の直径が約60cm、連珠円帯間の隙間が少なくとも2～3cmであるから、2窠で1窠間分の寸法は、幅約124cm、長さ約62cmである。しかし、古裂帳第584号4頁に貼付された副文の部分断片（図22）は、やや大きく、他の副文と合わせると、2窠で1窠間分の中には納まらない。2窠の主文の左右に副文を織り出した裂地が、少なくとも、もう一つ必要である。このことは、織り幅が3窠か、丈が少なくとも2窠間分あったことを示している。

　織り出しの小石畳文を含む副文（図23～26）は、裂地の下端部分であり、小石畳文を含まない副文は、左右の端か、主文と主文の間に挟まれたものである。小石畳文を含まない副

文断片のいくつかを下端以外に配置すると、2窠の幅で2窠間の丈（又は3窠の幅で1窠間の丈）だけの裂地では、矛盾を生じるものがある。たとえば、やや大きな副文断片（図22・27・28）と他の副文断片との位置関係をみると、丈の3窠間目（又は幅の3窠目）の裂地の一部までが存在しなければ、互いに重なってしまう。ただし、現存する断片の全体量は少なく、幅が2窠で丈が3窠間（又は幅が3窠で丈が2窠間）の裂地に見合う分量の主文の断片は存在しない。したがって、丈の3窠間目（又は幅の3窠目）は主文までは含まず、中間の副文が半切を超えていたと考えるべきである。

【織り幅】

　織り出しの小石畳文を含む断片の中に、同じ部分のものが2種発見されている。このことを根拠にして2窠の錦であったとする太田説は、的を射たもので認められるが、2窠か3窠以上かの論議は行われていない。また、主文と主文に跨がる副文部分の断片（図29）の存在から、天平時代の一般の織り幅である1尺9寸（約56.4cm）の2倍以上の広幅の錦とする西村兵部説[8]も首肯されるが、3窠以上の錦である場合について論議されていない。ここでは、3窠の錦である可能性について考えたい。この錦は、前記の主文の直径などからみて、3窠であれば織り幅が186～190cmの錦になる。正倉院の広幅の錦は、織り幅が約113～115cmで、正倉院の広幅の錦を復元模造した経験から言えば[9]、約1.7倍の織り幅になる錦が、奈良時代の技術で製織可能であったとはとうてい考えられない。現存する古代の錦の中では特別に幅の広い、中国製とされる四騎獅子狩文錦ですら現在幅は134.5cmであり[10]、たとえ中国においても、その約1.4倍の織り幅の錦がそのころ製織可能であったとは思えない。

　以上から、犀円文錦の当初の寸法は、2窠で2窠間（幅約124cm、長約124cm）に、副文が半切を超えて3窠間目に及ぶものであったと推定する（したがって、長さが126～127cm）。

2．糸使いと織り組織

　拡大画像（その図版を図30～43に示す）により糸使いと織り組織を調査した。拡大撮影個所は、古裂帳の頁全体の図版（図5～9）に矢印で記した。

　マイクロ・メーターを写し込んだ画像（図31・38・40・41）により、糸の太さ（見かけ幅）や織り密度を測定した（図版の最小目盛りは0.05mm）。母経（絡み経）の密度の平均は15本/cm、糸の太さは0.2～0.3mm、陰経（芯経）の密度の平均は母経とほぼ同じ、糸の太さは約0.2mm、色緯の密度は33～35本/cm、色緯の中で糸の太さの判明するものは、紺色が0.2～0.25mm、黄・紫色が0.3～0.35mmである。母経（絡み経）と陰経（芯経）には、強いS撚り（右撚り）が掛かっている[11]。糸の撚りがわかる画像（図31・38）をみると、糸長がおよそ0.75～1.0mmごとに1回転しているから、見た目の撚り数は1000～1300回/mである。陰経（芯

経）は２本揃えの羽二重である。色緯には無撚りの平糸が用いられている。母経（絡み経）と色緯の間の組織は、緯地合の三枚綾組織である（図44）。

　このように、経糸に強い撚りが掛かっていて、糸の太さが比較的揃い乱れが少ないなど、この錦は、高度な技術が用いられている。そして、一連の断片以外に、正倉院の染織品中に使用例はなく、我が国の他の上代裂中にも同様の錦は存在しない。それらのことに加えて、主文の直径が大きく非常に雄渾な錦であることから、縹地大唐花文錦・四騎獅子狩文錦と同じく、おそらく中国からの舶載品であろう。

　ところで、拡大画像調査・検討中に、本来最表面層にあって文様・色彩を表す色糸（色緯）と陰経（芯経）の多くが欠落していることを発見した。最表面の色緯と陰経（芯経）がほぼ完全に欠落している場合、陰経（芯経）が必要な色緯を表に出し、残りを裏に沈める働きをしていないので、犀円文錦の裏面（図45）のように、色緯が霜降り状に混じり合うことが予想される。[12]それにもかかわらず、古裂帳に貼付されている裂地片に文様の外形線がうかがえることに、軽々に了解できない気持ちを感じざるを得ない。しかも、犀円文錦の表面の荒れ方は、文様の部分により異なっている。自然に朽損が進んだ場合は、断片に分解されていても表面が一様に荒れているはずである。これは、状況からみて、古裂帳作製の過程で、水伸ばしされ台紙貼りされた古裂片の中で朽損が進んだ部分の表面の埃（絹の粉塵）が刷毛で掃き落とされたために生じたのであろう。したがって、犀円文錦の文様・色彩の現状を観察する際には、そのことに留意しなければならない。

　なお、陰経（芯経）が剥落しているにもかかわらず１色の色緯に覆われているようにみえる連珠の地部などは、経糸開口時に同色の色緯が整然と重ねられて乱れずに織り入れられたために、そのようにみえるものと考えられる。また、色緯のほとんどが杢糸状に見えている文様部分は、異なる色の緯糸を短い間隔で表面に押し出して下に沈めたため、数色の色緯が重なりあって１束になって杢糸状にみえるものと考えられる。

　獅子の前脚の縁（図35）と葡萄の実の縁（図39）は、最表面の色緯と陰経（芯経）の一部が残っているので、文様細部の形状が明瞭である。副文中央の唐草の茎の縁（図41）は、藍色の色緯が当初に近い状態で残っている。織り出し部分の小石畳文（図43）は、黄色と紫色が市松模様になっていて、紫色の色緯は当初に近い状態である。色緯の表面に波状の凹みがみえる部分は、陰経（芯経）が上に載っていたためにできた痕跡である。

３．色　彩

　現在古裂帳に貼付されている犀円文錦断片の多くは、前節で述べたように、最表面の色緯と陰経（芯経）を欠くので、現在みえている色彩の多くは、当初とは異なるものである。母経（絡み経）の下に挟まれてわずかに残る色緯の微細片の一番上にみえるものが当初の表面

の色彩と考えられる。

　太田論文には、犀円文錦は赤地（現在茶色）で、濃藍色の骨線で連珠帯や文様を画し、連珠は白色、その他文様の内側を緑・白・黄色で埋め、犀の胴部の斑文に薄い褐色を呈する別色がみえると記されている。今回改めて、LEDライト付単眼マイクロスコープを用いて観察した結果、連珠円帯の地部は紺で、他の地部は赤、連珠は輪郭を白線で画した赤、犀は紫に縁取られた赤で斑文には赤に紫が用いられ、全部で赤・紺・黄・白・緑・紫の６色の色緯が用いられていることが判明した。文様の諸処にみえる紺色の輪郭線は、最表面に出た色緯で表されているので、当初の色彩であると判断した。経糸は、陰経（芯経）の一部に、茶紫色に黄赤色が混在してみえるものがあるので、黄色の下染めに紫色が重ね染めされたと考えられる。似寄りの色の母経（絡み経）も陰経（芯経）と同様にして重ね染めされたのであろう。

　次に、各部分の色彩の観察結果を個別に述べる。

【連珠】

　連珠の部分（図30）は、母経（絡み経）の下に赤味の糸屑が挟まっているから、赤色である。赤色糸の下には何色もの色緯が織り入れられているにもかかわらず、全体が白色糸で覆われてみえるから、連珠の輪郭が白色の線で画されていたと考えられる[13]。

【連珠円帯】

　連珠円帯の内・外区を画す縁の部分（図31）をみると、母経（絡み経）の下に、内区では紺色の糸屑が挟まり、外区では赤味の糸屑が挟まっている。したがって、連珠と連珠の間地は紺色であり、連珠円帯内区の地の部分は赤色である。円帯の地の部分（図32）だけをみると、すべての母経（絡み経）の下に紺色の糸屑が挟まり、地が紺色であることは明らかである。

【連珠円帯内区の主文の地部】

　連珠円帯内区の地の部分（図33〜35）は、母経（絡み経）の下に赤味の糸屑が挟まっているから、赤色である。

【犀の飾り】

　犀の首の下の羽根のような渦巻き状の飾りの端（図36）は、母経（絡み経）の下に赤味の糸屑が挟まっているから、赤色である。赤色の糸のすぐ下には、紺・紫・白（又は黄）の色緯がみえるので、紺の輪郭線以外に紫色と白色が用いられていたことがわかる。

【犀の斑文】

　犀の胴体の斑文の部分（図37）は、母経（絡み経）の下に赤味の糸屑が挟まっているので、赤色である。赤色の糸のすぐ下には、紫の色緯が多く存在するので、犀の胴体の斑文や縁などに紫色も用いられていたと考えられる。

【犀の首のリボン】

　犀の首に巻かれたリボンの風になびいている部分（図38）は、縁の紺色の線の間に黄色の糸がみられるので、リボンは黄色である。

【葡萄の実】

　副文の葡萄の実の中央部の画像（図39）には、経糸に跨がる緑の色糸がみえるから、紺色で縁取られた果実の中央は緑色である。円帯内の葡萄の実（図40）は、紺色糸の縁の中央に黄と緑の色緯がわたっているので、中央は黄と緑色である。

【副文の蔓】

　副文の唐草の蔓（図41）は、紺色の縁の中間部分の母経（絡み経）の下に赤味の糸屑が挟まっているから、赤色である。黄色の糸が多くみえることから、蔓が赤色と黄色の2色を並べたような色彩であったと推定できる。

【副文間の蓮華文】

　副文の先の剣先形の忍冬文の間に位置する蓮華文の中心部分（図42）は、紺色の縁以外、母経（絡み経）の下に赤味の糸屑が挟まっているので、赤色である。

【織り出しの小石畳文】

　副文断片の下の織り出しの小石畳文の画像（図43）をみると、母経（絡み経）の下に赤味の糸屑が存在し、黄色の糸が覆う部分と紫色の糸が覆う部分が石畳状にみえる。したがって、小石畳文の色彩の詳細は不明であるが、赤・黄・紫色から成っていたと考えられる。

4．シルクロードと犀円文錦

　犀円文錦は、シルクロードを通って行われた絹織物の文様と織技の東西交流の問題と深く関わっており、それらを切り離して理解することはできない。

　絹は中国に起源があることが判明している[14]が、経錦と緯錦を織り出す織技の東西交流については、諸説があり今も決着していない。経錦は中国由来のものであるとみて間違いないが、緯錦や空引機が西方（西トルキスタンからヨーロッパ）からもたらされたものなのか、中国にも古来より存在したものなのか今も不明のままである。前漢以来、経錦は紋棒機で製織されたとみて、6～7世紀には緯錦と共に空引機も西方から中国へもたらされたという説[15]や、中国でも西方に先だって5～7世紀に空引機が発明されており、西方から緯錦が伝わる前に中国で緯錦が織られていたという説がある[16]。

　連珠円文については、文様の形式で分類されて地域性と時代性が論じられている[17]。珠文を並べて連珠としたような文様は、中国漢代にもみられ、西アジア、イラン地方のみに源流を求めることはできないが、連珠を円帯として、その中に花樹や動物を納めた文様はササン朝ペルシャで盛行し、そこから世界に広がったことは明らかである。連珠円文や樹下動物文の

ようなササン系の文様が中国に伝来し、そこに中国固有の文様が融合して、いわゆる「シノ・イラニカ様式」の文様が中国で誕生したということは、今では通説となっている。四騎獅子狩文錦や花樹対鹿文錦は、シルクロードによる東西文化交流を示す資料として今日でも重要な研究対象といえよう。

ただし、これまでは研究対象の染織資料が特定の出土品に限られていたため、シルクロードの染織品の時代性や地域性について体系的に考察されることはなかった。ところが、絹織物の文様と織技の東西交流を示す染織資料は、近年になって飛躍的に増加している（表２参照）。多数の資料に基づくシルクロードの染織品全体の体系的研究も視野に入ったといえよう。犀円文錦についても、体系的に位置付けられるべきであるが、シノ・イラニカ錦全般の織技に関する調査報告が今でもまだ少ないために、体系的研究は進捗していない。これは、今後の課題である。

犀円文錦は、文様が大きく色緯が多数（６色）である。さらに、陰経（芯経）が強撚糸の羽二重になっているが、これは、当時の国産の錦にはみられないし、中国出土の錦の中でも珍しい高度な技術といえる。それらのことからみて、隋・唐代のシノ・イラニカ錦の中でも優秀な製品であったと思われる。他のシノ・イラニカ錦とみられるものに、たとえば、冒頭で触れた四騎獅子狩文錦や大谷探検隊将来の花樹対鹿文錦（図46）、スタイン将来の花樹対鹿文錦（図47）が知られる。これらは、いずれも優品であり、中国で瑞錦又は大瑞錦と呼ばれたものかもしれない。このような錦は、長安の織染署などの宮廷所属工場で製作されたとみてよいであろう。

犀円文錦の製作年代は、二つの花樹対鹿文錦と四騎獅子狩文錦を加えた四者間の相対比較により検討することができる。すなわち、スタイン将来の花樹対鹿文錦が出土したアスターナ古墓群の第１区第３号墓は、隣接する第４号墓から延和７年（608）と貞観20年（646）の墓誌が、第６号墓からは延寿９年（632）の墓誌が出ていることから、高昌国の末、中国では隋の中頃から唐初にあたる頃の造営と考えられ、この面被いの錦も同じ頃に製作されたと推定される。その製作年代を基準にして、四者を錦文様の比較から互いに編年することにより、犀円文錦の製作年代を推定することが可能であると考えられる。

４種の錦の製作年代の違いは、副文に顕著に表れている。すなわち、スタイン将来の花樹大鹿文錦と四騎獅子狩文錦は、副文がかなり似ており、パルメット唐草が大型の三葉形で構成され揺らぐように斜めに表され、蔓に渦巻文などの装飾はない。犀円文錦は、小型の三葉形で、蔓の一部が渦巻文で飾られ、唐草が内と外（又は上と下）に二重に構成され、副文と副文の間に蓮華風の連珠円文が置かれているなど重厚感があり古様である。したがって、犀円文錦は、他の二者よりも製作年代が古いと考えられる。それに対して、大谷探検隊将来の花樹対鹿文錦の副文は、犀円文錦ほど明確ではないにしてもパルメット唐草が二重に構成さ

れ、文様の中心にある蓮華文の花弁が犀円文錦と同様に剣先形としていて、先に述べた二者と比較すると、重厚感があり古様である。逆の見方をすれば、スタイン将来の花樹対鹿文錦と四騎獅子狩文錦の副文は、大谷探検隊将来の花樹対鹿文錦のものと比較すると、様式化された優美さがあり新しい。

　以上の検討から、年代の古い順に並べると、犀円文錦が最も古く、次に、少し離れて大谷探検隊将来の花樹対鹿文錦が古い。スタイン将来の花樹対鹿文錦は、四騎獅子狩文錦と製作年代がほぼ一致するが、大谷探検隊将来のものと主文が同図柄であることから、四騎獅子狩文錦よりも古い順番に並べても差し支えないといえよう。一番新しいものは四騎獅子狩文錦である。スタイン将来の花樹対鹿文錦の製作年代は、前述の如く隋の中頃から唐初の7世紀初めとみられる。したがって、四騎獅子狩文錦の製作年代を7世紀の前半（630〜640頃か）とみて、大谷探検隊将来の花樹対鹿文錦は、やや古く隋代の中頃、すなわち7世紀の初め(620頃)[26]とみられよう。犀円文錦の製作年代は、それよりも古いもので、隋初（600前後）と推定される。

おわりに

　犀円文錦の1218片の断片を蒐集確認し、約40片の断片に残る文様を検討して、当初の裂地が2窠の幅で2窠間の丈（幅約123cm、長約140cm）であると推定した。拡大画像の観察調査により、これまで不明であった色彩のいくつかを明らかにすることができた。陰経（芯経）として強撚糸を羽二重に使用し、母経（絡み経）として強撚糸の単糸が用いられているなど、高度に発達した製織技術が用いられていることを確認した。また、拡大観察の結果、古裂帳作製の過程で、台紙貼りされた古裂片の表面の埃（絹の粉塵）が、刷毛で掃き落とされていると判断された。そして、犀円文錦が隋初の600年前後に製作されたとみた。

　製作年代が600年前後とみられる犀円文錦は、光明皇后の宝物献納・大仏開眼会・聖武天皇一周忌斎会をはじめとする8世紀中頃（750前後）の由緒を持つ正倉院裂と同時代のものではない。この錦については、墨書も文献記録も見つかっていないので、直接の由緒は不明であるが、いつかの時代に正倉院宝庫に納められたものであることは確実である。由緒を明らかにすることは、断片化された原因の解明と共に、今後の課題と考えている。

（1）　雄偉な唐花文を9色の色緯で表した錦で、琵琶袋の表地に用いられたため琵琶袋の錦とも称される。7〜8世紀の絹を用いた錦の中で最も優れたものの一つで、龍村謙（二代平蔵）『錦とボロの話』（学生社、1967）には、正倉院随一の名錦で、中国の皇帝（おそらく玄宗）の所持品であろうと紹介されている。
（2）　ササン朝ペルシャの文様の影響が顕著な世界的に知られる中国渡来の名錦。明治17年、アーネスト・フェノロサと岡倉天心が法隆寺夢殿を調査した際、この錦が救世観音の厨子の脇に巻いて立て掛けられているのが発見された。この錦の研究や解説の類は多い。近年の代表的なものを適

第2部　正倉院の染織品の研究

　　　宜選んで示すと、西村兵部「四騎獅子狩文錦解説」(『奈良六大寺大観 法隆寺5』岩波書店、1971)、桑山正進「法隆寺四騎獅子狩文錦の製作年代（1）」(『江上波夫教授古稀記念論集 考古・美術篇』山川出版社、1976)、太田英蔵「大瑞錦獅子狩文錦について」(『服装文化』第156号、1977、のち『太田英蔵 染織史著作集』下巻(文化出版局、1986)に収録)、深井晋司「ササン王朝ペルシャ銀製馬像に見られる馬印について」(『東洋文化研究所紀要』第62冊、1974、のち『ペルシャ古美術研究』第2巻(吉川弘文館、1980)に改稿して収録)、道明三保子「法隆寺蔵四騎獅子狩文錦に関する一考察」(『古代オリエント博物館紀要』第3巻、1981)、横張和子「法隆寺四騎獅子狩文錦の成立について」(『古代オリエント博物館紀要』第5巻、1983) などがある。

（3）　太田英蔵「犀円文錦について」『書陵部紀要』第7号、1956（のち前掲注（2）『太田英蔵 染織史著作集』下巻に収録）。

（4）　近年刊行の図録は巻末の参考文献にまとめた。我が国では、1955年頃までは、西域出土の染織品については、Aurel Stein "Serindia" Vol.IV, Oxford, The Clarendon Press, 1921, Aurel Stein "Innermost Asia" Vol. III, Oxford, The Clarendon Press, 1928、香川默識編『西域考古図譜』上・下巻、国華社、1915（のち復刻版、柏林社書店、1972）などの図版を参照にする以外になかったと言われる。

（5）　シルクロードという呼称は様々な意味で用いられるが、本章では、中国からローマに至る内陸の砂漠地帯を通る東西交通路の意味で用いた。なお、林良一『シルクロード』(美術出版社、1962)に「私はかつてわが「正倉院」を「シルクロードの終着駅」と名づけたことがある」と記されており、中国から日本の平城京・正倉院に至る道もシルクロードとみなされることがある。

（6）　たとえば、佐藤武敏・布目順郎・道明三保子・横張和子・坂本和子・武敏・超豊の諸氏はシルクロードの染織品全体を視野に入れた種々の研究報告を発表している。

（7）　元正倉院事務所保存課長の松本包夫氏談。太田自身も「まだ完全なものではない」と記している（前掲注（2）「大瑞錦獅子狩文錦について」）。

（8）　西村兵部「正倉院の錦」『書陵部紀要』第13号、1962。

（9）　平成14年度に、皇后陛下の御親蚕になった小石丸繭を下賜され、日本製である赤地唐花文錦を復元模造した。この錦は、織り幅が通常の錦の2倍の約115cmあり、製織するためには、織り前に2人の織手が並んで織らないと、1人では織り幅の端から端まで手が届かない。さらに、経糸を引き上げるために、ジャカード機のモーターをトルクの大きいものに取り替える必要があるなど、製織が相当困難であった。

（10）　前掲注（2）西村兵部「四騎獅子狩文錦解説」によると、四騎獅子狩文錦は、耳とおぼしいところがあるが、この錦の織り幅は不明、ないしは現在の全体の幅をそれにあてるしかないとある。

（11）　ちなみに、佐々木信三郎「正倉院の錦」(『書陵部紀要』第13号、1962)では、犀円文錦の織り密度は、母径約42本/寸（13本/cm）、緯約110越/寸（33本/cm）としている。

（12）　佐々木信三郎『新修 上代織技の研究』(川島織物研究所、1976) 112頁に「陰経を抜き取れば、表面は緯綾の霜降に化してしまう」とある。

（13）　なお、四騎獅子狩文錦の色彩について、西村は「地色は赤色、円帯の珠文は淡紅色で、縁に白い輪郭線がある」とし（前掲注（2）「四騎獅子狩文錦解説」）、道明氏は、連珠や円文中の地色は白茶（淡紅色）、連珠帯の地色や輪郭線は濃藍、葉文や連珠帯の珠文の輪郭に白線があるとしている（前掲注（2）「法隆寺蔵四騎獅子狩文錦に関する一考察」）。犀円文錦の連珠にも白い輪郭線があったに違いない。

（14）　布目順郎『養蚕の起源と古代絹』(雄山閣、1979)、布目順郎『布目順郎著作集』第3巻（桂書房、1999）参照。

（15）　クリシュナ・リブー、道明三保子訳「正倉院染織の源流」（講演、『服装文化』第176号、

1982）によると、漢代の文織物は紋棒機（メチエ・オ・バゲット"metier aux baguettes"）で製織された。

(16) 武敏「アスターナ古墓出土織錦の研究」『シルクロード学研究8　トルファン地域と出土絹織物』2000。

(17) 道明三保子「ササンの連珠円文錦の成立と意味」『深井晋司博士追悼　シルクロード美術論集』（吉川弘文館、1987）、坂本和子「連珠文の伝播 ―アスターナ出土絹織物を中心として―」（『シルクロード学研究叢書4　シルクロードの文様の世界』シルクロード学研究センター、2001）、山本忠尚「瓦と連珠円紋」（奈良国立文化財研究所40周年記念論文集刊行会編『奈良国立文化財研究所40周年記念論文集　文化財論II』同朋舎出版、1995、（のち『日中美術考古学研究』（吉川弘文館、2008）に収録）など参照。

(18) かつて、三宅米吉「法隆寺所蔵四天王紋錦旗考」（『文』第1号、1888）で、四騎獅子狩文錦の文様の源流が西方（アッシリア）に求められることが初めて論じられた。その後、鳥居龍蔵「四天王紋錦旗に比較すべきものあり」（『東洋学芸雑誌』第131号、1892）の中で源流がササン朝ペルシャに求められることが指摘されると、三宅米吉「四天王紋旗」（『東洋学芸雑誌』第133号、1892）で旧説が撤回され、「法隆寺所蔵四天王紋錦旗と埃及の古裂紋様」（『考古界』第2篇4号、1902）では、ギメ美術館のアンティノエ出土天馬文錦（現リヨン織物美術館蔵）の文様との比較から、ササン朝ペルシャの影響が明らかにされた。大谷探検隊が吐魯番ムルトック（木頭溝）河流域から花樹対鹿文錦を発掘し（1912）、スタインが吐魯番アスターナ古墓から花樹対鹿文錦を発掘するに及んで（1916）、連珠円帯内に樹下動物（人物）文を置く文様は、ササン朝ペルシャの影響のもとに中国で誕生したシノ・イラニカ様式の文様と称されるようになった（太田によるとシノ・イラニカ錦と称したのはイギリスのスタインである）。原田淑人「法隆寺所蔵獅子狩文錦に見ゆる立樹に就いて」（『考古学雑誌』第20巻第3号、1930、のち『東亜古文化研究』座右宝刊行会、1940）では、四騎獅子狩文錦の立樹の文様について、イラン系の文様が六朝期に発達して中国化されたものと論じられた。

(19) 横張和子「サミット（緯錦）の成立とその展開」（『シルクロード染織史』講談社、2001）は、シルクロード全域の染織品を対象に、サミット（複様三枚綾組織緯錦）の成立とその展開を軸にして、多くの実物観察調査経験に基づいて、文様・由緒・織技などを全面的に論じている。同「サミット（綾地緯錦）論考」（『古代オリエント博物館紀要』第28巻、古代オリエント博物館、2008）は、著者がサミット論考の締めくくりの一編と位置付けている論考で、技術面からサミットの歴史的展開について詳細な議論を展開している。坂本和子「織物に見るシルクロードの文化交流 ―トゥルファン出土染織資料―錦綾を中心に」（大阪大学博士論文、2008）は、日本から中国中原、西域の西トルキスタンからペルシャ、ビザンティン、西ローマまでを視野に入れたスケールの大きい論を展開しながら、あくまでも、文様のみならず糸から織技まで自ら熟覧して詳細に調査した新疆出土の絹織物を中心にした議論を積み重ねている。

(20) 佐藤武敏氏は「これ迄の調査は時代・項目が個別的に試みられている傾向が強く、殷代から唐代迄、生産技術がどのように展開しているのか、という体系的な考察に欠けているし、またそうした技術のもつ意義についてほとんど論究されていない」（「古代絹織物の技術史的研究」『中国古代絹織物史研究』上、風間書房、1977）と指摘しているが、今でも生産技術の展開を考察するための資料が十分とは言えない。

(21) 大谷探検隊将来の花樹対鹿文錦は、第3次探検（1910～14）に派遣された橘瑞超が、トルファン盆地のベゼクリク千仏洞の下を流れるムルトック（木頭溝）河流域の高昌国人の墓から発掘したミイラに装着されていた面覆いである。そのことは、『新西域記』上・下巻（有光社、1937）と前掲注（4）香川黙識編『西域考古図譜』上・下巻に記されている。

第２部　正倉院の染織品の研究

(22)　前掲注（4）Aurel Stein "Innermost Asia" Vol. IIIによると、スタイン将来の花樹対鹿文錦は、スタインが第３回目のシルクロード探検（1913～16）でトルファン盆地のアスターナ古墓群を発掘した時に（1916）、第１区第３号墓において発見されたもので、おそらくミイラの面覆いの一部である。スタインは、第３次探検で史上初めてのアスターナ古墓群の発掘を精力的に行った。その後、西北科学考査団の黄文弼によっても古墓群の発掘が行われた（1930）。その間の経緯は、岡崎敬「アスタァナ古墳群の研究」（『仏教芸術』第19号、1953）に詳しい。1950年代になると、中国の発掘調査が進み、現在アスターナにある約2000基の古墓のうち500基が発掘済みといわれる。

(23)　張彦遠『歴代名画記』（９世紀中頃成立）の「寶師綸」の条に「凡創瑞錦宮綾、章彩綺麗、蜀人云至今陵陽様……高祖太宗時、内庫瑞錦対雉闘羊翔鳳游麟状、創自師綸、至今伝之」（寶師綸（後に陵陽公となった）の創始した瑞錦は、章彩が綺麗で、蜀の人々は今日まで陵陽公様式と云う。高祖、太宗の時の内庫にある瑞錦の動物文様のものは寶師綸に始まり今に至る）とある。おそらく、中国の人々は、ササン系の連珠円帯内に樹下動物（人物）文を置く文様を瑞祥文様と捉えたのであろう。犀円文錦は、動物文様の瑞錦にあたると思われる。『旧唐書』巻183「武承嗣伝」に「咸亨二年（671）、栄国夫人卒、則天出内大瑞錦、令敏之造仏像、追福」（則天武后（在位690～705）は、生母の栄国夫人が亡くなったので、内から大瑞錦を出させ、敏之に仏像を造らせて冥福を祈った）とある。大瑞錦とは、犀円文錦や四騎獅子狩文錦のような大型の文様の瑞錦のことを指すのであろう。『新唐書』巻220「東夷伝」の新羅の条に「弟興光襲王玄宗開元中……帝間賜興光瑞文錦、五色羅、紫繍紋袍、金銀精器」（新羅王興光は、開元年間（713～741）に玄宗から瑞文錦、五色羅、紫繍紋袍、金銀精器を賜った）とある。瑞錦が供養物や朝貢者への賜物として用いられたことがわかる。犀円文錦や四騎獅子狩文錦は、遣唐使が将来した瑞錦（又は大瑞錦）ではなかったのだろうか。

(24)　佐藤武敏「唐代の生産形態」（『中国古代絹織物史研究』下、風間書房、1978）参照。

(25)　前掲注（2）西村兵部「四騎獅子狩文錦解説」は、犀円文錦の副文の蔓の渦巻文飾りについて「蔓の上に渦文をならべるところは、中国六朝時代における織文の余韻を残している」と記している。

(26)　従来の四騎獅子狩文錦の製作年代に関する主な説を上げると、ササン朝ペルシャの文様が中国に盛んに流入した隋代の半ばの609年頃に、ホスロー２世の姿を織り込んだこの錦が製作されたとする龍村謙説「大谷探検隊将来の古代錦綾類」（『西域文化研究第６　歴史と美術の諸問題』法蔵館、1963）、永徽４年（653）の墓誌が伴出したアスターナ北区302号墓出土の対馬文錦との関連性や第７回遣唐使が帰朝した天智７年（668）の時期、『旧唐書』巻183「武承嗣伝」の記載内容（前掲注(23)参照）などから、７世紀後半（653～671）とする太田英蔵説（前掲注（2）「大瑞錦獅子狩文錦について」）、形式を同じくする隣接する墓から延和７年（608）と貞観20年（646）の墓誌が伴出したことからスタイン将来花樹対鹿文錦の製作年代を７世紀前半と推定し、同じシノ・イラニカ文錦で文様の様式化されたこの錦も、それに続く初唐貞観時代（627～647）の製作とする西村兵部説（前掲注（2）「四騎獅子狩文錦解説」）などがある。それらの中で、著者の考えは西村説に近い。

表1　犀円文錦貼付の古裂帳一覧

号数	犀円文錦断片の貼付されている頁数　※( )内は断片の片数	貼了年月	出櫃号数
4	1(3)、7(5)、9(1)、11(3)、18(1)	大正4年2月	86
6	2(4)、3(1)、8(2)、9(2)、10(1)、11(3)、12(3)、15(5)、16(3)、17(6)、18(1)、20(1)	大正4年3月	同上
7	4(2)、9(3)、18(8)	同上	同上
8	1(1)、14(2)、18(1)	同上	同上
9	2(4)、3(11)、5(5)、6(1)、7(7)、8(4)、9(1)、10(1)、11(8)、12(2)、13(3)、14(1)、15(4)、16(4)、18(2)、9(1)、20(2)	大正4年8月	同上
10	3(2)、4(1)、5(3)、9(3)、10(3)、11(1)、13(1)、17(1)、19(2)、20(2)	同上	同上
11	12(1)、15(1)、17(3)	同上	同上
12	19(1)	大正4年10月	同上
13	1(2)、8(3)、9(3)	同上	同上
17	2(2)	大正5年7月	同上
23	14(2)	大正5年8月	同上
24	1(1)、3(3)、5(1)、7(1)、11(1)、15(1)	同上	同上
78	3(1)	大正7年4月	108
82	1(1)	大正7年5月	同上
261	15(1)	大正13年12月	85
262	1(1)	同上	同上
484	1(10)、2(12)、3(12)、4(19)、5(30)、6(27)、7(30)、8(30)、9(43)、10(53)	昭和26年3月	82
584	1(13)、2(13)、3(24)、4(13)、5(22)、6(19)、7(13)、8(16)、9(28)、10(33)、11(32)、12(47)、13(41)、14(41)、15(85)	昭和33年7月	82～85、90、108
645	1(17)、2(28)、3(28)、4(37)、5(43)、6(53)、7(57)、8(57)、9(61)	昭和41年2月	81

第2部　正倉院の染織品の研究

表2　シルクロードの染織品の発掘一覧

発掘年	発掘者	出土地	染織出土品・時代	時代
1842	コレイシャ	クリミアのケルチの遺址	菱文綾(絹)	後漢代
1898	アルベール・ガイエ	エジプトのアンティノエ	菱格子文錦(絹)ほか	130～646年
1900	オーレル・スタイン	尼雅(第1次)、敦煌(第2次)、敦煌、楼蘭、阿斯塔那(第3次)	錦、綾、羅、平絹、刺繍、組紐、彩絵、平絹など様々な絹製品	漢～唐代
1903	アドリアノフ	南シベリアのミヌシンスクのオグラクティ墳墓	錦	前漢代
1906	ポール・ペリオ	敦煌莫高窟第17窟(蔵経窟)	錦、綾、羅、平絹、刺繍、組紐、彩絵、平絹	唐代
1910	大谷光瑞	阿斯塔那(第3次) 敦煌第17窟品購入(第3次)	絹織物	六朝～唐代
1916	日本の発掘調査隊(原田淑人他)	楽浪郡漢代遺址、石巌里、丙墳、王旴墓、梧野里、彩筐塚、王光墓など	平絹や組紐	漢代
1923	ピョートル・コズロフ	モンゴル中央部のノイン・ウラ古墳群(匈奴の墓)	刺繍毛織物、刺繍絹布、雲岳禽文錦(等経錦)、絹製毛皮縁飾上衣など	前漢末
1925～44	フランスの探検隊	シリアのパルミラ遺址	平絹等	後漢代
1927	スウェン・ヘディン	居延(エツィン・ゴル)、オルディク、扞泥城(ミーラン)都城址など	平絹等	漢代
1928	ソスノフスキー	バイカル湖南のイルモヴォイ・バディ古墓	錦	漢代
1929	セルゲイ・ルデンコ	南シベリアのアルタイのパジリク古墳群	錦、刺繍、パイル織の絨毯など	中国戦国時代
1930～	エール大学(米)・フランス学士院碑文アカデミー	シリアのパルミラ東方のドゥラ・ユーロポス	錦など	漢代
	中国の発掘調査隊	湖南省長沙市近郊	帽子の裏地の平絹やハンカチ状の平絹など	戦国～漢
1938	ベルンシュタム	キルギスのタラスのケンコール古墳群(第9号墓)	平絹や刺繍など	後漢
1942	中国の発掘調査隊	湖南省長沙市の東郊、子弾庫の紙源沖の墓	帛書	戦国中期頃(楚)
1943	日本の発掘調査隊	山西省陽高県の漢墓群	平絹、羅など	漢
1951	中国科学院考古研究所	湖南省長沙市五里牌の古墓(406号墓)	平絹、刺繍など	戦国時代晩期頃

第 2 章　犀円文錦の研究

報告書等	所蔵者	備考
	エルミタージュ美術館	布目順郎『養蚕の起源と古代絹』(雄山閣、1979)参照
	主にギメ美術館、ルーブル美術館、リヨン織物美術館	10年間の発掘で大量に出土したコプト裂は、世界に将来
Aurel Stein"Ancient Khotan", 1907 "Serindia", 1921 "Innermost Asia", 1928	大英博物館、ビクトリア・アンド・アルバート美術館、ニューデリー国立博物館など	第1次(1900～01)、第2次(1906～08)、第3次(1913～16)探検
	モスクワ歴史博物館	
"Tissus de Touen-houang", 1970 (敦煌の織物)	ギメ美術館、フランス国立図書館	中央アジア探検(1906～08)。敦煌第17窟発見の経巻・絹製品を王道士から購入。染織品は、クリシュナ・リブー、ガブリエル・ヴィアル両氏により報告された(1970)
『西域考古図譜』(1915)、『新西域記』(1937)、『西域文化研究』6 (法蔵館、1963)、『中国の染織』(芸艸堂、1972)等々	龍谷大学図書館、東京国立博物館、天理参考館、旅順博物館・大連博物館(中国)、国立中央博物館(韓国)、個人	第1次(1902～04)、第2次(1908～09)、第3次(1910～14)探検
原田淑人『東亜古文化研究』(1940)、布目順郎『絹繊維遺物の研究―蚕糸業技術の観点から―』(1967)	東京大学文学部考古学教室、個人など	楽浪郡漢代遺址(1916～44)、石巌里(1916)、丙墳(1924)、王旰墓(1925)、梧野里(1930)、彩篋塚(1931)、王光墓(1932)を発掘
梅原末治『蒙古ノイン・ウラ発見の遺物』(1960)、ルボ・レスニチェンコ『古代中国の絹織物と刺繍』(1961)(露語)	エルミタージュ美術館、イルクーツク博物館など	第1次(1899～1901)、第2次(1907～09)、第3次(1923～26)探検。第3次の1924～25にノイン・ウラで漢代の絹織物を発見
フィステル『パルミラの織物』I(1934)、II(1937)、III(1940)(仏語)	シリア国立博物館	パルミラ遺址を広汎に発掘調査。1930年代に、シリアの政情不安のため発掘調査が一時中止されている
Vivi.Sylwan"Investigation of Silk from Edsen-gol and Lop-nor", 1949 布目順郎『絹と布の考古学』(雄山閣、1988)	スウェーデン国立民族学博物館など	第1次(1893～97)、第2次(1899～1902)、第3次(1906～08)、第4次(1927～33、および1933～35)探検。第4次に漢代の平絹などを発見
『古代中国の絹織物と刺繍』(1961)(露語)	エルミタージュ美術館	
『古代中国の絹織物と刺繍』(1961)(露語)	エルミタージュ美術館	第1号墓(1929)、第2号墓(1947)、第3～5号墓(1949)を発掘。第3・5号墓から染織品を発掘
布目順郎『養蚕の起源と古代絹』(雄山閣、1979)	エール大学アート・ギャラリー	
『京都工芸繊維大学繊維学部学術報告』7巻1号(1973)	クーパー・ヘウィット美術館、個人など	
『古代中国の絹織物と刺繍』(1961)(露語)	エルミタージュ美術館	
『京都工芸繊維大学繊維学部学術報告』7巻1号(1973)	メトロポリタン美術館保管(個人所有)	下地の平絹は、最初ジーン・メイリーにより調査報告されている(1968)
小野勝年・日比野丈夫『蒙疆考古記』(1946)、布目順郎「山西省陽高県出土の漢代絹繊維およびその他繊維について」(『日本蚕糸学雑誌』44巻6号、1975)	個人蔵	
『長沙発掘報告』1957		古墓百数十座を発掘、406号墓から染織品が出土

第2部　正倉院の染織品の研究

1953	中国科学院考古研究所	河南省安陽県大司空村の殷墓	綾の付着した玉戈	殷
	湖南省文物管理委員会	湖南省長沙市郊外の左家公山の古墓(15号墓)・楊家湾の古墓(6号墓)・仰天湖の古墓(25号墓)	平絹、薄絹	戦国晩期(15号・25号墓) 戦国末～前漢初(6号墓)
1957	河南省文物管理委員会	河南省信陽長台関の戦国時代の楚墓	綾、紗、刺繍	戦国
	湖南省文物管理委員会	湖南省長沙市廣済橋の戦国時代の古墓	錦、平絹、紗	戦国(5号墓)
	湖南省文物管理委員会	湖南省長沙市郊外の戦国時代の古墓	錦、平絹、紗	戦国中期(楚)
1958	湖南省文物管理委員会	湖南省長沙市烈士公園の戦国時代の古墓	刺繍	戦国(3号墓)
	中国科学院考古研究所	河南省安陽県大司空村の殷墓	綾の付着した銅戈	殷
	浙江省文物保管委員会	浙江省呉興銭山漾遺址	平絹	良渚文化前期
1959	甘粛省博物館	甘粛省武威県磨咀子の後漢時代の古墓群	パイルの錦、羅、紗、平絹、印花絹、経錦、刺繍で飾られた針箱	後漢
	新疆ウイグル自治区博物館	新疆ウイグル自治区民豊県尼雅遺址(北大沙漠)	「延年益寿大宜子孫」や「萬世如意」の文字を織り出した経錦、綾、羅、刺繍	後漢
	新疆ウイグル自治区博物館	新疆ウイグル自治区和田の屋于里克(ダンダーン・ウィリク)古城	絞纈の平絹、臈纈の毛織物、臈纈の木綿(もめん)織物	北朝(北魏～)
	新疆ウイグル自治区博物館	新疆ウイグル自治区吐魯番阿斯塔那北区の古墓群	平絹の服・絞纈平絹(305号墓)、経錦(306号墓)、平絹の服・覆面・経錦・綾・帛画(303号墓)、経錦(302号墓)、経錦・平絹・帛画(301号墓)	北朝～初唐
	新疆ウイグル自治区博物館	新疆ウイグル自治区吐魯番阿斯塔那北区の古墓群	夾纈の平絹、経錦、綾、羅、縑纈、刺繍など数十点が、3座の古墓から出土	北朝後期～末
	新疆ウイグル自治区博物館	新疆ウイグル自治区巴楚(マラル・バシ)脱庫孜薩来(トッグサライ)城址	蚕繭(2個)、毛織の絨毯、文織木綿(もめん)	唐
1963	新疆ウイグル自治区博物館	新疆ウイグル自治区吐魯番阿斯塔那北区・哈拉和卓(カラホージャ)古墓群	「富且昌宜侯王天延命長」文字の織成の履・刺繍(39号墓)、経錦(18号墓)、経錦・彩絵平絹(20号墓)、綾・印花絹ほか(29号墓)	北朝～中唐初(5～8C)か
1965	敦煌文物研究所	甘粛省敦煌莫高窟125・126窟前	説法図刺繍	北魏中期
	湖北省文化局	湖北省江陵県馬山区裁縫店付近の戦国楚墓(3座)	方鏡を包む綾(望山1号) 刺繍(望山2号)	戦国中期(楚)
	敦煌文物研究所	甘粛省敦煌莫高窟130窟内、122・123窟前	錦・綾・綴・夾纈・絞纈・臈纈・平絹幡・帯等々39点(130窟内)、綾・絞纈・臈纈・平絹幡・綾帯・帽子等々24点(122窟前)	盛唐

『考古学報』1955-9、陳娟娟「両件有絲織品花紋印痕的商代文物」『文物』1979-12		
『考古学報』1957-1		
『考古』1958-11		発掘された古墓2座のうち2号墓から染織品が出土
『文物参考資料』1957-2		
『文物』1975-2		
『文物』1959-10		
『考古』1958-10、陳娟娟「両件有絲織品花紋印痕的商代文物」『文物』1979-12		
『考古学報』1960-2、『文物』1980-1		第2次発掘で第4層から発掘 第4層の年代測定値はB.C.3310±135（C-14による）
『絲綢之路』（文物出版社、1972）		2座の後漢墓（22号墓、49号墓）から出土
『文物』1960-6、1962-7・8 『絲綢之路』1972	新疆ウイグル自治区博物館	
『文物』1972-3 『絲綢之路』1972	新疆ウイグル自治区博物館	北朝的な織物が出土したことが知られるが、王朝は特定できず
『文物』1960-6、1962-7・8 『考古学報』1963-1 『絲綢之路』1972	新疆ウイグル自治区博物館	305号墓（前秦建元20年(348)文書伴出） 306号墓（高昌章和11年(541)文書伴出） 303号墓（高昌和平1年(551)墓誌） 302号墓（唐永徽4年(653)墓誌） 301号墓（唐貞観17年(643)文書伴出）
『文物』1962-7・8 『考古学報』1963-1	新疆ウイグル自治区博物館	夾纈の平絹は、高昌延昌26年(586)文書伴出の墓から出土 経錦は、高昌延昌27年(587)文書伴出の墓から出土 綾は、高昌章和18年(548)文書伴出の墓から出土
『日本蚕糸学雑誌』42巻2号、1973	新疆ウイグル自治区博物館	布目順郎「絲綢之路の一古城址で発掘された唐代繭殻に関する一考察」（左記学会誌掲載）
『文物』1973-10 『絲綢之路』1972	新疆ウイグル自治区博物館	39号墓（東晋升平11年(367)・同14年(370)文書伴出） 18号墓（高昌延昌29年(589)） 20号墓（唐神龍2年(706)文書伴出） 29号墓（唐垂拱元年(685)文書伴出）
『文物』1972-2		
『文物』1966-5		
『文物』1972-12		

1966	新疆ウイグル自治区博物館	新疆ウイグル自治区吐魯番阿斯塔那北区・哈拉和卓(カラホージャ)古墓群	絞纈絹 錦 錦・綾・絞纈絹・臈纈紗・印花紗等々約50点	西涼 東晋 北朝～中唐初(5～8C)
1967	新疆ウイグル自治区博物館	新疆ウイグル自治区吐魯番阿斯塔那北区363号墓	絹、平絹	盛唐
1968	中国科学院考古研究所	河北省満城の前漢中期古墓(2座)	錦、刺繍、羅、紗、平絹	前漢(中期)
1970	新疆社会科学院考古研究所	新疆ウイグル自治区烏魯木斉市郊外湖南岸天山の古墓	錦、綾、平絹	唐代
1971	湖南省博物館	湖南省長沙市瀏城橋の楚墓	平絹	戦国(楚)
1972	湖南省博物館・中国科学院考古研究所	湖南省長沙市郊外の馬王堆1号漢墓(前漢初期)	衣服数十点、袋類、反物(経錦、パイルの錦、綾、羅、紗、刺繍、平絹、摺絵、組紐)等々数百点	前漢
	嘉峪関市文物清理小組	甘粛省酒泉県嘉峪関市の後漢墓(4座)	綾、平絹	後漢
1973	新疆ウイグル自治区博物館・西北大学歴史系考古専業	新疆ウイグル自治区吐魯番阿斯塔那北区古墓群	経錦	唐代(？)
	湖南省博物館・中国科学院考古研究所	湖南省長沙市郊外の馬王堆3号漢墓	帛画、錦、パイルの錦、羅、紗、平絹	前漢初期
1975	新疆博物館考古組	新疆ウイグル自治区吐魯番県哈拉和卓(カラホージャ)古墓群	厚絹・錦・刺繍(北涼) 錦(唐)	北涼(4C末) 唐
1976	新疆博物館考古組	新疆ウイグル自治区烏魯木斉市の南山鉱区阿拉溝28号墓	刺繍	戦国
1979	吐魯番地区文物管理所	新疆ウイグル自治区吐魯番阿斯塔那北区382・383号墓	錦、綾、平絹、刺繍(382号墓) 平絹、絞纈平絹、紗(383号墓)	五胡十六国(4～5C)
1982	荊州地区博物館	湖北省江陵県の馬山1号墓	錦、羅、紗、平絹、刺繍等で作られた良好な衣服・衾(夜具)19件	戦国(楚)
	青海省文物考古研究所	青海省都蘭県熱水古墓群の血渭大墓	錦、綾、羅、平絹、綴れ	北朝末～晩唐(6C後半～9C末)
1987	陝西省考古研究所	陝西省扶風県法門寺塔の地下倉庫(地下宮殿)	錦、綾、羅、平絹、刺繍等々数百点	晩唐(9世紀後半頃)
1989	新疆文物考古研究所	新疆ウイグル自治区尉犁県因半墓地の古墓4座	錦、綾、平絹の衣服、衾(夜具)、枕、袋	漢～晋
1993	新疆文物考古研究所 法国科学研究中心315研究所	新疆ウイグル自治区和田の克里雅河流域	毛編裙、条、衣服片	北朝 (王朝は不明)
1994	日中共同尼雅遺跡学術調査隊	新疆ウイグル自治区民豊県尼雅遺跡・古墓	錦、綾、絹の衣服、衾(夜具)、顔覆い、枕、香袋、袋類、帽子	前漢～後漢
1995	新疆文物考古研究所	新疆ウイグル自治区尉犁県営盤遺址の古墓(15号墓)	錦・綾・平絹・刺繍で作られた衣服、毛織りの錦の袍、衾(夜具)、枕、香袋等	漢・晋

＊本表は、染織品の発掘事例の基本的なものを示しているが、網羅したものではない。

『文物』1972-1	新疆ウイグル自治区博物館	105座を発掘、93座に副葬品発見
『文物』1972-2	新疆ウイグル自治区博物館	
『考古』1972-1		
『文物』1973-10		建設工事中に古墓2座を発見、2号墓から染織品出土
『考古』1972-2		
『長沙馬王堆1号漢墓』1973		
『文物』1972-12		
『文物』1975-7		38座の古墓を発掘、唐代の古墓から経錦等を発見
『文物』1974-7		2・3号墓を発掘、3号墓から染織品を発見
『文物』1978-6		51座の古墓を発掘
『建国以来新疆考古的主要収穫―文物考古工作三十年』1979		
『文物』1983-1、1994-9		382・383号墓は、五胡十六国時代(4～5C)
『文物』1982-10 『考古』1985-1		
『中国歴史博物館』1991-15・16		350余件130余種の絹織物が出土、112種が中国(中原)製で18種が西方製とされる
『文物』1988-10		数千点の金銀器も発見
『文物』1994-10		古墓9座中の4座から染織品を発掘
『日中共同尼雅遺跡学術調査報告書』第2巻.1999		
『文物』1999-1		32座の古墓を発掘、15号墓から染織品を発見

第3章　正倉院の大幡

はじめに

　正倉院には、染織品で作られた大型の仏幡が存在しており、その中でも特に大型のものの1種類は、「正倉院御物目録」に「南倉一八四大幡残欠四裏」と記されているように、「大幡」と称されている。

　「大幡」は、縺れて絡まり合った状態のままで明治時代に四つの裏みに分けられていたが、大正時代に伸展されて、都合6旒の残欠に整理され現在に至っている。[1]

　それら6旒の大幡は、これまでに各々1回から多いものは4回公開されており、江馬務、橋本凝胤、久留春年などは、大正14年に初めて一般公開された大幡4旒（甲・乙・戊・己号）をみた報告ないしは印象記を書き残している。[2] その中で久留春年は「残欠により全形を復旧すれば、延長実に七丈五尺余（約22.8m）となる」と述べ、以後、その説がしばしば引用されて来た。[3][4] 大幡の復元全長については、その後長く新説がなかったが、近年、松本包夫氏は「首尾通じての全長は約17.5mにおよぶことになる」と指摘している。[5]

　さて、正倉院の大幡が一般に注目を集める理由の第一は、形状が巨大なためであろう。しかし、それ以外にも注目すべき点は多い。まず、舌（幡頭から垂下する帯状の装飾）の裏面に縫いつけられている白絁の題箋に、聖武天皇一周忌斎会使用の由緒書と「灌頂幡」という当時の名称が記されていて、由緒・名称が明らかな点である。したがって、歴史資料として価値が高い。また、大幡以外の正倉院の染織品に用いられている錦・綾と比較検討すれば明白な如く、天平時代を代表する種々の錦・綾が多量に使用されている点である。染織品としても注目すべき所以である。さらに、古代灌頂幡の現存品としても注目すべきものであり、当時の裂地の裁断や縫製に関しても示唆するところが多い。

　しかし、これら6旒に対し今日まで十分な調査が行われていなかったので、大幡に関する全般的な理解を得るには至らなかった。本章では、正倉院の大幡6旒について改めて調査を行った成果を紹介するとともに、若干の問題提起を行いたい。

1．大幡の整理の経緯と現状

　大幡整理の経緯と現状をさかのぼって調査すると、宮内省御物整理掛において、明治25年から37年（1892～1904）にかけて、奈良時代以来、諸唐櫃に納めて伝えられてきた古裂類の中から大幡が分別されて、四つに裹み分けられ、伸展されないまま「大幡残欠四裹」（南倉184）と名付けられた。

　ついで、奈良国立博物館正倉院掛において、大正8年から11年（1919～22）にかけてこれら4裹の大幡は順次展開され、丈夫な下地裂に縫い付けるなどの補修が実施された。その結果、大幡は残欠が6旒存在することがわかり、それぞれに甲・乙・丙・丁・戊・己の符号が付けられた。

　その間、すでに本体から分離していた垂手・舌・脚の一部と、大幡を下地裂に縫い付ける修理にあたって幡身から取り外された芯裂とが、函装・軸装（巻軸に貼付）に大幡関係品として整理された。

　以上で大幡の主要部分の整理は終了した。しかし、まだこの時点では、大幡残欠4裹（南倉184）に含まれていない大幡部分残片が未整理のまま数多く残されていて、大幡の整理全体がほぼ終了するまで長期間を要することになる。一方大正8年以前に大幡の一部と考えられずに屛風装（屛風画面貼り交ぜ）や玻璃装（ガラス挟み）や古裂帳（帖冊貼り込み）に整理されていたものも少なくない。改めて点検すると、大幡身坪の裁文飾りや幡脚の一部と見なされるものや脚端飾も存在する。

　大正11年以降は、諸唐櫃中の古裂残欠や塵芥古裂整理中に発見された大幡の部分残片が屛風装や玻璃装や古裂帳として整理されている。その間、昭和37年から54年（1962～79）にかけては幡類残欠一三五裹（南倉185）の伸展整理が実施されたが、5mに達する脚残片など[6]200点以上の大幡の部分の残片が整理され、小断片以外の整理はほぼ終了したといえる。今後は、未整理の中倉202の諸唐櫃中の古裂断爛や塵芥中から、大幡の一部残片が発見される可能性が若干残されているだけである。

2．大幡の寸法・形状

　正倉院の大幡は、完全なものはなく、残欠・部分残片を合わせて復元しなくてはならない（図1～15）。そのためには、大幡各部、すなわち幡頭・幡身・幡脚について、それぞれの残片の形状と構造について調査することが必要であり、その結果を幡頭・幡身・幡脚の順に述べることにする。

【幡頭の寸法・形状】

　幡頭は、大幡6点中4点に残存するが、うち2点（乙・戊号）は破損甚だしく、2点（甲・

己号）は鏡面錦の汚損が激しい。その他に破損が甚だしい幡頭鏡面部分の残片が1点（128号櫃183号）存在する。

幡頭鏡面は、表裏に同文様の錦を貼っている。錦の織幅の広狭によって一枚物を用いている場合と中央で継いでいる場合とがある。左右の斜め縁と垂手と舌と吊し帯には一間組の組紐の帯[7]が使用されている。垂手と舌とは、幡身第3坪の下端まで垂下している。鏡面には芯の絁が挟まれ、斜め縁には、鏡面とは別の芯の絁が挟まれている（図16）。なお、残存する幡頭の中で、完全な状態にあって最長のものは、長さ67.5cmである。

【幡身の寸法・形状】

幡身は、頭から脚に至る6坪すべてが残る完全なものが1点（己号）、4坪のものが1点（甲号）、3坪のものが4点（乙・丙・丁・戊号の下部）、頭と繋がる最上部の1坪を残すものが1点（戊号の上部）、1坪の上下に細片がつくものが2点（第127号櫃第17号・第129号櫃第46号）、1坪の部分残片が4点第129号櫃第47～50号）、坪中央の花形裁文（様々な形に裁断した飾り）の完形に近いものが5点（第126号櫃第88号・第127号櫃第7号・第129号櫃第51・52・101号）残存している。[8]その他、本体から分離した幡頭の縁や垂手や舌の残片にあたる一間組の組紐の帯も数10片残存している。

幡身坪は、上縁（上提）・坪界・両側縁・下縁（下提）が、いずれも同じ2種類1組の錦を内外に並べた二重縁になっている。二重縁の錦の各々には、紫の細幅の平織物[9]か紫の組紐の覆輪[10]が施されている。坪の内区の下地裂は、坪中央で縦に二枚接ぎされ、表裏とも同じ綾を使用している。坪の中央には、三重の花形裁文、四隅には二重の覗花形裁文を飾り、花形裁文の一番内側の刳り縁の覆輪は紫の組紐、その他の裁文刳り縁の覆輪はほとんどが暈繝錦である。坪の中央と左右縁には芯の絁が挟まれ、3枚とも幡身上縁から下縁に達する一枚物である。坪の中央の芯裂は、一幅物の絁（織耳は左右とも裁ち落としてある）におよそ半幅の縄を接いで広幅にしたもので、左右縁の芯裂は二つ折の絁で、中央の芯裂の縁を挟むような構造になっている（図17）。幡身の芯裂は、すべて緑絁が使用されている。

垂手は、一間組の組紐の帯が使用され、幡身上下級並びに坪界の左右端から、幡身1坪よりやや長く（完存しているものの長さは、平均して125cm）垂下している。なお、幡身上下縁並びに坪界には、幅約12cmの木製（檜らしい）の薄板が、芯の絁の間に挟んで入れられている（図18）。幡身の中で、完全な状態にあって最長のものは、長さ649.0cmである。

【幡脚の寸法・形状】

幡脚は、幡身に付着しているものもあるが、分離して残片になり、すでに断片化しているものの方が多い。付着しているものはほとんどすべて小断片か微小片で、丙号に12条分、戊号に4条分、己号に3条分、幡身1坪の残片（第127号櫃第17号）に8条分が残存している。そのうち丙号の12条分は、下縁（下提）の左端から右端にまで及んでいる。[11]分離している幡

脚残片は、小断片や細片まで加えると200点以上を数え、それら残片中最長のもの（第128号櫃第227号）（図14）は、長さ503.5cmに達する。

　幡脚地裂は、現存する残片はすべて継ぎ目のない一続きの単の綾製である。脚地裂の両長側には、暈繝夾纈絁縁が付いている。縁裂の幅は左右各2cmである。幡脚の幅は脚地裂の幅とほとんど同じで、45〜47cmのものが多い。脚地裂には、綾製の覗花形裁文と花形裁文が交互に取り付けられている。裁文は、表裏両面から朷裂を挟んで縫いつけられ、裁文刳り縁の覆輪は、暈繝夾纈絁が多いか、暈繝錦や花文錦もみられる。また、裁文の綾は表裏で異なる場合や、同じ面でも覗花形の左右で異なる場合がある。

　200片を越える分離幡脚残片を調査すると、覗花形裁文は平均して幅21cm、長さ55cm、花形裁文は平均して幅43cm、長さ55cmである。覗花形裁文と花形裁文の間隔は45cmであり、したがって、覗花形裁文の上端からその下の位置の覗花形裁文の上端までの長さは約2mである。幡身に付着している幡脚残片の中で、唯一裁文が残るもの（己号の左から7番目の脚残片）からみて、最も幡身に近い位置の裁文は覗花形裁文で、幡身下縁（下提）の下端からその最上部の覗花形裁文上端までの長さは約60cmである。1枚の脚地裂に脚端飾とそれに最も近い位置の裁文とが残っている唯一の残片（第129号櫃第44号）（図15）からみて、最も脚端飾に近い位置（最下方）の裁文は覗花形裁文で、覗花形裁文の下端から脚端飾の上端までの長さは約65cmである。

　脚地裂の下端には、錦製の脚端飾が付いている。側花形に裁断した錦を袷にして（表裏の錦文は同じ）脚地裂を挟み、花文錦の外縁を付けたもので、内側の刳り縁の覆輪は紫絁である。脚端飾は、ほぼ完全なものが11点、一部欠損しているものが6点残存し、それ以外の整理されている10数片の断片があるが、ほぼ完全な脚端飾の最長のものは、長さ40cmである。

　分離幡脚残片中最長のもの（第128号櫃第227号）をみると、一端は覗花形裁文の端からさらに約55cmの脚地裂が残存しており、他端は覗花形裁文のちょうど端の部分である。現在どちらの端が脚の上方（あるいは下方）に近いか不明だが、この脚残片に長さ40cmの脚端飾を付けて、他方の端を幡身下縁（下提）に取り付けると、現状より約110cm寸法が増加する。したがって、残存資料と寸法計算から幡脚全長は最短でも613.5cmになることは明らかである。

　ここで幡頭・幡身・幡脚（脚端飾を含む）の各々について、現存するものの最長値から得た数値を相加して、大幡全長を算出してみると、最短でも13.3mはあったことがわかる。そこで、大幡の幡身坪や幡脚の裁文の取り付け方など、形状を明らかにするため、大幡全長13.3mの場合の大幡復元図（舌・垂手等は、その下に隠れる部分を描くために省略）（図19）を作図添付した。なお、大幡の実測寸法を大幡寸法一覧（表1）に示した。

3．大幡の使用裂

　大幡に仕立てられている錦や綾は、大幡以外の染織品にも多く用いられていて、これまでの正倉院の錦と綾の研究結果からみて、正倉院裂の中核を成すものであるといえる。しかし、それらの正倉院裂は、大幡や道場幡やその他に多く用いられていることが知られるに及んで、典型的な正倉院裂であるとの判断が下されるようになったものである。したがって、基準となるものを確認する意味で、このたび使用年代の明らかな錦と綾として大幡の使用裂について調査した。

　以下、正倉院の大幡の使用裂について、今回の調査の成果を解説する。記述の煩雑さを避けるために、正倉院の大幡使用裂について、幡頭・幡身と幡脚に分けて述べることとする。

【幡頭・幡身の使用裂】

　幡頭・幡身に使用されている錦の一覧は表2を参照されたい。

　幡頭鏡面の4種類の錦のうちNo.100 赤地麒麟唐花文錦（図20）は、織幅約112cmで、通常の2倍の幅（幅3尺8寸）の広幅錦である。馬鞍（中倉12 第8号）の鞍褥の表面や聖武天皇一周忌斎会用錦道場幡の幡頭鏡面等に用いられている。文様不明の赤地唐花文錦（己号の幡頭鏡面）も、1枚のまま幡頭鏡面に用いられていて、No.77 赤地唐花文錦のごとく広幅錦（幅3尺8寸）である。他の2種類の唐花文錦は、広幅錦ではなく、2枚を継いで幡頭の鏡面にしている。これら4種類とも複様綾組織の緯錦であり、文様・織技の両方の面からみて、8世紀以降、天平盛時の典型的な錦であるといえる。[13]

　幡身の錦は、坪の花形裁文の中心にNo.98 紫地鳳形錦（図21）（この錦は多くが紫地だが、浅緑地のものが大幡残片中に1点現存している）が使用され、上提・下提・側縁には、すべて唐花文系の錦が使用されている。いずれも複様綾組織の緯錦である。天平盛時を彩る錦ばかりだといえるが、No.98 紫地鳳形錦は、「国家珍宝帳」記載の鳳形錦の御軾（北倉47）の表地に使用されているものと同じで、すべての大幡のすべての坪の花形裁文に使用されている。幡身坪の花形・覗花形裁文の覆輪には、主としてNo.132～135の暈繝錦が用いられている。[14]

　幡身に使用されている綾の一覧は表3を参照されたい。これには、織りの比較的単純な幾何模様の綾は使われていない。また、特異な綾地同方綾文綾の織色綾や浮織物の萌芽とされる綾地浮文綾なども、全く使用されていない。それゆえに、正倉院裂の歴史における初期（7世紀末～8世紀初頭）と後期（8世紀末頃）に使用されたと考えられる綾は使われなかったといえる。文様不明のものを除くと全部で8種類の綾は、平地綾文綾と綾地異方綾文綾で、No.92 花唐草鳥文綾などには、両方の織り方のものが使用され、天平盛時の典型的な綾が用いられている。綾の色は、大別して、紫・縹・緑・黄・赤・淡茶・白である。当時の植物染[15]

料による染色では、同系統の色でも同一裂地でない限り微妙な相異があるが、だいたいこの7色で幡身坪地裂、花形・覗花形裁文が彩られていた。裁文は二重ないし三重に重なっているから、諸色が入り交じっていて、複雑な色彩であったと考えられる。それらの色の並べ方や重ね方について、坪がいくつか繋がっている残片（甲〜己号）を検討した結果、規則性はなかった。

【幡脚の使用裂】

幡脚に使用されている錦の一覧は表4を参照されたい。

脚端飾には4種の錦が用いられている。その中でNo.99 赤地鴛鴦唐草文錦（図22）は、副文（主文に対し付加的な文様）部分の古裂片が数片存在し、それらの文様から、主文が副文を挟んで左右に置かれた2窠の錦であることがわかるもので、主文の大きさが縦横とも約40cmであるため、織幅が通常の2倍の幅（幅3尺8寸）の広幅錦である。錦幡の幡頭鏡面に黄地の鴛鴦唐草文錦が用いられている例はあるが、その他は、大幡脚端飾以外には用いられていない。ただし、副文部分の古裂片のように、大幡脚端飾の断片ではなく、使途不明のものもある。

No.113 浅緑地鹿唐草花文錦（図23）は、おそらく通常の幅（幅1尺9寸）の錦であるが、唐花の円文の中に動物を配した主文を有し、No.98 紫地鳳形錦、No.99 赤地鴛鴦唐草文錦、No.100 赤地麒麟唐花文錦と同類の文様の錦である。主文が中央にくるようにすれば装飾用に適していると思われ、大幡においても、幡頭鏡面に用いられているNo.100 赤地麒麟唐花文錦以外は、すべて主文を中央に配置して飾り裂のようにして使用している。No.103 浅緑地鹿唐花文錦の大幡脚端飾以外の使用例は、前記の幡頭鏡面にNo.99 黄地鴛鴦唐草文錦を使用している錦幡が挙げられる。この錦幡の幡頭鏡面の他は、No.103 浅緑地鹿唐花文錦である。No.104 紫地唐花鳥獣文錦は、大幡脚端飾以外には使用されていない。おそらく通常の幅の錦であろう。No.64 白地唐花文錦は、通常の幅の錦で、唐花文錦の中では比較的いろいろな用途に用いられている。

大幡脚端飾以外の使用例は、大幡幡身側縁や聖武天皇一周忌斎会道場幡の幡頭鏡面や衣服などがある。現在、「国家珍宝帳」記載の長斑錦の御軾（北倉47）の表地の一部に使用されているものは、後世（おそらく明治時代）の修理の際に補われたものである。4種とも複様綾組織の緯錦であり、織組織も文様も天平盛時の典型的な錦といえる。脚端飾の外縁には、3種類の錦が用いられている。No.45 緑地八花文錦とNo.49 紫地花文錦は同形の花文を互い違いに並べた花文錦であり、No.87 白地花文錦は主文も副文も簡略化された表現になっていて、文様も小さい。唐花文の形式を残しているが、花文錦と称すべきものである。いずれも比較的単純な文様の錦であるが、おそらく、脚端飾の錦を引き立てるために、外縁には華やかで目立つ文様の錦を使用しなかったものと思われる。また、幡脚裁文の覆輪と違って、暈

第2部　正倉院の染織品の研究

綢錦は用いられていない。ただし、幡脚裁文の覆輪に№87 白地花文錦を使用している例があり、文様の色が色違いの織り段ごとに変化していて暈繝調であるこの錦の特徴から、脚端飾の外縁と脚裁文の覆輪の両方に使用されたものと思われる。

　幡身に今も付いている幡脚に使用されている綾の一覧は表5を参照されたい。脚地裂の断片がほとんどで、1片だけ覗花形裁文の一部が付着している。多くの断片の文様は不明だが、組織には平地綾文綾と綾地綾文綾とがあり、紫・縹・濃緑・緑・浅緑・黄・赤・淡茶・白の綾が用いられている。

　幡身から分離している幡身に使用されている綾の一覧は表6を参照されたい。幡身に今も付いている脚地裂には、№88 花唐草文綾と№92 花唐草鳥文綾とが用いられているのが確認され、分離幡脚の脚地裂には、それらを含めて10種類の綾が確認できる。綾の色は、幡身付着幡脚の脚地裂にみる9色以外に、紺と浅縹がある。綾の織組織は、いずれも平地綾文綾か綾地綾文綾である。分離幡脚の花形裁文には、14種類の綾が使用されており、それらの綾の色は、紫・紺・縹・濃緑・緑・黄・赤・淡茶・白である。分離幡脚の覗花形裁文には、17種類の綾(16)が使用されている。それらの綾の色は、花形裁文にみる九色に浅緑を加えた10色であり、裁文の綾には、幾何文様のものはない。また、織り方の特殊なものもなく、いずれも平地綾文綾か綾地綾文綾である。したがって幡脚に使用されている綾は、幡身に使用されている綾と同様、天平盛時を代表する綾である。なお、脚地裂の綾の色と裁文の綾の色との間に規則性や相関関係はなかった。

　以上、正倉院に現存する大幡残片に使用されている錦は、縁や覆輪の錦を除き動物窠文錦と唐花文錦に限られる。14種を数える動物窠文錦と唐花文錦には、通常の2倍の幅のものが3種含まれ、すべて複様綾組織の緯錦である。縁や覆輪の錦には、花文錦と暈繝錦が用いられていて、1か所だけ経錦の花文長斑錦が用いられている。そのうち花文錦は3種類あり、複様綾組織の緯錦が2種、複様綾組織の経錦が1種である。正倉院の暈繝錦には、経錦と緯錦が存在するが、大幡に用いられている4種類の暈繝錦は、他の経錦のように母緯と陰緯とが別々に織り入れられている複様組織ではなく、1本の緯糸が同時に地と文様の両方の経糸と組織している特異な経錦である。なお、これらの暈繝の文様には、浮文と固文とが混在している。

　大幡残片に使用されている綾は、文様不明のものを別にして、19種類を確認できる。ただし、文様が同じでも織組織の異なるものは4種類あり、それらを加えると全部で23種類である。その内訳は、文様の種類でいえば、双竜円文・花文・唐花文・雲丸文・葡萄唐草文・花唐草文・雲唐草文などであって、正倉院の綾の文様の中で、幾何文様のものと織り方の特殊なもの数点を除いたほとんどすべての種類に及んでいる(17)。織組織は、綾23種類のうち平地綾文綾が6種、綾地綾文綾が17種である。

4．大幡の由緒

　これらの大幡が、いつどこでどのような儀式に使用されたのかについては、大幡自身の中に答えがある。すなわち、大幡己号の舌の下方（幡身第3坪の上部付近まで）に白絁の題箋が縫い付けてあり、そこに次の墨書銘文がある。

①東大寺第二灌頂

　　天平勝宝九歳五月二日（図24）

また、大幡の一部とみなされている垂手や舌の分離片（函装第19号）の中にも2片の白絁の題箋が縫い付けられている。

②東大寺第七灌頂幡蓋

　　天平勝寶九歳五月二日

③東大寺第八灌頂幡

　　天平勝寶九歳五月二日

それ以外の灌頂幡に関する墨書銘文は、次の通りである。

④万僧蓮華會灌頂鎭袋　東大寺　　　　　　　　　　　　　　（南倉144 第1号 黄絁袷鎭袋）

⑤東大寺枚幡街木袋
　　　灌頂

　　天平勝寶九歳五月二日　　　　　　　　　　（南倉144 第4号 黄絁幡街木袋残欠）

⑥東大寺第一麼□□□袋

　　天平勝寶九歳□□□□　　　　　　　　　　　　　（南倉144 第9号 黄絁袋残欠）

⑦東大寺第□灌頂街木□

　　天平勝寶九歳五月□□　　　　（中倉202 第72号櫃出櫃 玻璃装第137号 黄絁袋残欠）

⑧東大寺第九白

　　天平勝寶九歳五月□□　　　　　（中倉202 第72号櫃出櫃 函装第34号 黄絁袋残欠）

⑨東大寺第十灌頂□□□
　　　　　　　　　　［街］

　　□□□寶九歳五月二日　　　　　　　　　　　（中倉202 古裂帳第699号 茶絁断片）

　これら①～⑨の墨書銘文が、今日までに発見されたもののすべてである。①～⑨の墨書銘文から、大幡が聖武天皇一周忌斎会に用いられた灌頂幡であったことが確認できる。また、③の墨書銘文にある「東大寺第八灌頂幡」は、灌頂幡が少なくとも8旒存在していたことを示唆しているが、これから「第八」という番号の灌頂幡が1旒存在したとみることも不可能ではない。④墨書銘文は、黄絁袷仕立ての袋の表面に記されたもので、その袋が万僧蓮華會に用いられた灌頂幡の付属部品である鎭（重り）を納めたものであることを示している。ただし、鎭は、今失われていて伝わっていない。⑤～⑨の墨書銘文は、いずれも黄絁白絁袷仕立ての袋の裏地の白絁に記されたもので、それら5銘文を検討した結果、すべて聖武天皇
(18)
(19)

一周忌斎会に用いられた灌頂幡の付属部品である街木を収納する袋、すなわち灌頂街木袋に記された銘文であることが確認された。ただし、街木は、今失われて伝わっていない。また、それらの墨銘文にある第一、第□、第九、第十の4数字は、灌頂街木袋の番号を示すとともに、灌頂幡の番号をも示していると考えられる。したがって、①～③および⑥～⑨の墨書銘文から、正倉院には「第一」「第二」「第七」「第八」「第九」「第十」の番号の灌頂幡6旒と番号不明の灌頂幡1旒が存在したことが確認された。もとより、これだけの史料から聖武天皇一周忌斎会に用いられた灌頂幡の旒数や正倉院に元来存在した灌頂幡の旒数を明らかにすることはできない。しかし、上記「第十」をもって、少なくとも10旒の大幡が存在したということはできる。

　己号の舌の白絁題箋のやや上部に、紫綾黄薄絹袷の地裂に黄色の撚り糸で文字を刺繍した題箋が縫い付けられている。今では地裂の大半が破損していて、多くの刺繍の文字が失われているが、「天平」「宮」「忌」の文字が残っている。加えて、最近、「酉」の文字を刺繍した同様の断片が発見された。それらは、聖武天皇一周忌斎会道場幡の幡身上縁（上提）に縫い付けられた白綾題箋の銘文と同じ内容を示したものと考えられよう。白綾題箋の銘文は次の通りである。

　　（朱書）
　　平城宮御宇後太上天皇周忌御斎道場幡
　　　　天平勝寶九歳歳次丁酉夏五月二日己申心左　　　　　　　　東大寺
　　　　　　　　　　　　　　　　　　　　（又は右）　　　　　　（墨書）
　　　　　　　　　　　　　　　　　　　　番

ところで、大幡丙号の幡身芯裂として用いられている絁の一部分には、大幡の由緒を記すものではないが、次のような土佐国の調の銘文がある。

　　　土佐国吾川郡桑原郷戸主日奉部夜惠調絁壹疋　　長六丈
　　　　　　　　　　　　　　　　　　　　　　　廣一尺九寸
　　天平勝寶七歳十月主當　国司史生大初位上田邊史租父
　　　　　　　　　　郡司擬少領无位秦勝国方

また、大幡己号の幡身下級（下提）の芯裂には、但馬国印らしい国印が捺され、同じ部分に「下高麗朝臣」との墨書銘文が残っている（図25）。これらのことから、大幡には前述のように広幅の錦など優れた錦が用いられており、その一部は舶載品とみることも不可能ではないが、幡自体の製作は我が国で行われたことが明白である。

　天平勝宝8歳（756）5月2日に聖武天皇は崩御されたが、『続日本紀』によると、同年5月19日の条に次の記載がある。

　　本葬太上天皇於佐保山陵。御葬之儀如奉佛。供具有獅子座香爐。天子座。金輪幢。大小
　　寶幢。香幢。花縵。蓋繖之類。在路令笛人奏行道之曲。

さらに、様々な法要が営まれたことが記され、12月20日の条には次の記載がある。

越後。丹波。丹後。但馬。因幡。伯耆。出雲。石見。美作。備前。備中。備後。安芸。周防。長門。紀伊。阿波。讃岐。伊予。土佐。筑後。肥前。肥後。豊前。豊後。日向等廿六国。国別頒下灌頂幡一具。道場幡卅九首。緋綱二条。以宛周忌御斎荘飾。用了収置金光明寺。永為寺物。随事出用之。

この記事によると、聖武天皇一周忌斎会荘厳のため、全国26か国に、各国ごとに灌頂幡１旒、道場幡49旒と緋綱２条を頒布したことがわかる。上の記事に基づいて計算すれば、諸国に頒布された幡は、灌頂幡26旒、道場幡1274旒となる。当時諸国に頒布された幡の遺品は発見されていないが、それらの灌頂幡と道場幡は、正倉院に伝存する聖武天皇一周忌斎会使用の銘のある灌頂幡や道場幡と同じ作りの幡であったと思われる。正倉院に伝存する灌頂幡と道場幡は、元来何旒存在したか不明であるが、現在灌頂幡が６旒、道場幡が残片を繋ぎ合わせて復元したとして合計500～600旒分残っている。

　古代に東大寺で大法会が営まれた時に、どれだけの数の幡が使用されたかを示す史料として、次節で述べるように、貞観３年（861）の大仏供養会に際して施入のあった幡のことを記した『東大寺要録』供養章之餘所載「供養東大寺盧舎那大仏記文」がある。ただし、そこに記されている大幡14旒と200旒近くの小幡が、その供養会に用いられた幡のすべてではなく（なぜなら別の個所に「大仏殿大幡」とある）、また、ここに記された「大幡」が灌頂幡を意味するのかどうか不明である。さらに、この記事は正倉院の大幡が使用されてから約100年後の法会について記したものである。したがって、幡の数量をそのまま参考にすることはできないが、大法会にあたって多数の新しい（施入された）幡が用いられたことがわかる。大法会にあたって多数の新しい幡が用いられたのであるから、聖武天皇一周忌斎会においても大量の幡が、しかも聖武天皇崩御後、短期間に製作されたと考えられる。中央の染織品製作工房のあった織部司や縫殿寮の生産規模は不明だが、錦・綾・羅などを様々な形状に裁断した何十枚もの部分片を縫い合わせて作られている灌頂幡と道場幡が、容易に製作できたとは考えられないから、灌頂幡と道場幡の製作は、当時の一大事業であったと考えられる。聖武天皇一周忌斎会の盛大さを物語る資料として、『続日本紀』の天平宝字元年（757）５月２日の条に次の記載がある。

　太上天皇周忌也。請僧千五百餘人於東人寺設斎焉。

５．灌頂幡

　正倉院の大幡は、舌の裏面に縫い付けられた白絁の題箋に「灌頂」（前節の墨書銘文①）と墨書されている。また、舌の分離片に縫い付けられた白絁の題箋に「灌頂幡蓋」（前節の墨書銘文②）、「灌頂幡」（前節の墨書銘文③）と墨書されているから、灌頂幡であることがわかる。そもそも灌頂幡とは、古代インドの王の即位並びに立太子に際して行われた灌頂即

位の儀式において荘厳のために用いられた幢幡のことだといわれる。灌頂即位の儀式は、大乗仏教における仏位受任式であり、密教においては重要儀式であり、その灌頂即位の儀式を荘厳する幡のことを、我が国では古代に灌頂幡と称したのであろう。ただし、幡脚の端が人々の頭に触れるぐらいの高さまで幡を高く掲げて、脚端が人々の頭頂に灌がれる(触れる)ことで灌頂とするという説がある。

　仏教経典には、初期大乗仏教経典から雑部密教経典さらに純粋密教経典まで、「灌頂幡」という名称は発見できない。仏教経典における仏幡についての具体的な記載は、密教経典にみられ、『仏説薬師如来本願経』に「五色綵幡長四十九尺」とあり、『仏説灌頂経』に「命過幡」「黄幡」「雑色幡蓋」「五色続命神幡」「神幡五色四十九尺」「五色神幡」「五色絵幡」とあり、『陀羅尼集経』に「雑色幡」とあり、『最勝仏頂陀羅尼真言』に「四十九尺幡」「四天王幡」「金剛幡」とあり、『仏説一髻尊陀羅尼経』に「雑色幡蓋」とある。おそらく、儀式に応じて種々の幡が用いられたのだろうが、明解な研究結果はまだ得られていない。

　さて、我が国における歴史の中で、灌頂幡という記述は『日本書紀』推古天皇の31年(623)7月に、新羅と任那の使者が大灌頂幡一具を朝貢したとあるのを初見とし、ついで、天武天皇の11年(682)8月11日に、灌頂幡のような形状で火の色をしたものが空に浮かんでいて北に流れたとあり、持統天皇の3年(689)正月9日に、越の蝦夷沙門道信に灌頂幡を賜わったとある。また、『続日本紀』養老6年(722)11月19日の条に、元明太上天皇の冥路の助けに灌頂幡8旒を作ったとあり、前記のように、天平勝宝8歳(756)12月20日の条に、26か国に灌頂幡各1旒(記載は一具とある)を頒布したとある。これらの記述を検討してみると、灌頂幡がものの形を譬えるのに使われていたり、灌頂幡と小幡又は道場幡を区別して必ず別々に記されていたりするから、8世紀頃には、灌頂幡という名称は必ずしも特殊な言葉ではなかったと思われる。

　また、『東大寺要録』縁起章第二所載「大仏殿碑文」に大仏開眼供養会当日「大小灌頂二十六旒」が施入されたとあり、灌頂幡には大小の区別があったことが確認できる。さらに、『法隆寺伽藍縁起并流記資財帳』『大安寺伽藍縁起并流記資財帳』『阿弥陀悔過料資財帳』などにも灌頂幡の記述がある。

　次に、我が国の古代の灌頂幡の実物は、今日では、正倉院の大幡のほかには、法隆寺献納宝物の金銅灌頂幡(これは、『法隆寺伽藍縁起并流記資財帳』に「金銅灌頂壱具」と記載されているものにあたるといわれている)(図26)と、法隆寺献納宝物の広東綾大幡(これは『法隆寺伽藍縁起并流記資財帳』に「秘錦灌頂壱具」と記されているものにあたるといわれている)(図27)とが知られているに過ぎない。これらの大幡の大きさについて記した文献はないが、前者は、現長5.1mで、取り付け部の痕跡を残す染織品の幡脚の復元長を加えると、全長10mは優に越えると言われる。また、後者は、現長約12.1mであり、全長推定約15mを

越えると言われる。ところで、正倉院の大幡も、前節で述べた通り、最短の場合でも13.3mである。

さて、これらの古代の灌頂幡の現存品の復元寸法からみて、『日本書紀』『続日本紀』『法隆寺伽藍縁起幷流記資財帳』『大安寺伽藍縁起幷流記資財帳』『阿弥陀悔過料資財帳』の記述にみえる灌頂幡はいずれも長さ十数メートルに達する大型の幡であったことと思われる。上記「大仏殿碑文」にある「小灌頂」は、小と記されているからそれ程大型であったのか疑問であるが、前節で述べたように、灌頂幡には街木・鎮（重り）・天蓋が付属しているのが通例であるならば、小灌頂でも前述した道場幡など他の種類の幡よりも大型であったといえるのではないだろうか。

さて、大型の幡である灌頂幡はどのようにして使用されたのであろうか。残念ながら奈良時代の灌頂幡の使用を具体的に示す絵画・文献等はないが、古代の東大寺の法会における幡の使用を具体的に示すものとして、『東大寺要録』供養章之餘所載「供養東大寺盧舎那大仏記文」がある。「灌頂幡」の文字はないが、ここには、『日本三代実録』にある貞観3年（861）2月14日に大仏の修理成って行われた大仏供養会に際して、施入された幡について、次のように記されている。

　　修理大佛殿大幡䉼。雑色絹黒紫綾三匹
　　幡一百五十八流　　　大十四流　　長各三丈六尺
　　　　　　　　　　　　　　懸大佛殿戸
　　小百四十四流　長各一丈四尺七寸
　　　　　　懸小廊䉼
　　幡四十流　長各一丈二尺三寸
　　　　　　懸大佛殿東近廊䉼

これらの記載から、当時大仏殿に大幡と称される幡があったことや、施入された大きい幡は長3丈6尺（約10.7m）で大仏殿の戸に懸けられ、小さい幡は長1丈4尺7寸（約4.4m）と長1丈2尺3寸（約3.7m）で大仏殿の歩廊と東歩廊に懸けられたことなどがわかる。大小の幡の具体的な寸法と懸けられた場所が判明する意味で重要な史料である。ただし、正倉院の大幡は最短でも全長13.3mに達するもので、創建時の大仏殿の扉口の高さの復元長と比べると、大仏殿の戸に懸けたとは考え難い。

6．古代の染織幡の形状と大幡の全長

古代の染織幡の形状は、法隆寺と正倉院の染織幡を比較するとか、あるいは、敦煌莫高窟の壁画に描かれた染織幡を莫高窟の造営年代および壁画の製作年代の順にそれぞれ比較すると、年代によって変化していることがわかる。正倉院の大幡は、三角形の幡頭に鏡面が付き、

垂手に当たる細長い裂地が吹き流しのように靡いている。このような形状のものは、造営年代が隋代（581〜618）以前の莫高窟壁画にはみられないが、造営年代が初唐期（618〜721）以降の莫高窟壁画にはみられる。前者には、幡身の一番上の坪に吊し帯が付いていて、帯が三角形の２辺をなし、坪界の両端に円形の装飾があるだけで、吹き流しのような垂手の付いていない幡が描かれている。したがって、壁画に描かれた染織幡を比較することにより、吊し帯の部分に鏡面が付いて三角形の幡頭になったことや、坪界の両端の円形の装飾が変化して垂手になったことがわかる。また、法隆寺伝来の染織幡の中に、後者よりも前者の幡に類似したものが存在することから、莫高窟壁画は法隆寺から正倉院へという染織幡の形状の変遷を研究する上で高い資料価値を有すると考えられている。⁽³²⁾

　莫高窟壁画は幡についてかなり詳しく描いてあるために十分に特徴を知ることができるが、絵画史料にすぎないので、法隆寺と正倉院に伝わる染織幡のみならず、敦煌莫高窟第17窟収納品である盛唐期（８世紀）から五代中期（10世紀中頃）にかけての染織幡や、敦煌莫高窟第122窟と130窟から発見された唐代の染織幡や、西域から出土した染織幡など遺物史料からの判断が必要になる。ただし、遺物史料は、法隆寺の染織幡を除き８世紀以後のものがほとんどすべてで、現状では、それ以前のものとの比較ができない。しかし、莫高窟壁画では、たとえば三角形の幡頭が付くようになるのは、造営年代が初唐期の敦煌莫高窟第332窟南壁上部の涅槃変相図にある大きな幡以後であることがわかる。したがって、古代の仏幡の形状の時代別変遷を研究するためには、莫高窟壁画と遺物史料は相互補完的といえよう。両者の全体から古代の仏幡の形状の時代別変遷を明らかにすることは今後の課題である。

　大幡の全長についての従来の説を検討すると、残欠により全形を復旧すれば、延長実に７丈５尺余（約22.8m）となるというものもあるが、残念ながら根拠が一切述べられていない。⁽³³⁾次に、奈良時代の幡では幡頭・幡身合計長と幡脚長の比率が１対1.4ないし1.5程度のものが一番多いことを挙げ、吊るして眺めると多分それくらいの比率が最も釣り合いがよく感じられるのだろうと推論して、既知の幡頭・幡身合計長との比率から大幡脚長を算出し、全長は約17.5mに及ぶとする説がある。⁽³⁴⁾

　この説を検討したところ二、三の疑問点が生じたので以下に記す。すなわち、正倉院の染織幡には、幡頭・幡身合計長と幡脚長の比率が１対1.4のものが４例、１対1.2のものが１例、１対1.25のものが３例あり、⁽³⁵⁾幡頭・幡身合計長と幡脚長の比率は一定ではなく、幡の形状に応じて様々だといえることである。また、正倉院の各種染織幡中、幡頭・幡身合計長と幡脚長の比率が判明するものは少ないので、大型の幡と小型（又は中型）の幡との間で寸法比率がどのような相関関係にあるのか（単純に比率が等しいといえるのか、大きいものと小さいものとで異なった比率になるのか）明らかにすることは困難である。さらに、大幡は、形式の似ている聖武天皇一周忌斎会使用の道場幡と比較すると、幡身の縦・横の比率がかなり縦

長で、はるかに細長く感じられるから、吊るして眺めた場合、比率の上で大幡の脚が道場幡の脚よりも短くなっていても、道場幡と比べて脚が短くは感じられないことである。しかし、寸法比率については、莫高窟壁画などからも資料が得られる可能性があり、今後の課題としたい。

　大幡の全長に関して、古代には大型の幡一般に共通する長さの基準があったと考えることはできないだろうか。さきに仏典を引用した際、仏幡の長さについて「四十九尺」（約14.5m）とする記載があったが、この長さがそのような古代の大型の幡の全長の基準であったと考えられる。その理由として、先に述べた通り幡の長さは古代の経典には49尺しかみえないことが挙げられる。次に造営年代が中国中唐期（781～841）とされる敦煌莫高窟第159窟の西龕奥南側には薬師如来十二大願図と九横死の壁画があり、そこには大型の幡が描かれているが、壁画の内容が薬師経典に題材を得たものであるから、『仏説薬師如来本願経』に「五色綵幡長四十九尺」と記載されている49尺（約14.5m）の幡にあたると考えられ、すなわち、絵画として49尺幡を描いた実例が存在することが挙げられる。

　また、時代は下るが、スタインの敦煌将来の染織幡の中に、後周の顕徳3年（956）の年紀銘のある菩薩像があらわされた細長い幡があり、幡頭部に「四十九尺幡壹条」と記されているから、これは49尺幡の実物史料である。なお、中国北魏末頃（6世紀の初期）の僧恵生の旅行記『宋雲行記』[36]には、インドへ求法巡礼の旅に遣わされる恵生に太后から「五色百尺幡」千口が与えられたことが記されている。この時点では大型の幡が49尺の長さに作られたとはいえないが、恵生の旅行は中国の神亀元年（518）から正光2年（521）のことであるから、それ以後に大型の幡が長さ49尺を基準にして作られるようになったのだろう。

　大型の幡の基準の長さが49尺（約14.5m）だとすると、それは先に述べた大幡の長さの最短値13.3mよりも少し長い。前説で述べた通り、大幡の脚の長さが分離残片から得られる最長値より長いとすれば、幡脚裁文が規則的に並んでいることから、最長値よりも2m増加する計算である。（さらに長ければ2mずつ増加する）。したがって、全長13.3mよりも少し長ければ、計算上全長15.3m（約51尺6寸）になる。この長さは基準の長さの49尺よりも長いが、長大なしかも容易に伸展する染織品の幡であるから吊り下げればもとより伸びたと考えられるし、現在芯裂を外して下地裂に縫い付けられている己号の幡頭・幡身合計長を計測して大幡の幡頭・幡身合計長とし、現在弱った裂地を伸展して整理されている分離脚残片の計測値をもとにして幡脚長を求めているのだから、元来の長さよりも長いものを計測していると考えられる。よって、大幡は元来全長49尺（約14.5m）に作られたが、現在は伸びていて計測と計算上全長15.3mになっているとみなすことができるだろう。

第2部　正倉院の染織品の研究

おわりに

　正倉院の大幡は、甲〜己号については詳細な調査が行われていなかったため、その部分残片の整理が進んでも、これまで総合的報告ができなかった。今回、大幡甲〜己号の調査を行った結果、大幡に用いられている錦・綾について解明し、寸法・形状と元来の旒数に検討を加えることができた。要約すると、次の通りである。

　①大幡に用いられている錦・綾は、8世紀中頃の天平時代の盛時を代表する典型的なものである。

　②大幡の幡身と幡脚には、種々の色と文様の綾が用いられているが、色および文様の重ね方や並べ方に規則性はない。

　③大幡製作時の寸法は、幡頭67.5cm、幡身649cmで、幡脚は完全なものがなく、残片を合わせても元来の1条分をも復元できないが、最長の幡脚残片の現存長に基づいて、全長は最短でも13.3m（約45尺）まで確認できる。

　④正倉院の大幡をはじめ大型の幡は、奈良時代には長さ49尺（約14.5m）を基準にして作られたと考えられる。

　⑤これまでに知られている墨書銘文から、正倉院には少なくとも10旒の大幡があったことがわかった。

　正倉院の染織品の特徴は、多様性に富み、数量が大量であることが挙げられる。さらに、多くの主要染織品の由緒が明白であるために、歴史資料としての価値が高い。それらの正倉院の染織品の中にあって、大幡は、由緒が明白であるとともに、使用されている錦と綾の用布量が極めて多い。[37] 貴重な高級織物である錦と綾を、これだけ大量に使用しているのは、聖武天皇一周忌斎会が国を挙げて営まれた一大事業だったからであろう。大幡は、正倉院の染織品の中で使用年代の明らかな種々の錦・綾の文様や織技を考察する場合に最良の資料といえる。本章では、新規調査の成果として、大幡に使用されている錦・綾の全体を紹介した。大幡の全長や古代の灌頂幡の付属品及び形状と使用目的、古代の染織幡の形状の時代別変遷などについては、まだ解決されていないことが多く、ここでは問題提起にとどめたい。

（1）　6旒中1旒（戊号）は、幡頭と幡身が別々に分かれており、一つの大幡の幡頭部分と別の大幡の幡身部分の残片を一つにまとめて整理している可能性があることは、整理した当時の記録にも記されているが、本章では、現存の整理状態に合わせて6旒と記す。

（2）　正倉院の古裂整理の成果を初めて展観した「正倉院宝物古裂類臨時陳列」（大正14年4月15〜30日、奈良帝室博物館）、「正倉院整理古裂第2次展観」（昭和7年4月23日〜5月8日、奈良帝宝博物館）、「第10回正倉院展」（昭和31年10月21〜11月3日、奈良国立博物館）、特別展「天平」（平成10年4月25日〜6月7日、奈良国立博物館）の4回である。第1回には、甲・乙・戊・己号並びに函装、軸装類、第2回には、甲・乙・丙・丁・戊・己号並びに函装、軸装類、第3回に

第 3 章　正倉院の大幡

　は、甲号のみ、第 4 回には、甲・己号が出陳された。大幡残片は、今日に至るまで、正倉院展においてしばしば展観されている。
（3）　江馬務「奈良博物館に陳列された正倉院裂拝観の印象」（初出『風俗研究』第612号、風俗研究会、1925。『江馬務著作集』第 3 巻（中央公論社、1976)に再録）に「戊号というのは実に 2 丈 7 尺 2 寸に及んでいる」とある（ただし、この長さの大幡は実は己号である）。また。ここで長さ 1 丈 2 尺 2 寸と紹介されているのは戊号の幡身・幡脚合計長で、戊号には別に幡頭が付属している。
　　橋本凝胤「正倉院古裂を拝して」（『寧楽』第 4 号、1926）に、大幡己号の長さについてのみ「長さ 2 丈 7 尺 2 寸」と記されている。
　　久留春年「正倉院古裂文様に就て　 2 」（『寧楽』第 5 号、1926）に、「残欠により全形を復旧すれば、延長実に 7 丈 5 尺余（約22.8m）となる」とある。
（4）　岡田至弘「幡」（『仏教考古学講座第 7 巻　仏具法具篇』雄山閣、1936）に「此の残欠より全形を復旧すれば、実に七丈五尺余（約22.8m）となるといわれている」とある。
　　岡崎譲治「荘厳具」（『新版仏教考古学講座第 5 巻　仏具』雄山閣出版、1976）に「正倉院に現存する大灌頂幡 4 旒の中にも推定復原すれば 7 丈 5 尺余（22.3m）といわれるものもある」とある。
　　岡崎譲治監修『仏具大事典』（鎌倉新書、1982）に「正倉院に現存する大灌頂幡 4 旒の中にも、推定復原すれば 7 丈 5 尺余（23m）といわれるものあり」とある。
（5）　松本包夫『正倉院ぎれ』（学生社、1982）に、聖武天皇一周忌斎会道場幡の幡頭・幡身合計長さと完存している幡脚の長さの比が、 1 対1.4ないし1.5なので、大幡の場合も同様の比率とみなせば「全長は約17.5mにおよぶ」とある。
（6）　「年次報告　染織品の整理」（『正倉院年報』第 4 号、1982）参照。なお、幡類残欠一三五裏（南倉185）は、もともと第126～130号の唐櫃 5 合に納められていたので、現在も唐櫃番号別に整理されている。したがって、これらを示す時には、本書では、唐櫃番号別の整理番号を使用する。
（7）　赤紫や焦茶や濃緑を地色にした、黄・縹・橡・紫などの暈繝配色のものが用いられている。斜格子文様のものが多く、山道文様のものは大幡甲号の幡頭の斜縁と垂手に用いられているにすぎない。いずれも幅 8 ～11cmで、一間組のいわゆる安田組の組紐である。
（8）　幡身 1 坪か 1 坪に満たない残片11片は、互いの繋がりや大幡甲～己号との繋がりが不明なので、もともと大幡何旒分の残片かは判明していない。なお、前述の甲・乙・丙・丁・戊・己号以外の幡頭残片 1 点も、幡頭部分のみなので、丁号や戊号の幡身部と繋がる可能性があり、それだけで別に大幡 1 旒が存在するとはいえない。
（9）　「年次報告　染織品の整理と修理」（『正倉院年報』第16号、1994）参照。幅は約 1 cm。
（10）　いわゆる笹波組の組紐で、幅は約 1 cm。
（11）　したがって、大幡 1 旒に付く幡脚の数は12条である。さらに、脚残片の付着状態からみて、脚は下縁の左端に寄っているものを一番上にして、その下に重ねるように、右へ各約 4 cmずつずらしながら12条を取り付けている。
（12）　当時の綾 1 匹の寸法については、営繕令に「凡錦、羅、紗、絁、綾、紬、絎之類、皆闊一尺八寸、長四丈為匹」とある。『続日本紀』（養老 3 年 5 月23日の条）に「制定諸国貢調短絹狭絁麁狭絹美濃狭絁之法。各長六丈。闊一尺九寸」とあるが、この調絁に関する寸法の改訂が綾にまで及んでいたかどうかは不明である。ただし、正倉院の白綾几褥（南倉150 第18・19号）には、裏裂に褥の寸法を示す墨書があり「広一尺八寸」と表記されているが、表面に用いられている№83葡萄唐草文白綾の四辺は裏側へ少々折り返されているので、この綾の織幅は約 1 尺 9 寸といえる（両側に織耳が残っていて表面の綾は一幅物であるが、縫製されているので正確に測定できない）。

また、白綾帳（南倉147第4号）は、No.70 唐花文綾を横に5幅継いで表裂としているが、この綾は、1幅約1尺9寸である。同様の例は他にもみられる。さらに、『延喜式』の「民部省式」や「主計寮式」によると、綾1匹は長6丈幅1尺9寸である。したがって、綾の寸法規格も絁と同様に、奈良・平安時代を通して長6丈幅1尺9寸であったと思われる。

綾1幅の寸法は1尺9寸（約56.4cm）だから、幡脚地裂の綾はそれより約10cm短い。しかも、左右の織耳が切断されていて、綾の主文が中心にある。したがって、綾の左右縁をそれぞれ同じ幅だけ切断して脚地裂に使用したと考えられる。裂地の幅を狭くするために、両長側を均等に切断した例は正倉院の染織品の中では珍しい。

(13) 「正倉院の錦」（『書陵部紀要』第13号、1961）参照。
(14) ただし、御軾と大幡以外に、浅緑地の鳳形錦が袍の一部や中型の錦幡の幡頭鏡面に使用されている例がある。
(15) 前掲注(13)「正倉院の綾」参照。
(16) 表6には、16種類が記載されているが、覗花形裁文の小残片中に花唐草獅文綾（花形裁文において◎印で示した）が用いられているものがあり、合計17種類である。
(17) 前掲注(13)「正倉院の綾」にある、子持菱円文・双鳥円文・地文風花文・花鳥文の綾の使用例はない。
(18) 「万僧蓮華會」がいかなる法会であったのか不明である。ただし、この袋を仕立てるのに使用されている黄絁の一端に、天平宝字2年の常陸国の調黄絁の墨書銘文が記されているから、聖武天皇一周忌斎会の後それほど年月を経ずに行われた法会であったことがわかる。
(19) 茶絁断片（中倉202 古裂帳第699号）の銘文⑨には、灌頂の次に「街」らしい文字がある。また、裂地の形状が、大幡の舌の裏面に縫い付けられている白絁の題箋とは異なる。したがって、この断片も黄絁白絁袷仕立ての袋の裏地の一部とみなした。
(20) 大幡己号の題箋に「灌頂」とだけ記されているが、灌頂とは灌頂幡を意味したものと考えられる。したがって、灌頂街木袋とは灌頂幡の街木を収納する袋である。正倉院に残存する灌頂街木袋の残片5片中、黄絁幡街木袋残欠（南倉144 第4号）と黄絁袋残欠（南倉144 第9号）とは残存状態が良く、元の寸法・形状が判明している。前者は口幅52cm、底までの深さ48cm、口部の縁に紐が付き、底は平らである。後者は口幅134cm、底までの深さ95cm、口部の縁に紐が付き、底は四方を中央に寄せ合わせていて、立体的に縫製されている。同じ灌頂街木袋であるのに寸法・形状が異なる理由は、黄絁幡街木袋残欠（南倉144 第4号）の墨書銘文が枚幡街木袋の文字の片側に灌頂の文字を追加したものであることからわかる。黄絁幡街木袋は、元来は枚幡街木袋として作られたものなので、灌頂街木袋よりも小形である。それ以外に、枚幡付属部品が灌頂付属部品よりも小形であることを示す例証として、黄絁袷幡鎮袋（南倉144 第1号）と皀絁幡鎮袋残欠（南倉144 第2号其1・2）とがある。前者は灌頂幡鎮袋で口幅113cm、底までの深さ81cm、後者は、墨書銘文に「枚幡鎮袋」とあり、2口のうち一方の口幅67cm、底までの深さ67cm、他方の口幅68cm、底までの深さは破損しているため不明である。付属部品が小形であるから幡身も小形であったことは確実である。ところで、灌頂幡と枚幡の付属部品として用いられた街木と鎮とはいったいどのようなものであったのだろうか。「街」が字音の上から「町」に通じるのならば、田の畦の如く縦横に交差した木製の枠のようなものか。鎮とは、文字通り重りないし押さえであろうか。幡のどの部分の重りであったのか。街木と鎮とに当たるものが発見されていないため不明である。しかし、灌頂幡は『続日本紀』や『法隆寺伽藍縁起幷流記資財帳』の記載内容からみて1具2具と数えられ、幡自身と付属部品を合わせて1組として用いられたことがわかる。街木と鎮とは灌頂幡になくてはならないものだったのだろう。なお、正倉院の大幡の題箋に灌頂幡蓋とあり、『法隆寺伽藍縁起幷流記資財帳』にある「金埿銅灌頂壱具」に当たると考えられて

(21) 「年次報告 染織品の整理と修理」(『正倉院年報』第14号、1992) 参照。
(22) 聖武天皇一周忌斎会道場幡は、幡身の坪裂が錦のものと羅のものとがある。坪の数は4坪のものが多いが、錦のものには5坪のものもある。正倉院にはこの系統の幡が残片も合わせて600点以上存在する。4坪のものにはほぼ完形品があり、それらは全長302cm、頭・身合長127cm、脚長175cm、身幅30cmである。
(23) 今回の調査で発見した銘文で、縁の絁の芯裂に記されているため、裂幅が狭く、銘文の前後の部分は、裁ち落とされていて不明である。
(24) 『続日本紀』(養老6年11月19日の条)に「灌頂幡八首」と記されている灌頂幡が法隆寺や大安寺に納められると、それらの寺の資財帳には、「一具」「二具」と記されている。また、法隆寺の資財帳には、灌頂幡を「一旒」「二旒」又は「一首」「二首」と記している個所がある。灌頂幡は「具」と数えられるから付属部品と合わせて1組として用いられたことが知られるが、「旒」又は「首」と数える場合には、付属部品が夾われているのだろう。本章では、文献の引用個所以外、付属部品の有無にかかわらず、「旒」という表記に統一した。
(25) 5月2日から12月20日。または、諸国頒布の幡を12月20日までに製作し、東大寺使用の幡は翌5月2日の聖武天皇一周忌斎会までに製作。
(26) 望月信亨編『仏教大辞典』(世界聖典刊行協会、1993) 参照。
(27) 『塵添壒嚢抄』第15に、仏幡の脚端が人々の頭に触れることを灌頂と言うと解説されている。また『日本書紀』下(日本古典文学大系68、岩波書店、1965) 205頁の頭注23に、同様のことが灌頂幡の名称の由来とされている。
(28) 『大正新修大蔵経索引』(大蔵経学術用語研究会、1975〜) 並びに『大正新修大蔵経』による。
(29) 法隆寺と阿弥陀院の資財帳では「灌頂幡」と「小幡」とが別記されている。大安寺の資財帳では、灌頂幡12具の内容が「組大灌頂一具」「繡大灌頂一具」「秘錦大灌頂一具」「灌頂九具」と記載され、別記して「小幡二百十三頭」と害かれている。
(30) 奥村秀雄「日本上代の幡について」(『法隆寺献納宝物染織Ⅰ—幡・褥—』1986、東京国立博物館) 参照。
(31) 創建時の東大寺大仏殿の総高は、壇上から15丈(約44.5m)(関野貞「天平創立の東大寺大仏殿及其仏像」『建築雑誌』第16輯182・183号、1902)とも、壇上から13丈6尺(約40.4m)(福山敏央「東大寺大仏殿の第一期形態」『仏教芸術』第15号、1952)ともいわれている。扉口の高さは、壇上から36尺(約10.7m)(上記福山論文)といわれている。
(32) 古代の染織幡の形状については、法隆寺や正倉院に伝存する染織幡や、中国出土の染織幡以外に、敦煌莫高窟の壁画に描かれている染織幡が、形状の時代別変遷を知るための手掛かりとなるという指摘がある。たとえば、澤田むつ代「法隆寺幡に使われている綾—正倉院幡との比較において—」(『ミュージアム』第389号、東京国立博物館、1983)、奥村秀雄「日本上代の幡について」(前掲注(30))、松本包夫「上代布帛幡の形式について—法隆寺系と正倉院系を中心に—」(『正倉院宝物にみる仏具・儀式具』紫紅社、1993)などである。莫高窟の壁画は、間接的な資料にすぎず、また、描かれた年代を特定することは容易ではないが、明らかに幡の形状の時代的変遷が識別できる重要な資料である。
(33) 久留春年は「残欠により全形を復旧すれば、延長実に7丈5尺余(約22.8m)となる」とされているが、倶体的な説明はない。また、最新の整理・調査結果を検討しても、分離脚残片から脚1条を復元できないのにもかかわらず、残片の大部分が未整理の状態にあった大正15年の時点で、

　　　　すでに残欠により全形が復旧できたかどうか、疑問である。
(34)　注（５）参照。
(35)　松本包夫「正倉院の染織幡（前篇）」（『正倉院年報』第３号、1981）の巻末の幡類寸法表参照。
(36)　長沢和俊『法顕伝・宋雲行記』（東洋文庫、平凡社、1971）参照。
(37)　大幡復元図（図19）に基づけば、大幡１旒製作に、綾約11匹（１匹は、長６丈幅１尺９寸）が必要である。錦は、すべて一般の幅（１尺９寸）のものが使用されていると考えると、大幡１旒製作に約１匹が必要になる。これ以外に、多量の組紐や絁が使用されている。

第3章　正倉院の大幡

表1　大幡寸法一覧

	幡頭		幡身												共通		脚部分	幡脚端飾		全長
	長	幅	斜縁幅	第1坪 坪内長	第1坪 坪内幅	第2坪 坪内長	第2坪 坪内幅	第3坪 坪内長	第3坪 坪内幅	第4坪 坪内長	第4坪 坪内幅	第5坪 坪内長	第5坪 坪内幅	第6坪 坪内長	第6坪 坪内幅	坪界幅	側縁幅	現長	幅	長	幅
甲号	67.0	120.0	10.0	94.0	66.5	93.5	66.5	90.5	66.5	63.0	66.7					約12.4	約11.9					457.5
乙号	34.0	81.9		93.8	67.0	94.1	67.0	63.7	67.0							約11.9	約11.8					323.0
丙号										91.0	66.0	93.0	66.0	93.5	66.0	約11.8	約12.0	34.2	38.5			347.2
丁号	67.0	125.0	10.5	33.0	65.0	94.0	67.0	93.6	67.0	18.0	67.0					約12.3	約11.7					242.5
戊号																約12.0	約12.0					112.0
己号	67.5	123.0	11.0	93.0	68.0	94.0	68.0	98.0	69.0	33.0	65.0	94.0	65.0	94.0	65.0	約12.0	約12.0	42.0	28.0			299.0
128号櫃183号	69.0	108.0								96.0	69.0	92.0	69.0	92.0	68.0	約12.0	約11.5	96.0	43.5			812.5
127号櫃17号														88.0	69.0	約12.0	約12.0	11.0	33.0			69.0
129号櫃46号					25.0			93.0	69.0	21.5						約12.0	約12.0					111.0
129号櫃47号					24.0	68.0	34.5	68.0								約12.2	約11.7					163.5
129号櫃48号						30.5											約11.5					71.2
129号櫃49号					56.0	28.5										約12.2						96.0
129号櫃50号					6.0																	56.0
															約12.0						18.0
幡脚（分離残片）																		55.5～503.5	44～47完 存幅	39～40完 存長	45～47完 存幅	
推定基準寸法	67.0	124.0	10.0	94.0	67.0	94.0	67.0	94.0	67.0	94.0	67.0	94.0	67.0	94.0	67.0	12.0	12.0	824.5	46.0	40.0	46.0	1539.5

単位：cm

備考：数値は実測値を示す。空欄は測定不可能なもの。幡身上堤・下堤・坪界・側縁の幅は、平均的な値を示し、幡脚分離残片・脚端飾の寸法は、主要なものについて、最小値～最大値で示した。
幡身坪残片が第何坪かが不明な場合は、可能性のある範囲を ■ で示した。
製作に当たって基準となる寸法が決められていた場合を想定して、実測値を検討して基準寸法を推定した。
吾・垂手・救文・覆輪の代表的な寸法は、本文中に記す。

第2部　正倉院の染織品の研究

表2　大幡幡頭・幡身使用錦一覧

	幡頭 鏡面	幡身 上堤外・坪界外・下堤外	幡身 上堤内・坪界上か下・下堤内	幡身 左右の側縁 外側	幡身 左右の側縁 内側
甲号	No.80 浅緑地唐花文錦	唐花文錦	文様不明（赤地？）唐花文錦	唐花文錦（No.64？）	文様不明赤地唐花文錦
乙号	No.100 赤地麒麟唐花文錦	No.64 白地唐花文錦	文様不明赤地唐花文錦	No.64 白地唐花文錦	文様不明赤地唐花文錦
丙号		No.64 白地唐花文錦	No.71 赤地連唐花文錦	No.64 白地唐花文錦	No.71 赤地連唐花文錦
丁号		文様不明赤地唐花文錦	No.64 白地唐花文錦	No.64 白地唐花文錦	No.64 白地連唐花文錦
戊号	No.100 赤地麒麟唐花文錦	唐花文錦（No.64？）文様不明赤地唐花文錦	文様不明赤地唐花文錦（No.64？）	唐花文錦（No.64？）文様不明赤地唐花文錦	文様不明赤地唐花文錦（No.64？）
己号	文様不明赤地唐花文錦	文様不明（赤地？）唐花文錦	文様不明（赤地？）唐花文錦	文様不明（赤地？）唐花文錦	文様不明赤地唐花文錦
128号櫃183号	No.85 深縹地唐花文錦				
127号櫃17号		文様不明浅縹地錦	文様不明赤地錦	文様不明浅縹地錦	文様不明赤地錦
129号櫃46号		赤地唐花文錦（下記◎参照）	No.68 浅縹地唐花文錦	赤地唐花文錦（下記◎参照）	No.68 浅縹地唐花文錦
129号櫃47号		赤地唐花文錦（下記◎参照）	No.68 浅縹地唐花文錦	赤地唐花文錦（下記◎参照）	No.68 浅縹地唐花文錦
129号櫃48号		文様不明赤地唐花文錦		文様不明赤地唐花文錦	No.64 白地唐花文錦
129号櫃49号		No.64 白地唐花文錦	No.89 紫地唐草花鳥文錦	文様不明赤地唐花文錦	No.68 浅縹地唐花文錦
129号櫃50号					

◎『正倉院宝物染織』上（朝日新聞社、1963）収録「No.4 赤地唐花文錦」と同文様の錦。下記『正倉院の錦』（陵部紀要）第13号、1961）の図版番号と共通の錦とする。

備考：各々の錦に付けた番号は、『正倉院の錦』（書陵部紀要）第13号、1961）の図版番号が使用されている。

幡頭鏡面、幡身上堤・下堤・坪界・側縁のいずれも、表裏両面に同じ錦が使用されている。

幡身坪形：覗花形裁文の覆輪に使用されている錦は、不明のものもあるが、主としてここ二重経による経綾地暈繝錦のNo.132～135暈繝錦である。

幡身坪形裁文の中央には、すべて表裏両面にNo.98紫地鳳形錦が使用されている。唯一の例外は、南倉185、129号櫃46号表裏のNo.98浅緑地鳳形錦。

幡身上・下堤の外側と側縁の外側には同じ錦が使用されている。唯一戊号は同じ錦が幡身部では異なっており、元々別の大幡の頭と身を合成している可能性がある。

120

第3章　正倉院の大幡

表3　大幡幡身使用綾一覧

		坪下地裂	花形裁文中間層	花形裁文外周層	覗花形裁文内側	覗花形裁文外側
甲号	第1坪	【後補平絹（綾付着）】	【後補平絹（綾付着）】	【後補平絹（綾付着）】	No.92 花唐草鳥文縹（?）綾	No.92 花唐草鳥文黄綠綾
	第2坪	No.92 花唐草鳥文黄綾	No.83 葡萄唐草文黄綾	【後補平絹（綾付着）】	No.92 花唐草鳥文紫綾（?）	No.92 花唐草鳥文黃縹綾
	第3坪	【後補平絹】	文様不明縹綾	【後補】	No.92 花唐草鳥文紫綾（?）	No.83 葡萄唐草文縹綾
	第4坪	【後補平絹（綾付着）】	No.83 葡萄唐草文縹綾	文様不明紫綾	文様・色不明綾	文様・色不明綾
乙号	第1坪	【後補平絹】	【後補平絹】	No.83 葡萄唐草文黄綾（?）	No.83 葡萄唐草文縹綾	No.83 葡萄唐草文黄綾
	第2坪	No.92 花唐草鳥文赤綾	【後補平絹（綾付着）】	No.83 葡萄唐草文黄綾	No.69 八稜唐花文縹黄綾	No.69 八稜唐花文（縹）綾
	第3坪	【後補縹綾】	【後補平絹】	【後補平絹（綾付着）】	文様不明縹綾	文様不明黄綾
	第4坪	【後補平絹】	No.83 葡萄唐草文縹綾	No.83 葡萄唐草文黃綾（綾付着）	No.83 葡萄唐草文縹綾	No.83 葡萄唐草文縹綾
丙号	第5坪	No.92 花唐草鳥文淡紫綾	【後補平絹】	【後補平絹（綾付着）】	No.92 花唐草鳥文（?）綾	No.92 花唐草鳥文（?）綾
	第6坪	No.92 花唐草鳥文縹綾	文様不明淡紫綾	文様不明紫綾	No.92 花唐草鳥文縹綾	No.92 花唐草鳥文縹綾
丁号	坪①	No.92 花唐草鳥文赤綾	No.51 双龍円花文縹綾	No.83 葡萄唐草文淡茶綾	No.69 八稜唐花文縹（?）綾	No.93 雲唐草獅子文縹（?）綾
	坪②	後補平絹（綾付着）	No.83 葡萄唐草文縹綾	【後補平絹】	No.93 雲唐草獅子文縹（?）綾	No.83 葡萄唐草文黄（?）綾
	坪③	【後補平絹】	【後補平絹】	【後補平絹】	No.83 葡萄唐草文縹綾	No.83 葡萄唐草文縹綾
戊号	第1坪	No.83 葡萄唐草文紫綾付着	【後補平絹（綾付着）】	【後補平絹（綾付着）】	No.83 葡萄唐草文縹綾	No.83 葡萄唐草綃（綾付着）
	第4坪	No.83 葡萄唐草文紫綾付着	文様不明紫綾	【後補平絹（綾付着）】	【後補平絹（綾付着）】	【後補平絹（綾付着）】
	第5坪	No.92 花唐草鳥文黄綾（?）	文様不明黄綾	【後補平絹（綾付着）】	No.92 花唐草鳥文縹綾	No.92 花唐草鳥文縹綾
	第6坪	No.92 花唐草鳥文縹綾付着	【後補平絹（綾付着）】	【後補平絹（綾付着）】	No.92 花唐草鳥文縹綾	No.92 花唐草鳥文縹綾
己号	第1号	文様不明緑綾（No.83・92風）	文様不明黄綾	文様不明紫綾	文様不明紫綾	文様不明黄綾
	第2号	文様不明黄綾（No.83・92風）	文様不明紫綾	文様不明赤綾	文様不明紫綾	文様不明縹綾
	第3号	文様不明紫綾（No.83・92風）	文様不明碧綾	文様不明黄綾	文様不明濃紫綾	文様不明黄綾
	第4号	文様不明白綾（No.83・92風）	文様不明縹綾	文様不明黄綾	文様不明紫綾	文様不明黄綾
己号	第5号	文様不明赤綾（No.83・92風）	欠失	欠失	文様不明紫綾	文様不明黄綾
	第6号	文様不明紫綾（No.83・92風）	文様不明黄綾	欠失	文様不明紫綾	文様不明黄綾

第2部　正倉院の染織品の研究

126号櫃88号			文様不明紫綾		
127号櫃7号			文様不明縹綾	No.92 花唐草鳥文黄綾	
127号櫃17号	片面	文様不明濃綾	欠失	欠失	文様不明縹綾 No.83 葡萄唐草文白綾
	他面	文様不明濃綾	欠失	欠失	文様不明縹綾 No.50 大双竜円文白綾
	坪①	片面	文様不明白綾		欠失	文様不明淡茶綾
		他面	文様不明白綾		欠失	No.93雲唐草獅子文淡茶綾
129号櫃46号	坪②	片面	No.80 雲大鳥文赤綾	No.83 葡萄唐草文黄綾	欠失	No.69 八稜唐花文縹綾
		他面	同上	同上	欠失	文様不明縹綾
	坪③		欠失（芯裂のみ残る）			
129号櫃47号	坪①		文様不明紫綾		欠失	No.83 葡萄唐草文縹綾
	坪③	片面	No.50 大双竜円文白綾		文様不明縹綾	No.93 雲唐草獅子文淡茶綾
		他面	同上		No.51 双竜円文紫綾	No.65 小唐花文淡茶綾
129号櫃48号			文様不明綾		文様不明紫綾	No.83 葡萄唐草文縹綾
129号櫃49号	片面		No.50 大双竜円文白綾		文様不明紫綾	No.65 小唐花文淡茶綾
	他面		同上		文様不明紫綾	No.93 雲唐草獅子文淡茶綾
129号櫃50号			文様不明紫綾		文様不明紫綾	文様不明縹綾
129号櫃51号			No.50 大双竜円文白綾	No.83 葡萄唐草文縹綾		
129号櫃52号			No.83 葡萄唐草文縹綾	文様不明黄綾		
129号櫃101号			文様不明紫綾	No.83 葡萄唐草文縹綾		

備考：各々の綾に付けた番号は、『正倉院の綾』（『書陵部紀要』第12号、1960）の図版番号と共通のものとする。
甲の下地裂と花形裁文は表裏とも同じ綾を使用しているが、覗花形裁文は表裏で使用している綾の文様が異なる場合があった。
甲〜己号は現在下地に貼って修補されているので、片面しかみえないので、片面についてのみ調査した。
上記以外に小断片が何片も整理されているが、上記と異なる文様の綾を使用している例はないので省略した。

第3章　正倉院の大幡

表4　大幡幡脚使用錦一覧

現存脚端飾	脚端飾の錦	脚端飾縁の錦	脚端飾現状
126号櫃80号	No.104 紫地唐花鳥獣文錦	わずかに暈繝錦付着	ほぼ完存
127号櫃18号の1	同上	No.45 緑地八花文錦	一部欠損
127号櫃67号の1	同上	No.87 白地花文錦（?）	ほぼ完存
127号櫃67号の2	同上	欠失	大破
127号櫃106号	同上	欠失	一部欠損
128号櫃185号	同上	No.45 緑地八花文錦	一部欠損
128号櫃226号	同上	No.49 紫地花文錦	ほぼ完存
129号櫃44号	同上	No.87 白地花文錦（?）	ほぼ完存
旧玻璃装5号	同上	No.49 紫地花文錦	ほぼ完存
127号櫃18号の2	No.103 浅緑地鹿唐花文錦	No.87 白地花文錦（?）	大破
127号櫃132号	同上	No.87 白地花文錦（?）	ほぼ完存
130号櫃51号	同上	No.45 緑地八花文錦(?)	一部欠損
旧玻璃装6号	同上	No.49 紫地花文錦	ほぼ完存
函装14号 三層内	同上	No.49 紫地花文錦	ほぼ完存
127号櫃208号	No.99 赤地鴛鴦唐草文錦	No.49 紫地花文錦	ほぼ完存
127号櫃209号	同上	No.49 紫地花文錦	一部欠損
129号櫃45号	同上	No.87 白地花文錦（?）	一部欠損
旧玻璃装8号	同上	No.45 緑地八花文錦	ほぼ完存
函装14号 三層内	No.64 白地唐花文錦	No.49 紫地花文錦	ほぼ完存

備考：各々の錦に付けた番号は、「正倉院の錦」（『書陵部紀要』第13号、1961）の図版番号と共通。
　　　上記以外に、玻璃装に部分残片が4片、古裂帳に脚端飾の錦とわかる小断片が十数片整理されている。
　　　花形・覗花形裁文の覆輪に使用されている錦は、文様不明のものもあるが、二重経による経綾地暈繝錦のNo.132～135暈繝錦が多くみられ、その他、No.87白地花文錦、No.121花文長斑錦などもある。ただし、覆輪の多くは夾纈黄である。

表5　大幡幡脚（幡身付着片）使用綾一覧

		下　地　裂
丙号	①	文様不明濃緑綾
	②	文様不明縹綾
	③	No.92 花唐草鳥文淡茶綾
	④	文様不明黄綾
	⑤	文様不明紫綾
	⑥	文様不明縹綾
	⑦	文様不明淡茶綾
	⑧	文様不明縹綾
	⑨	文様不明淡茶綾
	⑩	文様色不明綾
	⑪	文様不明紫綾
	⑫	文様不明赤綾
戊号	①～⑧	欠失
	⑨	文様不明淡茶綾
	⑩	文様不明濃緑綾
	⑪	文様不明黄綾
	⑫	文様不明淡茶綾
己号	①	No.88 花唐草文淡茶綾
	②	欠失
	③	No.88 花唐草文緑綾
	④～⑥	欠失
	⑦	No.88 花唐草文黄綾　※己号脚(土)にのみ裁文が残る。それは脚の最初の裁文で、覗花形裁文である。使用綾は、No.88 花唐草文浅緑綾。
	⑧～⑫	欠失
127号櫃17号	①	文様不明赤綾
	②	文様不明黄綾
	③	No.88 花唐草文浅緑綾
	④	文様不明白綾
	⑤	文様不明縹綾
	⑥	文様不明紫綾
	⑦	文様不明黄綾
	⑧	文様不明濃緑綾
	⑨～⑫	欠失

備考：幡身左端に取り付けられている脚から順に①～⑫とした。ただし、丙・戊・己号は現在表に出ている面、127号櫃17号は一方の面（片面）の左端のことである。
　　　各々の綾に付けた番号は、「正倉院の綾」（『書陵部紀要』第12号、1960）の図版番号と共通。

第2部　正倉院の染織品の研究

表6　大幡幡脚（主要な分離片）使用綾一覧

脚下地裂使用綾	花形形裁文使用綾例	覗花形裁文使用綾例	各分離片の所属番号 □号櫃-□号（□cm）
No.61 複十字花文縹綾		No.90 花枝唐草文黄綾 No.92 花唐草鳥文赤綾	128-184（111.0）
No.61 複十字花文紫綾		No.83 葡萄唐草文黄綾 No.92 花唐草鳥文黄綾 No.93 雲唐草獅子文黄綾	128-167（115.0）
No.65 小唐花文紺綾	No.69 八稜椿花文淡紫綾 No.80 雲大鳥文縹綾 No.89 花枝唐草文緑綾 No.93 雲唐草獅子文淡紫綾	No.83 葡萄唐草文黄綾 No.85 小花唐草文赤綾 No.92 花唐草鳥文黄綾 No.92 花唐草鳥文赤平地綾 No.93 雲唐草獅子文黄綾	129-28（209.0），128-227（503.5）【現存最大片】
No.65 小唐花文紫綾	No.83 葡萄唐草文黄綾	No.52 双竜円文縹綾 No.83 葡萄唐草文黄綾 No.93 雲唐草獅子文黄綾	128-69（222.0），128-70（97.5）
No.68 八稜椿花文浅緑綾	No.65 小唐花文紫綾 No.83 葡萄唐草文紫綾 No.93 雲唐草獅子文紫平地綾	No.65 小唐花文濃緑綾 No.88 花唐草文緑綾 No.89 花枝唐草文浅緑綾	129-36（381.0）
No.69 八稜椿花文紺綾	No.69 八稜椿花文黄綾 No.93 雲唐草獅子文黄平地綾	No.83 葡萄唐草文黄綾 No.85 小花唐草文赤綾 No.85 小花唐草文赤綾 No.92 花唐草鳥文赤綾 No.92 花唐草鳥文赤平地綾 No.93 雲唐草獅子文黄平地綾	127-134（288.0）
No.83 葡萄唐草文白綾	No.83 葡萄唐草文縹綾 No.92 花唐草鳥文黄綾 No.93 雲唐草獅子文黄・縹綾	No.61 複十字花文紫綾 No.65 小唐花文紫綾 No.68 八稜椿花文緑綾 No.83 葡萄唐草文紫綾	128-85（182.5），128-91（178.0）

第3章　正倉院の大幡

No.83 葡萄唐草文赤綾	No.61 複十字花文縹綾 No.83 葡萄唐草文黄・縹綾 No.92 花唐草鳥文黄綾 No.92 花唐草鳥文縹平地綾	No.68 八稜唐花文緑綾 No.69 八稜唐花文紫綾 No.70 唐花文浅緑綾 No.83 葡萄唐草文紫綾 No.89 花枝唐草文緑綾 No.92 花唐草鳥文紫綾 No.92 花唐草鳥文黄平地綾	126-58(172.0), 126-59(190.0), 126-63(105.0), 128-38(78.0), 128-104(215.0), 128-105(85.5), 玻璃装32(155.5), 玻璃装86 其1(129.5), 玻璃装87 其1(90.0)
No.83 葡萄唐草文紫綾	No.83 葡萄唐草文白綾 花唐草獅子文白綾（下記◎参照）	No.52 双竜円文縹綾 No.80 雲大鳥文浅緑綾 No.83 葡萄唐草文白綾 No.92 花唐草鳥文紫綾 No.93 雲唐草獅子文縹平地綾	126-112(81.0), 126-113(93.0), 129-38(109.5), 129-39(73.0), 玻璃装85 其2(66.0)
No.88 花唐草文黄綾	No.61 複十字花文紫綾 No.65 小唐花文紫綾 No.68 八稜唐花文紫綾 No.88 花枝唐草文紺・緑綾 No.89 花枝唐草文紺・濃緑綾 No.92 花唐草鳥文紫綾	No.65 小唐花文淡茶・紫綾 No.68 八稜唐花文淡茶・浅緑綾 No.70 唐花文浅緑綾 No.83 葡萄唐草文緑綾 No.84 葡萄唐草文紺綾 No.89 花枝唐草文黄綾 No.90 花枝唐草文紫綾 No.92 花唐草鳥文浅緑・赤平地綾 No.93 雲唐草獅子文白綾	126-54(120.0), 126-57(360.0), 126-68(89.5), 127-15(88.0), 128-96(82.0), 128-163(63.0), 128-165(113.5), 129-37(277.5), 129-82(269.0), 129-156(221.0), 129-157(160.5) 玻璃装93 其1(57.0), 玻璃装95 其1(88.0)
No.88 花唐草文浅緑綾	No.65 小唐花文紺綾 No.83 葡萄唐草文緑綾 No.88 花枝唐草文紺・緑綾 No.92 花唐草鳥文緑綾 No.93 雲唐草獅子文白・紫綾	No.69 八稜唐花文赤・紫綾 No.83 葡萄唐草文紫綾 No.92 花唐草鳥文赤・紫綾 No.93 雲唐草獅子文白・紫綾	126-66(111.0), 126-72(79.0), 126-78(74.0), 129-44(366.0)【付着の脚端飾の長さを含む】
No.88 花唐草文緑綾	No.69 八稜唐花文黄綾 No.82 葡萄唐草文紫綾 No.83 葡萄唐草文紫綾 No.84 葡萄唐草文紫綾 No.89 花枝唐草文紫綾 No.92 花唐草鳥文紫綾	No.69 八稜唐花文赤綾 No.80 雲大鳥文淡茶・黄綾 No.83 葡萄唐草文白・黄綾 No.90 花枝唐草文黄綾 No.92 花唐草鳥文黄・赤・浅緑綾 No.93 雲唐草獅子文緑綾	126-95(210.0), 128-94(77.0), 128-95(92.5), 128-96(248.0), 128-97(56.5), 128-164(96.0), 129-41(358.0) 玻璃装84(109.0)

125

第2部　正倉院の染織品の研究

No.88 花唐草文濃緑綾	No.61 複十字花文紫綾 No.65 小唐花文紫綾 No.65 小唐花文緑平地綾 No.68 八稜唐花文緑・紫綾 No.69 八稜唐花文紫綾 No.82 葡萄唐草文紫綾 No.83 葡萄唐草文紫綾 No.84 葡萄唐草文紫綾 No.88 花唐草文緑綾 No.92 花唐草文紫綾	No.65 小唐花文淡茶綾 No.65 小唐花文浅緑平地綾 No.70 唐花文浅緑綾 No.81 飛仙文赤綾 No.83 葡萄唐草文黄綾 No.90 花枝唐草文黄綾 No.92 花唐草鳥文黄・赤・紫綾 No.92 花唐草鳥文赤平地綾 No.93 雲唐草獅子文黄平地綾	126-26(157.0)、126-65(95.0)、126-70(63.0)、 128-74(181.5)、128-75(225.0)、128-76(226.0)、 128-77(134.5)、128-78(56.0)、128-90(115.0)、 128-202(171.5)、128-203(153.5)、129-31 (466.0)
No.89 花唐草文紺綾		No.92 花唐草鳥文赤綾	126-27 其1(63.8)
No.90 花枝唐草文黄綾	No.52 双竜円文縹綾 No.65 小唐花文紺綾 No.83 葡萄唐草文白・縹綾 No.88 花唐草文緑綾 No.89 花枝唐草文緑綾 No.92 花唐草鳥文緑平地綾 No.93 雲唐草獅子文縹・紺綾	No.61 複十字花文紫綾 No.65 小唐花文浅緑平地綾 No.65 小唐花文浅緑平地綾 No.68 八稜唐花文黄綾 No.69 八稜唐花文紫綾 No.83 葡萄唐草文黄・紫綾 No.92 花唐草鳥文黄・紫綾 No.93 雲唐草獅子文浅緑綾 No.93 雲唐草獅子文浅緑・緑平地綾	126-60(279.0)、126-67(161.0)、126-69(85.0)、 126-108(49.0)、126-114(48.0)、128-82(218.5)、 128-83(115.5)、128-84(108.0)、128-87(195.5)、 128-88(127.5)、128-162(73.5)、128-228(102.0)、 129-29(76.0)、129-35(135.5) 玻璃装94 其2(57.5)
No.92 花唐草鳥文紫綾	No.68 八稜唐花文緑・濃緑綾 No.83 葡萄唐草文緑綾 No.88 花唐草文緑綾 No.89 花枝唐草文緑綾 No.92 花唐草鳥文黄綾 No.93 雲唐草獅子文黄綾	No.61 複十字花文縹綾 No.83 葡萄唐草文白・黄綾 No.92 花唐草文縹平地綾 No.93 雲唐草獅子文縹綾	126-62(110.5)、126-71(84.5)、126-75(89.0)、 126-76(62.0)、126-79(96.0)、128-27(86.7)、 128-34(156.0)、128-61(90.5)、128-62(254.5)、 128-63(119.5)、128-64(188.0)、128-65(56.0)、 128-107(92.0)、129-32(108.0)、129-34(172.0)、 129-40(352.0)、129-43(136.2)
No.92 花唐草鳥文浅縹平地綾		No.88 花唐草文緑綾 No.89 花枝唐草文緑綾	128-80(159.5)
No.92 花唐草鳥文赤平地綾		No.69 八稜唐花文紺綾	126-74(143.0)

126

第3章　正倉院の大幡

No.93 雲唐草獅子文縹綾	No.52 双竜円文縹綾 No.61 複十字花文縹綾 No.83 葡萄唐草文白地綾 花唐草獅子文白綾（下記◎参照）	No.65 小唐花文紫綾 No.65 小唐花文浅緑平地綾 No.68 八稜唐花文浅緑綾	126-64(63.5)，127-205(123.0) 玻璃装33(157.0)，玻璃装34(157.0)
No.93 雲唐草獅子文黄綾	No.65 小唐花文紫綾 No.69 八稜唐草獅子文紫綾	No.65 小唐花文黄綾 No.90 花枝唐草文黄綾 No.92 花唐草鳥文黄綾	128-89(463.0)
No.93 雲唐草獅子文縹綾	No.61 複十字花文縹綾		126-27 其2(75.8)
No.93 雲唐草獅子文赤平地綾	No.83 葡萄唐草文黄綾 No.93 雲唐草獅子文黄綾	No.65 小唐花文紫綾 No.83 葡萄唐草文紫綾 No.84 葡萄唐草文黄綾 No.88 花枝唐草文緑綾	128-35 其2(55.5)，128-36(106.0)，128-37 其1(63.5)， 128-37 其2(65.0)，128-37 其3(79.0)
文様不明浅緑平地綾 【残存わずか】	No.82 葡萄唐草文紫綾 No.92 花唐草鳥文紫綾	No.65 小唐花文紺綾 No.88 花唐草文緑綾 No.89 花枝唐草文緑綾	128-79(443.5)

◎拙稿「花唐草獅子文綾について」（『正倉院年報』第5号、1983）参照。同種の綾は、5点の大幡脚裳文に使用されている白地のもの以外にはみられない。

備考：各々の綾に付けた番号は、『正倉院の綾』（『書陵部紀要』第12号、1960）の図版番号と共通。

本表は、脚下地裂の文様・色の別に整理した。主要なもののしか取り上げていないが、未整理品以外は、脚に使用されている綾の種類を尽くしている。

ちなみに、脚の縁はすべて畢絅夾纈羮で、種々の色彩のものが用いられている。

第4章　裂地としてみた正倉院の調絁

はじめに

　正倉院には、我が国の古代律令制下の調絁(1)の実物が伝存している。それらの調の墨書銘文は、従来から写真や釈文で紹介されており(2)、今日では賦役令の調皆随近条の規定が実施されたことを示す証拠と考えられている(3)。しかし、裂地自体の調査はほとんど行われておらず、正倉院の調絁がどのような裂地であるのか知られていないといっても過言ではない(4)。

　このたび、調査並びに評価方法を再検討し新たな方法に従って調査並びに相互比較による(5)評価を行ったところ、従来の見解(6)とは異なる結果が得られたので、今回新たに採用した調査(7)並びに評価方法について示すとともに、その結果と問題点を述べる。

1．調査対象品

　最初に確認しておきたいのは、正倉院の調絁とは何かという前提である。墨書銘文に注目すれば、調銘が上から墨書されている平絹が調絁である。しかし正倉院には調銘の書かれていない古代の平絹が大量に伝わっており、その中には調絁が多数存在すると考えられる(8)。したがって今後は調銘のない平絹の調査も必要であると考えているが、基準資料ともいうべき調銘のある平絹の調査が優先されると考えたため、今回は調銘が墨書されている平絹のみを取り上げどのような裂地であるのか実物資料として比較検討した。

　今回調査対象としたのは表1「正倉院の調銘・国印のある絁一覧」(9)に載せた45点の平絹の中で未調査の4点（未整理品のNo.6・34・35と破損の恐れがあったNo.43）を除く41点である。その中でNo.11は、両側の織耳を残し幅約56cmで長さ約17m83cmに及び、両端に記載された調の墨書銘とその上から各々1顆ずつ押捺された国印が残る。これは正倉院でただ1点だけ調絁1匹全部が未使用のまま伝えられた希有な例である。その他に未使用の端裂が2点あるが、それら3点以外は幡・天蓋・衣服・調度・袋・帯などの一部として縫製されているか、(10)今ではもとの用途がわからない程破損が進んでいるか、調銘の一部を残す小断片（数センチ四方）のいずれかである。用途がわかるものでも今では残片と化していて、裂地の湮滅のため墨書銘の一部が欠落しているものや、元来形状が小さいため裁断された段階で墨書銘の大

半が欠落したものもある。

2. 古代の平絹の評価

　今日織物を評価するためには、織り密度・糸の太さ・裂地の厚さ（一定の圧力を加えて測定）・重さ（単位面積当たり）・摩擦係数（表面の滑らかさを示す）・引っ張り強さ（切断するまでの強度）・伸び率（切断するまでに伸展方向に伸びる割合）・引き裂き強さ・摩耗強さ（摩耗試験機による）・ピリングの程度（ピリング試験機により毛玉を発生させて測定）・ドレープ性（台上に載せた一定の形状の裂地がいかに垂れて曲がるかを示すもので、裂地の曲げ剛性に関係する）などが測定される。また、防水度・通気性・収縮率・保温率なども織物の性能を評価するために測定される。しかし、ほとんどの測定が破壊を伴うので、従来から古代の織物に対しては、主として「織り密度」と「糸の太さ」が測定されてきた。しかし、「織り密度」と「糸の太さ」のみで織物の特徴を明らかにすることは、最も単純な平組織の織物でも困難である。そこで、現代の工場で機械的に大量に生産される平組織の織物が糸の太さのばらつきや、糸の張力ムラや緯糸の打ち込みの強弱などによって生じる経筋や横縞などの織り傷を厳しく検査されていることに注目し、本章では「糸の太さのばらつき」の程度も調べることにした。

　ところで、織物を評価する場合にしばしば風合という言葉が用いられる。風合は剛軟性や弾性や裂地面の粗さなどを総合した性質と考えられているが今日でも定義は曖昧で、一般に織物の手触り（感触）やみた感じを意味すると解釈されている（正式な定義は存在しない）。古代の織物の場合、脆くて弱っていることから手触りを調べることはできないので、本章では見た目の感じすなわち「帛面の印象」について調べた。

　具体的な調査方法については次節で述べる。

3. 調査方法

　「織り密度」「糸の太さ」「糸の太さのばらつき」「帛面の印象」の4項目を調べて、それらを総合的に解釈して表1の古代の平絹を相互比較して評価した。

　「織り密度」としては、倍率10倍のルーペを使用して、経・緯糸の本数がきちんと整数（10本前後）になる長さに対する糸の本数を測定し、後から1cm当たりの糸の本数に換算した。目視の測定で糸の本数を小数点以下の数字で表せないからである。測定は帛面の適当な位置5か所（小断片でも最低3か所）程で行い、大小極端な数値は除いて凡そどのくらいの範囲内にあるかを求めた。測定は、裂地の経・緯糸方向に対して斜めに移動して行った。それは、次の理由による。現代の平組織の織物は筬が経糸を均等に整列するので経糸密度はどこでもほぼ一定であるが、古代には経糸を一定間隔で並べて織機に架ける技術が発達していなかっ

たらしく、古代の平組織の織物では一般に一幅の間で位置が異なれば経糸密度が変化することが、経験的に知られる[11]。緯糸密度は緯打ちの強弱で変化するが、一定の力で精密に緯打ちを繰り返す力織機は言うまでもなく現代の一般的な手織り機と比較しても[12]、古代に調絁を製織したと考えられている地機は[13]、宙に浮いた刀杼や大杼などを用いて織り手の腕の感覚で緯打ちの力を加減したと考えられるので[14]、織物の長さ方向に対して位置が異なれば緯糸密度は相当変化することが予想され、実際変化することが経験的に知られる[15]。

「糸の太さ」としては、倍率30倍のマイクロメーター（最小目盛0.1mm）付小型単眼顕微鏡で真上からみた経・緯糸の幅を測定した。糸が円柱形であれば断面の直径（又は断面積）が太さであるが、実際の糸は糸を構成する繊維間に隙間があって入り組んだ複雑な断面形状をしているので、産業・工業界では単位長さ当たりの重さ（恒長式）や単位重さ当たりの長さ（恒重式）によって糸の太さを示す約束になっている。織物に織り入れられた糸は様々な力学的影響を受けるので断面が人間の眼のような形になることが知られる[16]。何をもって太さとするのか予め決めておく必要があるといえよう。今日織物の糸の太さは糸の幅で示されるのが一般的である。

「糸の太さのばらつき[17]」としては、ばらつきが大きいか小さいかをだいたい4段階に分けて比較検討した（大きい・ばらつきがある・小さい傾向がある・小さいなどと表現した）。四つに分類する程度であれば目測で充分可能であった。ただしばらつきの程度を示す基準がなければ調査結果を追試できないし、他のデータと互換して比較することもできない。今後糸の太さのばらつきの指数を表す方法を考案する必要があるだろう。なお、拡大せずにそのまま観察しても糸の太さのばらつきはほとんどわからないので、目測に際してＣＣＤカメラを使った拡大画像観察（絹帛の4mm四方をテレビ画面上約50倍に拡大）を行った。4mm四方という小範囲なのでカメラを上下左右に自在に移動させてできるだけ広範囲の様子を観察した。それらの拡大画像の中で平絹の典型的な部分36点をビデオプリンターでプリントにして本書に掲載した（掲載図版の拡大倍率は実物の12倍）。

「帛面の印象」を表す言葉には、重い・軽い、厚い・薄い、凸凹・平滑、硬い・柔らかい、光沢の有・無などがある。加撚していない糸で織った平絹の場合、それらを生じさせる原因には、織り密度・織り密度のばらつき・糸間の隙間・糸の膨れ・糸の太さ・糸の太さのばらつき・織り傷などが考えられる。織り密度が小さく、糸が太く、糸が膨れていて、糸の太さのばらつきが大きく、織り傷が多い裂地は粗い感じがする。その反対のものは緻密な感じがする。ただし、粗いという言葉で表現される裂地には、織り目の開いた透かし目のものも、糸が膨れてごわごわしたものも、織り傷が目立つものも含まれる。緻密という言葉で表現される裂地には、詰まった感じがするもの（糸が太くて糸間の隙間がない場合）や締まった感じがするもの（糸が細くて糸間の隙間がない場合で平滑な感じともつながる）が含まれる。

したがって本章では、ＣＣＤカメラを用いた拡大画像観察と実物全体の肉眼による直接の観察を行い、感じられた帛面の印象として粗い感じと緻密な感じ（平滑な感じを含む）に分類し、その原因と思われる事項を評価に書き加えた。

ところで、一般に、織り密度が大きく、糸が細く、糸の太さのばらつきが小さく、織り傷が少なく、織り目が締まっていて緻密で平滑な平絹は品質が良いと言われる。ただし、織り密度が大きくても糸が非常に細ければ糸と糸の間に隙間ができるし、織り密度があまり大きくなくても糸が太ければある程度糸間の隙間は少なくなる。したがって、平絹の品質を云々する場合、経糸密度と経糸の太さとの関係・緯糸密度と緯糸の太さとの関係・経糸と緯糸の太細の組み合わせなどを考慮しなければならない[18]。平絹の場合、経・緯糸の太細の組み合わせには、次の４種類が考えられる。

Ⅰ：経糸が細く緯糸が太い場合

経糸が屈曲する傾向にあるので（経曲がり構造）、緯糸を強く打ち込んでも緯糸同士が密着せずに緯糸の間に隙間ができる（図６・12〜14・22・25・29参照。図32・35・36は、経と緯の太さの差が少ないが、似た特徴を持つ）。

Ⅱ：経・緯糸が似た太さでどちらも太い場合

傾向として経糸も緯糸も屈曲するが（経・緯曲がり構造）、経・緯糸とも大きく屈曲しなければ隣同士密着せず、通常は経糸が膨れ上がり、経糸間の隙間が詰まった印象になる（図１・２・７・31参照）。

Ⅲ：経・緯糸が似た太さでどちらも細い場合

経糸も緯糸も屈曲しやすく（経・緯曲がり構造）、経・緯糸とも少しの屈曲で隣同士密着するので、緯糸を強く打ち込めば経・緯糸とも隣同士密着して糸間の隙間がほとんどなくなり、裂地が締まって、薄くて緻密な感じで、品質の良い印象になる（図18・19は、糸が細く密度が高いので最も緻密な感じで、特に図19は緻密である。しかし、表のNo.29及び図30・33は、糸は細いが相対的に密度も少ないので、糸間に隙間がある。図34は、糸が最も細くその割に密度が少ないので粗く透かし目で、羽二重のように経糸を筬１羽に２本ずつ入れた筬目がある）[19]。

Ⅳ：経糸が太く緯糸が細い場合

緯糸が屈曲する傾向にあるので（緯曲がり構造）、緯糸を強く打ち込めば緯糸同士が密着するが、経糸の間に隙間ができる（図20は唯一の例であるが、経・緯糸の太さの差が少ないので緯糸があまり屈曲せず、緯糸同士が密着して経糸間に隙間ができる傾向はほとんどみられない）。

第2部　正倉院の染織品の研究

4．調査結果

　織り密度と糸の太さ（糸幅）は表1に示した。また、前節で示した経・緯糸の太細の組み合わせ（Ⅰ～Ⅳ）と総合的な評価（良・並・麁）も示した。ただし、№39～42・45は経糸が細く他の絁とやや異なる雰囲気を持っている。製織した織機が違うのか（たとえば高機を用いたとか）、糸が生糸かそれに近い材質のものなのか、今後の調査を待たなければ俄にその違いを明らかにできなかった。そこで本章では、それら5点については良・並・麁の別を記載しなかった。

　全体の傾向として、経糸の太さむらによる縦筋が多く、緯糸の粗密による織り段（横縞）が多かった。養蚕・製糸技術が未発達で絹糸の太さを均一にすることが困難であったことと、緯糸を大杼で打ち込むために緯打ちの強弱がかなり生じたことが推測される。裂地として元来の雰囲気を残していることが期待される大きい裂地でも非常に弱っていて、わずかな力が加わっても容易に破損しそうな状態であった。したがって、古代と現代の技術の違いや経年変化などを考慮すれば、これらの古代の平絹を現代の平絹と同じ基準で比較することはできない。織り傷の多い少ないはあくまでも古裂間の比較の上のことであり、総合的な評価も古裂同士の相互比較的なものである。

　貢納時の全長を実物で確認できるのは1点（№11）だけであるが、今も両側の織耳が残っていて織幅を確認できるものがあるのでそれらを表1に示した（確認できるものの織幅はいずれも56～57cmである[20]）。

　国印については、あるものとないもの（原初から押捺されていないもの）と今では国印が押捺されている部分の裂地が欠損しているため元来押捺されていたかどうか不明のものとの別を表1に示した。国印があるものの中で印文が判読できるものは№3・5・8・9・18・23・24・26～29の11点である（2顆以上押捺されている場合には、1顆でも読めれば判読可能とした）。そのうち№26・27・29は国印の国名のある側が半分だけ残っているのみで、銘文はみえない[21]。

　また、国印のみのものを除いた42点すべてについて墨書銘文の釈文を図版頁にまとめて掲載した[22]。

　ところで、平絹は十分に精練（灰汁などで煮て絹繊維の表面を覆うセリシンという蛋白質を減らすこと）すると糸が柔らかく膨らんで糸の間の隙間が埋まる傾向にあり、染色することによっても精練するのと同様な変化を生じるから[23]、精練や染色による経・緯糸の太さの変化を斟酌しなければならないことを付記する。

　調査結果のうち糸の太さのばらつきと帛面の印象は以下に個別に述べる。

№1（常陸国）：Ⅱ麁　緯糸の密度が小さく、経・緯糸が太くて太さのばらつきが大きく、帛

面の印象は粗い感じで、織り傷が多い。

No.2（常陸国）：Ⅱ麁　経・緯糸の密度が小さく、経・緯糸が太くて太さのばらつきが大きい。経糸密度が他と比べて（No.1と比べても）小さいため糸間に隙間がある。濃い赤に染色されていて、黄色や染めていない絁と比べると多くの回数繰り返し染めた可能性があり、糸が膨らんで太くなり糸の間の隙間を埋めていると思われるが、それでも経糸間と緯糸間に隙間があるのは、元来糸が細かった（No.1と比べても）ためであると推測される。帛面の印象は粗い感じである。小片ではあるが、織り段が目立っている。帳冊貼り込みの小片に付き元来の裂地の雰囲気は不明。

No.3（上野国）：Ⅰ麁　経糸は密度がやや小さく太さは中位であるがばらつきがかなり大きいため太い糸は膨れて隙間を埋めている。緯糸は密度が少なく太く、締まっていない感じである。帛面の印象は粗い感じで、織り傷が多い。和紙に貼付して巻軸とした小片に付き元来の裂地の雰囲気は不明。

No.4（武蔵国）：ⅡとⅢの中間　麁　経糸は密度も太さも中位で、緯糸は密度はやや多く太さは中位で、経・緯糸の太さのばらつきが大きく、帛面の印象は粗い感じで、織り傷が多い。帳冊貼り込みの小片に付き元来の裂地の雰囲気は不明。

No.5（武蔵国）：Ⅰ麁　経・緯糸は密度がやや小さくて太く、太さのばらつきが大きい。帛面の印象は粗い感じで織り傷が多い。細幅の紐であるが織り段（横縞）が目立つ。

No.7（越前国）：Ⅰ良　経糸の密度が大きく、経糸が細くて太さのばらつきがある。帛面の印象は比較的緻密な感じである。緯糸の間の隙間が埋まって締まっているのは、よく打ち込まれたこともあるが、臙綪に染められて糸が膨らんだためでもあろう。

No.8（甲斐国）：Ⅰ麁　緯糸の密度が小さく、経・緯糸が太くて太さのばらつきが大きく、帛面の印象は粗い感じで織り傷が多い。全体が和紙で裏打ちされているので、元来の裂地の雰囲気は不明。

No.9（甲斐国）：Ⅰ麁　経・緯糸の密度が小さく、緯糸が太くて経糸の太さのばらつきが大きく、帛面の印象は粗い感じで織り傷が多い。非常に弱っていて、一部紛状化が始まっている。

No.10（伊豆国）：Ⅰ良　経糸の密度が大きく、経・緯糸は中位の太さで太さのばらつきが小さい傾向があり、帛面の印象は比較的緻密な感じである。緯糸が締まっているのは、よく打ち込まれたこともあるが、濃い赤に染められて糸が膨らんだためでもあろう。細幅の紐であるが織り段（横縞）が目立つ。

No.11（遠江国）：Ⅰ並　経糸の密度がかなり大きく、経・緯糸が比較的太いために経糸が膨れ上がり糸間の隙間が詰まった印象である。経・緯糸の太さのばらつきは比較的小さい。墨書銘に黄絁と記されているが、現在やや緑味を帯びた茶褐色を呈していて、他の黄絁の色と黄味が異なる。1匹分残っている。

No.12（遠江国）：Ⅰ並　経糸は密度が大きいが細く、緯糸は密度も太さも中位で、経糸間と緯糸間に隙間があり比較的粗い感じである。経糸の太さのばらつきがある。和紙に貼付して巻軸とした小片につき、元来の裂地の雰囲気は不明。

No.13（遠江国）：Ⅰ並　経糸の密度が大きく緯糸の密度が小さく、経糸が細くて緯糸が太いので（最も経・緯糸の太さに差がある）、糸間に隙間があり粗い感じである。経糸の太さのばらつきがある。現在弱っていて、元来の裂地の雰囲気は不明。

No.14（美濃国）：Ⅰ並　経糸は密度が大きいが細く、緯糸は密度も太さも中位で、経糸間と緯糸間に隙間がある。No.12と異なっているのは、経糸の太さのばらつきはあるが、経・緯糸がまっすぐに揃っていることである。今墨書銘のある辺りがばらばらに千切れかけていて、その辺り全体を和紙で裏打ちしてある。

No.15（紀伊国）：Ⅰ並　経糸は密度が大きいが細く、緯糸は密度も太さも中位で、経糸間と緯糸間に隙間があり比較的粗い感じである。経糸の太さのばらつきは小さい傾向がある。全体に縦筋と織り段（横縞）が目立つ。

No.16（丹後国）：Ⅰ麁　経糸は密度が大きくやや細く、緯糸は密度も太さも中位で、緯糸間に隙間があり、経・緯糸の太さのばらつきが大きく粗い感じである。かなり破損して筋切れした状態で、小さく折り畳まれて箱に納められているため、元来の裂地の雰囲気はわかり難い。

No.17（播磨国）：Ⅰ良　経糸は密度が大きいが細く、緯糸は密度も太さも中位であるが、糸の間の隙間が埋まっている。濃い赤に染色されており、繰り返し染めて糸が膨らんで太くなったためかと思われるが、それでも経糸が細いのは、元来かなり細かったためであると推測される。帛面の印象は比較的緻密な感じであるが、経・緯糸の太さのばらつきがある。町形の帯に仕立てられていて立体的でしかも細いので、元来の裂地の雰囲気はわかり難い。一見すると平滑である。

No.18（因幡国）：Ⅰ並　経糸は密度も太さも中位で、緯糸の密度は中位であるがやや太く、緯糸が締まっていない感じで、経糸の太さのばらつきが大きい。帯として修理され、全体に糊が付いているので、元来の裂地の雰囲気は不明。

No.19（伯耆国）：Ⅲ並　経糸は密度が大きいが細く、緯糸は密度がやや大きいが相当細いので、経糸間と緯糸間に隙間があり、粗い感じである。経糸の太さのばらつきが大きい。和紙に貼付して巻軸とした小片に付き、元来の裂地の雰囲気は不明。

No.20（阿波国）：Ⅲ良　経・緯糸の密度が最も大きいので、経・緯糸は細いが糸の間に隙間がなくよく締まっていて緻密な感じがする。経・緯糸の太さのばらつきは小さい。細かい織り段（横縞）はあるが、目立たない。

No.21（讃岐国）：Ⅳ麁　経糸は密度は大きいが太さは中位で、緯糸は密度も太さも中位である。

経糸密度が多いため、経糸が膨れて帛面を覆う感じがするが、緯糸が締まっていないので緻密な感じはしない。経糸の方が緯糸より太いが、緯糸が屈曲して互いに密着するような傾向はない。経・緯糸の太さのばらつきが大きく織り傷が多い。和紙に貼付して巻軸とした小片に付き、元来の裂地の雰囲気は不明。

№22（讃岐国）：Ⅰ麁　経糸は密度が中位で細く、緯糸は密度が中位でやや細いので、経糸間と緯糸間に隙間があり、経・緯糸の太さのばらつきが大きく織り傷が多く、粗い感じである。和紙に貼付して巻軸とした小片に付き、元来の裂地の雰囲気は不明。

№23（讃岐国）：Ⅰ並　経糸は密度が大きくてやや細く、緯糸は密度が中位で太いので、緯糸間に隙間があり、粗い感じである。経糸の太さのばらつきがある。織り段（横縞）が目立つ。

№24（讃岐国）：Ⅰ麁　経糸は密度が大きくて太さが比較的太いので膨れ上がり、緯糸間の隙間を覆っている感じがする。緯糸は密度が中位で太い。経糸の太さのばらつきが大きく、帛面の印象は粗い感じで、織り傷が多い。弱っていて紛状化が始まっていて、元来の裂地の雰囲気は不明。

№25（讃岐国）：Ⅰ並　経糸は密度が比較的大きくて太さは中位で経糸間の隙間はないが、緯糸は密度はやや大きく太さは中位で、緯糸が締まっていないので緻密な感じがしない。経糸の太さのばらつきがある。褥は千切れていくつかの小片に分解していて、墨書銘のある小片は真綿に貼り付いている。同じ個所に全く別裂の筬目のある生絹風の平絹が貼り付いており、真綿を二重に包んでいたのかもしれないが今では詳細不明。

№26（讃岐国）：Ⅰ並　経糸は密度が比較的大きくて細く、緯糸は密度が小さくて太いので、経糸間と緯糸間に隙間があり、粗い感じである。経糸と緯糸の太さの差が大きいので、経糸が屈曲して緯糸同士は密着しない傾向がある。経糸の太さのばらつきが大きい。縦筋が多く、全体に黄ばんでいて所々茶褐色に変色している。墨書銘はなく、半切の国印が2顆ある。

№27（讃岐国）：Ⅰ並　経糸は密度が比較的大きくて細く、緯糸は密度が小さくて太いので、経糸間と緯糸間に隙間があり、粗い感じである。経糸と緯糸の太さの差が大きいので、経糸が屈曲して緯糸同士は密着しない傾向がある。経糸の太さのばらつきが大きく、縦筋が多い。墨書銘はなく、半切の国印が1顆ある。№26と全般的によく似ており、元来1枚の同じ調絁であった可能性がある。

№28（伊予国）：Ⅰ並　経糸は密度が比較的大きくて細く、緯糸は密度が中位で細いので、経糸間と緯糸間に隙間があり、経糸も緯糸も太さのばらつきが大きく粗い感じである。和紙で裏打ちされており、元来の裂地の雰囲気は不明。

№29（伊予国）：Ⅰ並　経糸は密度が大きくてやや細く、緯糸は密度が中位で太いので、緯

糸間に隙間があり、粗い感じである。経糸の太さのばらつきがある。

No. 30（土佐国）：Ⅰ並　経糸は密度も太さも中位で、緯糸は密度は中位だがやや太く、経糸間と緯糸間に隙間があり、経糸の太さのばらつきが大きく粗い感じである。白絁を後から緑に染めたもので、濃く染まった織り段（横縞）が目立つ。

No. 31：Ⅰ良　経糸は密度も太さも中位で、緯糸は密度がやや多くやや太いので、緯糸がよく打ち込まれていて経糸間の隙間はあまりなく、比較的緻密な感じである。経・緯糸の太さのばらつきが小さい傾向にある。藺縹に染められて糸が膨れ、緻密さを増している。

No. 32：Ⅰ並　経糸は密度が大きくて細く、緯糸は密度が中位でやや太いので、緯糸間に隙間があり、粗い感じである。経糸の太さのばらつきが大きいく織り傷（経筋）が多い。

No. 33：Ⅰ並　経糸は密度がやや大きくて細く、緯糸は密度が中位で太いので、緯糸間に隙間があり、粗い感じである。経糸の太さのばらつきが大きい。袍の修理のために全体が和紙で裏打ちされているが、弱っていて細かく千切れかけている。

No. 36：Ⅰ麁　経・緯糸は密度がやや大きいが非常に細く（どちらも二番目に細い）、裂地が締まっていない感じで、経・緯糸の太さのばらつきが大きい。和紙に貼付して巻軸とした小片に付き、元来の裂地の雰囲気は不明。

No. 37：Ⅰ並　経糸は密度が大きくて太さは中位で、緯糸は密度が中位でやや太いので、経糸が膨れ上がり緯糸間の隙間を覆っている感じがする。経糸の太さのばらつきが大きい。両耳を残す大きい裂地で、縦筋は多いが目立っていない。赤に染色されて糸が膨れ、糸間が隙間なく詰まっている。

No. 38：Ⅱ並　経糸は密度が大きくて太さが比較的太く、緯糸は密度が中位でやや太いので、経糸が膨れ上がり緯糸間の隙間を覆っている感じがする。経糸の太さのばらつきが大きい。両耳を残す大きい裂地で、縦筋は多いが目立っていない。赤に染色されて糸が膨れ、糸間が隙間なく詰まっている。No. 37はⅠであるが、この裂地と経・緯糸の太さは似ており、その他の点も似ているので、元来No. 37と1枚の同じ調絁であった可能性がある。

No. 39：Ⅰ　経糸は密度が大きくて非常に細く、緯糸は密度がやや多くやや細いので、経糸間と緯糸間に隙間があり、経糸の太さのばらつきが大きい。特徴は、経・緯糸がまっすぐに揃っていることである。縦筋が多く、弱っていて筋切れが多数できている。

No. 40：Ⅰ　経糸は密度が比較的大きくて細く、緯糸は密度が中位で細いので、経糸間と緯糸間に隙間があり、経糸の太さのばらつきが大きく粗い感じである。和紙に貼付して巻軸とした小片に付き、元来の裂地の雰囲気は不明。

No. 41：Ⅰ　経糸は密度が比較的大きくて非常に細く、緯糸は密度が中位で非常に細いので（経・緯糸のどちらも調査した中で最も細い）、経糸間と緯糸間にかなりの隙間があり、経・緯糸の太さのばらつきが大きい。特徴は、経糸が2本1組になって並び隣りの組との間に

隙間が開いていることで、筬筋（筬目）と言えるものである。正倉院の古裂中に同様の筬筋のある平絹がしばしば発見されるが、調銘の記載されている平絹の中では唯一の例である。幡の修理に伴って平らに伸展されており、生絹風に固くてしゃきっとしている。

No.42：Ⅰ　経糸は密度が比較的大きくて細く、緯糸は密度がやや大きく太さが中位なので、経糸間と緯糸間に隙間があり比較的粗い感じである。経糸の太さのばらつきは小さい傾向があり、縦筋は比較的少ない。しかし、縦筋が比較的目立つのは、筋に沿って濃く染まっているためである。

No.44：Ⅰ麁　経糸は密度も太さも中位で、緯糸は密度がやや大きく太さが中位で、経・緯糸の太さのばらつきが大きく、帛面の印象は粗い感じである。細幅の帯だが、織り段（横縞）が目立つ。

No.45：Ⅰ　経糸は密度が多いが細く、緯糸は密度も太さも中位で、経糸間と緯糸間に隙間があり比較的粗い感じである。経糸の太さのばらつきが大きい。

5．考　察

（1）畿内に近いほど高品質な絁が生産されたとは限らないことについて

　調絁41点を調査して相互比較した評価をもとに、調絁が輸納国の間で相互に何かの傾向を示しているか否かについて検討した。総合評価[24]（本章第3節参照）であるから、織り密度が大きいことだけが高品質の基準にはならないし、繭（絹繊維）が良くても製糸技術が優れていなければ糸の太さのばらつきが大きくなり、品質の良い平絹とはいえないと考えられる。調絁を品質によって分類すると以下の通りである。

　〇品質の良い絁

　　　No.7（越前国）・No.10（伊豆国）・No.17（播磨国）・No.20（阿波国）・No.31

　〇中間の絁

　　　No.11～13（遠江国）・No.14（美濃国）・No.15（紀伊国）・No.18（因幡国）・No.19（伯耆国）・No.23・25～27（讃岐国）・No.28・29（伊予国）・No.30（土佐国）・No.32・33・37・38

　〇品質の良くない絁

　　　No.1・2（常陸国）・No.3（上野国）・No.4・5（武蔵国）・No.8・9（甲斐国）・No.16（丹後国）・No.21・22・24（讃岐国）・No.36・44

　奈良時代に遠国とされた常陸・上野・武蔵国の調絁と山間地が多い甲斐国の調絁は、すべて品質が良くないという結果が出た。何かの原因（気候、政治・経済など）があったことと思われるが、原因究明は今後の検討課題としたい[25]。それらを除いた残りの諸国について検討すると、特に畿内に近い国の調絁ほど品質が良いという見方が成立しないことがわかる。40点足らずの資料ではあるが、ある程度全国的に分布していることから普遍的な傾向を示して

いるといえよう。おそらく、養蚕・製糸・機織に関する容易に真似のできない（あるいは部外者には教えない）先進的な技術は、常時その技術を持った集団（たとえば帰化系の人々）と共にあり、そのような集団が畿内から離れた地域に移り住めば畿内から離れていても優れた織物が生産されたのであろう。一概に畿内に近い国ほど技術が進んでいたとは言えないと考えられる。

（2）気象条件と調絁の品質

　繭の品質の良否を決める要因としては、気象条件が考えられる。丹後国は雪深く曇り空の多い天候に恵まれない地域であるから同国の繭の品質が良くないとすると、同様に天候に恵まれない越前国の繭の品質も良くないことが予想される。しかし、それぞれの国の調絁を比較すると、品質と気象条件との間に関連性がないことがわかる。丹後国の調絁の品質は良くないが、越前国の調絁の品質は良いのである。また、伯耆国は越前国よりは暖かく気象条件も良いと言えるが、絁の品質は越前国に及ばない。

　伊豆国調絁の品質が良いことについて、伊豆国は温暖で日照条件の良い天候に恵まれているので、品質の良い繭が生産され、ひいては品質の良い絁が生産されたのかもしれない。しかし、伊豆国は10世紀の『延喜式』「主計寮式上」では麁糸を産出する国とされており、その意味では製糸技術が進んでいたとは思えない。良い繭が産出しても良い絹糸ができるとは限らないのであろう。なお、同式によると、美濃・紀伊・阿波国などは上糸を産出する国とされ、遠江・越前・丹後・播磨・讃岐・伊予・土佐国などは中糸を産出する国とされている。上糸を産する国では品質の良い絁が作られたと仮定すれば、阿波国調絁は品質が良いのでその仮定と合っているが、紀伊国調絁は品質が良いとは言えないのでその仮定と合わない（美濃国調絁については、筬筋と関連して後述する）。糸が良くても裂地が良いとは限らないのである。

　以上から、たとえ気象条件に恵まれて品質の良い繭が生産されても、製糸技術が優れていなければ品質の良い絹糸は生産されず、製織技術が優れていなければ品質の良い平絹は生産されなかったと言えよう。なお、繭の品質については、今後の調絁の絹繊維の調査を待たねばならないが、気象条件よりも生産技術の影響の方が大きかった可能性もあるのではないだろうか。

（3）生産年次と調絁の品質

　阿波国と紀伊国の調絁について、生産年次に関して比較してみることにする。阿波国調絁は天平4年（732）のもので正倉院の生産年次のわかる調絁の中では古い方であるが、紀伊国調絁は天平勝宝8歳（756）のもので新しい方である。にもかかわらず、古い方の阿波国

第4章　裂地としてみた正倉院の調絁

調絁の方の品質が良い。これは、両者が生産された年次の差である二十数年の間に、離れた地域間では技術交流がなく、技術の進歩[27]は地域ごとにばらばらであったことを意味している。仮に養蚕・製糸・機織などに優れた技術を有する帰化系の集団が移住した地域にのみ先進技術が行われて周囲に伝わることがなく、気象条件が悪くても、しばらくはその地域が他よりも品質の良い絁を生産できたとすれば、絁の品質は地域ごとに千差万別であったと推測できる。そして、本章の調査結果はそのことを示しているといえよう。

（４）讃岐国調絁の検討

讃岐国調絁7点は、同国産でありながら品質の良くないものと中位のものにわかれている。したがって、諸国の調絁を相互比較するには国単位で議論しているだけでは十分ではないことがわかる。中でも、讃岐国鵜足郡の小川郷・川津郷・二村郷の調絁は三者三様の特徴があり、少なくとも郷の単位ごとに異なった調絁が生産されたことは間違いないだろう。このことは、調絁が一般農民や在地の手工業者の徭役労働に基づいた、郡司・土豪層ないし富豪の輩の経済活動によって生産されたという説[28]と矛盾しない。また、調絁が一般農民から簡取された織り手によって、およそ里（郷）程度の領域を単位に国ごとに設置された織機で織成されたという説[29]とも矛盾しない。したがって、当時の調絁の品質や特徴は、国・郡単位で一括できるものではなく、少なくとも里（郷）にまで及んで検討しなければならないといえよう。

（５）筬筋のある平絹について

筬筋のある平絹は、一般に高機で織られた[30]と考えられていると言えよう[31]。その場合製織中は経糸がまっすぐに張られており、経糸に対して直角を保ちながら移動する筬で緯糸が打ち込まれるから、経・緯糸がどちらもまっすぐになりやすい。また、経糸は機台に架けられて張力を加えられ、筬羽の間に通されて緯打ちのたびに筬に繰り返し擦られるから、経糸は細くて平滑で張力や摩擦に耐えられる方が望ましい。筬筋のある調絁（№41）の経糸は細く、あまり精練されていないような固い絹糸である。生糸であれば繊維がセリシンで固められて一束にまとまっていて平滑といえる。細い生糸を用いることが高機での製織には必要であったのだろうか。しかし、正倉院の錦や綾は高機で織ったと考えられるが、全部が全部経糸に生糸が用いられているわけではない。ところが、正倉院の筬筋のある平絹は、ほとんどすべて経糸に細い生糸が用いられている。したがって、高機で筬打ちする場合には経糸の質にそれほどこだわる必要はなかったのかもしれない。高機以外の織機すなわち地機（天秤腰機）で筬打ちをする場合には、経糸が細い生糸である必要があったと考えることはできないだろうか。

地機（天秤腰機）であれば製織中経糸は傾斜していて、布巻具の両端に織り手の腰帯が付

第2部　正倉院の染織品の研究

けられ織り手の腰により張力が加減できるので、高い張力に耐える絹糸である必要はない。さらに、筬に経糸を通すか、たとえ通しても裂地の幅出しの目的で用いて、緯打ちに用いない場合は、経糸が細くて平滑で摩擦に耐えられる絹糸である必要はない。ただし、地機（天秤腰機）の欠点は、筬打ちをしないし経糸が傾斜しているため、高機よりも生産性が悪いことと、均質で緯糸のよく締まった裂地ができにくいことである。

　ところで、今日の地機（天秤腰機）は筬で緯打ちする仕組みになっている。腰機でも筬打ちは可能なのである。ただし、古代の地機のように経糸を通してぶら下がっているだけの筬では、筬打ちにやや難渋したことが予想される。順調に筬打ちを行うためには、経糸に平滑な細い生糸を用いる必要があったのではないだろうか。

　筬筋のある古代の平絹は、高機で織成されたとは限らず、地機（天秤腰機）で筬打ちをして織成された可能性があるといえよう。

　筬筋のある平絹は、これまで古墳時代前期（4世紀）の遺跡からは出土していないが、古墳時代中期の岡山県久米郡の月の輪古墳（5世紀前半、平絹の中に筬筋らしいものがわずかにあると言われる）、大阪府堺市上中芝町の大塚山古墳（5世紀後半）、古墳時代後期の大阪府高石町富木の車塚古墳（6世紀）、熊本県人吉市の才園古墳（同）、奈良県生駒郡斑鳩町の藤ノ木古墳（同）などから出土しているといわれ、それらの特徴はいずれも経糸が非常に細いことであるといえよう。はたして、それらがすべて高機で緯糸を筬打ちして織成されたものであろうか。たとえば、地機（天秤腰機）に経糸を揃えるなどの目的で装着された筬を緯打ちに使用したこともあったのではないだろうか。地機でも近世のある時期からは緯糸を筬で打ち込んでいるのである。経糸が非常に細い場合には、経糸張力が大きくない地機（天秤腰機）でも筬打ちすれば筬筋は残るだろう。高機の伝来と地方への普及については不明な点が多いが（時期や地方へもたらしたのは官人か帰化系の人々かなどが不明）、高機は主に錦・綾などの高級織物に使用されたといわれる[32]。そして、8世紀には高級織物は国衙工房において生産されたと考えられている[33]。しかし、調絹絁は、先に述べたように少なくとも郷単位ごとに生産されていた。地方諸国に郷単位ごとに平絹の織成専用の高機が設置されていたとは考え難い。もし仮に、筬打ちは高機以外の織機では行われなかったと考えれば、高級織物の織成を休止している高機を用いて平絹を織った場合に筬筋が付いたと想定せざるを得ないが、高級織物の生産を休止してわざわざ筬筋のある平絹が織成されたとは考え難い。

　筬筋の付いた平絹は、古墳時代から奈良時代にかけて地機（天秤腰機）で筬打ちをして織成されたものも存在したのではないだろうか。

（6）美濃国調絁と筬筋

　No.14（美濃国）とNo.39は、経・緯糸がどちらもまっすぐで糸間に隙間がある。経糸は細く

てあまり精練されていないようにみえる。それらの点はNo.41（筬筋のある調絁）と似ているが、経糸２本が１組になって並んでいない。すなわち筬筋がない。白絁であり、製織後に筬筋が消える程精練されたとは考えられないので、筬による緯打ちが行われていないといえよう。たまたま経・緯糸がまっすぐで間に多少の隙間があったに過ぎないのであろう。高級品であったとされる美濃国調絁(34)であるから、特殊な機織技術が用いられたと推測されるが、今回裂地の実物を観察してもそのようなことについてはわからなかった。

(7) 織耳について

　正倉院の調絁の中には、織耳が残るものがある（表１参照）。そして、耳の作りが色々異なるのでそれらの中で一部を比較検討する（図版No.３・４・11・23・36参照）。

　No.３（上野国）は、耳（両長側の縁部分）が凸凹している。おそらく、耳を作るために特別なことをしていないのであろう。No.４（武蔵国）は、耳が比較的直線的である。端に太い経糸を入れるとか、端の経糸密度を大きくしているようにみえないから、緯糸を織り入れる時に、両縁に張力がかからないような織り方をしたのであろう。No.11（遠江国）の耳が直線的であるのは、端縁に太い経糸を数本入れているためだと考えられる。No.23（讃岐国）の耳が比較的直線的であるのは、端縁の経糸密度を約１mmの幅だけ（経糸数本分）多くしているためだと考えられる。

　織耳の作りが色々異なることからみても、当時個々の製織技術に違いがあったことが知られる。耳が直線的な方が裂地の品質が良いことは言うまでもない。個別に種々の技術的な工夫が凝らされていたのであろう。

(8) 調絁を織った織機について

　調絁を織った織機は、先に述べたようにおそらく地機（天秤腰機）(35)である。そして、どの調絁にも大なり小なり織り段（横縞）がみられることは、大杼（管大杼）による製織を推測させる。ところで、調絁を生産するために大型の地機（天秤腰機）が用いられたという説がある(36)。では、織り幅１尺９寸（約56.4cm）の調絁を織るために、古墳時代から地方にも普及していたと考えられる(37)それまでの大きさの地機（天秤腰機）を廃棄して、新たに大型の地機(38)（天秤腰機）を製作したのであろうか。むしろ、地機（天秤腰機）の普及が調庸制を可能にしたとみて(39)、調絹絁の生産には従来の地機（天秤腰機）が積極的に活用されたとみるべきではないだろうか。正倉院の調絁の墨書銘の寸法記載に端数がないことから、調絁は一般農民層が各戸ごとに副業的に生産したものではないと考えられ(40)、その意味からも地機の普及の程度がうかがい知れる。すなわち、専門の織り手や郡司・土豪層や富豪の輩の間に普及していたのであろう。そのような場合、織機を所有するのは主に富裕層の人々であるから、古代

にどのぐらいの大きさの地機（天秤腰機）が普及していたかわからないが、規定の織り幅の調絁を製織できるように地機を改良することは可能であったと考えられる。

ただし、大型の地機（天秤腰機）を必要とする台数だけすべて新たに製作したとすれば、台数にもよるが、相当な負担が地方諸国の郷にまで及んだことになる。律令調制の実施に当たって、はたしてそのような負担が要求されたであろうか。調絁は、従来の地機（天秤腰機）か多少改良した地機（天秤腰機）で織成されたのではないだろうか。

（9）調絁の調達について──生産性の面から──

調絁の生産性について、多くの仮定の下に計算をしてみることにする。

各郷ごとに50戸を原則とし、『続日本紀』天平19年5月の太政官奏に「一戸毎に正丁五六人、中男一人を以て率と為し、郷別に課口二百八十、中男五十を用てなずらえて定まれる数とす」とあることから、今仮に全国の各郷に平均して280人の正丁が居たと仮定する。正丁4人で調絁1匹が規定の負担量だから、各郷ごとに調絁70匹を負担する計算である。

織り幅が1尺9寸（約56.4cm）の織物を地機（天秤腰機）で織るためには、少なくとも75cm前後の長さの大杼が必要である。それだけの長さのものを経糸が開いている隙間に入れて、反対側へ抜き出して、足に付けた紐を引いて招木を動かして綜絖を引き上げて、経糸を閉じて、今度は大杼を反対側から半分差し入れて、緯糸を打ち込んで、大杼を抜き出すというようなことを1回繰り返すごとに、緯糸1本の幅だけの長さが織れる。仮に緯糸の糸幅を0.25mm（表1からみて平均的な寸法である）とすると、1mの絁を製織するためには上記の工程を4千回繰り返さなくてはならない。

全くの仮定であるが、同じ工程を何時間も繰り返すのであるから、熟達していても平均すれば上記の製織工程を1分間に4、5回しか行えないのではないかと推定した。1分間に4、5回だと、1日8時間製織するとして、1日当たり48〜60cm（1920〜2400回）織り上がる。1日60cm製織できたとして、1匹（約17.8m）を織るためには30日を要する。したがって、70匹を生産するためには、延べ2150日で、織機が10台あっても1台当たり215日間の稼動を要する計算になる。

たとえば、里（郷）程度の範囲ごとに織機が設置されて、政府の一定の方針のもとに調絁が生産されたとみなすと、前記の仮定の場合、郷単位で10台の織機を設置しても、10人の一般農民を1年の三分の二の長期にわたって使役することになる。その場合政府は、どのような基準で50戸から一般農民何人かを選んで、長期にわたって使役したのであろうか。そしてそれは交代制であろうか。織り手がしばしば交代したのでは、製織技術の熟達は望めないと思われる。また、調庸制実施を前に機場を新たに作り、一般農民に製織技術を指導したのであろうか。新たに機場を作ったというよりも、むしろそれ以前に各地方（郷程度の範囲）に

地機（天秤腰機）が普及していて、それが調庸制の実施に繋がったのではないだろうか。[42]

　仮に５戸に１人の割合で個人で織機を所有する製織技術に長けた手工業者が存在した場合、必要な負担量を生産することは前記の計算の範囲で可能である。優れた製織技術を持った帰化系の人々や国衙工房に１年のうち１か月程上番して高級織物を織る織生達の存在を考えれば、専門の織り手が存在して調絁の生産に従事したとみる方が自然なように思われる。[43]製織するためには、織り始める前に絹糸を整経して綜絖に通して機に架けることなど、かなり技術を要する作業を行う必要があるが、専門の織り手の方が余程手際よく上手にできることだろう。

　専門の織り手を官営の機場で使役した場合については、今後の検討を要することであるが、個人的に地機（天秤腰機）を所有していたらしい人々に対して、慣れた織機・工房を放棄させて新しい場所で機織りをさせたとは思えない。

　以上、仮定と推測を積み重ねたが、結論として、律令制実施初期の調絁は、製織技術に長けた手工業者（専門の織り手）が律令制実施前から保有していた技術や織機によって生産した平絹を、地方豪族層や富豪の輩（郡司・土豪層）が交易により調達したものであると推測される。ただし、第４節で示したように調絁の品質に良・麁の違いがあることは、専門の織り手でも製織技術に差があったことを推測させる。地方豪族層や富豪の輩が私営の工房で周辺の手工業者や一般農民を使役して、大々的に調絁や場合によっては高級織物を生産するようになるのは、律令制実施から１世紀以上の年月を経た調庸織物の交易雑物制が一般化するようになると言われる時期からのことではないだろうか。[44]

（１）　本書で取り上げた調絁は、８世紀の律令制下に租庸調の調として地方から中央へ輸納されたことを示す調銘が墨書され国印が押捺された平絹（平組織の絹織物）である。そのような平絹は現在までに調銘の記されたもの42点（国印の有無は表１に記載）と銘文はみえないが国印が押捺されているもの３点が発見されている（以下本文中の番号と「表１」「拡大図版」「墨書銘の釈文」の番号は共通しており、各々参照されたい）。ただし、正倉院では日々古裂の整理が行われており、今後新たに調銘が記された平絹が発見される可能性がある。また、染織品の修理絁点検中に、予期せず内側に折り畳まれている平絹に調銘が発見されることもある。したがって、45点という数字は、あくまでも暫定的なものである。

　　ちなみに、賦役令にある調絹絁に対して『令義解』に「細きを絹、麁きを絁と為す」とあることから、絹と絁の相違が問題にされることがある。『和名類聚抄』では絹を「岐沼（キヌ）」、絁を「阿之岐沼（アシキヌ）」と読むが、後者の読みを悪しき絹とみて絁が粗悪な絹であるとは、いちがいには言われない。遠藤元男『織物の日本史』（NHKブックス、日本放送出版協会、1971）では、絹絁の区別を糸の品質によるとする見解が示されている。そこでは、糸の品質とは太さの違いか蚕種の違いかが不明であるとしているが、そのように区別していた可能性があることは妥当と思われる。そして、蚕種により絹繊維の太さが異なることにも注目すべきであろう。絁という漢字が紬を意味するから絁は真綿をつむいだ糸で作られたという説は、そこでも述べら

第 2 部　正倉院の染織品の研究

れている通り、正倉院につむいだ糸で織った平絹が全く発見されていないことから当たらないと思われる。角山幸洋「古代の染織」(『講座・日本技術の社会史』第 3 巻、日本評論社、1983) では、『日本書紀』の古訓で絹をカトリ (固く緻密に織った平絹の意味)、絁をフトギヌ (太い糸で織った平絹の意味か) と読むことから、絹と絁の相違は糸の太さに拠るから絁をフトギヌと称すべきとしているが、これは前説と通じるものであろう。しかし、それは言葉の概念の問題であり、古代における実際の品物の相違はどうであろうか。正倉院の平絹の実物中にはこれまで「調絹」と記されたものは発見されていない。したがって調絹と調絁の実物資料を比較検討することはできないが、むしろ両者の間に相違がないため実際の輸納に際し「調絹」と記されるものがなかったとみなすことはできないだろうか。早川庄八「古代美濃の手工業」(『岐阜県史 通史編古代』岐阜県、1971) では、絹と絁の相違について、『延喜式』「主計式」の美濃国の広絹と広絁、『続紀』養老 3 年 (719) 条の美濃狭絁、『延喜式』「民部省式」の美濃国の交易絹と『延喜式』「内蔵寮式」の美濃国の交易絁などの検討から、当時 (8～10 世紀) 絹と絁の区別が厳密なものではなく二つの語が混用されていたとしている。

(2)　正倉院の染織品中に 8 世紀の調の墨書銘文が記載された平絹が存在することが最初に発見された時期は、明治までさかのぼることができる。『正倉院御物目録』(明治 41 年に奈良帝室博物館正倉院掛が宮内省宝器主官より引き継いだ目録) の注記には、当時知られていたいくつかの調庸銘の釈文が記載されている。正倉院の染織品の修理と整理は、大正 3 年以来奈良帝室博物館の正倉院掛において本格的に開始され、今日まで継続的に進められているが、その間に、袋や覆の裏地、裂地を紆けた紐、大灌頂幡の幡身の芯裂、天蓋の垂飾、半臂の襴、用途不明の小断片などの形で、調銘が記載されている平絹が次々に発見された。当初それら墨書銘文の釈文は、石田茂作「正倉院御物年表」(『東洋美術特輯 正倉院の研究』飛鳥園、1929) の銘文の項目に発表され、喜田新六「調の絹絁布について」(『歴史地理』第 65 巻第 2 号、1935) などで取り上げられた。

　　やがて染織品の調庸関係銘文の釈文は、松嶋順正「正倉院古裂銘文集成 (結)」(『書陵部紀要』第 3 号、1953) にまとまった形で一括して発表された。その後、新発見の銘文を増補した松嶋順正編『正倉院宝物銘文集成』(吉川弘文館、1978) が出版された。なお、銘文判読の最近の成果は正倉院事務所編『正倉院宝物』1～10 (宮内庁蔵版、毎日新聞社、1996・97) に発表されている。

(3)　今泉隆雄「貢進物付札の諸問題」(『奈良国立文化財研究所学報第 32 冊　研究論集』Ⅳ、1978)。

(4)　正倉院事務所編『正倉院宝物 染織』上巻 (朝日新聞社、1963) には、№3 (上野国) と №17 (播磨国) の図版が掲載され織り密度が記されている。布目順郎「正倉院の繊維類について」(『書陵部紀要』第 26 号、1974) では、15 か国 21 点の調絁の絹繊維の調査結果と織り密度と糸幅の測定結果が発表されているが、帛面の状態についてなど裂地としての調査は行われていない。

(5)　太田英蔵「絹帛」(近藤義郎編『月の輪古墳』月の輪古墳刊行会、1960) は、古墳時代中期 (5 世紀初頭から前半) の築造とされる岡山県久米郡月の輪古墳から出土した刀剣・鏡・短甲などに付着した平組織の絹帛についての調査報告であるが、本来円形であるはずの糸が経緯が組織され織物となると人間の眼のような形の断面になるとし、織物構造におけるいわゆる「経曲がり構造」「緯曲がり構造」「経・緯曲がり構造」の三つについて横畝地合 (経曲がり構造)、平地合 (経・緯曲がり構造)、綴織地合 (緯曲がり構造) として示し、同じ 1 枚の裂地の中でも経・緯糸の織り密度が場所によって変化することを織り密度の最大・最小を記載して示唆している。機法の発展を 5 段階に大きく分類する点や、稲荷山古墳出土の織具の石製模造品の復元についての見解や織機の伝来に関する説など批判を免れない点もあるが、平絹の調査報告としては今日でも最も詳しいものの一つであり、そこで述べられている方法をもとに、今回調査並びに評価方法を再検討した。

第4章　裂地としてみた正倉院の調絁

（6）　調絁の織密度と糸幅の数値は、正倉院事務所の調絁復元模造事前調査の一環として平成5年5月から10月にかけて正倉院事務所において（株）川島織物と著者とが合同で測定したものに対して、その後著者が一部再測定を行い新資料の調査を行って補訂したものである。それ以外の調査並びに評価は、著者が独自に行った。

（7）　前掲注（4）布目順郎「正倉院の繊維類について」では、正倉院の調絁15か国21点に対して、絹繊維の断面の光学顕微鏡観察による断面積の測定と断面完全度（絹繊維特有の三角形のおむすび形の断面の長径を直径として描いた円の面積に対する繊維断面積の百分率の値で繊維断面の扁平度を示す）および織り密度と経・緯糸の幅を計測し、絹繊維の断面積と断面完全度が畿内に近い国のものほど大きい傾向があり、織り密度も同様に畿内に近い国のものほど大きい傾向があり、両者がほぼ合致することから織り密度が大きいほど優れた織物という考え方が奈良時代にも一般的であったということができ、ひいては畿内に近いほど優れた平絹が生産されたと言えると推定されている。また、この論考は内容を一部改めて『絹と繊維の考古学』（雄山閣、1988）に再録されている。本書では、一概に畿内に近いほど優れた平絹が生産されたとは言えないという結論に達した。

（8）　第一に、調銘の記載された平絹と裂地としてほとんど同様の平絹が存在することがその証拠である。また、8、9世紀の絹織物生産状況の把握はまだなされていないが、『令集解』「職員令」の織部司には「掌らむこと、錦、綾、紬、羅織らむこと、及び雑の染の事」とあり、織部司などの中央の工房が平組織の絹織物の生産に熱心であったとは考え難い。天平勝宝8歳9月29日の「写書所解」（『正倉院文書』正集第8巻裏書）に「䌫纈工拾人　七人押䌫纈　三人染纈」とあり、天平勝宝9歳正月29日の写書所食口帳（『正倉院文書』続修第14巻裏書）に「婢陸拾柒人　六人打厨子覆料綵帛　十三人染䌫纈……」とあり、『延喜式』「内蔵寮式」に「雑作手卅三人　造御櫛手二人　夾纈手二人　䌫纈手二人　暈繝手二人……」とあるが、『令集解』「賦役令」には夾纈、䌫纈の輸納の記載がないことから、正倉院の䌫纈や夾纈は、中央の官営工房で染められたと推測される。しかし、調絁を䌫纈（No.31・32・43）や夾纈（No.34・35）に染めて用いた例があることから、中央で䌫纈や夾纈に染めるための特別な平絹を生産したとみるよりも、地方から輸納された調絁を裂地として用いたとみる方が自然である。すなわち、正倉院の䌫纈や夾纈にも調絁が用いられたといえよう。

（9）　表1の掲載順は前掲注（2）『正倉院宝物銘文集成』に倣った。裂地としての絁の品質を調査研究する場合でも、輸納・交易などの問題もあり、掲載順は五畿七道の区分に合わせることも必要と思われるが、正倉院の調絁に記された年次の頃には区分が確定するまで変更が何度か行われており、煩雑さを避けてこのようにした。それらの中でNo.6・34・35は未整理品であり、No.43は保存上の観点から、今回調査を行っていないが、これらの絁の銘文は、以前に一通り調べられている。

（10）　No.23は両耳を残し幅約56cmで現存長約2m、No.28は両耳を残し幅約56cm現存長約1mで両側に縫い跡らしい針穴が残るのであるいは帳や覆の残片の可能性がある。

（11）　前掲注（5）太田英蔵「絹帛」では、約300点80種の平絹の経・緯糸の織り密度の最大・最小が記載されているが、そのことは織り密度が裂地の位置によって変化することを示唆している。また、著者も今回調絁の調査を行って織り密度が裂地の位置によって変化することを実感した。

（12）　いわゆる高機であるが、筬枠（筬框）が左右の腕木で固定され前後にまっすぐに揺れるようになっているか、紐で吊り下げられて左右端に固定アーム（連結棒）が取り付けられていて、一定の力で筬打ちがしやすい構造になっている。

（13）　前掲注（5）太田英蔵「絹帛」では、機台があり経巻具（千切）は固定されているが、布巻具（千巻）は両端に織り手の腰帯の左右端が付けられ織り手の腰により経糸張力が加減され、経糸は傾

145

第2部　正倉院の染織品の研究

斜して架けられており、綜絖を持ち上げて経糸を開口するための天秤のような装置である招木に付けられた紐を片足で引いて開口し、経糸の整列した並びを乱さないために筬（あるいは筬状の装置）が用いられていても、緯糸を入れて打ち込むのは箆（又は刀）状の用具に緯糸を巻いた管を装置した緯入れと緯打ちの両方を行う大杼（あるいは管大杼）である織機を古式布機と名付け、古代の平絹が古式布機で織られたとしている。また、緯糸を打ち込むのに筬を用いるものは布機とした。布機が近世に普及していたことは、種々の「職人尽絵」に描かれた織機から推察されるし、今日でも結城紬はこの布機で織られている。これらの古式布機と布機は、今日では両方とも地機と称されている。

　原島礼二「八世紀における絁布生産の技術史的考察」（『続日本紀研究』第125号、1964）では、調絁を織った織機（又は織法）が上記の太田論文で述べられた古式布機である可能性があることを示唆している。

　三瓶孝子『日本機業史』（雄山閣、1961）では、調庸絹絁布を織った織機を、経巻具を固定するための機台があり、機台の柱は垂直で経糸が傾斜しているか機台そのものが傾斜していて、綜絖を足で操作し、古くは緯打ちに筬を使用しなかった傾斜機（後世にはいざり機と称された）としている。このような傾斜機は、今日では地機と称されている。

　岡村吉右衛門『日本原始織物の研究』（文化出版局、1977）では、上記の古式布機や傾斜機を地機と称し、地機は一般に古墳時代（3世紀末〜7世紀）に朝鮮半島から伝わったとされているが、文化の中心地をはずれた地方では8世紀の初期頃までは古墳時代の状態と考えなくてはならないとし、地機による調絁の製織を示唆している。

　前掲注（1）角山幸洋「古代の染織」では、原始機すなわち、機台がなく経巻具に付けた紐を地面に打った杭などに止めて、布巻き具の両端に付けた帯を織り手の腰に巻き、経糸の開口は綜絖糸を通した棒を手で引き上げて行い、篦状の緯打ち具（刀杼とも称される）で緯打ちする機に機台がつけ加わり経巻具が固定されて足縄を足で引いて招木を引き上げ、半綜絖を片口開口、すなわち経糸を一つ飛びに拾った半分だけあらかじめ中筒で持ち上げておいて、残りの半分に綜絖を取り付け、綜絖を上げる操作を行うか否かで経糸を互い違いに開口する方法で開口して、大杼で緯打ちする機を地機とするという前提のもとに、現在の地機（今日でも結城紬の織成に用いられている）では最大50cmを越える織幅のものは製織し難いから、古代の調庸織物の生産に用いられた織機は、現在の地機より大型で何らかの部分改良を行ったものであるとした。

　前田亮『図説 手織機の研究』（京都書院、1992）では、布巻具を腰帯に結んで織り手が引っ張る織機に対して全般的に腰機と呼ぶことを提唱し、腰機の中で日本にあるような招木を足で引く天秤機構が乗っている織機に限定して天秤腰機と呼ぶことを提唱している。それに従えば原始機は腰機の一種であり、地機は天秤腰機である。以後本章では、このような織機を地機（天秤腰機）と称することにする。

　以上、多くの研究者は古代の調絁を製織した織機が地機（天秤腰機）であると考えている。そのことは、沖ノ島の宗像神社に社宝として伝わったと言われる織機の金銅製模型（長さ48cm、幅20cm）の存在と無関係ではあるまい。この模型は、地機（天秤腰機）と似た構造をしており大杼で緯打ちをするもので、まだ特定はされていないが6世紀末から8世紀にかけてのものと言われ、世界でもその時代の最も正確な織機模型として知られている。

(14)　筬打ちをしたこともあったかもしれないが、その場合でも、宗像神社の織機模型からみて、筬は経糸を通されて経糸にぶら下がっていただけで、左右へのぶれを止めて筬に一定の動きをさせるための支えはなかったと思われる。

(15)　注(11)参照。

(16)　前掲注（5）太田英蔵「絹帛」で指摘されている。

(17) 原島礼二「八世紀における絁布生産の技術史的考察」(『続日本紀研究』第125号、1964)の説（養蚕の経営規模が零細であった）に従えば、調絁の生産には限られた周辺地域で作られた絹糸が用いられたとの見方ができ、その場合調絁の糸の太さのばらつきが小さい程太さが一定の均質な絹糸が使用されたことになるから（品質の良い絹糸を中央へ貢納した残りで調絁は織られたと思われるが）、糸の太さのばらつきの程度は地域ごとの養蚕技術・製糸技術を間接的に示していることになるといえよう。

(18) この場合は糸の断面積に当たる実際の太さを意味している。なお、強く緯打ちすれば横向きに押し潰す力が加わって緯糸の幅が狭くなる傾向があると考えられるので糸の太さと糸幅を同一視できないが、少なくとも両者には相関関係があるので本章では便宜上糸の太さと糸幅を区別せずに用いることにする。

(19) 羽二重のように経糸を筬1羽に2本ずつ入れて、筬で緯糸を打ち込むと、経糸は2本1組になって並びその間には筬羽の厚みにより隙間ができる。そのため、経糸がそのようになっている裂地は、筬で緯糸を打ち込んだと考えられている。しかし、古代の筬の実物資料は発見されておらず、まだその構造は明らかになっていない。

(20) 「賦役令」「調絹絁」条では、調絹絁1匹の寸法を長さ5丈1尺（成人男子1人8尺5寸の負担で6人分合わせて1匹）、広さ2尺2寸、美濃絁1匹の寸法を5丈2尺（成人男子1人6尺5寸の負担で8人分合わせて1匹）、広さ2尺2寸と規定している。『続日本紀』養老3年（719）5月条に「制、定諸国貢調短絹、狭絁、麁狭絁、美濃狭絁之法。各長六丈、闊一尺九寸」とあることと、正倉院の天平4年（732）（No.20）から天平宝字2年（758）（No.1）までの調絁では調銘に長さが記されているものはすべて「六丈」、広さが記されているものはすべて「一尺九寸」とあり、織幅が判明するもの（左右の織り耳が残っているもの）はすべて56～57cm程度（1尺9寸は、天平尺の1尺を約29.64cmとすると約56.4cm）であることからみて、養老3年5月以降は長さ6丈、広さ1尺9寸の規格が実施されたと考えられる。そして、正倉院の中で唯一養老3年以前のものであることを確認できる和銅7年（714）（No.8）の調絁は、調銘に寸法表示がなく小さく裁断されているので織幅も確認できないが、長さ5丈1尺、広さ2尺2寸の規格のものの可能性があるといえよう。

(21) 前掲注(2)『正倉院宝物銘文集成』調庸関係銘文の4・33・54番はいずれも調庸布であるが墨書銘文から少し離れた位置に国印が押捺されている。No.24は国印の半分以上が墨書銘文の位置から外れている。これらの例と同じく、No.26・27・29の国印は銘文から少しずれていたために、裁断されても半分は国印が残ったのであろう。

(22) 釈文は主として前掲注(2)『正倉院宝物銘文集成』に拠ったが、新発見のものは『正倉院年報』第2・3・5・8・9号（正倉院事務所、1980～87）に拠り、それらの中で赤外線テレビカメラの導入などにより最近訂正されたものは前掲注(2)『正倉院宝物』1～10に拠った。特に、No.1については『正倉院年報』第8号（1986）、No.23については『正倉院年報』第18号（1996）を典拠とした。No.18は新発見したものである。なお、No.17の墨書銘文と同筆とみられる墨書銘文が南倉147-10櫃覆町形帯第4・18・27号にある。本章では、すべて同じ播磨国調絁の部分とみなしたが、一応釈文は『正倉院宝物銘文集成』を典拠に「補遺」として掲載した。
国印の位置も『正倉院宝物銘文集成』を参照されたい。
〔釈文の典拠〕
『正倉院宝物銘文集成』：No.2、4、9～13、15～17、19、21、22、24、28、30～38、40、41
『正倉院年報』：No.1、5、7、23、42～44
『正倉院宝物』1～10：No.3、5、6、8、14、20、25、39、45

(23) 太田英蔵「絹帛」（注(9)参照）および同「紡織具と調庸絁布」(『日本の考古学Ⅵ 歴史時代 上』

第2部　正倉院の染織品の研究

河出書房、1967）には、精練と染色で筬目が消滅する可能性が指摘されている。佐々木信三郎『新修 日本上代織技の研究』（川島織物研究所、1976）には、染色することにより生糸の硬い感触が柔らかく変化することが指摘されている。なお、「紡織具と調庸絁布」で示された調庸絁布に関する資料は、その後新資料が発見されたり、赤外線ビデオカメラを用いることによりいくつかの墨書銘が新たに読めたことで改訂を要するものである。

(24)　地方諸国における調絁の調達システムについて、栄原永遠男「律令制下における流通経済の歴史的特質」（『日本史研究』第131号、1973）では、中央での物資調達の道もあったことを示し、早川庄八「律令財政の構造とその変質」（『日本経済史大系　1 古代』、東京大学出版会、1965）の説と同じく、8世紀末から9世紀はじめにかけて中央の流通経済に依存する形での調庸物品の交易雑物制が一般化したとした。そして、調庸絹絁布の生産は一般的公民によらず、一般的公民からは代物又は代役が提出されたとした。したがって、調絁の中には、墨書や国印で示された国で生産されたものではなく、国衙が他の諸国の生産品を中央との交易により入手したものが存在する可能性を考慮する必要があるだろう。しかし、正倉院の調絁は8世紀末までの輸納品であり、それらの中に中央との交易によって調達されたものが存在するとみなすことには無理があるだろう。正倉院の調絁は、狩野久「律令制収奪と人民」（『日本史研究』第97号、1968）や浅木年木「律令期における官営工房と在地の手工業生産」（『日本古代手工業史の研究』法政大学出版局、1971）などで述べられているように、一般農民や在地の手工業者の徭役労働に基づいた、郡司・土豪層の経済活動によって生産されたものであると考えられる。あるいは、樋口知志「律令的調制成立の前提」（『歴史学研究』第598号、1989）では、首長や有力農民の私宅に付属した私工房での生産もあり得たが、およそ里（郷）程度の領域を単位に調庸織物織成のための織機が設置され、一般農民から簡取された織り手によって織成されたとしている。正倉院の調絁は、墨書や国印にあるのと同じ国で生産されたものとみなせるといえよう。よって、調銘にある輸納国別に比較検討することには意味があると考えられる。

(25)　前掲注(13)三瓶孝子『日本機業史』では、『常陸国風土記』にある長幡部の祖先が、美濃国引津根丘から常陸国久慈郡に移住し機殿を建てて室内で丈夫な織物織ったという伝承は、3、4世紀に我が国に傾斜機（いざり機）が伝えられたことを意味するのではないかとしている。その意味では常陸国久慈郡の調絁の品質が良いことが予想される。正倉院の常陸国調絁は、現在の茨城県の久慈郡の反対側の端の筑波郡で生産されたもので、品質は良くない。このことは、優れた技術を持った人々が移り住んだ限られた地域で生産された平絹の品質のみが良かったことを示しているのではないだろうか。滝川政次郎「聖武天皇の大葬に使用せられた櫃覆町形帯について」（『南都仏教』第14号、1963）では、櫃覆町形帯の材料になった播磨国飾磨郡巨智郷の調絁（№17）について、『和名類聚抄』から巨智郷は現在の兵庫県播磨郡置塩村・谷村の地であり、『播磨風土記』や『日本書紀』から巨智郷が帰化人（韓人・百済人）が移住した地であったとしている。№17が裂地として品質が良いことは、帰化系の人々の優れた技術が生かされていることを予想させるものである。調銘にある国郡郷名からその地域の特色を導き出すことは、今後の調絁をめぐる機織技術の研究にとって重要な意味を持つのではないだろうか。

(26)　前掲注(13)原島礼二「八世紀における絁布生産の技術史的考察」に、稲作や日常衣料を確保するための麻の栽培・糸績み作業が養蚕業を制約するため8世紀の桑栽培・養蚕の経営規模が零細にならざるを得なかったと指摘されていることからも、当時の調絁が負担量よりも毎年多く生産されて備蓄され、生産年次に必ずしも輸納されなかったとは考えられない。すなわち、正倉院の調絁について言えば、輸納年次と生産年次は一致していると考えられる。

(27)　たとえば、地機（天秤腰機）に筬を添加して織幅を定めるとか、隙間を一定に保つようなこと。

(28)　前掲注(24)狩野久「律令制収奪と人民」・浅木年木「律令期における官営工房と在地の手工業

生産」。

(29)　前掲注(24)樋口知志「律令的調制成立の前提」。
(30)　高機の名称の始まりは、いわゆる地機（天秤腰機）と比べて、織り手の位置や経糸を開口する装置などが高いことによると言われているが、正確なことはまだ明らかにされていない。機台に経巻具と布巻具が固定され経糸が水平に架けられる機で、緯打ちに筬が使用される。
(31)　前掲注(5)太田英蔵「絹帛」、注(13)三瓶孝子『日本機業史』・岡村吉右衛門『日本原始織物の研究』など参照。
(32)　前掲注(13)三瓶孝子『日本機業史』。
(33)　石母田正「古代・中世社会と物質文化」（『古代末期政治史序説』下巻、未来社、1956）、平野邦雄「手工業」（体系日本史叢書10『産業史Ⅰ』山川出版社、1964）、前掲注(24)狩野久「律令制収奪と人民」・浅木年木「律令期における官営工房と在地の手工業生産」薗田香融「律令財政成立史序説」（『日本古代財政史の研究』塙書房、1981）など参照。
(34)　前掲注(1)早川庄八「古代美濃の手工業」。
(35)　注(13)参照。
(36)　前掲注(13)角山幸洋「古代の染織」。
(37)　養老3年（719）5月の格で幅1尺9寸（約56.4cm）とされる前は、「賦役令」では幅2尺2寸（約65.3cm）と規定されていた。正倉院に和銅7年（714）銘のある調絁があり（No.8）、あるいは2尺2寸の織り幅があった可能性もあるが、寸法の銘記がなく両側の織耳が残っていないので確認できない。なお、平絹よりもさらに広幅の調庸布について、一般農民層は衣料用に原始機で麻布を製織していたと推測できることから、一般農民が原始機を用いて生産した布も調庸布の一部として調達された可能性があると思われる。調庸布については、今後の検討課題としたい。
(38)　前掲注(13)三瓶孝子『日本機業史』参照。
(39)　前掲注(24)浅木年木「律令期における官営工房と在地の手工業生産」、宮原武夫「調庸と農民」（『古代の地方史』第5巻、朝倉書店、1977年）など参照。
(40)　注(39)と同じ。
(41)　前掲注(24)樋口知志「律令的調制成立の前提」参照。
(42)　前掲注(13)三瓶孝子『日本機業史』参照。
(43)　前掲注(34)石母田正「古代・中世社会と物質文化」、注(24)浅木年木「律令期における官営工房と在地の手工業生産」など参照。
(44)　前掲注(24)早川庄八「律令財政の構造とその変質」・栄原永遠男「律令制下における流通経済の歴史的特質」など参照。

表 1 正倉院の調査・国印のある紐一覧

No.	輸納国	輸納年	経密度(本/cm)	経平均幅(mm)	緯密度(本/cm)	緯平均幅(mm)	経・緯関係	評価	所属・宝物名	国印	織耳	備考
1	常陸国	天平宝字2年(758)	39〜45	0.32	23〜25	0.34	II	危	南倉144-1黄紬袷幡鎮袋	有	両	黄紬『年報』8号
2	常陸国	不明	約34	0.26	約25	0.26	II	危	中倉202(古裂帙第699号)	不明	無	赤紬【小断片】
3	上野国	天平勝宝4年(752)	38〜45	0.23	約25	0.29	I	危	南倉148-60緋紬黄紬袷袍(函装第12号)	有	無	黄紬
4	武蔵国	不明	41〜44	0.2	約38	0.2	II・III	危	中倉202(古裂帙第388号)	有	無	赤紬【小断片】
5	武蔵国	不明	約40	0.25	約30	0.31	I	危	南倉145-6緑紬紅紬袷覆其2の紆け紐	有	片	赤紬『年報』9号
6	越中国	天平勝宝5年(753)	【未調】	【未調】	【未調】	【未調】	【未調】	【未調】	南倉128林邑楽用物	未調	未調	【未整理品】
7	越前国	天平15年(743)	50〜54	0.16	約37	0.22	I	良	南倉185第130号櫃雑36号半臂襴薦繭繻紬	不明	無	臙繻紬『年報』3号
8	甲斐国	和銅7年(714)	44〜48	0.27	22〜28	0.31	I	危	北倉141金青袋	有	無	白紬
9	甲斐国	不明	33〜40	0.2	約28	0.28	I	危	南倉5-13太孤児面袋	有	無	裏地の白紬
10	伊豆国	天平勝宝7歳(755)	50〜55	0.2	35〜41	0.23	I	良	南倉148-35緋紬六帖共1	無	無	付属の赤紬紐
11	遠江国	天平15年(743)	50〜60	0.24	約29	0.27	I	並	南倉148-36黄紬	有	両	黄紬【一匹全体】
12	遠江国	不明	48〜54	0.16	30〜36	0.2	I	並	中倉202(櫃笥93号中のもの)	不明	無	臙繻紬
13	遠江国	天平14年(742)	48〜52	0.15	32〜36	0.3	I	並	南倉185第129号櫃笥14号錦道場幡垂脚	不明	無	黄紬【小断片】
14	美濃国	天平勝宝8歳(756)	48〜52	0.16	35〜42	0.23	I	並	南倉146-11白紬嚶残失共2三幅の中央	不明	片	白紬『年報』8号
15	紀伊国	不明	約50	0.18	33〜40	0.22	I	並	南倉185第126号櫃雑24号楾紬残片	無	両	濃褐色紬
16	丹後国	天平11年(739)	47〜51	0.15	36〜38	0.22	I	危	中倉202(函装第20号)	無	無	赤紬
17	播磨国	不明	約55	0.2	34〜36	0.19	I	良	南倉147-9櫃覆町形帯第1号	不明	無	赤紬
18	因幡国	不明	46〜48	0.14	38〜45	0.25	III	並	中倉95紫皮裁文珠玉飾刺繍羅帯残失其1	有	無	白紬
19	伯耆国	不明	55〜58	0.15	50〜56	0.15	III	並	中倉202(櫃笥217号中のもの)	有	両	白紬【小断片】
20	阿波国	天平4年(732)	56〜66	0.23	26〜31	0.17	IV	良	南倉145-7黄紬白紬袷覆	無	無	黄紬
21	讃岐国	不明	52〜55	0.17	30〜35	0.21	I	危	中倉202(櫃笥217号中のもの)	不明	無	緑紬【小断片】
22	讃岐国	不明	43〜47	0.18	25〜33	0.19	I	危	中倉202(櫃笥93号中のもの)	不明	無	紫紬【小断片】
23	讃岐国	天平18年(746)	46〜51	0.24	31〜36	0.26	I	並	南倉148-38白紬	有	両	白紬
24	讃岐国	天平勝宝4年(752)	52〜54	0.26	31〜36	0.26	I	危	南倉5-9酢胡従面袋	有	無	裏地の白紬

25	讃岐国	不明	41～47	0.19	36～45	0.23	I	並	中倉95付属の刺繍裲襠残欠	不明	裏地の白絁
26	讃岐国	不明	47～50	0.16	21～31	0.28	I	並	南倉146-10白絁幅	有	白絁、国印のみ
27	讃岐国	不明	47～50	0.16	22～31	0.27	I	並	南倉146-3白絁幀其1	有	白絁、国印のみ
28	伊予国	天平18年(746)	45～50	0.14	33～38	0.17	I	並	南倉179-72白絁(函装第2号其1付属)	有	白絁
29	伊予国	不明	42～50	0.18	30～33	0.26	I	並	南倉148-41白絁其1(函装第6号)	有	白絁、国印のみ
30	土佐国	天平勝宝7歳(755)	38～43	0.22	27～29	0.25	I	並	南倉184大幡心緑絁(函装第19号)	有	緑絁(白絁を染色)
31	不明	天平20年(748)	46～49	0.2	39～41	0.25	I	並	南倉148-32縢繝絁(古屏風装第62号1扇)	有	縢繝絁
32	不明	天平勝宝3年(751)	55～58	0.16	30～34	0.25	I	良	北倉44羊木臈纈屏風	不明	縢繝絁
33	不明	不明	45～50	0.17	26～32	0.28	I	並	南倉129-7橡地萬纐絁袍	不明	裏地の白絁
34	不明	不明	[未調]	[未調]	[未調]	[未調]	[未調]	[未調]	南倉128林邑楽用物	未調	[未整理品]
35	不明	不明	[未調]	[未調]	[未調]	[未調]	[未調]	[未調]	南倉128林邑楽用物	未調	[未整理品]
36	不明	不明	48～50	0.12	約42	0.15	I	麁	中倉202(軸裝第93号中のもの)	不明	茶絁[小断片]
37	不明	天平17年(745)	48～52	0.22	27～34	0.24	I	並	南倉148-42緋絁(函裝第6号)	不明	赤絁
38	不明	天平勝宝8歳(756)	50～52	0.24	31～35	0.24	II	並	南倉148-41緋絁(函裝第6号)	有	赤絁
39	不明	天平14年(742)	55～57	0.13	約41	0.19	I	[未評]	南倉146-11白絁幀残欠其2三幅の片端	不明	白絁『年報』8号
40	不明	不明	47～50	0.15	34～36	0.17	I	[未評]	中倉202(軸裝第217号)	有	白絁[小断片]
41	不明	天平勝宝8歳(756)	約50	0.1	約37	0.13	I	[未評]	南倉185裝第128号櫃第11号羅道場幡頭縁	不明	白絁[歳目あり]
42	不明	不明	約50	0.16	29～43	0.21	[未調]	[未評]	南倉147-28黄絹帯	不明	黄絁『年報』2号
43	不明	不明	[未調]	[未調]	[未調]	[未調]	I	[未調]	南倉182方形天蓋第16号垂飾の縢纐絁	不明	縢繝絁『年報』5号
44	不明	不明	約41	0.19	約39	0.21	I	麁	南倉145-6緑絁紅絁幢脚覆其2付紐	不明	赤絁『年報』9号
45	不明	天平16年(744)	47～60	0.15	34～40	0.19	I	[未評]	南倉146-11白絁幀残欠其3	不明	白絁『年報』9号

備考：『正倉院年報』参照のものは表の備考欄に『年報』○号と記した

151

《正倉院の調絁の墨書銘文》

1　常陸国（国印一顆）

常陸國筑波郡□□□□黄絁壹端（マ）□□領大初位上支枠連廣山（裏）同副司□郡同當國司正七位上丈部直佐久弥万呂　天平寶字二年十月

2　常陸国

（一片）□□國筑波郡□□□（一片）戸主□
〔常陸〕

3　上野国（国印三顆）

上野國新田郡淡廿郷戸主矢田部根麻呂調黄絁壹迊廣一尺九寸長六丈　天平勝寶四年十月主當郡司司擬少領无位田他部君公息遺正六位上行介阿倍朝臣人

4　武蔵国（国印一顆）

〔武蔵國埼玉〕□□郡笠原郷戸主宅□□□絁壹

5　武蔵国（国印一顆）○国印があるため武蔵国と判明

□□史生徒八位□□□朝臣□奈麻呂

6　越中国

越中國鳳至郡大屋郷舟木秋麻呂調狹絁壹迊廣一尺九寸長六丈　天平勝寶五年十月主當國司正七位上行掾阿倍朝臣繼人主當郡司大領外正八位下能登臣智麻呂

7　越前国

越前国足羽郡川合郷戸主大伴大人絁一迊　天平十五年□

8　甲斐国（国印一顆）

甲斐國山梨郡可美里日下部□□□絁一迊　和銅七年十月

9　甲斐国（国印一顆）

〔甲斐〕□國巨麻郡青沼郷物部高嶋調絁壹迊闊一尺九寸長六丈　□正八位□□□連惠文

10　伊豆国

伊豆國田方郡依馬郷委文連大川調緋絁壹迊闊一尺九寸長六丈　天平勝寶七歳十月主當國司史生外從八位下道租戸上麻呂主帳正八位下矢作部酒人

11　遠江国（国印各一顆）

（首端）遠江國敷智郡竹田郷戸主刑部眞須弥調黄絁六丈　天平十五年十月
（尾端）遠江國敷智郡竹田郷戸主刑部眞須弥調黄絁六丈　天平十五年十月

12　遠江国

遠江國山名□〔郡〕

13　遠江国

〔遠江國城〕□□飼郡□〔切断〕〔切断〕

14 美濃国

美濃國□郡□郷戸主□田□國調絁[他][足]　　　天平十四年九月廿日　　　□部國司大領外従七位下葛連□従七位

15 紀伊国（『続日本紀』天平神護元年(七六五)十月条に、「前の名草郡の少領榎本連千嶋稲三万束を献ず」とある）

□□□□□□□戸主榎本連真坂調緤絁壹迄長六丈　　　天平勝寶八歳十月　　　主當郡司縣少領正六位上安宿戸造人足　　　□國司様本連千嶋
[紀伊国名草郡]

16 丹後国　　　　　　　　　　　　　　　　[別筆]「天平六年十月」

丹後国竹野郡鳥取郷□田里戸車部鯨調□絁壹迄長六丈　　　天平□年十月
(布継目)

17 播磨国

播磨國飾磨郡巨智郷戸主己智田主調緋染族絁[断]

18 因幡国（国印二顆）　○国印があるため因幡と判明

□□□□人　　　長六丈

19 伯耆国（国印二顆）

伯耆國會見部安曇郷戸主間人安曇□調狭緤絁迄□

20 阿波国

阿波國麻殖郡川嶋少緒里戸主忌部為麿戸調黄絁壹迄[猪カ]　　　天平四年十月

21 讃岐国

讃岐國三木郡池□郷戸主□□□□　[邊]

22 讃岐国

□岐國□部小川郷戸主大伴首三成調絁壹迄長六尺九寸　[讃][緤][足]

23 讃岐国（国印二顆）

讃岐國鵜足郡川津郷土師部宮麿調絁壹迄廣六尺九寸長六丈　　　天平十八年十月

24 讃岐国（国印二顆）

讃岐國鵜足郡二村郷吉志部呼鳥調絁壹迄廣六尺九寸長六丈　　　天平勝寶四年十月　　　專當國司従七位下行目高志連係麿

25 讃岐国

讃岐國河郡□　[香]

26 讃岐国（半切の国印二顆のみ）

27 讃岐国（半切の国印一顆のみ）

153

28 伊豫国（国印一顆）
伊豫國越智郡石井郷戸主葛木部龍調絁六丈　　　　　　天平十八年九月

29 伊豫国（半切の国印一顆のみ）

30 土佐国（国印一顆）
土佐國吾川郡柔原郷戸主日奉部夜恵調絁壹疋廣長六尺九寸　天平勝寶七歳十月主當郡司史擬少領无位秦田邊史国方祖父　大初位上秦勝国邊史祖父

31 産出国不明（国印一顆）
天平廿年十月專當國司史生□□

32 産出国不明
天平勝寶三年十月

33 産出国不明
□加美里戸主古部真人調絁壹疋長六丈　□十月

34 産出国不明
□□正六位下縣大養宿祢子老
无位大私部豐□□

35 産出国不明
□□擦正六位下縣□□子老
大領外正八位上神人□□

36 産出国不明
□郡司擬主帳无位當藏由□　　　　天平勝寶〔八カ〕□歳十月

37 産出国不明
天平十七年十月

38 産出国不明（国印一顆）
天平勝寶八歳十月

39 産出国不明
□〔日カ〕田郷水取部得麻呂調絁壹疋六丈天平十四年九月廿日　主當國司從七位下葛井連家足
郡司少領外從七位下秦□〔歳カ〕

40 産出国不明（国印一顆）
□壹疋長六丈廣□□九寸

41 産出国不明

天平勝寶八歳十月

42 産出国不明

□主帳正六位下師宿祢大養□
□外正八位下川内君忍男□

43 産出国不明

□巨勢朝臣古麻呂

44 産出国不明

天平□年十月

45 産出国不明

□人部□人調絁□天平十六年九月廿日　主當國司目□位上六人部連倉人
　　　　　　　　　　　　　　　　　　　當郡司少領従八位下□□連□□
　　　　　　　　　　　　　　　　　　　　　　　　　　　〔依織力〕

補遺（南倉147-10 櫃覆町形帯）

（第4号）〔上裁断〕□介従五位上縣大養宿祢□
　　　　　〔下裁断〕

（第18号）〔裁断〕□司河内大領介従五位上大養宿祢古万呂
　　　　　　　　　　　外従八位上播磨□□

（第27号）〔上裁断〕□緋染狭調絁壹疋

第5章　古代織物の織技の研究について
　　　——正倉院の錦を中心にして——

はじめに

　古代織物史の研究にあたっては、文献史料を検討するだけではわずかな手がかりしか得られない。文献史料による考察に先決して、実物資料の詳細な調査と考察を集積し、織技の根底や変遷、裂地の在り方を解明した上で、文献史料を裏付けにして古代織物史を体系付けることが可能になると考えられる。

　織技研究の趣旨が一般に理解されているとは思われない我が国の古代織物の研究分野で、そのことを明らかにしたのは、佐々木信三郎が最初である[1]。我が国の古代織物の組織の研究は、佐々木信三郎の正倉院の染織品を中心とする研究[2]にほとんど尽きていると言っても過言ではない。少なくとも、同氏以降この研究分野に新風が吹き込まれていない。同氏が古代織物の組織研究をどのように位置付け、この研究に対してどのような問題提起をしたのかということを明らかにすることには意義があると考えられる。しかし、この研究が完結していないことを忘れてはならない。古代織物の実物資料の研究は、同氏の織り組織の模式図や解説で事たれりとするならば、この分野の研究の進展はあり得ないと考えられる[3]。本章は、我が国の古代織物の組織研究について、研究上の問題点を提起し、古代織物の組織調査の様々な視点を探るものである。

1．研究上の諸問題

　古代織物の組織研究上の問題点は、第一に研究資料が限られていることである。佐々木信三郎は、川島織物研究所の古代裂の断片標本をルーペや顕微鏡を用いて精査することによって[4]、古代織物の組織の要領を明らかにすることができた。しかし、微小片を対象として調査を進めたため、裂地固有の織疵の意味を探ることなどにより古代の織技を明らかにすることは、そもそも研究対象にしていない。一般の研究者は、たとえ微小片でも正倉院裂や法隆寺裂の実物に触れる機会はほとんど皆無である。明治9年に内務省博物館や諸府県博物館に配備のため頒布された正倉院裂が巷間に散在することが知られ、断片標本が諸処に存在はするが、それらからも裂地の全体像をうかがうことは不可能であろう[5]。

問題点の第二は、紋織物の複雑な組織を図示することが煩雑で容易ではないことである。意匠図（組織図、指図）に経糸と緯糸の浮き沈みを描いて色糸の色彩を示すことによって織り組織を表すことはできる[6]。しかし、意匠図は、文様の図案をもとにして曲線部分の把釣[7]などを決めて描かれるもので、ジャカード機の装置された織機で製織することを前提としている。文様を織り出すための技術の一端を担うものであって、意匠図をみて織り上がった裂地の組織の要領を理解することは難しい。さらに、織疵や織り密度のばらつきなどを表現して古代織物の特徴を伝えることは至難の業である。それに反して、模型図というべき組織要領図は、組織の構造を理解しやすい。ただし、意匠紙の方眼に経・緯糸の交錯点を色や印で示す意匠図のように描き方が決められていないので、模型的な立体表現では表現し切れない情報のどの部分が省略されているのかが一見しただけではわからない。以下に、織り組織を示すための様々な図（意匠図・織方図・機仕掛け理論図・組織要領図）を例示する（図１～14）。よりわかりやすい表現方法を考案することは今後の課題である。

問題点の第三は、微細な資料片をみて一反の織物全体が理解できると考えがちなことである。織物の組織や文様は繰り返しが原則であるから、一単位の組織や文様（完全文様）がわかれば、それを縦横に繰り返せば全体が明らかになるはずである。一単位の文様が大きい場合に限り、微小片では間に合わないと考えられるように思われる。しかし、それは近年にジャカード装置が発明されて文様の繰り返しを正確に織ることができるようになって以来の考え方である。古代の織機および製織技術の範囲内では、かなり大幅な歪みや大小の不均一さや文様の細部の変化は避けられない。したがって、織技の研究資料としてみれば、微細片は部分的な情報しか持たないと考えるべきである。

問題点の第四は、第三と関連して、古代の織物にしばしば織り間違いがみられるにもかかわらず、その分類や意味について研究が進められていないことである。今日の和装の帯や能装束のような高級織物と称されるものは、わずかな織り間違いがあっても疵物として忌避されて再度生産される（あるいは、疵物やＢ反として評価を下げて扱われる）が、そのような見地からみれば古代織物は織疵や織り間違いだらけといっても過言ではない。しかし、それは、古代の織技を研究する上からはむしろ好都合のことである。なぜなら、古代の織具はほとんど何も知られていないために（模型や絵画資料以外には上代の織機や織具の資料は発見されていない）、織疵から諸用具の構造や働きを推定する必要があるからである。にもかかわらず、織り間違いの種類の分類などの基本的なことの研究が進んでいない。さらに、織疵と織機や諸用具との関連性が理解されていない（すなわち、この織疵は、どの工程でどの用具がどのような状態になったためにできた織り間違いであると判断するための基準が存在しない）。

問題点の第五は、第三・第四とも関連するが、古代織物の従来の調査研究では、間違いの

ない模範的な部分のみを扱う場合が多いことである。例外的な間違いの部分は、はじめから除外され無視されている。しかし、例外的な部分が非常に多く、織り糸の太さや織り組織のように、最初の設計で決められると途中で変更が加えられそうもないものまで変更されている古代織物を調査研究するのに、間違いのない部分を調査するだけでは不十分である。なぜなら、織り間違いこそが古代織物の持つ様々な情報（糸の整経、筬の役割や糸通しの方法、綜絖を動かす仕組みや緯打ちの技法等々）を伝えるほとんど唯一のものであり、研究の手掛かりであるからである。

問題点は他にもあるに違いないが、以上は、最初に改善されるべきものである。[8]

2．古代織物組織の調査研究例

ガブリエル・ヴィアルは、空引機[9]では大通糸に連結した通糸（裂地の幅方向に左右対称に配置されて大通糸１本を引き上げると対称位置の通糸が何本も引き上げられる）の働きで模様の反復再現が横方向に可能であり、大通糸にあらかじめ掛けられた横綜（大通糸に水平に何本も絡めて大通糸を選択しておく太い撚り糸で、１本の横綜を引くと引き上げる必要のある大通糸が手元に集まる）の働きで模様の反復再現が縦方向に可能であると述べている。[10]また、紋棒機[11]について、操作上の不手際から生じた細部の異常を除いて、模様の正常な繰り返しが縦の方向にのみ行われ、横の方向にはみられないという例に出会うとしている。その理由として、織物の幅方向に繰り返される模様では一模様ごとに経糸の選択（棒綜絖の糸の輪一つ一つに経糸を通すことを示す）をし直さねばならないが、この時いかに細心の注意を払っても、その選択を誤る危険がすべての経糸にあるためであると述べている。[12]そのように、紋織り織機の機構の違いが織誤りの違い（織疵の違い）になって現れることに着目して、織物の組織を詳細に分析して織誤りの特徴を明らかにすることにより織物の組織・構造のみならず製作方法（いかなる織機でいかに織られたか）までも議論するのがC.I.E.T.A.（国際古代染織学会）[13]の織物組織分析方法の特徴であり、ガブリエル・ヴィアルやクリシュナ・リブーを中心とする研究者達は、裂地の織誤りを注意深く研究することによって漢代の複様平組織経錦[14]が紋棒機で織られたとする仮説を確立したとされる。[15]

坂本和子氏は、1998年に中国新疆ウイグル自治区博物館において72点の中国出土染織品を詳細に調査した。その研究報告書の資料解説[16]の中で、坂本氏は、吐魯番阿斯塔那第134号墓から1969年に出土した連珠対鳥文錦について「経糸、緯糸の単位間本数や糸が交錯する状況は緯錦に近いが、織り誤りが縦に繰り返されず横に繰り返されていることは経錦を考えさせ、結論は出ない。なお一層の観察が必要である」と記している。この裂片のように耳のない残片の場合、経錦か緯錦かの判別が困難なことがある。その時には、裂地の様々な特徴を総合的に検討して判断することになる。[17]ただし、連珠対鳥紋錦の場合、糸の交錯状態は緯錦の特

徴を示し、文様の織り誤りの出現の仕方（方向）は経錦の特徴を示すため、経錦か緯錦の判別に窮する。坂本氏の指摘通り、糸の絡みや歪み、付き上がりなどの詳細な観察を行い、筬の使われた方向を推定したり、どちらの糸が織機に掛けられていて比較的強い張力を加えられていたかを推定したり、色糸とそれらに直交する糸の絡み方や特徴を分析して、結論を導き出す必要があると考えられる[20]。

3．正倉院の錦・綾の調査

（1）復元模造に先立つ調査例

　正倉院宝物の復元模造は、明治10年（1877）頃からすでに手がけられていたといわれる。しかし、昭和12年（1937）に中断を余儀なくされた。戦後、正倉院展における宝物の一般公開が始まり、宝物の復元模造事業はしばらく再開の方針が立たないままに措かれていたが、昭和47年（1972）に再開され今日に至っている[21]。再開後、染織品の復元模造もたびたび行われてきた。次に、染織品復元模造の事前調査時における錦・綾の調査を紹介する[22]。ここでは調査結果を詳細な数値などで直接示すのではなく、調査結果について検討した内容を簡略に記す。

【花樹獅子人物文白茶綾】

　この綾は、経糸と緯糸の色が異なる二色綾と称される綾である（南倉150-30の几褥の綾、図15）。復元模造にあたり、様々な項目について調査が行われた（高田倭男・喜多川俵二製作、喜多川平朗協力、昭和61年度）。

　①織密度

　経・緯糸のどちらも、測定位置により10％（中には20％に達する部分もあった）程度密度が異なる。その原因として、糸の太さが不均一なことや経糸を織機に掛ける時にいわゆる整経が不正確であること、筬羽の間隔が不均一であること、さらに、緯糸の打ち込み方に強弱があることが考えられる。

　模造に際して、織密度をできるだけ多くの位置で測定して、それらの平均的な数値を基本に、緯糸の打ち込みに多少変化を付ける方針にした。さらに、経・緯糸の両方とも太さがせいぜい実物に似るように、調査結果に合わせて太さを不均一にした。

　②経糸の撚り

　強撚糸から甘撚糸まで、右撚りと左撚りが不規則に混在している。何かの効果を狙って故意に混在させたとは考えられない。これは、撚糸を経糸として用いる技術の問題である。相当ばらつきがあるので、経糸に撚糸を用いることだけを必要としたのではないかと推定される。

　模造に際して、撚り方向が左右に分かれた経糸2560本（裂地1幅に入っている総数）の配

置をどのようにするかが難しかった。

　③織組織

　基本的には、地の部分の組織は経三枚綾組織で、模様の部分の組織は緯六枚綾組織である。ところが、地組織が経四枚綾組織や経六枚綾組織に変化している箇所がしばしばみられた。さらに、地の組織も模様の組織も織組織の綾流れ（斜文線）の方向が、右上がりから左上がりへ、左上がりから右上がりへと数ミリから数センチごとに次々に変化していた。模様の組織の部分は、わずかに山形になっては直ちに復帰しているので特に目立つものではないが、地の組織は頻繁に逆流れになり、それが帛面の風合（見た目の感じ）にも影響していた。以上のことは、綜絖を上げた時の経糸の付き上がり(23)だけでは説明できない。経糸を綜絖に通す時に次々に間違ったと考えざるを得ない。仮にこの二色綾が多綜絖機で製織されたとすると、現代的には想像のつかない繰り返しの間違いが、古代の多綜絖機でそのように経糸の綜絖に通されたのか検討する必要がある。あるいは、空引機の方式の織機で織られた場合には、地組織の部分の踏み木を踏む順番を逆さにするなどすれば、地組織の綾流れの方向は容易に変化する。その場合、文様の組織の変化は、経糸の綜絖通しの間違いによるのであろう。

　模造に際して、空引機と紋綜絖を上げる仕組みは同じであるが、機構を機械化したジャカード機を付けた高機を使用して、前機(24)の操作により地組織の綾の枚数の変化と綾流れの方向の変化を出した。

　④点々状の織疵

　細かい点々状の織疵が模様全体に散らばっていた。それらは、たとえば、緯糸が経糸を3越し程飛び越すことによってできているから、経糸の付き上がりによるものであろう。

　模造に際して、二千数百本の経糸の通された紋綜絖を宝物に合わせて適宜付き上がりさせることは難しいので、点々状の織疵を意匠図（組織図、指図）に描き込んで模様として織出すことにした。

【縹地大唐花文錦】

　この錦は、楽器の琵琶を納めた袋の部分残片の形に分かれて伝わっている（南倉103、図16）。正倉院に伝来する錦の中で色緯の数が9色と最も多く、唐花の模様が特に豪華かつ複雑なもので、製織技術が非常に優れている。他に類例をみないことから、琵琶袋に縫製されて唐から舶載されたと考えられている。復元模造にあたり、様々な項目について調査が行われた（龍村元(三代平蔵)氏、株式会社龍村美術織物製作、平成3年度）。

　①糸の太さの不均一さ

　残片の中でも最大片の経糸の太さを調査した結果、羽二重を二つ並べて（4本で）1本分の働きをしている陰経（地経）は、その1本の太さが約42デニール(25)のものが約60％、約63デニールのものが約30％、約31デニールのものが約10％の割合で入っているとみなすことにし

た。羽二重（2本）が1本分の働きをしている母経（搦み経）は、4本中の1本の太さが約42デニールのものが約60％、約63デニールのものが約30％、約31デニールのものが約10％の割合で入っていることがわかった。そのような概要しかわからないのは、両耳の残る1幅分の経糸すべてを調査できる残片が存在しないためと、1本の経糸の中でも太さが変化しているものがあるからである。

　模造に際しては、太さの異なる経糸を裂地1幅にどのように散らして並べるかが問題になった。完全な1幅の錦が伝わっていない場合には、太さの異なる経糸を厳密に復原して配分できない。さらに、この錦についていえば、経糸は1幅に約1万4千本入っている。その一本一本を実物に合わせることは、事実上不可能に近い。したがって、代表的な数種類の太さの経糸をおよその割合で散らせて並べることになる。その時、ある程度実物の雰囲気を出すことができれば成功であり、何種類かの配分を試作して実物と照合した。

　ちなみに、国産と考えられている正倉院に伝わる錦は、唐から舶載されたと考えられている錦と比較すると遥かに経糸の太さが不均一である(26)。そのようなことは、繭繊維の太さの均一さに関係する養蚕技術や生糸の太さの均一さを決める製糸技術、そして何千から1万本以上の経糸を揃える整経技術の違い（優劣）を考えさせる。

②織組織

　母経（搦み経）は、羽二重（2本）で1本分の働きをして、右上がりの三枚綾に組織している。文様の把釣を決めているのは陰経（地経）である。陰経は、裂地の表面から通常は見えないが、緯糸が欠落している箇所では露出している。母経と陰経がどのように配置されて、模様の把釣が作られているかを知るためには、現代の紋織り技術においては、実物の少なくとも3倍以上に拡大した焼き付け写真をもとにして、表面に出ている母経と露出している陰経の一本一本の流れを端から端まで拾い上げて、それに合わせて意匠図を作成するのが一般的である。

　模造に際して、意匠図を作成する段階で、欠落している緯糸を復元する必要があった。模様が装飾性の高い複雑なものであれば、緯糸の欠落箇所のある実物の模様を復元するように細部の把釣を決めることは難しい。数種類のパターンを試作して、比較照合しながら実物に迫る方法がとられた。

③織疵

　主文の間にある副文の、中央から少し外れたあたりの縦一線に綾流れの方向が変化する箇所がみられた。変化は、数ミリ逆転して再び元に戻る山谷山の鋸歯状になっているので目立たない。母経（搦み経）の開口の間違いが緯入れのたびに1回あったことを示す一筋の経糸が通っているので、綜絖に母経を通す時にその箇所だけわずかに間違えたことがわかる。しかし、大小いくつかの残片の中で、綾流れの方向が逆転している織疵は1か所にしかみられ

なかった。そのようなことは、古代の綾組織の織物の中では珍しく、この錦を製織した技術が優れていたことを示している。

模造に際しては、全体の雰囲気に影響しない小さな織疵でも、調査により判明したものはすべて経糸の綜絖通しを故意に間違えることなどにより発生させた。どのような織疵でも、古代の製織技法について示唆する所があるからである。

【紫地花文錦】

この錦は、大仏開眼会（752年）に奉納された呉楽の笛吹の襪（南倉124-75）の表である（図17）。耳はなく、現存する裂地の最大寸法は縦横とも20cm内外である。復元模造にあたり、様々な項目について調査が行われた（川島織物製作、平成13年度）。

①経錦の特徴

色糸の密度がそれらと直交する糸の密度の5倍以上あり、両者の太さが類似している。そのため、色糸に直交する搦みの糸は、色糸に挟まれて下に沈んではっきりとはみえない。このような表面状態は、典型的な経錦の特徴と考えられる。したがって、この錦は6色の色経を用いた複様三枚綾組織経錦といえよう。模様の上からも、丸い花文の形状が色糸の方向に楕円形に伸びていて、色糸が経糸であることを示唆している。

この錦は経錦であると考えられるので、緯錦よりも古い時代に誕生してより早期に廃れた錦であるといえる。

②織模様・織疵・製織技法

この錦の織模様は、主副の違いが明確ではないので、いわゆる唐花文様の形式をしていない。複雑で装飾性の高い唐花文様誕生以前に用いられた模様であろう。ちなみに、唐花文様は、主文である空想上の複雑な複合花文を五の目に配して、その間地に副文である比較的小形で単純な唐草やパルメットを置いたもので、唐で誕生したと考えられている。当時の中国の代表的な文様である。

織組織の上からみると、中国漢の経錦のように複様平組織ではなく、製織がより複雑な複様綾組織であり、そこに同じ経錦でありながら時代的発展をみることができる。

色経の方向には模様の形状の大きな変化はみられないが、裂地の幅方向（緯糸方向）には、単純な織り間違いでは発生しない模様の変化がみられる。このことは、紋綜絖に色経が間違って通されたことを意味している。そのような間違いは、色経を一本一本拾い上げて棒綜絖に通す作業中に生じたのかもしれない。先に、C.I.E.T.A.（国際古代染織学会）において漢の経錦が紋棒機で織られているという仮説が出されたことを述べた。[27]裂地の幅方向に模様の形状変化（織疵）がみられることからいえば、この経錦も紋棒機で製織されたとみなすことができる。しかし、この錦は、8世紀中頃に製織されたものである。その頃には、多色の複雑な模様の緯錦や通常の2倍の1mを越える広幅の緯錦を製織するために花楼機（空引機）

の使用が一般的であったと考えられる。製織の容易な進歩した紋織機が存在する中で、何千本もの経糸を一本一本掬って拾い上げるような手数を掛ける紋織機を用いたであろうか。素朴な紋棒機と比較すると紋綜絖の部分が改良された紋織機が存在した（あるいは空引機で製織した）とみるのが自然であろう。

　ところが、実際にこの経錦をジャカード機を取り付けた厰機（高機）で製織したところ、調査結果の通りに色経を高密度にして空引きの仕組みで紋織りすることは非常に困難であることがわかった。色経が擦れあってすぐに毛玉ができては、絡みあって経糸切れを起こすのである。約２ｍ織るために１日数センチずつ数か月を必要とした。たとえ古代にあっても、官営の工房で困難な生産性の悪い製織方法を採用していたとは考え難い。しかも、実物の経糸を観察すると、経糸切れを諸処で繋ぎながら無理をして製織したようにはみえない。したがって、８世紀の経錦の製織に使用された織機は、紋棒機か空引機かの二者択一で決められるものではないと考えられる。非常に込み入っている色経を開口する時の経糸の捌きが順調に行えて、経糸の間に緯糸を入れて打ち込む時に経糸を強く擦らずにできるだけ滑らかに製織できるように、紋綜絖や緯打ち具（筬、刀杼、大杼等々）などに関して工夫が凝らされた織機が使用されたのであろう。[28]

　模造に際して、花芯など細部の形状が異なる花文が約６種類存在することがわかったので、意匠として６種類の模様を作り、それらをコンピューターで幅約56.4cm（１幅）、長さ約２ｍの裂地の中に上下左右に分散させて、コンピューター・ジャカード装置で紋出しを行った。形状の異なる模様６種類を実物に似せることで実物の風趣を醸し出せるものではないが、模様の形状が一致しないものが並ぶ織疵が製織技法を考察する資料となることから、できるだけ実物通りの織疵を織り出すようにした。なお、ここであげた６種類の模様は、経糸の付き上がりなどの織り間違いによるものと紋綜絖の仕掛けの間違いによるものが混在していると考えられる。

（２）正倉院の錦の調査の実例

　古裂の織組織を調査研究する時に、従来の顕微鏡による観察や大型カメラで撮影した４×５（又は８×10）インチの写真フィルムを何倍にも拡大して紙焼きにして観察する方法では、手数や費用がかかり過ぎる。そのためか、本章のはじめに述べたように、古代裂の組織の特徴や織疵の調査研究はほとんど進捗をみていないように思える。そもそも、古代裂の15～20倍の画像を実体顕微鏡やマイクロスコープで観察する場合、約0.5～1.0cm四方の範囲を観察することになる。その視野ではいくつかを繋ぎ合わせないと糸の流れや織疵の発生箇所とその周囲を観察できない。今回、デジタルカメラで撮影した2.5×1.5cmの範囲の画像を25×15cmまで拡大して（画面の倍率約10倍）観察した。この広さの視野があれば、最小限度、

組織の特徴や織疵を研究することが可能であると思われる。また、いくつかの画像を繋ぐことも容易である。これは、デジタルカメラの細密度とコンピューターの画像処理能力が近年飛躍的に向上したために可能になったことである。そして、近い将来、さらに容易な観察調査方法が開発されるであろう。古裂残片全体をより高精細で数十倍の拡大に耐える焦点深度の深いデジタル画像を撮影して、ＣＤやＤＶＤやコンパクトフラッシュカード、あるいはさらに進んだ媒体にコピーしたものを読者がコンピューターで観察して問題箇所を調べ、実物を調査するかのように観察できるようになるのもそれほど遠い将来のことではないであろう。

かつて、佐々木信三郎は「例えば古裂を機械に嵌め込むと、瞬時にして希望の組織解明図を映し出すというような電子計算機のごときものへの夢想である」（『上代錦綾特異技法攷』あとがき、1972年９月）と述べているが、そのようなことも、たとえば様々な織物組織の特徴をコンピューターに記憶させて、読み込ませた調査資料の立体画像と比較して、どれとどの特徴が一致しているかを照合させることが可能になれば、夢想は現実となるであろう。

現段階では、織物の表面状態の調査結果から織技を検討するために必要な基礎研究がほとんど報告されていないので、本章ではいくつかの錦の特徴的な部分の画像を示し略説する。

【赤紫地唐花獅子文錦】

几褥（南倉150-8）の中央の鏡面の錦である（図18・19）。紫と黄（又は薄茶）の２色の色緯を用いた複様三枚綾組織の緯錦である。

紫の地組織の部分は、織り乱れがほとんどなく整然と織り上がっている。これは、地組織を織る前機の機仕掛けから製織までが具合良く作業されたことを示す。

黄の模様の部分（特に地組織と接する模様の把釣の部分）は、本来、地か模様の緯糸の下に隠れるべき陰経が裂地の表面に多く出ており、陰経の作用で表面に出た黄の緯糸は、規則正しく並んでいないために、糸間の隙間が開いていたり斜めに歪んでいる箇所が多い。それらのことから、紋綜絖を上下する空引装置がうまく働いていないことがわかる。紋綜絖を引き上げる時に、経糸の付き上がりを捌いて必要な陰経だけが持ち上がり経糸開口するように十分に注意を払っていない印象を受ける。母経が素入り（１本）、陰経は羽二重（２本）で、両者の密度がほぼ同じであることも、陰経が比較的込み入った状態になり、陰経の開口の乱れに影響しているかもしれない。また、模様は、単色であるが唐花の外周に獅子を巡らして上下左右に草花を配したやや複雑なもので、空引の大通糸を引き上げる順番や回数がかなり煩雑で、そのために模様部分に織り乱れが生じた可能性もある。しかし、同文同種の錦が、几褥以外にも聖武天皇一周忌斎会用錦道場幡の幡身坪裂や脚に多用されていることから、短期間に大量に製織された錦の一つであると考えられる。したがって、高度な技術を駆使して優品を製織するよりも、大量生産することが優先されたために、織り乱れが多く生じたことが推測される。

第5章 古代織物の織技の研究について

【山岳花文長斑錦】

　前出の几褥（南倉150-8）の周縁の錦である（図20）。緯糸に黄・赤・青・紫系統の色と白色の合計10色を用いた複様三枚綾組織の緯錦である。黄と赤の２種類の横段（縞）を交互に並べて、各横段の中に花文と山岳文を配した長斑錦で、同じ位置に織り入れられている（合わせて緯糸１本として地組織が織られている）色緯は最大４色までである。

　地、模様、地と模様の境目の把釣の各々の組織が整然と織り上がっている（陰経の浮きや緯糸の乱れが少ない）。緯糸がよく締まっていて打ち込みがきちんとしている印象を受ける。４色の緯糸を表面と裏へ分ける陰経の捌きがうまく行われているのであろう（母・陰経の付き上がりが押さえられている）。母経と陰経の両方が素入り（１本）で、密度が同じであることが陰経の開口と捌きを比較的容易にしている可能性がある。また、この錦は長斑錦で色緯の横段ごとに小文様が織り込まれている。模様の細部の形状をみると、横段二つを単位として裂地の長さ方向に変化するので、それが一完全文様にあたる。しかし、横段の地色と小文様の色の組み合わせは区々である。製織中に織り入れる色緯を自在に替える必要があり、そのような配色への配慮は、製織が注意深く行われたことをうかがわせる。おそらく、空引きの操作も丁寧に行われたのであろう。

　図版は、この錦では比較的珍しい陰経が裂地の表面に浮いている部分を含めている。このような部分の生じた原因は、典型的な紋綜絖（陰経）の付き上がりと考えられるが、現代の高級織物のように裏織りしていた場合[29]、色緯１本は必ず陰経の下に沈むように紋綜絖を上げるところ、すべての色緯が陰経の上を通過したことになる。紋綜絖により陰経が正常に持ち上がらなかったか、経糸開口が小さいためにその上を緯糸が飛び越えたのであろう。古代の杼が緯打ち具を兼ねた大杼であったか、糸巻のようなもので経糸の開口した口に手で通していたのか、今日のものに近い筬框の上を勢いよく滑るようなものであったのか、経糸を飛び越えてしまう杼について、今後の検討を要する。

【緑地花卉鳥獣紋錦】

　几褥（南倉150-10）の表面の錦である（図21・22）。薄緑と黄の２色の色緯を用いた複様三枚綾組織の緯錦である。地の薄緑色が位置によって濃淡に変化していることと、地組織の綾流れの方向が谷山谷と鋸歯状に変化することによって生じた縦筋が帛面に多数みられることが外観上の特徴である。

　組織の表面を拡大して観察すると、綾流れの方向が逆転する織り間違いに限らず、織疵・織り間違いの非常に多い。陰経が帛面に出ている箇所や緯糸が母経の上を何本も越えて浮いている箇所が、裂地の全面の諸所に多くみられる。地と紋の境目の把釣が乱れて歪んでいるとか緯糸間に隙間の開いている箇所も多い。経糸と緯糸が規則正しく組織していないために緯糸が膨れ上がっている箇所が多く、糸の浮きや乱れと合わせて、この錦にふっくらとした

柔らかい印象を与えているという説もある。しかし、そのような効果を狙って故意に織り間違えたとは考えられない。

　多色で複雑な模様の緯錦ほど経糸密度が大きい傾向がある。そして、そのような緯錦はおおむね陰経が羽二重（2本）になっている（最も優れた緯錦の一つと考えられる縹地大唐花文錦などはその典型である）。しかし、この錦は二色錦で多色ではなく、全面に諸文様が散らばっているものの、それほど複雑な模様ではない。そして、母経と陰経とも素入り（1本）である。それにもかかわらず、経糸密度が非常に大きい。[30]

　以上のことから、紋綜絖の数の多い空引き装置を用いて製織されたことがわかる。それほど複雑な模様の緯錦ではないが経糸密度が大きいことや緯が太く経糸が細い傾向にあり、その比率が正倉院の錦の中でも最も大きい方であることからみて、陰経による色緯の選別と区分け困難であったことが推測される。緯糸が太いのは打ち込みが緩いために膨らんで、見かけ上そのようにみえているためかもしれないが、織疵の多いのは本数の多い細い陰経の開口をうまく制御できていない証拠である。帛面に浮き上がって膨らむ色緯についても、かなり鷹揚に織り入れられている印象を受ける（緯糸を入れるための杼の往復運動がうまく行われていないように思える）。母経は白茶であるが、わずかに赤糸が入っている箇所があり、経糸を織機に掛ける段階からすでに鷹揚であったのではないだろうか。

【浅紅地花山岳文錦】

　几褥（南倉150-29）の縁の錦である（図23・24）。橙・緑・薄緑・紺・縹・薄縹・白の7色の色経を用いた複様三枚綾組織の経錦である。経糸は、合計すると7色を用いているが、ほとんどの部分が三重の色経で織られていて、ごく一部が二重経になっている。

　前出の緯錦である山岳花文長斑錦（南倉150-8の縁の錦）と模様の構成がほとんど同じである。両者を比較すると、経錦の方が地と紋の境目（把釣）がはっきりせずに模様の縁がぼやけてみえる。これは、経錦では色経が込み入っているために、色の境目が母緯により明瞭に区切られないまま異なる色の経糸が重なり色の境界が曖昧になる傾向があるからである。そのように模様の縁がシャープにみえないのは、経錦の一般的な特徴といえよう。また、経錦は、製織の便宜さから模様の方向が緯錦と90度回転した横向きになっている。

　この経錦の特徴は、経糸密度が緯糸密度に比べて遥かに大きい（正倉院の経錦の中では最も大きいものの一つである）ことと、経錦としては例外的に色経より緯糸の方が太いことである。緯糸が太いために、密度の大きい色経に挟まれた母緯が埋没せずに裂地の表面にわずかにみえている。この経錦と表面の見た目が似ている緯錦が存在するが、その特徴は、緯糸が経糸と比べて太く密度も大きいことである。

　この経錦が、棒綜絖で経糸を掬う紋棒機で製織されたことを、模様の形状変化の方向性などから明らかにすることはできなかった。ただし、経糸密度が大きいため、経糸一本一本を

掬って棒綜絖に通すためには、たいへん手数がかかったことが予想される。

緯糸の太いことが経錦の帛面の見た目に変化を及ぼすことはわかったが、製織に際してどのような影響があるのかということについては、今後の検討課題である。図版の一部分に陰緯が表面に出ている箇所がみえるが、これは経糸の付き上がりなどの織り間違いが原因であろう。

おわりに

我が国の古代織物の大部分を占める正倉院の染織品の織組織、ひいては織技の研究は、世界の古代染織史の重要な一角を成すものであり、それをなくしては古代織物研究が完結しないと考えられるものである。染色の分野では、染料分析機器の発達と分析技術の進捗により調査データの集積が進んでいるが、古代織物の織技研究は、ほとんど一般に普及していない[31]ためか、データの集積が進んでいない。その原因の一つとして、古代織物の織技研究の効果的方法は実物資料の調査による以外にないと認識されているが、実物資料を手に取って詳しく調査することが容易ではないことがあげられる。将来的に、実物資料の調査方法の細かな基準を再確認して、研究者が調査資料を共用できるようにすることが必要であろう。

研究の現状は、集積された調査資料を検討する段階ではなく、様々な視点からの調査研究によって明らかにされたことを研究者共通の認識になるように努める段階であると考えられる。本章は、個別の事例を記したに過ぎないが、できるだけ織技に関する内容を記すようにした。今後は、正倉院の染織品をはじめとする古代織物の調査資料の集積と、織技研究に対応する調査・分析方法の確立に努めて、基礎資料の充実を図りたい。

本章を成すにあたり、坂本和子（国士舘大学イラク古代文化研究所共同研究員・古代オリエント博物館共同研究員）、道明三保子（文化女子大学教授）、横張和子（古代オリエント博物館共同研究員）各氏の御教示を得ました。末筆ながら記して謝意を表します。

（1） 我が国の古代織物は、正倉院の染織品がそのほとんどすべてを占めていると言っても過言ではない。法隆寺の染織品をはじめ諸寺に伝わったものも存在するが、数量において桁違いに少ない。それらより数十年あるいは数世紀も時代をさかのぼる古墳時代や弥生時代の染織品も存在するが、大部分が色彩をなくした小断片か、兜や剣などに錆とともに付着した微細な破片である。
（2） 昭和25年（1950）に文部省科学研究費交付金（総合研究）を受けて「正倉院裂の基礎的調査」（昭和25〜27年、研究代表者黒田源次）が行われたのは、正倉院事務所の勧めによるといわれることから、当時の事務所長の和田軍一が正倉院裂の科学的な基礎研究の必要性を認識していたことは確かである。この調査研究を引き継ぐ形で、正倉院事務所の長期継続事業として古裂第1次調査が行われた（昭和28〜37年）。佐々木信三郎は、織技調査を行うためにこれら一連の調査研究に昭和26年から最終年まで参加したようである。その経緯は、『書陵部紀要』第12号所収「正

倉院の綾」（宮内庁書陵部、1960）に記されている。

　上記の調査に前後して、昭和26年には川島織物研究所所蔵上代裂（正倉院裂および法隆寺裂の断片標本）の調査研究報告書である佐々木信三郎『川島織物研究所報告第2報　日本上代織技の研究』（1951）が刊行された（同書は、昭和25年から3分冊として刊行されたものを翌年1冊にまとめられたもので、昭和51年（1976）には新修版が刊行されている）。また、佐々木は、『書陵部紀要』第9～11号（1958・59）に「正倉院錦綾に見る特異技法の一考察」として正倉院宝物染織品織技調査の成果を報告している。後に、これら3篇の論考の内容を整理修正して佐々木信三郎『川島織物研究所報告第5報　上代錦綾特異技法攷』（1973）が刊行された（同書は、『日本上代織技の研究』の姉妹編と位置付けられている）。『日本上代織技の研究』の刊行に漕ぎ着けるまでに7～8年の年月を要し、「正倉院錦綾に見る特異技法の一考察」の報告までに同様の年月を要したことは、古代織物の織技・組織の先駆的な調査・研究の困難さを示すものと考える。その他、佐々木は『書陵部紀要』第13号所収「正倉院の錦」（1962）の中で「第2章　組織」を分担執筆している。

　さらに、佐々木は正倉院事務所の委嘱を受けて昭和37～43年に正倉院の文羅の織文調査を行い、その成果がまとめられて『正倉院の羅』（正倉院事務所編、日本経済新聞社、1971）が刊行された。

　以上の研究により、我が国の上代裂の組織の要領が網羅的に明らかにされた。これほど広範囲に及ぶ研究は、古代織物の組織研究の分野では今も他に例をみない。

　佐々木に先駆けて、正倉院裂の復元模造を行うために、帝室博物館の委嘱を受けて大正時代の末頃には龍村平蔵（初代）、昭和10年代には高田義男・喜多川平朗が、正倉院において正倉院裂実物の調査を行い大きな成果をあげたことが知られる。それらの調査は、組織のみならず文様・色彩・染料など染織技術全般に及ぶものであった。調査報告書をみることができないので（模造品は存在するが、報告書が作られたか否かは不明）、組織の解明がどれほど精密に行われたのか特異なものも織疵も明らかにされたのか知ることはできないが、いくつかの復元された裂地をみる限り、佐々木の調査研究に等しい成果をあげている。

（3）　佐々木は自らの古代織物組織の研究について「本報告は弊研究所の伝上代裂の断片標本を主体にして、御物上代染織文・天華満墜・Innermost Asia・Serindia等を参照しつつ我が上代織技の考察を試みたもので、就中その糸遣の面に何か上代的特徴が把握され得るのではなかろうかとの期待の下に進めた研究であります」（『日本上代織技の研究』例言、1951年6月）と記している。そして「以上は僅少な川島標本裂を通して飛鳥・天平前後の織技の一端を概観したに過ぎない」（同書の結語）と記している。これらの考えは、正倉院裂の組織調査を開始する以前のものである。同じ時期に「是等の標本を史的に考証して日本織物史の体系付けに資すべしとする本来の職務に想を致すと、歓喜は重責負担の痛苦と変わってしまう」とか「その（上代裂・有職裂等々様々な染織遺物の）確実な史的考証となると織物史全般に確実に通じていなければならない。だが織物史全般に通じる為には、それ以前既に織物個々が判っていなければならない筈である」（両者は『日本上代織技の研究』後記、1951年12月）と記している。ここに、古代織物の組織の解明を単なる作業ではなく一つの研究分野とする考え方の萌芽をみることができる。すなわち、日本染織史を体系付けて理解するためには、古裂の糸遣い（組織）にみる時代ごとの特徴とその変遷を明らかにすることが必要であることが提唱された。

　その後、佐々木により、文献による染織史と遺物による染織史が対等に並び立つとされ、基礎的な調査・考察（染色染料や織物組織等々）の集積が染織史の根底を成すという考え方が示された（『正倉院の羅』あとがき、1965年）。さらに、佐々木は、古代織物の組織の要領を明らかにすることができたが、古代にどのようにして織られたか（古代の織技）を知るためには、織技に関

第5章 古代織物の織技の研究について

係する詳細な内容（織疵、経糸の並び方、筬筋、緯糸の歪みや密度等々）の調査とその資料を集積して検討を行う必要があると述べている（『上代錦綾特異技法攷』あとがき、1972年）。

織技に関して具体的に解説した文献は、中国では明代末の産業技術書『天工開物』（宋応星、1637）まで、我が国では江戸時代末の『機織彙編』（大関増業、1830）まで時代を下らなければ存在しない。そのため、具体的な文献資料のない7、8世紀の織技については、残存する遺物資料を調査研究することによって得られる情報を集積して、それらを検討することによって織技を解明することが求められる。我が国では、古代の織物組織の研究を行う学会や研究会が存在しないので、古代の織物組織を調査することが、はたして学術研究たり得るかという不安に答えてくれるのは、佐々木の研究がほとんど唯一のものであった。

その後、"Centre International d'Etude des Textiles Anciens"（昭和29年(1954)にフランスのリヨン織物美術館内に創設された欧米で最も権威のある「国際古代染織学会」で、一般にはC.I.E.T.A.と略称されている）の存在を知り、歴史的織物の技術分析を規格化して世界の共通認識とする目的で採用された調査記録書式に則って、織技・組織の調査研究に成果をあげていることがわかった（たとえば、Mihoko Domyo（道明三保子）, Evolution of Samit: Silks from Toji temple, "CIETA—Bulletin 70"（1992）、横張和子「複様平組織の緯錦について —大谷探検隊将来絹資料の研究—」（『古代オリエント博物館紀要』第11号、1990）などは、我が国におけるこの書式で書かれた調査報告である）。C.I.E.T.A.の調査書式で記された種々の報告書のなかでも、ポール・ペリオ（Paul Pelliot）が敦煌から将来した唐代の錦、綾、羅、平絹、刺繍、組紐、彩絵、平絹など数十点に及ぶ様々な絹製品を調査したKrishna Riboud, Gabriel Vial, MISSION POUL PELLIOT Ⅷ "Tissus de Touen-Houang（敦煌の織物）"（1970、原文はフランス語）は最も重要な報告書の一つと考えられよう。著者のクリシュナ・リブーはC.I.E.T.A.の会長を務めた人物である。ガブリエル・ヴィアルはフランスで著名なリヨン織物高等専門学校の元校長で織物の組織分析の権威者である。この報告書は、C.I.E.T.A.における模範的な調査報告と考えられる。この報告書の緒言の中でクリシュナ・リブーは「漢唐の織物に関しては、多くの技術的な考察が、研究者によって提出された簡単な仮説に基づいて行われている。しかし、我々は、織物の構造分析のみが製作の技術的な手段や織法の種類を正確に把握し得ると確信している。我々は、古代の著書や史料から多少の手掛かりを得てはいるが、これらによるよりも、技法分析の方がより正確な相関関係を確立することができると確信している」（抄訳は横張和子氏による）と記している。ここに至って、古代染織資料の織組織の分析や織疵その他の詳細な検討資料を集積することによって製作技法（織技）を正確に明らかにすることができ、技法分析により古代染織史を体系的に理解できるようになるという考え方に確信が持てるようになった。

微細な織疵一つでも、現代の織機では絶対に発生しないものから、今日の織技を前提にすれば原因を簡単に推定できるが、はたして古代にそのような原因で発生したのか判定できないものまで様々である。そのような織疵などの調査・検討を積み重ねて、集積された資料（情報）をもとにして蓋然性の高い古代の織技のモデルを作り、様々な織技の変遷や相関関係を追究することによって世界の古代染織史を体系的に理解するという目的を前にすれば、古代織物の組織の研究はわずかに緒についたばかりと考えられる。

（4） 佐々木は前掲『日本上代織技の研究』例言の中で、川島織物の標本裂を正確を期して「伝天平裂」と記しているが、正倉院事務所に委嘱されて正倉院裂の織技研究に携わった後に前掲『上代錦綾特異技法攷』あとがきの中で、『日本上代織技の研究』と2冊の報告書で「在本邦上代裂組織の在り方を要領でしかないがその殆どを網羅し得ている」と記していることから、佐々木はそれらの標本裂を正倉院裂と法隆寺裂の実物の断片であると認識していたと考えられる。

（5） 筆者は、このような状況を改善するために、種々の正倉院裂の拡大図版を織疵などの情報をで

169

きるだけ多く含むような形で公開し、詳細な調査記録を公表して、一般の研究者が織技研究を深化させることができるようにすべきであると考えてきた。現在その方法を模索中である。さらに、正倉院裂と様々な国々の古代織物との相関関係を考察できるようにすることが、世界の古代織物の体系的理解のために非常に重要であると考えている。

（6） その他に、たとえば、地組織を織る前機と模様を織る紋綜絖の組織図を合わせて、同じ経糸で組織されている両者の組織が矛盾しないような経糸の綜絖通しを示した織方図がある。C.I.E.T.A. でも古代織物の組織の解析図として一般的に用いられているもので、ジャカード機を用いた紋織りの機仕掛けを理論的に図解した、リヨンの高等織物専門学校で教習されている図もある。

（7） 織り模様の曲線や斜線部分は、経糸と緯糸が1本ずつ直交してできる小さな方形が階段状（又は鋸歯状）に刻み込まれて表される。把釣（はつり）とは、この刻み込みのことである。一般に把釣の取り方により模様の明瞭さや滑らかさが決まる。

（8） 佐々木は、前掲『上代錦綾特異技法攷』あとがきの中で「一般的な立場に則してのみに就いていえば拡大写真という便法もあるが、もし経と緯とが錯綜混乱していずれがそれなるや判別困難の場合には物の役には立ち難く、重要箇所では矢張りルーペ下肉眼で再観察せねばならない事になろう」と記している。しかし、それは半世紀前の調査時における拡大写真である。実物資料を観察調査するのに勝る方法はないということでは同感であるが、今日では、デジタル画像を駆使すれば、実物資料を顕微鏡などで直接観察するのに近い調査環境が得られるのではないかと考えられる。

（9） 空引機は、明治の初期に大通糸を引き上げる機構が機械化されたジャカード装置がフランスのリヨン市から導入されて我が国の紋織物製織現場から完全に姿を消すまで、桃山・江戸・明治時代を通して類似した機構のものが用いられたと考えられよう（古くは我が国では花楼機、中国では提花機と称された）。しかし、それ以前の空引機がどのような機構を持ちどのように製織する織機であったのか、正確なことは不明である。平安時代初期～中期とされる絵巻の写本である『年中行事絵巻』（鷹司本）に地機の奥に大通糸を引き上げて紋綜絖を上げる機構のある織機が描かれていて、我が国最古の空引機の図といわれる。近世の写本のこの図を最古の空引機の図とみなすことへの批判はさておき、この図のみでは横綜の扱いをどのようにしていたのか、すべての経糸が紋綜絖に通されていたのか、織手と空引工以外に経糸の付き上がりを捌く人物がいたのかなど、不明な点がある。本書では空引機の詳しい解説は省くが、世界中に我が国の空引機とは異なる機構の様々な空引機が存在しており、奈良時代の空引機がどのようなものであったのかを軽々に判断することはできない。裂地の特徴や様々な紋織機構を詳細検討して仮説をたてることは今後の課題の一つである。

（10） 前掲注（3）"Tissus de Touen-Houang"の巻頭の解説にある。ガブリエル・ヴィアルは、同じ解説の中で次のようにも記している。すなわち、模様に従って引き上げる大通糸が選択される。選択はあらかじめ決められるが、その「予備の選択」が決定的な方法で大通糸に固定されると、操作上のミスや大通糸間の付き上がりによる些細な異常は別にして、完全に同一の模様を縦の方向に無限に繰り返すことができた。この「予備の選択」が一時的なもので製織中に取り壊される時には一模様ごとに選択をやり直さなくてはならない。そのため、縦方向に連続する模様に顕著な相違や変形を引き起こした（原文のフランス語翻訳は横張和子氏による）。

（11） 紋棒機は、棒綜絖（細い棒に多数の糸の輪を並べて吊したもので、輪の中に経糸を通して用いる。もっと単純に経糸を拾い上げて直接紋綜棒を差し込む方式のものもある）を経巻具（千切）と前機（地組織を織る綜絖の仕掛け）の間に何本も並べて、模様の色彩形状に合わせて持ち上げるべき経糸を選択してあらかじめ棒綜絖の輪に通しておいて、製織する時に棒綜絖を一本一本順

第5章　古代織物の織技の研究について

に引き上げて経糸の口を開口して緯糸を入れて紋織りする仕組みの織機である。このようなシステムの紋織機は、今もタイやビルマなど東南アジアに残っており、ハンガリーやシチリア島でも使われていることが知られる。単純な模様であれば容易に繰り返し織ることができるとされている。

　　枠綜絖を数十枚並べてそれらを選んで踏み木で持ち上げる中国の丁橋織機（陳維稷主編『中国紡織科学技術史』科学出版社、1984）によると、四川省成都には実際に使用されていたものが保存されている。文綾や単純な文様の錦が製織されたようである）にみられるような多綜絖機は、棒綜絖を手で持ち上げる仕組みを機械化したものと考えられる。経糸のどれとどれが同時に引き上げられるかをあらかじめ決めておくこれらの織機は、どの大通糸を引き上げるかによってその都度同時に上がる経糸の組み合わせを変化させることのできる空引機とは、模様織り出しのための機構が根本的に異なるものである。

(12) 　前掲注（３）"Tissus de Touen-Houang"の巻頭の解説にある（原文のフランス語翻訳は横張和子氏による）。

(13) 　C.I.E.T.A.は、注（２）にも記したが、欧米で最も権威のある古代染織学会である。

(14) 　経糸に諸色の糸を用いて、母緯（又は搦緯）と陰緯（又は地緯）に別々の働きをさせて模様を織り出す複様組織の経錦の中で、母緯と色経とが平組織を成すものの呼称である。中国漢の錦はすべて複様平組織である（私の知る範囲では複様綾組織の資料は発見されていない）。我が国の古墳時代の発掘出土錦から飛鳥時代裂の範疇に入ると考えられる法隆寺伝来の蜀江錦はすべて複様平組織経錦であり、正倉院伝来の経錦はすべて複様綾組織経錦である。一部に法隆寺伝来か正倉院伝来か明確にされていないものがあり、法隆寺裂か正倉院裂かで複様平組織か複様綾組織かの線引きはできないが、時が進むに連れて平組織から綾組織に変化したと言える。

(15) 　クリシュナ・リブー講演（道明三保子氏翻訳）「正倉院染織の源流」（『服装文化』第176号、文化出版局、1982）参照。

(16) 　『シルクロード学研究８　トルファン地域と出土絹織物』（2000）参照。

(17) 　判断の資料となる内容（調査項目）は、C.I.E.T.A.で採用されている調査記録書式に則ったものとほぼ一致すると考えている。調査記録書式は、注（３）で紹介した論考にあるので本書に再録しない。ここでは、錦の中心が経錦から次第に緯錦に移ろうとする傾向がある５～８世紀頃の中国出土錦並びに我が国の法隆寺・正倉院の錦にみる経錦と緯錦の特徴と考えられることをいくつか記す。

　　①経・緯糸の撚りや密度や太さ（上からみた見かけの幅を糸の太さに充てる場合が多い）

　　撚りは経糸に掛けられている場合が多く、緯糸にも撚りの掛かっている錦はほとんどみられない。経錦の経糸密度は緯糸密度の数倍になるのが一般的である。同時に、経錦では経・緯糸の太さが似ている場合が多いが、緯錦では緯糸の方が太い場合が多い。

　　②色糸の種類（色の数）

　　経錦では３色のものが多い。縞柄の色を変えて、縞の中では３色でも長斑の裂地全体としては６色となるように工夫した例もしばしばみられる。これまで知られている最も色数の多い経錦でも同時に織り入れられているのは６色までである。緯錦の色緯の数は様々で２色のものから約９色のものまで知られている。色彩豊かな複雑な文様の緯錦は６色ぐらいを用いたものが多い。

　　③模様の種類や特徴

経錦の意匠は、幾何学文・小花文・格子花文・亀甲花文・双獣連珠文等が多く、ほとんどが左右（又は上下）の対称形である。また、ほとんどの場合、裂地の長さ方向に対して文様が横向きに織られているのが特徴である。緯錦の意匠は、経錦と同様のものもあるが、主文の径の大きな唐花文や動物窠文や狩猟連珠文、花卉鳥獣唐花を全面に散らした文様、葡萄唐草文や花唐草文など

171

があり、左右（又は上下）対称形の比較的小さい文様という枠に収まらないものが多い。

　④出土地・製作年代・製作場所・類品

　坂本氏調査の連珠対鳥紋錦が出土した古墓からは、年紀のある文字資料である初唐期の龍朔2年（662）の墓誌と麟徳2年（665）銘の文書が出土している。これらは、この錦の製作年代をほぼ確定することができる貴重な資料である。中国新疆のトルファン・アスターナ古墓からは多くの年紀のある文字資料が出土しており、出土錦の製作年代を検討することが可能である。ちなみに我が国の正倉院裂は由緒が正しく、製作年代をほぼ確定できる。

　出土地と模様の様式は、この錦が中国西域の塞外諸国の貴族のために中央アジアで製作されたことを示唆するものである。また、アスターナ古墓群の別々の古墓から、しばしば同模様の同種の錦が出土しており、その中に耳のあるものがある場合には経錦と緯錦の別が明らかにされている。別々の古墓から出土した文字資料の年紀が異なる場合もあり、少なくともそれだけの期間にわたって製作された錦であることが判明する。

(18)　強撚糸は、緯錦の経糸に用いられている場合が一般的である。緯錦の色緯や経錦の緯糸に強撚糸が用いられている場合はほとんどみられない。緯錦は傾向として色緯がかなり太く、経糸の数倍の太さがある場合も少なくない。経錦も色経の方が緯糸より太い傾向にあるが、ほぼ同じ場合が多い。一般の経錦は、色経の密度が緯糸の2～4倍あるが、緯錦では色緯の密度が経糸の2倍にも達さない傾向にある。坂本氏の調査資料によると、この連珠対鳥紋錦の糸の交錯状態は緯錦の特徴を示している。

(19)　緯錦は、空引機（注（9）参照）で製織されたと考えられる。経錦は、近年の模造製作や作品製作を通じて空引機で製織することができることは知られているが、中国漢の経錦は紋棒機（注(11)参照）で製織されたとする仮説が知られる。さらに、単純な模様の経錦は多綜絖機（注(11)参照）で製織された可能性もあるが、中国漢代に経錦製織のために多綜絖機が用いられていたことを示す研究はまだないようである。

　空引機では、大通糸に連結した通糸の働きで横方向に模様の反復再現が可能であり、大通糸にあらかじめ掛けられた横綜の働きで縦方向に模様の反復再現が可能である（本文に既述）。多数の横綜を大通糸に絡めて外れないように固定して、それらを決められた通りの順番に手元に引いて、選択された大通糸を引き上げる操作を繰り返せば、裂地の長さ方向に全く同形の模様が繰り返し織り出される。横綜を引く順番を一通り引いて次回は逆順にすることを繰り返せば（たとえば1番～10番→10番～1番→1番～10番……とする）、長さ方向に対称形の模様を織ることができる。これは紋棒機（注(11)参照）と同様であり、どちらの紋織機でも操作に誤りがない限り長さや方向に織り誤りが発生する恐れはない。

　次に裂地の幅方向の繰り返しについてであるが、空引機では大通糸を引き上げると幅方向に対称に配置された多数の通糸が同時に持ち上がる仕組みになっているので、大通糸を引き上げることにより紋綜絖を操作して紋織りをすれば、裂地の幅方向に全く同形の模様が繰り返し織り出される（空引機を製作する段階で通糸を大通糸に間違えて連結していれば幅方向に異なる文様ができるが、それは、ここでは別の問題である）。しかし、紋棒機（注(11)参照）の場合には、空引機のように機械的に幅方向に同形の模様を繰り返し織ることはできない。製織する模様が変わるたびに、新たに裂地1幅分にあたる数百本から数千本もの経糸を一本一本選択して棒綜絖に仕掛ける（糸の輪に通す）必要がある。そのため、どうしても経糸選択の誤りが生じやすく、経錦の幅方向に少し異なる形の模様が並ぶことが多い（中国漢の経錦の組織の詳細な研究の結果、そのことが報告されている（注(15)参照）。

　この連珠対鳥紋錦は、色糸と直交する糸の方向に一部が異なる模様が並んでいる。すなわち、織り誤りの方向は、色糸を経糸とみなした場合の裂地の幅方向に一致しているので、経錦の特徴

の特徴を示している。
(20)　本書第4部第1章参照。
(21)　「正倉院年報」『書陵部紀要』第25号（1973）参照。
(22)　花樹獅子人物文白茶綾と縹地大唐花文錦の織物組織に関する検討内容は、それぞれ5回以上に及ぶ事前調査時の著者の筆記録による。紫地花文錦については、森克己「繭〔小石丸〕を用いた正倉院裂の復元模造」（『正倉院紀要』第27号、2005）に報告されているので、参照されたい。
(23)　綜絖の付き上がりとは、空引機の紋綜絖のように一つ一つが独立して動く仕組みの場合、隣りの綜絖が引き上げられた時に引き上げる予定ではない綜絖が一緒に上がる現象をいう。そのために緯糸の下に入るはずの経糸が上に乗ることになり、仮に裏織り（製織中に表面を汚損しないように、表側を裏面に織出すように製織すること）とすると、緯糸が余分に経糸を越える織疵となる。
(24)　紋綜絖よりも織り手に近いところで紋綜絖とは別の機構を用いて綜絖を上下することから、織り手からみて前にあるという意味で、このように呼ばれる。
(25)　恒長式の繊度の単位で、9000mで1gの繊維の太さを1デニールと決められている。一般的には、450mで0.05gを1デニールとして測定される。太いほど重量が増加してデニール数が大きくなる。
(26)　調査結果が報告書として公刊されていないが、これまでの著者の実物を調査した経験と、平成6～15年（1994～2003）に御養蚕所より下賜された小石丸繭を用いて正倉院裂を復元模造した時の模造事前調査の結果から判断して、そのような傾向は顕著である。
(27)　本章第2節の「古代織物組織調査の視点」および注(15)参照。
(28)　一本一本の経糸を通糸に取り付けて通糸を左右対称に装置して大通糸に付けて引き上げる空引きの仕組みでは、込み入った経糸は絡みやすく経錦の製織は困難である。8世紀中頃でも経錦の製織には棒綜絖を用いた紋棒機が使用がされた可能性がある。ただし、地組織が三枚綾で、経糸が6色からなる経錦を紋棒機で製織するためには非常に多数の経糸を棒綜絖で掬う必要があり、非常に煩雑で間違いやすい。たとえば、この錦には1幅（1尺9寸として）に約1万7千の経糸が入っている。このような場合、模様の複雑な一部分を棒綜絖で顕紋して、残りの部分を空引きの仕組みで顕紋するようにすれば、棒綜絖に掬い上げる経糸の数を減らすことができる。さらに、緯糸を刀杼で打ちむようにすれば、筬打ちするごとに込み入った経糸が筬羽に擦られて切れやすくなることを軽減できる。ちなみに、地組織が平組織で、経糸が3色からなる経錦の法隆寺の格子花文蜀江錦は、1幅（1尺9寸として）に約3千本の経糸が入っている。このくらいの数の経糸であれば棒綜絖のみで顕紋できたかもしれない。
(29)　製織途中の裂地が織機に掛かっている時に、表面が裏向きに織り出されるように機仕掛けをして織ること。注(22)参照。
(30)　前出の紫地獅子唐花文錦（南倉150-8の鏡面の錦）や山岳花文長斑錦（南倉150-8の縁の錦）と比較すると経糸密度は約1.4倍である。
(31)　ただし、古代の染色技法（どのような道具を使用して染色材料を加工して染めたか）の研究は進んでいないと思われる。

第6章　正倉院の花氈と文様

はじめに

　正倉院には、文様を表した毛氈（フェルト）の敷物すなわち花氈が伝来する。地の白氈の上に、様々な色に染めた毛氈を文様の形に置いて、縮絨（アルカリ溶液を混ぜて圧力加え毛を絡ませて組織を密にすること）させたものである。今日では、緋毛氈が花見の縁台や茶席に敷かれることはあるが、文様のある敷物はほとんどすべて絨毯（カーペット）で、花氈は珍しい。その反対に、正倉院には花氈は伝わっているが、毛織りの絨毯は存在しない。おそらく、当時の中国の毛織物生産状況を反映しているのであろう。

　正倉院の花氈については、これまで由緒や文様について語られることはあっても、それ以外のことは、塞外遊牧民族が生産し我が国へ舶載されたというような漠然としたことしか語られていないように思われる。本章では、出土例から大陸における花氈・絨毯・毛織物について考察し、それが伝わった我が国における花氈・絨毯・毛織物についても考察する。

　ちなみに、毛氈は合計37床（枚）の花氈の他にも14床の赤や紫などに染められた単色の文様のない色氈や、琵琶袋や褥やその他の用途不明の染織品の芯に用いられている無染色の毛氈が正倉院に多量に伝わっていて、その頃我が国ではある程度普及していたと考えられる。

　続いて、花氈の由緒についての従来の説の問題点を明らかにする。すなわち、正倉院の花氈は、明治5年（1872）の壬申御開封以来長い間、天平勝宝8歳（756）7月26日献物帳（「屛風花氈等帳」）（図1）に記載されている光明皇后による東大寺大仏への献納宝物で、元来は宮中で使用されていたものと考えられていた。しかし、その後しばらくして、献納宝物ではなく東大寺の什宝で正倉院に納められた由緒が不明なものとみるのが通説となり、今日に至っている。そのことについて検証し、正倉院の花氈が献納宝物であることを改めて確認したい。

　最後に、花氈の文様を形式によって分類し、それぞれの構成要素が正倉院の染織品にみられるものとよく似ていて両者に共通点が多いことを明らかにする。　正倉院の花氈の文様は、シルクロードの文様の宝庫といわれることがあるが、イランやローマなど西方世界の文様がそのまま表されているものはなく、おおむね中国唐代の流行を反映しており、中国国内の要

求に応じて生産されたものであることはほぼ間違いないと思われる。植物文様の表現が大部分を占めていることから、繁茂する草原に対する遊牧民族の憧憬を表したものとみることもできるが、一つ一つの文様をみるとやはり唐朝文化の特徴が色濃く表れているといえよう。それでも花氈の文様がシルクロードの文様といわれるのは、毛氈や毛織りの敷物はそもそも西方世界からシルクロードを通って中国にもたらされたもので、正倉院の花氈は中国西北奥地の万里の長城の外側（塞外）の草原地帯や砂漠地帯に住む遊牧民族すなわちシルクロードの民により生産されたと推定されるからであろう。

　それにしても、貴重な舶載品の花氈が60枚も宮中用度品から献納されたことは、天平文化の華やかな側面を物語っている。そのうち37枚が今日まで正倉院に伝存し、当時の有様を彷彿させることは、まことに希有なことと言わねばならない。

1. 大陸における花氈・絨毯・毛織物

　獣毛を素材にした染織品は、世界の狩猟民や遊牧民の間で数千年来使用されてきたと考えられている。たとえば、セルゲイ・ルデンコは、1949年に遊牧民により構築された南シベリアのアルタイ山脈にあるパジリク古墳群第5号墓から、中国戦国時代（前5〜3世紀）にあたる時期の毛織りの錦やパイル織りの絨毯（図2）を発掘した。この絨毯には、騎馬人物やトナカイや幾何学文様が表されていて、文様に古代中国の雰囲気をみることはできない。現在エルミタージュ美術館に収蔵されていて、これまで知られる中で世界最古の絨毯といわれる。その時発掘された染織品は、ルボ・レスニチェンコ『古代中国の絹織物と刺繡』（ロシア語、1961）に調査報告されている。

　素材の獣毛については、山羊の毛以外の例を聞かない。たとえば、正倉院の花氈と色氈とは、電子顕微鏡による繊維の観察などの科学的な材質調査の結果、すべてが山羊の毛であると考えられている（「正倉院の繊維材質調査報告」『正倉院年報』第16号（1994）参照）。山羊以外の獣毛は、『和名類聚抄』に兎褐という兎の毛と植物繊維を混ぜて織った織物が記されており、最近我が国の下池山古墳から兎褐にあたるといわれる獣毛を用いた特殊な織物が出土したことが知られるぐらいである。しかし、獣毛の遺物すべての材質調査が行われているわけではないので、場合によっては山羊と異なる動物の毛が用いられているかもしれない。その解明は、今後の課題である。

　獣毛を素材にした様々な染織品がこれまでにいくつも発見されている。それらについて、以下に、発掘者・発掘場所・発掘年度・品目（太字・下線部分）・遺物年代・現所蔵場所・既刊報告書を発掘年度の順に記す。これだけではけっしてすべてを網羅してはいないが、現時点で大きな遺漏はなく、現状を凡そ明らかにできたと思う。

〔A〕オーレル・スタイン、尼雅N15遺跡、1901年、**<u>毛氈断片</u>**、後漢、大英博物館所蔵（？）、

"Ancient Khotan"（1907）

〔B〕オーレル・スタイン、鄯善Ｍ１城址（ミーラン）、1913～16年、**毛文織物断片数片**、前漢、ビクトリア・アンド・アルバート美術館所蔵、"Innermost Asia"（1928）

〔C〕オーレル・スタイン、楼蘭Ａ遺址、1906～14年、**毛文織物断片**、漢、ビクトリア・アンド・アルバート美術館所蔵、"Innermost Asia"（前掲）

〔D〕オーレル・スタイン、楼蘭Ｃ遺址、1914年、**毛氈断片**・毛綴織断片、後漢、ニューデリー国立博物館所蔵、"Innermost Asia"（前掲）

〔E〕新疆ウイグル自治区博物館、新疆ウイグル自治区民豊県尼雅（北大砂漠）、1959年、**人物葡萄文罽断片・藍色亀甲四弁花文罽断片・緋色毛羅断片・地毯断片**、後漢、新疆ウイグル自治区博物館所蔵、「新疆民豊大砂漠中的古代遺址」『考古』（第３期、1961）・『絲綢之路』（1972）・「略談尼雅遺址出土的毛織品」『文物』（第３期、1980）

〔F〕新疆ウイグル自治区博物館、新疆ウイグル自治区和田の屋于里克（ダンダーン・ウィリク）古城、1959年、**縢繝毛織物断片・方格文飾駝色毛織物・紫紅色毛織物**、北朝、新疆ウイグル自治区博物館所蔵、『絲綢之路』（前掲）・「"絲綢之路"上新発現的漢唐織物」『文物』（第３期、1972）

〔G〕新疆ウイグル自治区博物館、新疆ウイグル自治区巴楚（マラル・バシ）の脱庫孜薩来（トッグスサライ）古城址、1959年、**織花毛毯断片**、北朝、新疆ウイグル自治区博物館所蔵、「"絲綢之路"上新発現的漢唐織物」（前掲）

〔H〕新疆ウイグル自治区博物館、新疆ウイグル自治区吐魯番哈拉和卓古墓（カラホージャ）（ＴＫＭ３）、1964年、**毛織物残片**、前涼建興36年(348)柩銘伴出、新疆ウイグル自治区博物館所蔵、「吐魯番阿斯塔那―哈拉和卓　古墓群発掘簡報」『文物』（第10期、1973）

〔I〕国士舘大学イラク古代文化研究所、イラン　アル・タール洞窟遺跡（出土洞窟の番号は発掘品の後に記載）、1969年以来、**美女像毛綴織（紋章）**（Ａ丘Ｆ４・６洞窟、Ｃ丘16洞窟他）、パルティア時代、イラク博物館所蔵、「イラク、アル・タール出土織物・皮革遺物の研究」『ラフィダーン』第Ⅰ巻（国士舘大学イラク古代文化研究所、1980）

〔J〕国士舘大学イラク古代文化研究所、イラン　アル・タール洞窟遺跡Ｃ丘12洞窟、1969年以来、**花樹文帯毛綴織残片**、パルティア時代、イラク博物館所蔵、「アッタール遺跡第６次調査の新染織資料調査報告」『ラフィダーン』第Ⅶ巻（国士舘大学イラク古代文化研究所、1986）

〔K〕新疆ウイグル自治区博物館、新疆ウイグル自治区吐魯番哈拉和卓古墓（ＴＫＭ90）、1975年、**罽**、高昌永康10年(475)・17年(482)文献伴出、新疆ウイグル自治区博物館所蔵、「吐魯番哈拉和卓古墓群発掘簡報」『文物』（第６期、1978）

〔L〕新疆ウイグル自治区博物館、新疆ウイグル自治区哈密県五堡22号墓、1978年、**幾何学

文毛繡残片、殷代後期相当、新疆ウイグル自治区博物館所蔵、『新疆ウイグル自治区博物館』（中国の博物館第2期 第1巻、講談社、1987）

〔M〕新疆文物考古研究所、新疆ウイグル自治区楼蘭遺址高台2号墓、1980年、**青地五彩暈繝繊花毯闕残片**、後漢、新疆文物考古研究所所蔵、武敏『織繡』（幼獅文化事業有限公司、1992）

〔N〕新疆ウイグル自治区博物館、新疆ウイグル自治区洛浦県山普拉（シャンプラ）1号墓、1983年、**樹葉文栽絨毛鞍毯、紅地人面文緙毛、藍地人頭馬身文緙毛、毛繡残片、繡毛繊残片、紅地繊花毯織成闕残片、暈繝繊文闕、精紡斜文闕、菱格巻草文毛羅**、後漢頃、新疆ウイグル自治区博物館所蔵蔵、「洛浦県山普拉古墓発掘報告」『新疆文物』（第3期、1989）・『織繡』（前掲）

〔O〕新疆ウイグル自治区博物館、新疆ウイグル自治区洛浦県山普拉2号墓、1984年、**青緑地竜文毯闕織成繊、黄緑雙面葡萄文闕**、前漢頃、新疆ウイグル自治区博物館所蔵、「洛浦県山普拉古墓発掘報告」・『織繡』（前掲）

〔P〕新疆ウイグル自治区博物館、新疆ウイグル自治区且末扎洪魯克古墓、1985年、**黄色斜文闕、青色斜文闕、白地提花毛織物**、西周相当、新疆ウイグル自治区博物館所蔵、『織繡』（前掲）

〔Q〕新疆文物考古研究所、新疆ウイグル自治区尉犁県因半古墓（出土古墓の番号は発掘品の後に記載）、1989年、**毛羅断片**（M10）・**毛繡断**（M1）・**毛繊残片**（M4）・**毛縄残片**（M1）・**地毯断片**（M3）、漢晋時代初期、新疆文物考古研究所所蔵、「新疆尉犁県因半古墓調査」『文物』（第10期、1994）

〔R〕新疆ウイグル自治区博物館、新疆ウイグル自治区鄯善魯克泌三個橋古墓、1990年採集、**朱紅色提花毛織品**、戦国時代相当、新疆ウイグル自治区博物館所蔵、『織繡』（前掲）

〔S〕新疆文物考古研究所、新疆ウイグル自治区尉犁県營盤遺址（M15）、1995年、**紅地対人物樹文闕袍・巻藤花樹文闕・毛繡長褲・獅文栽絨毯・毛毡（フェルト）**、後漢中晩期、新疆文物考古研究所所蔵、「新疆尉犁県營盤墓地15号墓発掘簡報」『文物』（第1期、1999）

　以上を整理すると、殷代に相当する時期（放射性炭素C^{14}年代測定による）に毛繡、西周に相当する時期に斜文闕・提花毛織物、戦国時代に相当する時期に提花毛織物が出土している。前漢には毯闕・文闕、後漢には毛繡・斜文闕・毯闕・緙毛・毛綴織・文闕・文毛織物・闕・毛羅・地毯・栽絨毯・毛毡・毛繊・毛縄が出土している。前涼（4世紀）は毛織物、高昌（5世紀）は闕、北朝（5〜6世紀）には花毛毯・臙綱毛織物・毛織物が出土している。いずれも新疆出土品であり、後漢のものが多種なのは、山普拉古墓と尼雅遺址から多くの毛織物が出土したことも原因しているであろうが、後漢頃から毛織物生産が盛んになったと考えるのが自然であろう。また、パルティア時代（前2〜後3世紀）のものとしてイランのアル・ター

ル洞窟遺跡から毛綴織が出土している。山普拉古墓や尼雅遺址や楼蘭古墓から出土した毾㲪あるいは緤毛が、それらパルティアの毛織物の様な西方世界のものに強く影響されたことは、人物図像や幾何学文および植物文の帯などの文様をみれば明らかである。

したがって、中国では先秦時代から毛織物が用いられていたが、漢代に至って西方との交流が盛んになり、技術の導入にともない毛織物生産が飛躍的に発展したと推定される。ただし、それが主として西域に限られていたのか、華中でも盛んに毛織物が生産されたのかわからない。長沙馬王堆の前漢墓には毛織物の遺品がみられないから、華中では毛織物が頻用されなかったのかもしれない。さらに、西域でも隋唐時代の毛織物の遺品がみられないのは不思議である。西域の遊牧民は連綿と今日まで毛織物の絨毯を使用しているし、毛織物ではないが同じ獣毛製品である花氈が8世紀頃に中国で生産されて正倉院に納められているから、毛織物がすべて絹に取って替えられたなどとは考えられないが、中国から多量の絹製品がもたらされるのに伴って、西域の貴顕達は、隋唐の頃には毛織物などの獣毛製品よりも絹製品を珍重するようになっていたのかもしれない。

次に、毛氈についてであるが、後漢の出土例が数例ある以外にみられない。その数例も、小さな断片であったり死者の下の敷物であったり、正倉院の花氈に匹敵するような美しいものは出土していない。むしろ、地毯・栽絨毯など今日緞通と呼ぶような絨毯や、文罽・斜文罽・毾㲪・緤毛・罽・毛羅・毛緂など種々の毛織物の出土例がほとんどである。我が国では、古代の獣毛製品の遺品というと正倉院の花氈・色氈・毛氈芯や法隆寺献納宝物の色氈（白毛氈4枚、緋毛氈1枚）などの毛氈がほとんどすべてであるため、中国で毛織物の方が多いという状況には不思議な印象を受けざるを得ないが、中国の毛織物は漢代（前2世紀～後3世紀）のものが多く、北朝（5～6世紀）までのものであるのに対し、我が国の花氈は隋唐代（中唐まで、6世紀末～8世紀）のものである。そこに時代的変遷があったとみるべきであろう。

以上のことから、大陸における獣毛を素材にした染織品の生産について次のようにみることができる。

西アジアから西域にかけての乾燥地帯の遊牧民達は、少なくとも二千数百年前から獣毛を素材にした染織品を使用してきた。西方諸国と中国との交流が盛んになった漢代には、シルクロードを通って西方の進んだ毛織物生産技術が中国に導入された。そのため西域では毛織物生産が飛躍的に発展した。しかし、漢代においても、毛織物が華中で盛行することはなかったようである。おそらく、乾燥地帯では敷物として優れた性質を発揮する毛織物も、湿潤な地域では虫が湧くとか黴が生えるなどの短所があるためにあまり普及しなかったのであろうと推測される。そして、隋唐の頃になると、それまで毛織物を多用していた西域の貴顕達の間でも中国からもたらされた絹製品が用いられるようになっていくようである。染織品の素

材としての優秀さが好まれると共に、絹を用いることで権力を象徴しようとするような意味もあったと推測される。

したがって、漢代に中国に導入されて行われていた毛織物生産技術、すなわち毛の紡績や織成技術は、製品の需要がないためにしだいに廃れ、隋唐の頃には、遠く塞外の奥地へ行かなければ毛織物がほとんど生産できない状態になっていたのではないだろうか。毛の紡績は特殊な技術であり、毛織物の文織りやパイル織り、絨毯の織成なども特殊な技術である。技術が次々に継承されなければ容易に廃れて失われてしまう。あるいは、そもそものはじめから毛織物生産技術が中国へは浸透しなかったのかもしれない。白居易の「紅線毯」には、中唐期に安徽省や山西省や四川省などの華中で絹の絨毯が盛んに生産されていたことがうたわれており、当時の状況を示している。したがって、当時毛織物が中国国内でほとんど流通していなかったために、我が国に残る隋唐代の獣毛製品のほとんどすべてが毛氈なのではないだろうか。

2．我が国における花氈・絨毯・毛織物

正倉院には、断片数片だけであるが毛織物も存在する。最大片が赤地の十数センチ四方の断片で、経糸に木綿、緯糸に獣毛を用いた厚手の添毛織物（パイル織物）である（図3）。おそらく敷物として用いられたものであろう。今日の絨毯や緞通と通じるところがある。また、魏志倭人伝には、卑弥呼が景初3年（239）に明帝から「絳（赤）地縐粟罽十張」を賜ったとある。縐粟はパイル織物の意味で、罽は特に敷物の意味はないが、毛織物全般を指すもので、正倉院のこの毛織物はまさに絳地縐粟罽の一種のように思われる。ただし、正倉院のものは織りが相当粗いもので、新疆で出土した後漢の毛織物の品質の高さからみて、縐粟罽といえるかどうか疑問である。ともあれ、このようなパイル織りの毛織物が、3世紀にすでに我が国に渡来していたのである。それらの毛織物断片の来歴は不明であるが、正倉院に伝わる木綿裂の小断片と同じく、明治にしばらく正倉院宝庫に収納されていた法隆寺献納宝物が混入したものである可能性がある。なぜなら、毛織物も木綿裂も断片がわずかに存在するだけで、正倉院裂としては非常に珍しく、その意味で共通性があるからである。ただし、木綿裂は法隆寺献納宝物中に同様のものが存在するが、この毛織物と同様のものは発見されていない。

我が国の古代文献の毛織物に関する記載の中で最も古いものは、『日本書紀』の欽明天皇15年（554）12月の条にある、百済の聖明王が諸々の品々とともに「毾㲪一領」を奉ったというものであろう。その2年前の欽明天皇13年（552）10月の条に聖明王が金銅仏や幡蓋や経巻を奉るとあり、これは仏教公伝とされている（公伝を538年とする説もある）。獣毛の敷物が当時の寺院の儀式に用いられたことは、『法隆寺伽藍縁起幷流記資財帳』（746）に「合

氈参拾肆床」とあり、『大安寺伽藍縁起幷流記資財帳』(747)に「合織絨幷氈貮拾捌床」とあることからみても明らかで、あるいは、聖明王の奉った毾氀は仏教儀式と深く関連していたのかもしれない。

『日本書紀』の天武天皇10年（682）4月の条にある服飾規定を意味すると思われる詔勅に、氈褥（おりかものとこしき）などを用いるにあたって（位によって）違いがあるようにせよとある。この記載により、氈が「かも」と読まれる場合と「おりかも」（於里加毛の字があてられる）と読まれる場合とがあることがわかる。『和名類聚抄』には氈について「和名賀毛」とあり、『和訓栞』によると氈は『日本書紀』に「おりかも」ともあるという。しかし、そもそも「おりかも」とは、『日本書紀』の聖明王が毾氀を奉ったという記述に「毾」という毛織物の敷物を意味する字が用いられていることからみて、毛織物の敷物を意味していると考えられる。それにもかかわらず、「おりかも」に毛氈を意味する氈の一字をあてる場合があるとすれば、毛氈と毛織物とを混乱する恐れがあるといえよう。たとえば、大安寺の資財帳には、毛織物と毛氈とを分けて織絨と氈とに書き分けられているから、古代にも毛氈と毛織物とが区別されていたことは明らかであるが、一方で「かも」と「おりかも」とが混同されていたのかもしれない。

8世紀頃の我が国の毛織りの絨毯や毛氈が、朝鮮半島から渡来したことを示す資料がある。大安寺の資財帳にある織絨4床のうち1床は高麗織絨と記されている。高句麗は668年に滅亡しているが、大安寺の建立はそれ以前といわれ、この時に記された高麗は、高句麗から渡来したという意味か、あるいは高句麗で生産されたという意味かもしれない。また、正倉院には新羅文書を記した十数センチの長さの布箋（図4・5）が片隅に縫い付けられた8世紀の花氈と色氈が、各々1枚ずつ伝存する。その布箋から、それらは新羅との交易品であることが知られる。さらに、それらが新羅で生産されたものであるとする説がある（東野治之「正倉院氈の墨書と新羅の対外交易」『正倉院文書と木簡の研究』（塙書房、1977）参照）。

8世紀頃に、毛氈や毛織物が国内で生産されていたことを示す文献がある。「賦役令」第十（8世紀初期に成立）には、諸国の貢献の物として、金・銀・珠・玉等々と共に罽（毛織物の意味）や器用（『令義解』では、下野国で作られる毛氈などとしている）を挙げている。また、『延喜式』巻二十三「民部式」（延長5年(927)撰進）に、下野国の交易雑物として氈十張が規定されている。したがって、国内で生産された毛氈が正倉院や法隆寺に伝来している可能性があるといえよう。ただし、正倉院の色氈12号には、江戸時代に我が国へ入ったとされるウマゴヤシ属の果実が、混入している（図6）。このような毛氈が存在することからみて、おそらく、正倉院の花氈や色氈はすべて大陸から舶載されたものであろう。

以上のことから、我が国にもたらされた獣毛を素材にした染織品について次のように解釈することができる。

3世紀の卑弥呼の頃には、三国の魏から毛織物がもたらされた。この頃は、中国に毛織物生産技術が導入されて発展しており、華中でも毛織物が流通していたのであろう。

　6世紀中頃には、百済の聖明王が毛織物の敷物をもたらし、7世紀の初めに建立された大安寺の資財帳には、4枚の毛織りの絨毯が記され、その中の1枚は高麗と記されている。すなわち6、7世紀になると、毛織物が朝鮮半島からもたらされているといえよう。中国塞外地域で生産された毛織物は、中国国内ではあまり用いられず、我が国との交易の中継地点である朝鮮半島までもたらされて、我が国へ舶載されたのであろう。あるいは、朝鮮半島で山羊を飼って材料の毛を調達し、毛織物を生産したのか、中国塞外地域から輸送された材料の山羊の毛を用いて、朝鮮半島で毛織物を生産したのか、今のところ不明である。正倉院には8世紀中頃の毛氈の敷物が伝来しているが、毛織物は7世紀頃のものと思われる小断片以外みられない。毛氈よりも毛織りの絨毯の方が丈夫で長持ちすることは明らかで、仏教儀式に必要な獣毛を用いた敷物として、当時我が国では毛氈の敷物よりも毛織りの絨毯が求められたと想像されるが、毛織りの絨毯はおそらく当時ほとんど流通しておらず、入手が困難だったのであろう。

　獣毛製品が朝鮮半島からもたらされるのは6、7世紀以来一般的なことであったと思われるが、正倉院の毛氈の敷物が新羅で生産されたものであったかどうかはわからない。少なくとも花氈は、文様が中国唐代の流行を反映した中国風のものであることからみて、塞外の遊牧民族（維吾爾や契丹など）が中国国内の需要を見込んで生産したものとみることができるのではないだろうか。

3．正倉院の花氈の由緒

　正倉院の花氈は、北倉に31枚、中倉に6枚整理されている。そのように二倉に分かれて整理されている理由は、明治の後半に正倉院宝物が整理された時には花氈が31枚しか発見されなかったが、後に詳しく調べると中倉からも6枚発見されたからである。現在、中倉の花氈は新1～6号と呼ばれており、その間の消息を物語っている。したがって、両者は同様のものである。

　正倉院の花氈は、明治5年（1872）の壬申御開封以来、天平勝宝8歳（756）7月26日献物帳（「屏風花氈等帳」、前出の図1）に記されている献納宝物と考えられ、御物整理掛（明治25～37年）においても北倉に整理された。ところが、その後しばらくして献納宝物ではなく東大寺の什宝で、正倉院に納められた由緒が不明なものとみるのが通説となった。その主な根拠とされるのは、次の三つである。

　①天平宝字3年（759）に花氈67枚を倉から借り出したという宝物の出入記録はあるが、還納した記録がない。

②37枚の花氈の中11枚の裏面に「東大寺印」の朱方印が、15枚の裏面に今は印文の読めない朱方印が押捺されている。そしてそれらの中に裏面に「東大寺」と墨書のあるものが2枚、今は「東大」あるいは「東」しか読めないが同様の墨書のあるものが2枚ある。

③天平勝宝8歳7月26日献物帳（「屛風花氈等帳」）に記載されている花氈の寸法と現存する正倉院の花氈の寸法とが全く異なる。

まず①の根拠についてであるが、天平勝宝8歳（756）～天応元年（781）、天応2年（782）、延暦3年（784）における宝物の宝庫からの出入りの記録文書を継いだ出入帳（図7）には、花氈67枚を白木の唐櫃5合に納めて、御斎会堂料として充たすために借用する如き件、天平宝字3年（759）4月29日とあり、花氈の出蔵が記されている。5月2日の聖武天皇の回忌を前にして、斎会を行う会場の設営のために借り出されたのである。なお、出入帳には、薬物など以外の宝物の返納記録があるが、花氈についてはそれが存在しない。すなわち、花氈は出入帳にある文書の最後の年度である延暦3年以前には返納されていないと考えられる。

さて、「屛風花氈等帳」には花氈60床（枚）の記載しかないから、天平宝字3年の出蔵時には献納宝物の花氈以外に7枚の花氈を倉から出したことになる。すなわち、天平宝字3年の時点で、献納宝物以外の東大寺の什宝がすでに正倉院宝庫に収納されていたということになるが、この問題は後ほどとりあげることにして、今はいつから花氈が宝庫に戻されているのか、延暦3年以降の正倉院宝物点検記録をたどることにする。

現存する最初の開封点検記録である延暦6年（787）6月26日「曝涼使解」（北倉の点検目録）（図8）には、花氈67枚と記した下に小さく「天平宝字三年四月二十九日装束斎會堂料出」と注記されている。それに続く開封点検記録である延暦12年（793）6月11日「曝涼使解」、弘仁2年（811）9月25日「勘物使解」、斉衡3年（856）6月25日「雑財物実録」（以上、北倉の点検目録）、永久5年（1117）8月7日「綱封蔵見在納物勘検注文」（南倉の点検目録）には、花氈は記されていない。各目録は、北倉あるいは南倉のみを点検したときのものであるが、北倉の点検のみを行った延暦6年曝涼使解に花氈67枚が出蔵されたことが記されていることからみて、それに続く斉衡3年までの北倉の献納宝物を対象とした点検目録についても、花氈が記されていなければ宝庫に花氈が存在していないとみることができよう。献納宝物である花氈が中倉や南倉に返納されて、献納宝物の点検から外れることは考え難いからである。したがって、少なくとも斉衡3年までは、出蔵された花氈が正倉院宝庫に戻されていなかったと思われる。

続いて、建久4年（1193）8月25日「東大寺勅封蔵開検目録」（北倉と中倉の点検目録）には、北倉の唐櫃として「二合納花氈皮一帖」、中倉の唐櫃として「一合納花氈皮一枚　朽損　履一足　小鈴等」「三合納花氈皮」「三合花氈皮」と記されている。したがって、建久4年の開封時には、すでに花氈が宝庫に存在したといえよう。その頃は、寛仁3年（1019）9

月30日の藤原道長の宝物拝見を嚆矢として、康治元年（1142）5月6日の鳥羽上皇や嘉応2年（1170）4月20日の後白河上皇など、貴顕の宝物拝見が行われ始めているから、拝見する対象である宝物が宝庫から出蔵されて使用されることはまずなかったと考えられる。すなわち、現存する37枚の花氈は、建久4年の開封点検の時以来宝庫に存在したといえよう。ちなみに、慶長17年（1612）11月13日「東大寺三蔵御宝物御改之帳」（北倉と中倉の点検目録）には「毛氈但紋有　十三枚」と記され、元禄6年（1693）5月「東大寺正倉院開封記」（中倉階下と南倉階下の点検目録）並びに天保4年（1833）「正倉院御宝物目録」（三倉の点検目録であるが、すべてを網羅的に点検したものではない）には絵毛氈の記載がある。すなわち、以降の点検ごとに花氈の存在が確認されている。

　以上のことから、現存する花氈37枚は、斉衡3年から建久4年までの間に正倉院宝庫に収納されたものであることがわかる。それが返納という意識があったのか単なる移納なのかわからないが、『東大寺要録』諸院章にある天暦4年（950）6月に羂索院の双倉が朽ちたので納物を正倉南倉の綱封倉に移したという記載は、そのこととちょうど符合している。

　天平宝字3年の花氈の出蔵は、聖武天皇の回忌を行う会場を設営するために必要な花氈がまかなえないので、やむなく献納宝物の花氈が借り出されたとみるべきであり、それはその当時舶載品の花氈を入手することが困難であったことを意味していると考えられる。献納宝物の花氈と羂索院の双倉に収納されていた東大寺の什宝の花氈とが同じものである直接の証拠はないが、花氈が出蔵されるような状況下にあって、献納宝物の花氈とは別に東大寺の什宝の中に中国風の文様が表された花氈が37枚も存在していたとは考え難い。献納宝物の花氈が天平宝字3年以来繰り返し使用され、やがて用いられることもなくなって、天暦4年には什宝として羂索院の倉に置かれていたとみる方が自然であろう。

　ところで、「屛風花氈等帳」には花氈の枚数が60枚とされているのに、出入帳には67枚が出蔵されたことになっていることについて、次のように考えることができる。「検珍財帳」という、今は伝わらない献納宝物の点検目録が存在し、延暦6年「曝涼使解」を書くにあたって参考にされたことが知られる。出蔵された後なのですでに宝庫には存在しないのに延暦6年「曝涼使解」に花氈が67枚と記されているのは、「検珍財帳」に基づいているのである。したがって、天平宝字3年に花氈が出蔵される以前の点検目録である「検珍財帳」には、花氈が67枚記載されていたことが知られる。おそらく、献物帳には60枚と記されているが、実際に数えてみると67枚の花氈が存在したのであろう。それゆえ、天平宝字3年に67枚の花氈が出蔵できたと考えられる。

　次に②の根拠についてであるが、献納宝物に東大寺印が押捺されることはないという考えに基いている。しかし、花氈は斎会などに必要な品でありながら稀少であったため、天平宝字3年に借り出されて以来、聖武天皇回忌の斎会をはじめとする重要な儀式に繰り返し用い

られたと思われる。新たなものが容易に入手できないのであるから、献納宝物の花氈が返納されないまま、あたかも東大寺の什宝のように用いられたとしても不思議ではない。その場合には、いつしか東大寺印が押捺されることもあったのではないだろうか。

最後に③の根拠についてであるが、「屛風花氈等帳」に記載されている花氈の寸法と正倉院に現存する花氈の寸法は、章末の寸法一覧からみて、以下の表と注に示す通りよく一致しており、両者が全く異なるということは理解できない。この根拠は成立しないと考えられる。

「屛風花氈等帳」記載の花氈の寸法

1床(僻氈)	方 1丈3尺	方形一辺：385.71cm
2床	長 9尺3寸	長：275.931cm
	広 4尺6寸	幅：136.482cm
47床	長 8尺	長：237.36cm
	広 4尺	幅：118.68cm
7床	方 4尺	方形一辺：118.68cm
3床	長 4尺	長：118.68cm
	広 1尺4寸	幅：41.538cm

献物帳記載寸法に応じた現存品のグループ分け

献物帳記載寸法		相応する現存品	
Ⓐ長 9尺3寸　幅 4尺6寸	2床	1、2号	2床
Ⓑ長 8尺　　幅 4尺	47床	3～26号、新6号	24床
Ⓒ方 4尺	7床	27～31号、新5号	6床
Ⓓ長 4尺　　幅 1尺4寸	3床	新1～3号	3床
Ⓔ		新4号（破損し4片に分離）1床	

備考：別表には上記Ⓐ～Ⓔに分けてcmと天平尺で現存花氈の寸法を表示した。
　　　Ⓑの26号とⒸの新5号は寸法が献物帳とほぼ一致している。
　　　ⒶⒸⒹの花氈の寸法の献物帳との誤差は、ほぼ1寸で最大2寸まで。
　　　Ⓑの花氈の献物帳との寸法誤差は下記の通り。
　　　　最大長：8尺4寸　　最大幅：4尺4寸
　　　　最小長：7尺7寸　　最小幅：4尺
　　　誤差が2寸以内のものは12床、3寸以内のものは9床。
　　　Ⓔは献物帳との寸法誤差が5寸あるが、今破損して4片に分離しているから、元来はⒷの花氈の類品とみなすことができる。

以上、正倉院に現存する花氈が献納宝物ではないという説の三つの根拠に対して反証した。①②に対する反証は、我田引水的なところがあったかもしれないが、そもそも、天平宝字3年の斎会にあたってわざわざ献納宝物の花氈を出蔵したのは、花氈が入手困難な貴重品であったためだと考えられるが、同じ頃に東大寺の什宝として別の花氈が多数保管されていて、献納宝物の花氈はしばらくすると亡失してしまうが、別の花氈は今日まで伝来したとする従来の通説は、花氈が入手困難であったことと矛盾している。③が成り立たないことは明白である。したがって、現存する花氈は、献物帳記載の花氈であるとみなして間違いないだろう。

4．正倉院の花氈の文様

正倉院の花氈の文様はパターンにより、8種類に分類できる。ただし、その中で3種類は花氈1枚ずつに対応しているので、個別のものとしてまとめた。その6種類を次に示す。

【1】2窠の大唐花の文様
　　北倉150-1・2・6・18・19号（図9～13）
【2】1窠の大唐花の文様

北倉150-20・22～24号（図14～17）
【3】1窠の花卉の円文様
　　　北倉150-9・27～31号（図18～23）
　　　中倉202-新5号（図24）
　　　＊ただし、北倉150-9号は半円形であるが、元来は2枚並べたとみなした。
【4】互位置に並ぶ多数の唐花の文様
　　　北倉150-11～14・26号（図25～27・29～30）
　　　中倉202-新4・6号（図28・31）
【5】全面を花卉で埋めた文様
　　　北倉150-3・4・7・8・10・15・16号（図32～38）
　　　中倉202-新1～3号（図39～41）
【6】個別のもの
　　　北倉150-5・17・21・25号（図42～45）
　以下に、それぞれのグループごとに気が付いたことを記す。
【1】2窠の大唐花の文様
　1・2号は、側面花を蔓で繋いで中心の蓮華円文の周囲に四層に巡らせた複雑な唐花文が表されている。唐花の複雑さは、正倉院の琵琶袋に錦にも匹敵するものである。
　6号には、崑崙山あるいは蓬莱山を表したと思われる三山の文様が表されている。
　6・18・19号は、枝に付いた花葉の表現をもとにして、それを円形に合成して大花文としている。枝に付いた花葉をモティーフにしたものには【6】の17号があるが、こちらは全体を編目風に繋いでいる。
【2】1窠の大唐花の文様
　20号は、大唐花の周囲を花卉が埋めている。花卉文は、特に特徴のあるものではない。
　22～24号は、大唐花の周囲を蔓草風の草花と霊芝雲が埋めている。蔓草風の草花は、正倉院に刺繡にみる草花の表現と共通したところがある。
【3】1窠の花卉の円文様
　このグループの文様は、多くの花卉を唐草風に蔓で繋いで作った円文を中央に配したもので、中心には四つの花卉を合成したものか又は一つの花卉を置く。【1】の1・2号に中央の円文の構成が似ているが、1・2号は花文を何層にも複合的に重ねた唐花文で、中国風である。
　花卉を唐草風に繋いだこのグループの文様に近いものとして【1】の6・18・19号がある。枝に付いた花葉文（花卉文とみることができる）を並べて円形に配置して大花文としたものであるが、唐草風に蔓で繋いでいない。

この文様は、円文が唐花風に変化していないこと、霊芝雲や三山の文様など中国固有の文様が添加されていないことなどからみて、中国風の色彩がそれほど強いものではないといえるだろう。

【4】互位置に並ぶ多数の唐花の文様

　このグループの文様は、花弁が何層にも重なった唐花を互位置に並べて、間に花卉を配した11・12・13・14号および新6号と、単色の線描で多重の花弁を表した唐花のみを互位置に並べた26号および新4号とに細分できる。さらに、11号は円形と菱形の唐花が五位置に配されていて、正倉院の染織品にみる主・副文からなる唐花文を想起させる。12・13号及び新6号には唐花に大小があるが、14号にはないことも互いの相違点である。

【5】全面を花卉で埋めた文様

　いずれも花卉を規則的に右と左から並べたもので、花卉の向きが中央で反対になっている。花卉の形状、花卉の大小や配列などの違いから、さらに四つに分類できるが、中でも特徴的なのは、中央に打毬（ポロのような球技）をする人物が表されている3・4号である。打毬は騎乗して行うものであるから、これはホッケーのようなものかもしれない。唐代に流行したといわれ、この花氈の文様が中国風の図様であることを示している。

　新1〜3号の中央に表された花卉は、28・31号の中央の円文の中心の花卉とそっくり同じである。形状が似た花卉はしばしばみられるが、それらはほとんど同じといってよいもので、共通した文様を用いたように思われる。

【6】個別のもの

　5号の文様は、正倉院の37枚の花氈の中で最も中国風である。中央に置かれた二羽の含樹鳥が旋回する文様は、正倉院宝物の螺鈿紫檀阮咸（北倉30）や銀平脱鏡箱（南倉70-5）にもみられる。全体を埋める様々な形をした霊芝雲や三山の文様は、中国特有の文様である。植物の表現は、三山の上の配された花卉や間地に散らばる草花などにしかみることができない。

　21号の文様は、蓮華の正面花と側面花を蔓で繋いだ唐草である。花弁を何層も重ねた7個の唐花が大きく配されていることや、蔓の先に巻ひげが表されていることから、正倉院宝物の螺鈿紫檀五絃琵琶（北倉29）の背面や天蓋の垂飾りの花葉文刺繍（北倉182-46）にみられる宝相華の文様とは異なるが、いわゆる宝相華文様の一種といえよう。唐代にはまだ宝相華という名称はみられないが、後世牡丹のとともに中国で流行する文様である。

　17・25号の文様は、表現形式が他と違っているだけで、草花や花卉をモティーフにしたものであり、特に中国風ではない。

　以上、正倉院の花氈の文様は、1点の例外を除いて、すべて草花や花卉をモティーフにしたものである。そこに、繁茂する草原に対する憧憬の念のある遊牧民族が製作した敷物であ

ることが感じられる。しかし、草花や花卉のみで構成されているものは約半数で、他は草花や花卉が唐花風に配されていたり、花弁を重層させたり側花が複合的に配された唐花文が用いられている。また、中国固有の文様である霊芝雲や崑崙山あるいは蓬萊山を表現した三山の文様や宝相華風の唐草文や打毬人物文などが表わされていて、いかにも中国風である。草花や花卉の形状も、正倉院宝物にみるような中国風の雰囲気を持ったものであり、西方のイラン地方などに固有な文様は全くみられない。西方から伝わった獣毛の敷物ではあるが、文様は西方からの渡来品に影響を受けたものではなく、中国で生み出されたものといえよう。

おわりに

　正倉院の花氈は、どことなく取り付きにくい印象がある。文様が表された獣毛製の敷物であるから、イラン地方から西域にかけてのシルクロードの遊牧民の生活用具である絨毯の類のように思われるが、毛織物ではなく毛氈であるし、表された文様は中国風である。西方の用品を真似て作られたが、どこか異質なものになってしまったという印象を受ける。

　本章では、中国での獣毛製品の出土例から、漢唐代の大陸における状況を考察し、それが我が国へもたらされた獣毛製品の状況と符合していることを示した。正倉院の花氈は献納宝物の調度品であり、内裏に敷き詰められていたと考えられるが、西方で宮殿や邸宅に敷き詰められている絨毯とは異質な印象を受ける。それには、当時の獣毛製品の生産・流通状況によるところがあると思われる。

　文様については、染織品をはじめとする正倉院宝物の文様と十分に比較検討できていないが、全体を分類整理してみると、すべて中国唐の影響下にあるもので、イラン地方など西方の文様が直接表されているものは皆無であることがわかった。西方から渡来した絨毯の文様を踏襲しながらも、しだいに中国風に変化したものではなく、最初から中国風の文様が表されたものといえよう。

　正倉院の花氈は、中国と交易のある塞外に住む遊牧民族が、中国の人々のデザインにより（あるいは中国風を真似たデザインを考案して）製作したものが、新羅を経由して我が国に渡来して宮中に納められたものとみて間違いないだろう。

【文字・用語】
　毛氈や毛織物に関する漢字の意味を列記すると下記の通りである（『大漢和辞典』より）。
絨　毛おり、厚く暖かい織物。
　〔中華大字典〕絨、織物之厚而暖者曰絨、以絲與綿紗羊毛等為之。
毯　けむしろ、毛氈。
　〔広韻〕毯、毛席。

第2部　正倉院の染織品の研究

氈　けむしろ、毛氈。

　〔説文〕氈、撚毛也、从毛亶聲。〔段注〕撚毛者、蹂毛成氈也。

毡　氈の俗字。

　〔正字通〕毡、俗氈字。

罽　けおり、毛氈。＊ただし、素材と形状から毛氈の属といっても、毛織物である。

　〔一切経音義〕織毛曰罽。

緯　ぬう、よこいと。

　〔集韻〕緯、緯也。

毲　けおりもの。

　〔集韻〕蠻夷織毛罽也。〔後漢書、西南夷哀牢夷伝〕和染采文繡罽毲。

縀　ひらひも、うちひも。

　〔説文〕絛扁緒也、从系昜聲。〔段注〕廣雅作編緒、漢書及賈生新書作編緒（以下略）

氄　氄氈は、けおりのしきもの。地の細密な毛むしろ。

　〔説文新附〕氄、氄氈也、从毛昜聲。〔一切経音義、二〕織毛褥、細者謂之氄氈（以下略）

　次に、これまでに記した毛氈や毛織物に関する言葉の意味を略解すると下記の通りである。

地毯　パイル織り（添毛織物）の毛織物で、厚手の敷物用の織物。いわゆる絨毯。

栽絨毯　地糸（経糸）に毛糸を一目一目結び付けて、短く切り揃えて立毛した敷物で、今日の緞通にあたるもの。

毛氊（氈）　獣毛に湿気と熱と圧力を作用させて縮絨（felting）させ、平らに伸ばして形を整えたもの。

文罽　文様を複様組織で織り出した毛織物のことで、複様平組織緯錦（二色錦）や風通織物がある。また、提花毛織物と称される平地浮文錦もある。

斜文罽　斜文（綾）組織の毛織物のこと。

毲罽　毛織物のこと。罽だけでも同様の意味であろう。

緯毛　緯糸とは綴れ織全般を意味する用語で、緯毛は毛織物の綴れ織のこと。

毛羅　毛織物の羅のこと。しかし、1959年に尼雅で発掘された緋色毛羅断片（「略談尼雅遺址出土的毛織品」『文物』第3期、1980、図4・5）は、無文紗である（密度は経24、緯18本/cmで、正倉院の絹製無文紗の一つの密度経56、緯50本/cmと比べるとはるかに小さい）。毛紗というべきか。また、1983年に洛浦県山普拉1号墓で発掘された菱格巻草文毛羅（武敏『織繡』（幼獅文化事業有限公司、1992）図51・56）は、我が国のいわゆる平絽の組織をしているが、中国では横羅織物と称されている。

毛繡　毛の糸による刺繡のこと。

毛縇　毛の糸による組紐のこと。

　既述の内容と重複するが、我が国の古代文献にみる毛氈や毛織物に関する言葉の意味を略解すると下記の通りである。

氈　獣毛を縮絨させたフェルトのことを意味した。今日の毛氈のことである。『和名類聚抄』に「毛席撚毛為席也」とある。『延喜式』巻二十三「民部式」に下野国の交易雑物として「氈十張」の記載がある。『法隆寺伽藍縁起幷流記資財帳』に「合氈参拾肆床」とあり、『大安寺伽藍縁起幷流記資財帳』に「合織絨幷氈貮拾捌床」とある。なお、大安寺の織絨4床のうち1床は高麗織絨と記されている。

氍氈　毛織物の敷物のことである。『日本書紀』の欽明天皇15年（554）12月の条に百済の聖明王が「氍氈一領」を奉ったという記載がある。おりかもに「於里加毛」の文字があてられることがある。

花氈　生地のフェルトに、染色したフェルトを嵌め込んで文様を表した毛氈を意味した。「屏風花氈等帳」に「花氈陸拾床」とある。

毯　毛織物の敷物のことで、今日の絨毯と同様にパイル織りのものを意味したらしい。『和名類聚抄』に「毛席以五色絲為之」とある。

毯代　毯の代わりとなる裂地の敷物を意味した。法隆寺献納宝物の平絹に䕷纈を施した鸚鵡䕷纈毯代はよく知られている。『延喜式』巻四十「造酒」に「釈尊料春秋同布畫毯代二領（以下略）」とある。

罽　毛織物一般を意味した。賦役令第十に諸国の貢献の物として罽が記されている。

　我が国の今日の毛氈や毛織物に関する言葉の意味を列記すると下記の通りである（『広辞苑』より）。

絨毯　毛織物の一種。生地の経緯糸の外に毳状又は輪奈となる獣毛糸を用いた織物。

緞通　地糸に綿・麻または羊毛などの毛を用いた厚い敷物用織物（緞通は、毯子の当て字。我が国には室町時代に初めて伝わったといわれる）。

毛氈　獣毛に湿気・熱・圧力などを加えて一種の縮絨を施し、各繊維を絡交密着させて織物様とした広幅物。敷物用。

華氈　美しい毛氈。

第2部　正倉院の染織品の研究

表1　正倉院の花氈の寸法一覧

Ⓐ

所属	番号	寸法（単位：cm）	寸法（天平尺表示　1尺：29.67cm）	概略寸法（天平尺表示）
北倉150	1	長：275　幅：139	長：9尺2.686寸　幅：4尺6.85寸	長：9尺3寸　幅：4尺7寸
北倉150	2	長：272　幅：139	長：9尺1.675寸　幅：4尺6.85寸	長：9尺2寸　幅：4尺7寸

Ⓑ

所属	番号	寸法（単位：cm）	寸法（天平尺表示　1尺：29.67cm）	概略寸法（天平尺表示）
北倉150	3	長：234　幅：124	長：7尺8.868寸　幅：4尺1.79寸	長：7尺9寸　幅：4尺2寸
北倉150	4	長：236　幅：124	長：7尺9.542寸　幅：4尺1.79寸	長：8尺　幅：4尺2寸
北倉150	5	長：250　幅：127	長：8尺4.260寸　幅：4尺2.80寸	長：8尺4寸　幅：4尺3寸
北倉150	6	長：245　幅：123	長：8尺2.575寸　幅：4尺1.45寸	長：8尺3寸　幅：4尺1.5寸
北倉150	7	長：238　幅：123	長：8尺0.216寸　幅：4尺1.15寸	長：8尺　幅：4尺1寸
北倉150	8	長：242　幅：119	長：8尺1.564寸　幅：4尺0.11寸	長：8尺2寸　幅：4尺
北倉150	9	長：236　幅：124	長：7尺9.542寸　幅：4尺1.79寸	長：8尺　幅：4尺2寸
北倉150	10	長：240　幅：121	長：8尺0.890寸　幅：4尺0.95寸	長：8尺　幅：4尺1寸
北倉150	11	長：241　幅：129	長：8尺1.227寸　幅：4尺3.48寸	長：8尺1寸　幅：4尺3寸
北倉150	12	長：240　幅：129	長：8尺0.890寸　幅：4尺3.48寸	長：8尺1寸　幅：4尺3寸
北倉150	13	長：241　幅：125	長：8尺1.227寸　幅：4尺2.13寸	長：8尺1寸　幅：4尺2寸
北倉150	14	長：235　幅：128	長：7尺9.205寸　幅：4尺3.14寸	長：7尺9寸　幅：4尺3寸
北倉150	15	長：233　幅：121	長：7尺8.531寸　幅：4尺0.95寸	長：7尺9寸　幅：4尺1寸
北倉150	16	長：230　幅：120	長：7尺7.519寸　幅：4尺0.45寸	長：7尺8寸　幅：4尺
北倉150	17	長：233　幅：127	長：7尺8.531寸　幅：4尺2.80寸	長：7尺9寸　幅：4尺3寸
北倉150	18	長：239　幅：129	長：8尺0.553寸　幅：4尺3.48寸	長：8尺1寸　幅：4尺3寸
北倉150	19	長：239　幅：132	長：8尺0.553寸　幅：4尺4.49寸	長：8尺1寸　幅：4尺4寸
北倉150	20	長：242　幅：130	長：8尺1.564寸　幅：4尺3.82寸	長：8尺2寸　幅：4尺4寸
北倉150	21	長：240　幅：129	長：8尺0.890寸　幅：4尺3.48寸	長：8尺1寸　幅：4尺3寸
北倉150	22	長：250　幅：125	長：8尺4.260寸　幅：4尺2.13寸	長：8尺4寸　幅：4尺2寸
北倉150	23	長：234　幅：124	長：7尺8.868寸　幅：4尺1.79寸	長：7尺9寸　幅：4尺2寸
北倉150	24	長：247　幅：128	長：8尺3.249寸　幅：4尺3.14寸	長：8尺3寸　幅：4尺3寸
北倉150	25	長：236　幅：127	長：7尺9.542寸　幅：4尺2.80寸	長：8尺　幅：4尺3寸
北倉150	26	長：238　幅：120	長：8尺0.216寸　幅：4尺0.45寸	長：8尺　幅：4尺
中倉202	新6	長：240　幅：126	長：8尺0.890寸　幅：4尺2.47寸	長：8尺1寸　幅：4尺2寸

Ⓒ

所属	番号	寸法（単位：cm）	寸法（天平尺表示　1尺：29.67cm）	概略寸法（天平尺表示）
北倉150	27	長：121.5　幅：120	長：4尺0.950寸　幅：4尺0.45寸	長：4尺1寸　幅：4尺
北倉150	28	長：115　幅：113.6	長：3尺8.760寸　幅：3尺8.23寸	長：3尺9寸　幅：3尺8寸
北倉150	29	長：117　幅：118.5	長：3尺9.434寸　幅：3尺9.94寸	長：3尺9寸　幅：4尺
北倉150	30	長：120　幅：121	長：4尺0.445寸　幅：4尺0.95寸	長：4尺　幅：4尺1寸
北倉150	31	長：115　幅：114.5	長：3尺8.760寸　幅：3尺8.59寸	長：3尺9寸　幅：3尺9寸
中倉202	新5	長：118　幅：118	長：3尺9.771寸　幅：3尺9.77寸	長：4尺　幅：4尺

Ⓓ

所属	番号	寸法（単位：cm）	寸法（天平尺表示　1尺：29.67cm）	概略寸法（天平尺表示）
中倉202	新1	長：117　幅：41	長：3尺9.434寸　幅：1尺3.82寸	長：3尺9寸　幅：1尺4寸
中倉202	新2	長：117　幅：41	長：3尺9.434寸　幅：1尺3.82寸	長：3尺9寸　幅：1尺4寸
中倉202	新3	長：117　幅：41	長：3尺9.434寸　幅：1尺3.82寸	長：3尺9寸　幅：1尺4寸

Ⓔ

所属	番号	寸法（単位：cm）	寸法（天平尺表示 1尺：29.67cm）	概略寸法（天平尺表示）
中倉202	新4	長：222　幅：116	長：7尺 4.823寸　幅：3尺 9.10寸	長：7尺5寸　幅：3尺9寸

備考：各表のⒶ～Ⓔは、第3節の表のⒶ～Ⓔと同じものを示す。

第 3 部

正倉院の染織品の保存と技術

第1章　正倉院の染織品の整理

はじめに

　染織史の世界では、正倉院の染織品は上代染織の大きな分野を占めている。しかし、そのように認知されるようになったのは比較的近年のことである。今では、正倉院の染織品は、織り組織や染料や繊維素材（絹・麻・毛など）の研究が進み(1)、墨書銘文が読まれ(2)、次第に全体像が解明されるに至っている。しかし、染織遺物の内容や歴史的由緒や伝来についての研究が進んだ背景には、大正3年（1914）から奈良帝室博物館正倉院掛において本格的に開始されて今も完了していない正倉院正倉（図1）に伝わった古裂の整理事業がある(3)。いわば裏方の作業である古裂整理事業が重要な意味を持つと考えられているのは、この1世紀近くにわたって、整理の進んだ範囲まで調査研究を行うことができたからであろう(4)。

　正倉院の繊維工芸品が史上初めて一般公開されたのは、大正14年（1925）に奈良帝室博物館で開催された「正倉院宝物古裂類臨時陳列」である(5)。この展覧会は、それまでの正倉院掛における正倉院の染織品の整理事業の成果を一同に集めたもので、それ以来正倉院古裂という名が世に普及するようになったと考えられている。正倉院宝庫に伝世した古代染織資料とその整理事業が表裏一体になって今日のいわゆる正倉院裂が誕生したのであり、主要な染織品の整理にようやく目処がつき始めた今日でも、整理事業あっての正倉院の染織品という状況は同様に続いている。

　以上、古裂整理事業の意義と重要性について簡単に述べた。正倉院の染織品の整理は、装潢（表具）の裏打ちの技術をもとにした技法を新たに開発して、約1世紀の間、連綿と続けられてきたものであり(6)、整理された染織品はほとんど原形のままのものかそれに近いものと、断爛や塵芥を伸ばした裂地片の2種類に分けられ、両者の整理方法が異なる。前者は、様々な架台や篝笥に納められ、後者は、屏風貼り込み（屏風装）・ガラス挟み（玻璃装）・帖冊貼り込み（帖装）・巻軸貼り付け（軸装）・箱収納（函装）に整理されており、厖大な数量に達している(7)。そして、これまでは着々と整理の完成に向かって進んでいると考えられてきた。しかし、毎年の定期点検を通して、既整理の古裂や将来の完全な修理と整理を待つ仮整理品にも新たな問題が生じていることが、今では徐々に明らかになっている。本章では、正倉院

の染織品の整理の始まりの頃から、整理方法に改善が加えられて今日に至るまでの経緯を振り返り、今日までの染織品の整理の問題点と将来の展望について考えてみたい。

1．奈良時代から明治時代までの染織品の伝来

　正倉院の染織品は、元来天平時代の盛時である8世紀の中頃に、平城京の宮廷で用いられたり東大寺の斎会や儀式に供せられたほか、貴族達によって東大寺に納められた染織品からなるものである。様々な経緯を経て校倉造りの正倉院正倉に納められ、今日まで伝えられた。[8] それらの天平時代を彩った多数の染織品は、唐櫃（図2）や和櫃の中に納められて正倉院宝庫の中に置かれていたが、都が平城京から平安京に移ると、ほとんど顧みられなくなったと考えられる。校倉の修理や宝物の盗難に伴う点検の時や、寛仁3年（1019）の藤原道長に始まり、天正2年（1574）の織田信長などを数える貴顕の宝物拝見の時には、鮮やかな色彩の残る正倉院古裂が様々な人々の目に触れたと考えられるが、それらが再利用されたり、それらを見本にして同様の裂地が再現されるなどした記録や資料は存在しない。[9] 永久5年（1117）の「綱封蔵見在納物勘検注文」（図3）は、古裂類を初めて記した点検目録であるが、破損した染織品の記載があるだけである。ようやく古裂が再利用されたことを示す資料が登場するのは、元禄年間（1688～1704）のことである

　元禄6年（1693）5月16日から8月7日に及ぶ正倉院宝庫の開封点検の目的は、宝庫の修理であった。その始末記である「正倉院御開封記草書」には鴨毛屏風の修理のことが記されている。[10] 京都の大経師（朝廷の御用をつとめた表具師）が東大寺の塔頭の金珠院において修理を行ったという。

　正倉院の鳥毛篆書屏風（北倉44）（図4）と鳥毛帖成文書屏風（北倉44）（図5）をみると、江戸時代風に仕立て直してあり、その時に修理されたことが知られる。ここで注目されるのは、屏風画面の周縁に貼付されている紫地唐花文錦である。これは、正倉院宝物の紫地錦覆（南倉145-2）の表地の錦と同文様のもので、同覆の裏裂と類似した形状の赤絁が何枚も残っていることから、いくつかの覆の裏裂を取り外し、錦を細幅に裁断して再利用したことが知られる。[11]

　天保4年（1833）10月18日の開封は、大破した屋根の修理のために行われた。同7年6月20日に閉封されるまで、開封期間は2年8か月に及んだ。宝物は、開封後直ちに点検されたが、開封が異例の長期に及んだため東大寺の諸倉に納められて修理や調査が行われたことが知られる。すなわち、手向山八幡宮司上司延寅は、東大寺別当勧修寺宮済範親王の命によりすでに画面が大破していた献納屏風の下地骨を再利用して和紙を貼り直した画面に、古裂片を貼り交ぜた。この古裂貼り交ぜ屏風は東大寺屏風と称され、長く屏風として用いられたが、[12] 下地の破損が進んだため、昭和26～29年（1951～54）にかけて解体され、今では貼付されて

いた古裂は篋笥に納められ、屏風下地はもと通り修理されて天保時の櫃（図6）に納められている。

この時の開封次第は「正倉院宝物御開封事書」にあり、宝物点検目録は「正倉院御宝物目録」である。[13]

現在知られている平安時代末から江戸時代末までの開封点検目録だけで、正倉院宝物の伝世状況を詳細に知ることは難しい。[14] まして古裂断爛や塵芥の類について辿ることには限界があるだろう。しかし、開封点検目録に記されたものを年代順に追うことにより、次のように推定をすることは可能である。すなわち、平安時代末の永久5年の目録に破損と記されているものがかなりみられることから、その頃すでに染織品の破損は進んでいたとみられる。鎌倉時代初期の建久4年（1193）の目録と江戸時代初期の慶長17年（1612）の目録には、破損が進み断爛や塵芥化していることを示す表記はみられないが、両度の開封点検では破損の進んだ染織品を納める長持の置かれた倉が点検されていない可能性があると考えられるので、その頃すでに断爛や塵芥化した染織品が納められたいくつかの長持が存在したとみなすことができるだろう。さらに、元禄6年の目録に断爛や塵芥化した染織品の記載があることから、慶長17年の開封点検時ですでに一部の染織品が断爛や塵芥化していたとみなすことができよう。天保4年の目録には、元禄6年の目録と同様の断爛や塵芥化した染織品の記載があり、[15] 両者の間で破損の進んだ染織品の数量の違いを明確にすることはできないが、袈裟や衣服や茵褥など、もとの形状を留めるものと、切や古切や塵芥と記されているものとが別々の長持に納められていて、江戸時代を通じてそのまま長持の単位で伝えられたと考えられる。

2．明治時代に始まった染織品の整理

明治5年（1872）、すなわち壬申の年の8月12日に維新後初めての開封が行われ、町田久成、内田正雄、蜷川式胤をはじめとする人々が宝物の点検調査に当たった。蜷川式胤は多数の宝物の拓本を採取し、横山松三郎は初めて宝物の写真撮影をしている。この時の宝物点検目録「壬申検査古器物目録」（正倉院の部）[16]によると、初めて北・中・南倉三倉の宝物の点検が一通り行われたと考えられる。同年8月23日には閉封になっている。この点検ですでに襤褸化し塵芥になろうとしている染織品が多く存在することが明らかになった。その修理や整理の緊急性が考慮されたためか、数年後、明治8年（1875）の第1回奈良博覧会開催中に「塵埃」[17]記号の櫃の古裂を東京の内務省博覧会事務局へ運んで、手入れを行い考証することが裁可されている。[18] この時、正倉院の古裂の整理方法について具体的に検討された可能性があるが、記録がなく、整理方法の検討結果も博覧会事務局へ運ばれた古裂のその後の行方も、明らかではない。

明治9年12月27日に、保存と研究のため「塵埃」記号の櫃数合から取り出した古裂を手鑑

に仕立てて正倉院宝庫、内務省博物館、諸府県博物館に配備するという内務省の伺いを宮内省が了承している[19]。この上申は、塵芥と化していく古裂の保存と研究の必要性を痛感していた町田久成や蜷川式胤らが当時の内務卿大久保利通に進言して行われたとも、国内産業の育成と振興を目指していた内務卿の考えであったともいわれる。実際にどのように頒布されたかを示す記録はないが、今日東京・京都国立博物館に正倉院から頒布された古裂が収蔵されている。また、奈良帝室博物館から正倉院に納められたとされるものがあり[20]、私設の美術館や個人のコレクターの手元にも種々の正倉院の染織品が存在することから、頒布が行われたことは確かである。さらに、正倉院の袈裟や衣服（図7・8）などに残る切断された痕跡から、ほぼ原形をとどめるものから裂地が切り取られて頒布されたことが知られる[21]。その真意は図りかねるが、正倉院古裂の普及に大いに役立ったことは確かである。

　明治10年には、2月9日の天皇行幸にあたって宝物修理が行われた。修理は、行幸後も引き続き翌年まで行われ[22]、この時に一部の染織品も修理された可能性はあるが、詳細は不明である。

　明治13年1月に時の内務卿伊藤博文の上申により、校倉造りの宝庫内にガラス戸を付けた宝物展示棚が設置された。これは正倉院宝物の展示収納の始まりである。

　明治15年10月から12月にかけて、当時農商務省御用掛であった国学者の黒川真頼が宝物展示棚に宝物を陳列している。その時の陳列図によれば、多くの染織品が陳列されており、色彩が鮮やかで文様が珍しい正倉院の染織品が注目を集めたことがうかがわれる。

　明治11年2月に皇室への献納が許可された法隆寺献納宝物は、3月に正倉院宝庫に仮置された。5月にその一部が東京の博物館へ運ばれたが、残りは明治15年12月になって東京へ運ばれた[23]。その時、献納宝物中の古裂の櫃13合のうち1合が正倉院の塵芥古裂の櫃1合と取り違えられたまま搬出されたといわれている[24]。現在正倉院には様々な法隆寺裂が整理されており（図9・10）、「法隆寺献納」と書かれた紙箋が貼付された唐櫃が1合存在する。また、東京国立博物館法隆寺宝物館には、明治に正倉院から頒布された古裂以外にも、正倉院伝来の染織品であることが確実なものが存在する。

　明治25年6月に宮内庁内事課長股野琢の上申が裁可され、皇太后宮太夫杉孫七郎を掛長として宮内省正倉院御物整理掛（すなわち御物整理掛）が新設された。旧赤坂離宮内に置かれた御物整理掛では、正倉院宝物の分類整理と修理が行われた[25]。染織品については、古裂を残欠・断爛・塵芥・塵粉の四段階に分類[26]、裂地の伸展や裏打ち、衣服や褥を折り畳んで納め箱に収納、一部は平絹で裏打ちして欠損部を補ない、復元するような整理が行われている[27]。御物整理掛で修理されたことが知られる袈裟（北倉1、図11）、白練綾大枕（北倉46）、御軾（北倉47、図12・13）、薬袋および裏（北倉）、鏡箱襯（南倉）をみると、古来の縫い糸をはずしてすっかり解体して、強い糊を付けて平絹で総裏打ちを行い、欠損するとか弱っている部分

には新しい裂地を補って、再び新糸で縫製していることがわかる。たとえば、刺納袈裟などは、強い糊で貼り付けて新糸で細かく縫い付ける修理が施された表の刺子縫いの絁の部分が、今では浮き上がって分解しそうになっているものもある。このことは、絁のような薄くて弱い裂地の場合、たとえ強い糊で貼り付けても経年変化により早晩分解する恐れがあることを示している。御物整理掛は、日露戦争に突入すると明治37年12月に廃止された。この時、多くの染織品と木工品の一部などの整理は完了していなかった。その整理事業を引き継いだのが、明治41年に東京帝室博物館に設けられた正倉院宝庫掛である。そこでは、天保の開封時に製作された東大寺屏風に倣って献納屏風の下地骨を再利用して下地を貼り替え、東大寺屏風とは異なり一扇一扇を繋がないで下地の上に古裂を貼り交ぜた屏風18扇が製作されている。これらは古屏風装の嚆矢である。

3．大正時代から第2次世界大戦終了まで

　大正2年（1913）3月21日～12月23日にかけて、正倉院正倉の完全な解体修理が行われた。その間、宝物は主として新造された仮宝庫に収納されていた。正倉の修理が完了していた翌3年9月に奈良帝室博物館正倉院掛が新設されて正倉院宝庫掛の事業を引き継ぐと、10～11月にかけて宝物が仮宝庫から正倉院正倉へ還納された（染織品では袈裟や衣服など既整理のものが還納された）。還納されなかったのは、整理と修理を要する古裂や木工品などを入れた唐櫃六十数合である。それらは仮宝庫に留め置かれ、11月から正倉院掛で古裂の整理と修理が開始された。仮宝庫に残された唐櫃中約40合は古裂類で、その内訳は、布楽服類・摺布屏風袋・屏風心布・氈心褥・褥心氈・紐心麻綱・糸幢・応永駕輿丁衣袴・布幕・絹絁布氈類塵芥・塵粉などが納められた三十数合（中倉202）、錦綾絹絁布雑裂71点（南倉148）の納められた1合（205号櫃）、綾羅錦繡雑貼112種（南倉179）の納められた1合（号外の興福寺古材櫃）、天蓋残欠（南倉181～183）の納められた1合（137号櫃）、幡類残欠（南倉185）の納められた5合（126～130号櫃）である。その後、大正5年には奈良帝室博物館内に正倉院御物修理場が新造されて、正倉院古裂整理事業が促進された。

　大正3年11月以来行われた奈良帝室博物館正倉院掛の古裂整理方法は、東京帝室博物館正倉院宝庫掛で製作した古裂貼交ぜ屏風の方法（前節に既述）が踏襲されるとともに、古裂片を伸展して和紙の帖冊に貼り込む古裂帖や、和紙又は平絹を長く接いだものに裂地を貼付するとか縫い付けて巻物のように軸に巻き込む軸装や、伸展して破損部分を薄和紙で補修した裂地をガラス板の間に挟む玻璃装など、装潢（表具）の技術をもとにして、鷺や絹の裏打ちを基本に、正倉院掛で新たに開発されたものである。前例のない事業であり、試行錯誤もあったようで、たとえば、初期の頃の古裂帖は、今と違って台紙1頁の表裏に様々な種類の裂地を貼り混ぜていて、台紙の厚みも今よりも薄い。それでは帖冊を開く時に裂地に負担を

掛けることにもなりやすいため、その後、裂地を片面に貼り台紙を厚くするなど素材や技術面の改良が加えられている。

　もとの形の残る染織品として、大正9〜11年にかけて大幡6旒（南倉184、図14）が整理された。整理方法は、縫い糸を除いて袷を解体し心裂を取り除いて、欠損個所を染めた平絹で補い、新糸で袷に縫い直して、麻布と平絹を合わせた分厚い台裂に縫い付けて、上下に巻軸を取り付けたもので、補塡による復元整理であり、吊り下げて展示することを前提にした修理が行われている（ただし、大正14年時には横に寝かせて展示された）。勅封倉の正倉から出蔵した染織品の修理も行われた。昭和6〜7年には、献物几褥（中倉177-1・3・4・7・9・10・14・15・18号）、昭和7〜8年には最勝王経帙（中倉57）、竹帙（中倉58、62）、大乗雑経帙（中倉60）、小乗雑経帙（中倉61）、昭和12〜14年には袈裟（南倉95）、袈裟付木蘭染羅衣（南倉96、図15）、香染絁袍（南倉129 第1号）、昭和14〜16年には緑地浅緑目交纐纈絁間縫帯（南倉78）、白綾褥（講座茵、図16）（南倉150 第56号）などの修理が行われている。それらの修理は、袷の表裏を全面裏打ちして別裂で欠損部分を補い、心などには新しい布を使用するなどして、最後は新糸で縫い合わせる、いわゆる復元修理である。ただし、献物几褥や白綾褥は平絹で裏打ちされているが、袈裟や衣服の裏打ちには丁子などで染めた茶色の和紙が用いられている。この頃から、絁や羅など薄い織物の裏打ちにはもっぱら和紙が用いられるようになった。断爛や塵芥の中から発見された絁製の衣服断片が、細く切った和紙に糊を付けて斜めに又は交差させて網目状に鎹(かすがい)のように裏打ちが行われたのもこの頃である。

　正倉院掛における古裂整理の成果は、大正14年までに屛風装409扇（献納屛風骨を再利用したもの340扇（図17）、下地骨を新造したもの69扇、玻璃装82枚（図18）、古裂帖262冊（図19）、軸装92巻（図20）、その他、箱に納めた諸染織品等29箱、大幡（灌頂幡）6旒に達した。しかし、それらはすべて仮宝庫に納められており、一般の参観に供されることはなく、担当者以外の目に触れる機会はなかった。そのため「由緒正しく美術、工芸、考古資料として貴重な古裂類を死蔵するのは遺憾であり、保存の為にも通風、曝涼する必要がある」という見地から、整理済の染織品を奈良帝室博物館へ出陳することが上申され認可された[30]。そして、大正14年4月15〜30日に奈良帝室博物館「正倉院宝物古裂類臨時陳列」[31]で正倉院古裂が初めて一般公開された。正倉院古裂の復元模造が最初に試みられたのもこの頃である。

　『正倉院御物図録』[32]全18巻用の宝物写真撮影が大正13年から開始されていたが、大正14年の「正倉院宝物古裂類臨時陳列」が正倉院古裂に対する注目を集めたため、帝室博物館から原色版の上代裂図録を刊行する計画がたてられ、翌15年には正倉院古裂の図録刊行計画が実行に移され、古裂類を東京帝室博物館へ移送して写真撮影された。その時、京都西陣から専門家を招いて移送する古裂の選出を行い、屛風装103扇（献納屛風骨を再利用したもの83扇、

下地骨を新造したもの20扇）、古裂帖3冊、軸装3巻、玻璃装24枚、箱に納めた諸染織品14箱、明治時代に奈良帝室博物館から納められた古裂73片（ガラス板挟み48枚）を選んでいる[33]。

写真撮影は、正倉院古裂を中心にして法隆寺献納宝物裂にも及び『御物上代染織文』（全24輯、昭和2〜4年、帝室博物館）として逐次刊行され、昭和4年には合本されて上下2巻にまとめられた。この大型の原色図録は、大部分を原寸大としており我が国初の本格的な正倉院染織図録となった（図版全150点中約140点が正倉院の染織品）。

合本刊行に先立ち、昭和3年4月14〜29日には東京帝室博物館表慶館で「御物上代染織特別展」が開催された[34]。

昭和7年4月23日〜5月8日には、奈良帝室博物館「正倉院整理古裂第2次展観」[35]が開催された。大正14年の前回と同様に「保存の為に通風を行い貴重な古裂を一般公開する」ことが目的であったが、古裂整理が進んでいたために、昭和7年の展観は大正14年以来過去3回[36]の正倉院古裂の展覧会の中で最大の規模のものになった。

昭和15年11月5〜24日には、東京帝室博物館「正倉院御物特別展」が開催された。144件の出陳宝物中に錦・綾・羅・絁・布・刺繍や、夾纈・﨟纈・纐纈など三十数点の古裂類が含まれていることからみて、古裂片が注目されていたとみなすことができよう。

4．第2次世界大戦後から現在まで

昭和21年（1946）10月19日〜11月9日には、奈良帝室博物館「正倉院特別展観」（第1回正倉院展）が開催され、布衣服類を中心に古裂片も出陳された。翌昭和22年5月には、正倉院宝庫と宝物の主管が奈良帝室博物館を離れて宮内府図書寮に移り正倉院構内の事務所で正倉院古裂の整理と修理事業が再開された。なお図書寮は昭和24年6月に諸陵寮と合併して書陵部となり、現在に至っている。昭和28年3月に新造の宝庫（今日の東宝庫）が完成し、同31年にはひとまず仮宝庫の宝物が移された。やがて、昭和35年5月には正倉内の宝物と聖語蔵経巻が移され、正倉院宝物のすべてと聖語蔵経巻が東宝庫に収蔵された。また昭和29年3月に保存修理棟が新造され、半年後から宝物修理業務がそこへ移され、以後整理が促進された。昭和37年3月には、新造の第2宝庫（今日の西宝庫）が完成した。翌年には東宝庫の空調設備工事のために東宝庫内の収蔵品すべてが西宝庫へ移されたが、同40年には旧仮宝庫の宝物と聖語蔵経巻が東宝庫に戻された。以来、東宝庫内の染織品（唐櫃内の古裂も含む、図21）を主な対象品として、正倉院の染織品の整理が行なわれている。

昭和22年5月以降の古裂整理[37]は、およそ次のようである。

裂地片は水を付けて伸展されて（図22・23）、屏風装・玻璃装・軸装・古裂帖・函装に整理され、布製品は架台や簞笥に納められて、大正時代以来の方法が踏襲された。そして、弱った古裂に負担を掛ける平絹の裏打ちを廃止したり、強い糊が裂地の表まで濃い色の染みが出[38]

ることがあり、再修理の時に取り外し難いのでは使用しないなどの技術や素材面での改良が行われた。麻製品の裏打ちに新麻布の糸目（経糸緯糸の凸凹）を型押しした和紙を使用して裏打ち紙を裂地に馴染ませる手法が考案されたのはこの時期である。

　大型の裂地片を対象としていた屛風装は昭和39年で停止され、軸装は同42年で停止されるほど、裂地片の整理も順調に進んだ。継続されたのは玻璃装、古裂帖、函装である。函装に整理されている古裂片の中に、折り重なった固まりの状態でそのまま箱の中に置かれて、糸で縛るなどして固定されているものがある。それらの中には、折り目が筋切れをしていたり糸の掛けられている個所が破れているものがあり、破損の進んでいるものから順次展開して伸展され、架台に伸展する再修理が行われている。布製品は架台や簞笥（図24～26）に納められた。やがて、東西両宝庫が新造されて伸展した染織品の収蔵場所が確保され、保存修理室が新造されて、大型の染織品の整理や修理に対応することができるようになると、染織品の整理が急速に早まった。

　昭和37年に整理着手された幡類残欠（南倉185、第126～130号櫃）は54年に一応終了、翌55年に整理着手された天蓋残欠（南倉181～183、第137号櫃）は56年に一応終了した。しかし、この時点で未整理のまま置いておく予定であった方形天蓋第19号（南倉182）を朽損するままに任せるのは残念なので、平成9年（1997）に、水や裏打ちの糊による傷みをできるだけ少なくするように工夫された最新の維持整理を行った（図27～34）。

　昭和41年に整理着手された楽服類・衣服類その他（南倉118番以降。一部は南倉の第197、202～204号櫃納在）は61年に一応終了した。51年からは勅封倉（西宝庫）の染織品の破損の進行を止めるための修理が着手されているが、この修理は今日まで続けられている。

　上記の染織品は、いずれも伸展されて大小様々な架台に納めるか簞笥に納められている。幡類・天蓋・衣服・帳・覆など形のある染織品を整理するのに際して、当初は、和紙の裏打ちまでにして、裂地を補うなどの復元の補修は行わずに、修理がいつ行われたかを記録し修理箇所が後世に伝わるようにし、後日必要となれば裏打ちを取り除いて再修理ができるように合成樹脂系の接着剤は使用しないなどの方針のもとに、維持整理と呼ばれる整理が行われた。しかし、その後、展開仮整理と称される、裂地を湿らせて伸展するだけで、糸目を揃えたり、皺を伸ばして破れ目を部分的に和紙で裏打ちすることもほとんどないまま乾燥させて宝庫に還納する整理が行われるようになった。

　ただし、展開仮整理と称される方法で整理された衣服や幡など比較的大きい染織品は、水分を含ませて展開して、薄和紙の上に伸展して乾燥し、鳥ノ子紙（厚手の和紙）の上に置かれているが、筋切れ個所に部分裏打ちが施されていないために、少しずつ崩壊して僅少な破片が動いているものが多い。そこで、部分裏打ちを施すとか、一点一点を別々に畳紙など専用の入れ物に納めるような修理が少しずつ進められている。

おわりに

　本章において、形状の明らかな古裂類のみ点検目録に名称を記載されて、大多数のものは塵芥と呼ばれてそのまま放置されていたことや、明治時代に初めて塵芥が整理（分類整理）され、その後、復元整理から維持整理、そして展開仮整理へと進められたことについて、全体の流れを明らかにすることができた。その間に、多種多様の染織品が混在していることしかわからなかった多量の塵芥古裂が整理されて正倉院古裂に生まれ変わった。今では、正倉院の染織品は、明治時代以来それぞれの時期に整理に携わった先達の最善の努力と、その時期に最新の研究や技術を駆使した整理事業の成果を集積したものを意味すると言っても過言ではないであろう。

　そのような正倉院の染織品について、由緒や織り、染め、文様、素材、あるいは用途の面からではなく、整理事業から考えてみた。1世紀に及ぶ大事業の全貌は容易に明らかにできるものではなく、およその展開を明らかにすることができたかどうかもおぼつかない。それでも、正倉院古裂と今後とも向き合っていくためには、整理事業の経緯や問題点についての考察は避けられないものであり、また、そのようなことを詳しく述べた例はほとんどないので、今回あえて取り組んでみた。

（1）　正倉院古裂の調査は、奈良国立博物館と正倉院事務所と在外の専門の研究者により、文部省科学研究費交付金（総合研究）を受けて「正倉院裂の基礎的調査」（昭和25〜27年研究代表者黒田源次）として行われたのが最初である。引き続き、4年目以降は正倉院事務所の事業として、古裂第1次調査が行われ（昭和28〜37年）、古裂第2次調査が行われた（昭和38〜47年）。平成2〜3年には、繊維材質調査が行われている。その間に、錦・綾・羅・染料・繊維（絹・麻他）の調査研究の成果が報告された（第1部第3章の表を参照）。

（2）　正倉院の染織品の銘文中、楽舞装束の楽名・年代、調庸銘などは明治時代からすでに知られていたが、大正3年からの本格的な整理に伴い次々に発見されたものは、最初、石田茂作編「正倉院御物年表」（『東洋美術特輯正倉院の研究』飛鳥園、1929）の銘文の項目に発表された。その後、正倉院古裂の銘文は、松嶋順正編「正倉院古裂銘文集成（結）」（『書陵部紀要』第3号、1953）に一括して発表された。新発見の銘文を増補した松嶋順正編『正倉院宝物銘文集成』（吉川弘文館、1978）が出版されたのは近年になってからである。なお、最近の成果は、正倉院事務所編『正倉院宝物』1〜10（宮内庁蔵版、毎日新聞社、1994〜97）に発表されている。

（3）　おそらく、正倉院古裂の整理事業について最初に具体的に紹介した出版物は、松本楢重著『正倉院雑談』奈良観光事業株式会社出版部、1947）であろう。この本は、当時の保存管理を担当していた松嶋順正の話を聞き書きしてまとめたという体裁のもので、その中の「古裂整理の大事業」では、断爛や塵芥の具体的な整理方法として、櫃から取り出してきて、塵粉を払い落としてから水で湿らせて皺や反りを落ち着かせ、水を含ませながらピンセットにより経糸緯糸を揃えて、新聞紙の上に延べ広げて乾燥させた後、屏風装や古裂帖や軸装や玻璃装や函装に仕立てるとしてい

る。この方法は、現在も行っている塵芥の整理方法と同様である。ただし、現在ではできるだけ水分が付かないように注意しながら皺や反りを伸ばし、水をわずかに含ませた筆先で経糸緯糸を揃えるようにしている。水に含まれる成分が裂地の染料や素材（絹や麻）に影響することのないように、イオン交換水を使用している。

　　　『岩波写真文庫40　正倉院(1)』(岩波書店、1951)には、仮宝庫の内部の様子や塵芥の詰まった櫃の様子が写真で紹介され、古裂帖の製作工程が写真図版で順を追って紹介されている。

　　　松本包夫『正倉院ぎれ』(学生社、1982)は、筆者が「従来の書物にあまりとりあげられていなかった江戸・明治以後の保存と整理の話しにもかなりの紙面をさき、……」と記しているように、従来の刊行物の中で正倉院古裂の整理について最も詳しく紹介している。

　　　青山茂編『正倉院の匠たち』(草思社、1983)は、正倉院事務所で長く古裂整理作業に従事していた安藤重衛門(1947～79年に勤務)との対談が収載されている。そこでは、古裂の整理方法とともに、安藤らが立案して実践した戦後の整理方針をについて紹介されている。すなわち、復元するための補修を行わない（せいぜい和紙の裏打ちまで）、後世の人達がいつの修理かわかるようにする、糊で付けたところを取り外して再修理ができるように合成樹脂系の接着剤は使用しないことなどで、現在も踏襲されているものである。

（4）　和田軍一『正倉院夜話』（日本経済新聞社、1967）に、「正倉院宝物の整理の実況をみたフランスのギメー博物館長ルネ・グルッセは、「正倉院ではいながらにして、毎日毎日が発掘である」と言った。古裂包みを開き、雑塵の筐底を払えば、何かが新しく発見される」とあるように、正倉院の古裂整理は新発見や調査研究と結びついて理解されてきたといえよう。西村兵部「正倉院の綾」『書陵部紀要』（第12号、1960）に「帖装古裂あとまだ456冊（昭和35年(1960) 8月現在）をのこし、……新資料発見の可能性はつよく、……この報告も中間的なものであることは筆者みずからも感ずることであり」とあるのは、古裂整理の進んだ範囲まで調査研究が及ぶことを示唆している。

（5）　この展覧会に出陳されたのは、整理済の染織品のほとんどすべてに及ぶ屏風装122扇（献納屏風骨を再利用したもの53扇、下地骨を新造したもの69扇）、古裂帳36冊、軸装29巻、玻璃装82枚、その他、箱に納めた諸染織品24箱、大幡（灌頂幡）4旒である。この時、染織工芸家・有職家・美術史家のみならず、歴史学者や考古学者から一般の人々の間でも大きな反響を呼んだといわれる。16日間で2万5千人近い入場者を数えた。以上、正倉院事務所に残る当時の立案書類による。『東京国立博物館百年史』（東京国立博物館、1973）の略年表にも開催のことが記されている。

（6）　前掲注（3）松本包夫『正倉院ぎれ』によると（138～141頁）、大正・戦前は復元整理、戦後は維持整理に整理方針が変更されたといわれる。

（7）　完形かそれに近いものは、各品を由緒や用途別に分けて数量を計ることができる。裂地片は、整理容器の個数や片々の枚数（点数）により数量を計ることもできる。既整理染織品の概数を以下に示す。

　　　完形かそれに近い整理済染織品は、献納宝物が染織屏風・屏風袋・薬物の袋・花氈を加えて約300点、大仏開眼会用品は伎楽面袋を加えて170～80点、聖武天皇御葬儀に関わる用品は40～50点、聖武天皇一周忌斎会用品は主に幡であるが約700点である。その他、調庸銘の残る絁や麻布など由緒のわかる染織品が200点以上あり（麻布は、裂地片と化していて、軸装や函装に整理されているものが多く、調絁は、完存品や部分を使用した残りのようなものもあるが、屏風装・軸装・古裂帖に整理された小断片が多い）、合計1400～1500点に達する。整理済裂地片は、現時点で屏風装が542扇（古屏風325扇、新造屏風217扇）、玻璃装が536枚、軸装が257巻、帖装が907冊、函装が73個で、合計二千数百点が整理されている（裂地小断片まで数えれば20万点近い）。

（8）　正倉院宝庫は、天平勝宝8歳（756）9月頃にはすでに完成していたと考えられている。光明

皇后の献納宝物が大仏殿から宝庫へ移納されたことを検分した検遷使の署名のある天平勝宝8歳9月22日付の文書断簡が存在することや、人参50斤を天平勝宝8歳10月3日に施薬院へ出蔵したことが「出入帳」（北倉170）に記載されているからである。正倉院宝庫創建時、周辺にはすでに北倉代と呼ばれるやや大きい倉庫や小さい倉庫が10棟近く立ち並んでおり、塀で囲まれたその一郭は東大寺の正倉院と呼ばれていた。

　その頃、造東大寺司や三綱所、東大寺周囲の院堂にもそれぞれ倉庫があった。ところが、兵火や朽損のため次々になくなり、中世になると東大寺には正倉院宝庫と数棟の小さい倉庫しか存在しなかった。そして、崩壊した諸倉の納在品の中には、正倉院宝庫へ移納されたものも少なくない。『東大寺要録』によると、天暦4年（950）6月に羂索院の双倉が朽損したために納物を正蔵三小蔵南端蔵、すなわち今日の正倉院宝庫の南倉に移したとある。そして、羂索院の双倉には朽ちた諸倉の什物が納められていたという。実際、正倉院には、『阿弥陀悔過料資財帳』に記されている品々と一致すると思われる宝物が伝わり、羂索院・戒壇院・小塔院・千手堂・吉祥堂などの什物であることを示す墨書のある宝物が存在する。さらに、北倉代に納められていたとされる大仏開眼会用物が正倉院に伝わっていることからみても、正倉院宝庫には、光明皇后の献納宝物以外にも、他から移納された様々な東大寺の什宝が伝来したと考えられる。

（9）　正倉院には、「延暦六年六月二十六日曝涼使解」（北倉162）をはじめ、「延暦十二年六月十一日曝涼使解」（北倉163）、「弘仁二年九月二十五日勘物使解」（北倉164）、「斉衡三年六月二十五日雑財物実録」（北倉165）、「礼冠礼服目録断簡」（北倉166）（上記「斉衡三年六月二十五日雑財物実録」の巻初部分の断片）、「永久五年八月七日綱封蔵見在納物勘検注文」（中倉19『正倉院塵芥文書』第16巻所収「綱封蔵見在納物勘注五張」・『大日本古文書』編年文書第25巻）と、奈良から平安時代にかけての6巻の宝物点検目録が現存する。なお、「検定文」とその後の「検珍財帳」が6巻に先立ち存在したことが知られるが現存しない。最初の5巻は、北倉の点検目録で、献物帳所載品の点検目録である。その中に記されている染織品の中で現存するものは、袈裟（北倉1）、白練綾大枕（北倉46）、御軾（北倉47）、繡線鞋（北倉152）をはじめとするものである。最後の「綱封蔵見在納物勘検注文」は、白河上皇の命により綱封倉すなわち南倉を点検した目録で、奥書に、ここに記されたものはそれまでの点検目録には記されていない品々で、重物の多くは勅封倉に移動してあるので綱封倉に今存在するものを点検したと記されている。最も古い南倉の点検目録である。そこには、染織品について「古破損幡」「大廣赤褥」「舞装束但破損」「破損幡」「破損衾幷褥小」「破損幡幷白布」などが約60合の櫃に納められていたことが記されている。すなわち、その頃すでに染織品は破損していたのである。

　鎌倉から江戸時代にかけての開封点検目録が存在し、今日まで伝来した染織品が各時代にどのような状況にあったかを推測することができる。

　「建久四年八月二十五日東大寺勅封蔵開検目録」（『続々群書類従』第十六「雑部」所収）は、勅封倉の雨漏りの修理のために、南倉へ移された北・中倉の宝物の点検目録である。諸韓櫃（唐櫃）毎に収納品を記載している。染織品では、袈裟や衣服に加えて、袋・覆・茵・打敷などが、主に他の宝物に付属するものとして記されている。破損を示す記載がないのは、重物と称する程であるから塵芥に類するものは存在しなかったのであろう。

　「寛元元年閏七月二十三日東大寺勅封蔵御物目録」と「弘安十一年四月二十三日東大寺勅封蔵重宝目録」（両方共『続々群書類従』第十六「雑部」所収）は、勅封倉の点検目録であるが、前者は諸辛櫃（唐櫃）の内容を逐一記されておらず、後者は後深草上皇御覧の宝物の目録である。どちらも、いわゆる染織品は記載されていない。

　「慶長十七年十一月十三日東大寺三蔵御宝物御改之帳」（『続々群書類従』第十六「雑部」所収）は、東大寺塔頭の僧3人が慶長15年（1610）7月21日に北倉の床を破り宝物を盗み、それが発覚

して犯人が捕らえられ、徳川家康の命令で勅封倉（北・中倉）の宝物点検が行われた時の目録である（「慶長十九年薬師院実祐記」（『続々群書類従』第十六「雑部」所収）による）。二倉を上下に分け、各場所の長持（唐櫃）に「い・ろ・は……」と「一・二・三……」の符号を付けてその内容を記している。染織品は、北倉に「幕之縄白painted」「白もうせん」「白赤もうせん」「走絹之幕」「もうせん但紋有」「唐織之琵琶袋」「巻唐布」などがあり、中倉に「色々着類」「色々御しとねの道具」「色々錦之幕」「色々古幕」「色々布幕」などが記されている。目録に付けられた付箋には、北倉の長持34個は東大寺による修理の目的で綱封倉である南倉に移され、もと南倉にあったそれほど重要ではない品物が北倉に移されたとある。なお、今では主として唐櫃（および和櫃）と称しているが、奈良時代には韓櫃、平安時代末から鎌倉時代には辛櫃と記されていて、ここにおいて長持と記されているが、本書では、各時代の呼称を特に考慮せずに用いているので、文中、櫃を指すことばが統一されていない。なお、櫃に符号を付けたのもこの時が最初である（明治以後は再び号数を付けている）。

　「寛文六年三蔵宝物目録」（寛文6年（1666）の目録とされる「東大寺三倉入日記正倉院御道具目録」と巻頭に書かれた正倉院事務所の写本）は、寛文6年3月4日に開封し同7日に閉封した時の中倉と南倉の目録である。慶長17年（1612）の目録と比較すると、慶長の目録にある北倉階下の長持は、寛文6年の目録の南倉階下のものと一致している。慶長17年の目録にある北倉階上の長持は、寛文6年の目録の南倉階上のものと一致し、南倉のものとしてさらに数個の長持が記載されている。符号の一致している長持の納在品は同じである。すなわち、慶長の目録の付箋の通りに北倉の長持は南倉に移され、南倉の品物が北倉に移されていると推定できる。寛文の目録にある染織品は、慶長の目録のものとほぼ同じである。

(10)　元禄6年（1693）の開封記録は「東大寺正倉院開封記」で、そこには5月16日から24日にかけての中倉階下の長持100個と南倉階下の長持31個の点検目録が記されている。北倉の品物の記載はないが、それは、慶長17年の点検目録にあるように、慶長の点検後、北倉の宝物が東大寺による修理の目的で綱封倉である南倉に移され北倉にはもと南倉にあったそれほど重要ではない品物が移されていたからであろう。

　慶長17年の目録と寛文6年の目録を比較すると、慶長の目録の北倉と寛文の目録の南倉の内容がほぼ同じで、北倉から南倉へ長持が移動したと推定される。寛文6年から元禄6年までの宝庫内の長持の移動を検討するために、中倉階下と南倉階下の長持を点検している寛文6年の目録と元禄6年の目録の中倉階下と南倉階下について比較すると、元禄の目録に寛文の目録にない「幡朽損数多」「古幡ノ切」「古布」「古絹」「古布切」「古絹切」「塵芥」「布ノ朽損」などが記されているなど、同じ倉の納在品の内容が一致していない。寛文6年から元禄6年までの27年間に3倉間における宝物の移動があったようである。さらに、染織品について、断爛と考えられる「古布」「古布切」「古絹切」や塵芥と考えられる「塵芥」「布ノ朽損」が元禄の目録のみに記されており、寛文6年の開封点検の時点ですでに染織品の断爛や塵芥が納められた長持が存在したが、その時に点検された倉には納められていなかったか、点検されて目録に記されることがなかったと推定される。

　「正倉院御開封記草書」と「東大寺正倉院開封記」は、『続々群書類従』第十六「雑部」に収録されているものを参照した。

(11)　南倉148-35緋絁6帖は、一枚一枚がこの覆の裏裂（赤絁2枚を縦に縫い綴いだもの）を構成する赤絁と寸法形状が一致している。紐の縫い付けた位置も同様である。ただし、縫製した針穴の跡などの厳密な調査は行われていない。

(12)　東大寺屏風の納められていた天保時の櫃の蓋表には「古切御屏風二畳十二扇東大寺公物」とあり、同櫃の蓋裏には、天保7年（1836）6月20日の正倉院閉封の前の月の5月に、献物帳記載の

屏風を再現して古裂貼り交ぜ屏風を製作した旨が記されている。
(13) 天保4年（1833）の開封点検目録である「正倉院御宝物目録」には、北倉の長持（この目録では唐櫃とも記されている）55個と中倉の長持37個と南倉の長持27個の合計119個の点検記録が記され、塵芥その他は開けていないので省略するとしている。これは、現在知られている点検目録の中では、3倉にわたり宝物点検が行われた最初のものである。「正倉院宝物御開封事書」によると、10月18日に開封され当日から24日までの7日間に合計133個の長持の点検を行ったとある（事書には、長持の符号は記されているが、内容物と3倉の区別は記されていない）。「塵芥その他」は点検していないとみなされるから、点検を行った長持数が目録と事書で異なっていることになる。したがって、目録にはすべての宝物が記されていないと考えられる。

　天保4年の開封点検目録と元禄6年の開封点検目録を比較すると、後者は、中倉階下の長持100個と南倉階下の長持31個の合計131個の長持の点検記録であり、元禄6年から天保4年までの約140年間に中倉から北倉へ多数の宝物が移動したのではないだろうか。両度の点検目録を染織品について比較すると、一部の長持については符号の一致するものは収納品も一致し、納められている倉も一致している（「ゑ」「も」「ぬ」「む」の符号のものなど）。天保の目録に「御衣ノ切」「御衣朽」「幡切」「古切」「布切幕」「塵芥」などと記されている長持の符号と同じ符号の長持は元禄の目録にみえないが、それら断爛や塵芥と考えられるものとほぼ同様のものが元禄目録にも記されているから、同じ長持の符号を変更したのかもしれない。

　「正倉院宝物御開封事書」と「正倉院御宝物目録」は、『続々群書類従』第十六「雑部」に収録されているものを参照した。

(14) 橋本義彦「『東大寺勅封蔵目録記』雑考」正倉院文書研究会編『正倉院文書研究　9』（吉川弘文館、2003）に、鎌倉時代の開封点検目録の詳細な検討が行われている。

(15) 前掲注（3）松本包夫『正倉院ぎれ』の124〜127頁には、「元禄開検時にはまだかたちを保っていたのに、天保時代にはもはや原形もとどめぬ残片（すなわち塵芥）と化してしまったものが目立つ」とある。しかし、『続々群書類従』第十六「雑部」に収録されている目録を比較する限り、元禄と天保の目録に記された染織品は類似しているので、次第に塵芥化が進んだことは確実であるとしても、約140年間にそれ程急速に破損や朽損が進んだとは思えない。

(16) 明治5年（1872）の開封時、正倉院宝物の点検は8月12〜18日の7日間に行われた。閉封は数日後の8月23日であり、この時の開封次第は『奈良の筋道』（蜷川式胤日記）に記されている。「壬申検査古器物目録」（正倉院の部）は、3倉全体を開封点検した目録で、合計190個の長持（および唐櫃）の点検を行っている。そのうち北倉の35櫃は塵芥とされている。「古絹切」「浅黄唐布」「白絹切々」「古切」「塵芥」「古切塵芥」「古絹綾塵芥」「古絹破裂」「古布破裂」等々が記されていて、天保4年（1833）の目録とは表記が異なる。

　「壬申検査古器物目録」（正倉院の部）は、樋口秀雄編「資料公刊1〜3壬申検査古器物目録正倉院の部」（『ミュージアム』第255〜257号、東京国立博物館、1972）を参照した。また、『奈良の筋道』は、安藤更生「明治5年正倉院開封に関する日記」前掲注（2）『東洋美術特輯正倉院の研究』、由水常雄「明治5年の正倉院開封目録」（『美術史』第80号、1971）などに一部が抜粋されて収録されており、米崎清美編『蜷川式胤奈良の筋道』（中央公論美術出版、2005）には、全体が活字本として刊行されている。

(17) 松嶋順正『正倉院よもやま話』（学生社、1989）の41〜52頁参照。

　奈良博覧会とは、奈良町の有志の申し出により正倉院宝物をはじめ奈良の諸寺に伝わる宝物を東大寺大仏殿の回廊に数百点並べて展示するという破天荒なものであった。明治8年（1875）3月1日〜5月20日に開催された第1回から明治9・11・13年の合計4回にわたって、多数の染織品を含む正倉院宝物が一般に公開された。

(18)　前掲注（５）『東京国立博物館百年史』の163頁および同書『資料編』の620頁参照。

(19)　前掲注（５）『東京国立博物館百年史』の166頁および同書『資料編』の621・622頁参照。

(20)　「正倉院御物目録」（明治41年10月宮内省賞器主管より引き継ぐとされるもの）に、「錦繍綾絁等玻璃板夾四箱二箱奈良博物館納付」と記されている。

(21)　たとえば、七条織成樹皮色袈裟（北倉１）、呉女背子（南倉124-43）、大幡の脚端飾（南倉184）、吉字刺繍飾方形天蓋（南倉181）の刺繍垂飾などの部分が頒布されている。

(22)　前掲注（５）『東京国立博物館百年史』の166頁および同書『資料編』622頁参照。

(23)　前掲注（５）『東京国立博物館百年史』の159・160頁参照。

(24)　前掲注(17)松嶋順正『正倉院よもやま話』の37 〜 42頁参照。

(25)　小野善太郎『正倉院の栞』（1920、西東書房）の20・21頁、木内半古「正倉院御物修繕の話」前掲注（２）『東洋美術特輯正倉院の研究』の117 〜 121頁、安藤更正『正倉院小史』（1947、明和書院）の88・89頁参照。

(26)　残欠は、破損は大きいがもとの形状を窺い知ることのできる染織品。断爛は、もとの形状や用途の不明な古裂片。塵芥は、古裂小断片や微小片。塵粉は、絹や麻などの繊維素材の粉末。

(27)　御物整理掛における染織品の整理は、前掲注（６）『正倉院ぎれ』に述べられているように、ほとんど手が付けられず大まかな区分に留まったと言われていた。しかし、東野治之編『東京国立博物館蔵正倉院御物修繕還納目録—問題と翻刻—』（奈良大学文学部文化財学科、2002）により、御物整理掛における染織整理の実態が明らかになった。「正倉院御物修繕還納目録」には、薬袋および裏（北倉）（明治26・36年還納）、袈裟（北倉１）、白練綾大枕（北倉46）、綾羅錦繍雑張112種（南倉179）（以上明治37年還納）、御軾（北倉47、明治35年還納）、鏡箱襯（南倉）などが修理されたことが記されている。なお、同書収載の「正倉院御物未修繕還納品目録」には、未修理のまま新聞紙に包まれ櫃に納められていた楽服や幡類などの染織品が列記されている。

(28)　前掲注（５）『東京国立博物館百年史』の380頁参照。

(29)　前掲注(17)松嶋順正『正倉院よもやま話』の216頁参照。

(30)　正倉院事務所に残る当時の立案書類による。

(31)　注（５）参照。

(32)　全18巻のうち、第１〜15号は昭和３〜19年に帝室博物館発行、第16号は昭和26年発行で国立博物館編集、第17号は昭和28年発行で東京国立博物館編集、第18号は昭和30年発行で東京国立博物館編集。

(33)　正倉院事務所に残る当時の立案書類による。

(34)　前掲注（５）『東京国立博物館百年史』の418頁参照。

(35)　この展覧会に出陳されたのは、屏風装498扇（献納屏風骨を再利用分325扇、下地骨を新造分173扇）、古裂帳340冊、軸装154巻、玻璃装140枚、箱に納めた諸染織品37箱、大幡（灌頂幡）６旒、摺布屏風袋43口、布衣服類43件約60点、布幞および袋類16点、白布及び色布62巻と帖冊３冊、未整理古裂若干である。

(36)　正倉院事務所に残る当時の立案書類による。

(37)　『書陵部紀要』第１号（宮内庁書陵部、1951）から同第30号（1978）の「正倉院年報」、『正倉院年報』第１号（正倉院事務所、1979）から同第18号（1996）および『正倉院紀要』第19号（正倉院事務所、1997）から同第27号（2005）の「年次報告」に昭和22年以降の古裂整理の成果が報告されている。

(38)　大正時代から、米糊（続飯）などの強い糊や合成樹脂系の接着剤は用いられていない。生麩糊の濃度が高いものを強い糊と称している。ちなみに、戦後、粉状化する古裂を合成樹脂で固める実験が行われたことがあるが、固まったものがひび割れ、透明度がなくなり褐色に変色するなど

経過が非常に悪いため、古裂数片の実験で終わり、古裂整理方法に採用されなかった。
(39)　平成2年に、臈纈屏風画面残片を新造屏風の画面に貼付した臈纈屏風が2扇製作されたが、これは従来の屏風装とは別系統の整理である。

第2章　正倉院裂の復元模造
——小石丸種の蚕の繭を用いて——

緒　　言

　平成16年（2004）8月21日～9月23日の1か月間、京都国立博物館において特集陳列「皇后陛下ご養蚕の小石丸　正倉院裂復元模造の十年」展が開催され、盛況裏に終わった。京都国立博物館と宮内庁正倉院事務所の共催で行われた展覧会で、宮内庁正倉院事務所が京都西陣の織物会社である株式会社川島織物に委嘱して、平成6～15年度にかけての10か年計画で製作した19件の正倉院裂復元模造品が出陳された。8月22日には天皇皇后両陛下の行幸啓があり、テレビや新聞などでも取り上げられて評判を呼んだ。まさに10か年計画の終わりを飾るにふさわしい華やかで重厚な催しであった。正倉院古裂復元模造事業が完了した今、事業開始前夜の思い出を振り返ってみたい。

1．開始前夜

　正倉院裂の復元模造計画が浮上したのは、平成5年（1993）のことである。正倉院事務所では、それまでに組紐の帯・綾錦の褥（机の敷物）・䕃纈の袈裟箱袋・錦の琵琶袋などを模造していたが、裁断縫製を経た品物ではなく、素材の裂地すなわち正倉院古裂の復元模造は戦後初めての試みであった。そこで、染織史研究の第一人者と言われた太田英蔵・佐々木信三郎を擁した川島織物に古裂の復元模造の可否を打診することになった。両氏には、昭和30年代から10年以上の歳月をかけて行われた正倉院古裂調査に重要な役割を果たして頂いている。直ちに委嘱を受諾した川島織物は、正倉院事務所において復元模造方針の協議に入った。

　しかし、今日可能な限り正倉院古裂を徹底的に復元して模造しようという正倉院事務所の狙いを詳しく聞くと、最初は戸惑った様子であった。特に、調絁と言われる奈良時代の地方の人頭税の一つで中央に貢納された平組織の絹織物の復元模造の可能性については否定的で、その理由として、現代の普通の平絹ではありえない糸の太さと張力のムラ、そして密度ムラが挙げられた。正倉院に伝わる調絁を調査結果通りに織り上げようとすると、裂地を織機から降ろした途端に糸がスリップして変形する恐れがあり、まともに織り上がらないだろうという予測である。

さらに、外国産種と交配して改良を重ねた現代の蚕繭から採れる絹糸を用いる限り、見た目の上でも平組織の絹織物を古代のものに似せて作ることは難しいといわれた。綾や錦などは文様や色彩で見た目を似せられても、平組織の織り目や糸の太細だけで見た目を演出することは、古代の絹糸でも用いない限り不可能ではないかと思われた。

2．古代の絹糸と養蚕史

古代の絹糸がどのようなものであったのかを知るために、古代絹の世界的権威者である布目順郎博士のもとを訪ねることにした。博士は、かつて委嘱を受けて正倉院の絹繊維を広汎に調査されており、正倉院の絹繊維に最も造詣が深い研究者の一人である。

養蚕は中国で始まったと考えられている。紀元前約2800年とされる平絹の断片が浙江省呉興銭山漾遺址から出土するなど（『考古学報』第2期、1960）、桁違いに古い絹は悉く中国から出土している。

では、養蚕が我が国に伝来したのはいつ頃のことであろうか。布目博士によれば、最近の発掘試料の調査結果から、我が国の養蚕業の起源は紀元前1世紀かそれ以前にまでさかのぼる可能性が高いとされる。

たとえば、弥生中期前半（紀元前1世紀頃）とされる比恵遺跡（福岡市博多区）出土銅剣の身に付着した平絹や剣の柄に巻かれた絹織物（『福岡市埋蔵文化財調査報告書』第94集、1983）は、同時代の中国産の絹と織密度が異なるので中国産とはいえない。そして、朝鮮半島からは弥生中期前半の絹織物が全く出土していないので、それらは日本産である可能性が高いということである。

また、弥生中期前半から中期後半（1世紀前半）および後期初頭（1世紀末頃）とされる栗山遺跡（福岡県甘木市）出土甕棺内の被葬者の骨に付着していた絹織物（『甘木市文化財調査報告書』第12集、1982）は、比恵遺跡出土のものと織密度がよく似ているが、繭の繊維の断面積や断面完全度は漢代の中国製のもの（陽高・楽浪・馬王堆出土絹）に似た傾向があるので、中国本土の華中から渡来した蚕種を我が国で養蚕して得た絹糸を用いて織られた織物である可能性が高いという。

3世紀中頃には我が国で養蚕が行われていたとする従来の説は、魏志倭人伝（3世紀後半に陳寿（233〜297）によって書かれた『三国志』『魏志』の倭人伝）の記述を根拠にしていたが、出土遺物の研究により、約300年さかのぼる頃にすでに養蚕が行われていたことが判明しつつある。弥生時代中期以前の絹織物の出土例は、すでに十指を超えている。ただし、出土地は九州北部の福岡・佐賀・長崎の3県に限られている。それが、古墳時代前期になると、近畿地方（京都・奈良）や日本海沿岸地方（富山・石川・島根）からも絹織物が出土するようになる。

古墳時代（3世紀末〜7世紀）に朝鮮半島や中国の渡来人達により次々に養蚕技術が伝えられたことは、『日本書紀』や『日本三代実録』にみられ、金属の遺物に錆着した絹織物断片が全国から出土していることからも首肯される。養蚕は全国的に広がり、大宝律令が制定されると(701年)、各戸に桑を植えさせて全国の人民に人頭税として調絁（平組織の絹織物）を物納することが課された。正倉院に残る18か国四十数点の調絁は、実物資料として知られる。そして、その頃には様々な中国の蚕種が混在して用いられていたと思われるが、国内で何世代も養蚕されることによって、それらは日本産の様々な蚕種となったと考えられる。

奈良・平安時代に全国的に普及した養蚕は、中世には衰微し、江戸初期には幕府の養蚕奨励もありしだいに復調するなど消長を見せている。しかし、中世以降、輸入白糸といわれる中国産の生糸が豊富に入るようになると、西陣などの高級織物の多くに白糸が用いられた。日本産の和糸の増産が進むのは、蚕種製造、養蚕、製糸が分化して繭が商品化するようになる18世紀の初頭以降のことである。

やがて、安政6年（1859）の横浜開港による生糸輸出の開始は、我が国の養蚕業を飛躍的に発展させた。明治政府は、生糸輸出による外貨獲得を図り、法律の整備や研究・教育を通して養蚕技術の向上に努めた。

皇后陛下の御養蚕（御親蚕）は、明治4年（1871）に昭憲皇太后が吹上御苑内で始められた。最初に御養蚕の世話をしたのは、優良蚕種の製造や飼育法の改良に功績のあった群馬県の田島弥平である。御養蚕は明治6年の火災で中断されたが、同12年に孝明天皇の皇后である英照皇太后が青山御所内に御養蚕所を新設して再開され、29年まで継続された。

その後、御養蚕を復活されたのは貞明皇后である。明治38年に東京蚕業講習所（現在の東京農工大学）行啓の折、当時我が国で最も優秀な品種とされた小石丸の蚕種を献上されると、同40年までお手許で飼育され、翌41年から青山御所内御養蚕所で小石丸を飼育された。大正3年には今日の皇居内紅葉山御養蚕所を新築され、御養蚕は、香淳皇后、現皇后陛下へと引き継がれている。

現在御養蚕所では、小石丸種と日中交雑種と欧中交雑種の蚕が飼育されているが、日本産種と中国産種と欧州産種から2種を交配して作る交雑種が普及し改良が重ねられる以前の蚕種である小石丸は、今日残る蚕種の中で最も純粋な日本産種といわれている。

3．小石丸との邂逅

素材の面からも古代の絹織物の復元を目指すには、小石丸種の繭が唯一無二の選択肢であることが明らかになった。しかし、当時、原産種管理法（昭和9年公布）を受け継いだ蚕糸業法（昭和20年制定、平成10年廃止）があり、一般に小石丸を養蚕することはできなかった。小石丸種の繭は、皇后陛下が御養蚕されておられる以外になく、入手不可能なのが現実であっ

た。そのため、平成5年当時の米田雄介正倉院事務所長が御下賜を願い出たところ許可になり、それまで毎年4kgの生繭（孵化して蛾になる生きた繭）を生産されていたのを増産されて、以来10年間にわたり毎年40〜50kgの生繭を頂戴することができたことは、大変有り難い思し召しであった。

　かくして、最大の問題を解決することができたが、川島織物では、経糸の張力にムラを作り、緯糸の密度にムラを作り、何種類も太さの異なる糸を用いて、平組織の絹織物を製織することに不安を覚えていた。織り上がった裂地が、糸のスリップによって歪んでしまってまともに仕上がらないのではないかという不安である。

　その解決の糸口は、繰り返された宝物の詳細な調査の中から見つかった。正倉院に伝わる調絁の絹糸は、今日の常識を遥かに超えて平たいのである。それは、製織の過程で押し潰されて楕円形になっている今日の平絹の絹糸の断面とは異なり、糸の段階で帯状に近い平たいものであったと考えられた。そして、平たい絹糸では糸間の摩擦が大きく、糸のスリップは起き難いのである。そのような断面の絹糸ができたのは、古代の製糸方法が現代と異なるためなのだろう。古代の製糸法は、おそらく鍋で炊いた繭から糸を手で繰り出して何本も合わせて生糸にして、円筒形の筒を手で回して巻き取るようなものであったと思われるが、具体的な方法は全く不明である。そのため、川島織物が出した結論は、平たい糸を製糸することができる座繰り製糸機械を用いて製糸することであった。今回用いた装置は、絹糸研究家である志村明氏の創案により、繭糸を通すガイドに馬の尻尾の毛を用いて、下から引き上げた十数本の繭糸をガイドの所で1本に合わせて、そこで糸の方向を90度曲げて横向きに糸を巻き取るようになっている。

4．染色の問題

　次に問題となったのは染色のことである。昭和28年から10年間にわたって、上村六郎・高木豊が様々な正倉院裂の分離断片から染料成分を抽出してペーパークロマトグラフィーで分析した成果が唯一の科学的な根拠になった。両博士は、色彩とその蛍光のみから染料判定が行われることは危険であり限界があるもので、化学分析実験が併用されることが必要とされた。

　この時、六十数種類の正倉院裂の染料として同定されたのは、日本茜（プルプリン）、黄檗（ベルベリン）、刈安（フラボノイド）、蓼藍（インジゴ）、紫草（シコニン）である。そして、紅花（カーサミン）染めを推測させる色彩のものも分析すればすべて日本茜であったことや、刈安・櫨・楊梅等のフラボノイド系染料を完全に同定することが困難であったことがわかり、染色条件や経年変化を追跡することが今後の課題とされた。

　この調査は、化学分析機器がはるかに進歩した今日からみても、それらを活用する場合に

古代染料の調査研究の方向性を示す画期的なものである。また、文献と化学実験から染色文化史の分野で広汎な業績を挙げた上村の積年の研究に頼るところが多かった。『万葉集』『正倉院文書』『延喜式』などに記された色名と染料名が古代に使用された染料を示す根拠になるという立場から、実際に染色実験を行い、西洋茜と日本茜の違いに注目し、日本茜で染色した場合に黄色味の染色成分が影響することを指摘したのは、上村が最初である。これまでにも、正倉院裂の赤の鮮やかさを勘案して黄色味の影響を少なくする研究があるが（吉岡常雄、宮崎隆旨・宮崎明子など）、川島織物でも灰汁媒染による植物染料の染色実験を繰り返し、染色温度・染色回数・染料濃度などを様々に変えた多数の染色試料を作成して、微妙な色相の古代の染織品の復元に対処した。

　日本茜は、今日栽培されておらず野辺に自生する雑草であり、染色成分を含む根が細いために、染色に必要な分量を収穫するのは非常に困難である。伊豆国調緋絁の復元模造（平成8年）では、初めての日本茜による染色を行うために、諸所からかき集めた日本茜を用いた。この時には何とか事足りたが、その後の染色には日本茜が必要なことが多く、模造事業の将来に影を落としていた。天皇陛下はそのことを御存知になっておられ、皇居内に自生している日本茜を栽培して御下賜して頂くことができたことは、大変有り難い思し召しであった。

5．模造事業を終えて

　この10年を振り返ると、毎年毎年大きな高い山に挑んで問題点を一つ一つクリアーして来たような気がする。正倉院事務所と川島織物の担当者全員が一致協力し、少しでも高みに到達するためにできるだけ妥協せずに挑んだ10年であった。一度も安易な方向に流された記憶はない。ここでは逐一触れることはできなかったが、様々なエピソードを一つ一つ述べれば、膨大なものである。

　平織物から始まった復元模造も、4、5年目には羅、6、7年目には綾、8年目以降は錦と進められた。素材にこだわり、糸・組織・染色・文様とすべての面で実物に忠実に模造することを旨とした作品は、従来にない異彩を放つ名品となった。ともすれば表面的な類似性を追求しているに過ぎないとの誤解を受けやすい染織品の模造に復元の意義が深いことを示したことが、今回最も評価されるべき点ではないだろうか。このことは、染織品の復元模造をして日本の文化の継承を担うと言わしめるに足るものである（図1〜22並びに第3部第1章図17）。

　模造事業を終えて、課題が山積していることに気付かされた。しかし、それらはけっして染織品復元模造があいまいで適当に流れやすいことを示すものではない。むしろ、奥深さを示すものである。最後に、今後の課題を思い付くままに書いてみた。

今後の課題——製織——

　大きい課題は古代の織機の問題である。今回は高機と称される手織り機を用いたが、古代の調絁製織には、フレーム（機台）があって千巻（織られた裂地を巻き取る部品）が機台に固定されていない腰機（又は居座り機）を用いたと考えられている。さらに、緯糸の打ち込みには刀杼（とうじょ）と称される木刀のような緯打ち具が用いられていたと考えられ、緯糸を筬で打ち込んだ場合に発生するといわれる筬目のある調絁は、これまでのところ正倉院では１点しか発見されていない。羅の製織は、経糸に全く撚りを掛けなかったために困難を極め、おそらく振綜（ふるえ）を用いる現代の方法以外の製織法が用いられたに違いないと実感された。指先や篦で経糸を掬うなどして製織した可能性があるが、具体的には全く不明で、後考を俟つ以外にない。文織物の製織についても、ジャカード装置を用いると正確に織れるが、正倉院の錦綾に不規則に発生している織り間違いに対応することは難しい。これは、文様の製織の問題にも通じる。古代の文織物では、ジャカード装置による製織では通常起こらないような形で文様の末端が消えていたり、左右又は前後に対称ではない不規則な文様の歪みが発生していることがある。その場合、ジャカード装置によれば織り間違いを予め盛り込んだ設計にして製織する以外にないのである。古代にどのような空引機が用いられたのか、綾の製織には多綜絖の機（図23）が用いられたのか、経糸を掬い上げる棒綜絖などを用いた機で織られる場合もあったのか、調査研究の余地は大きい。

今後の課題——染色——

　染色についても、紅花・蘇芳・支子など、『延喜式』「縫殿寮式」「雑染用度」条に記されていても、上村・高木の正倉院裂の分析実験では検出されなかった染料成分の使用の有無を検証することが必要である。それにより、重ね染めによる微妙な色相の理由が明らかになるかもしれない。また、『延喜式』には記されていないが、黄蓮・鬱金・櫨・丁字・榛（実は植物染料の矢車）・柴・胡桃・楊梅（やまもも）・檳榔子・五倍子などの使用についても、検出される可能性を否定することはできない。さらに、古代にどのような方法で染色されたのか、今でも具体的にはわかっていない。染料を煮出したのは陶磁器の鍋なのか、金属製の鍋なのか。裂地や絹糸は浸染されたのか、あるいは、刷毛などで刷り染めも行われたのか。研究課題は多いのである。

表1　復元模造染織品一覧

No.	製作年度	復元模造染織品名称	模造対象宝物名称
1	平成6年度	讃岐国調白絁	南倉148-38 錦綾絹絁布類及雑裂
2	平成7年度	伯耆国調白絁	中倉202 第90号櫃 軸装第217号
3		伊予国調白絁	南倉179-72 綾羅錦繡雑帳
4		武蔵国調白絁	中倉202 第91号櫃 古裂帳第388号
5		丹後国調白絁	中倉202 第86号櫃 函装第20号
6		常陸国調白絁	中倉202 第82号櫃 古裂帳第699号
7		土佐国調白絁	南倉184 大幡残欠四裏 付大幡芯緑絁
8	平成8年度	阿波国調黄絁	南倉145-7 黄絁白絁袷覆
9		伊豆国調緋絁	南倉148-35 錦綾絹絁布類及雑裂
10		紀伊国調橡絁	南倉185 第126号櫃 橡絁残片
11	平成9年度	小菱格子文羅	中倉202 第89号櫃 古屏風装第8号12扇
12		子持並ビ三ツ菱文羅	南倉185 第129号櫃 第84号 夾纈羅幡
13	平成10年度	小菱格子文黄羅	南倉146-5 黄蘿纈羅帳
14		入子菱格子文赤茶羅	南倉180-19 茶地花文夾纈羅
15	平成11年度	小唐花文白綾	北倉48 木画紫檀挟軾 付褥
16	平成12年度	八稜唐花文赤綾	北倉42-8 鏡箱 付嚢
17	平成13年度	紫地花文錦	南倉124-75 呉楽笛吹襪
18	平成14年度	赤地唐花文錦	南倉179-90 綾羅錦繡雑帳
19	平成15年度	紫地鳳唐草丸文錦	北倉47 紫地鳳形錦御軾

第3章　正倉院の絹織物の保存科学

はじめに

　正倉院裂と称される正倉院に伝わる染織品は、その大部分が絹織物と麻織物で占められている。絹の蚕種は、中国中原から渡来したとも漢代の朝鮮半島の楽浪郡から渡来したともみられるが、様々な蚕種が混在していたようである。麻織物は大麻か苧麻が用いられ弓弦や縄、あるいは木綿と称される紐などの素材にあたるものには、楮や雁皮その他の靱皮繊維も用いられている。分量すなわち体積的には麻織物の方がやや多いが、分類整理された点数の上では絹織物の方が多い。麻糸は太く絹糸は細いことが前者の理由で、絹織物は朽損して細かく破断しやすく破断後は点数が増えてしまうが、麻織物は雨水が浸みるなど悪い条件が重ならない限り容易に朽損しないことが後者の理由とみられる。

　それにしても、麻織物は庶民の間で広く用いられ豊富であったと考えられるが、それに比べて遥かに希少であった絹織物がほぼ同じだけ伝存していることは、聖武天皇崩御後四十九日目に当たる天平勝宝8歳（756）6月21日に光明皇后が東大寺毘盧舎那仏へ献納された聖武天皇遺愛品を中核に、天平勝宝4年（752）4月9日の大仏開眼会用品や天平勝宝9歳（757）5月2日の聖武天皇一周忌斎会用品などを中心とする由緒からみて、当時の最高級品が集中していると考えられる正倉院裂の特徴を物語るといえよう。

　本章では、正倉院染織品の特徴、保存科学的研究を概説し、最後に絹織物の現在の保存状態と今後の保存上の課題について簡単に触れる。

1．正倉院染織の特徴

　正倉院染織は、天平勝宝4年4月9日の東大寺大仏開眼供養会と天平勝宝9歳5月2日の聖武天皇一周忌斎会に用いられたものを中心としていて、由緒が明らかなものが多く、使用年代（生産年代とほぼ重なると考えられる）が8世紀中頃の数年間にほぼ集中している。そのことが正倉院染織の第一の特徴である。

　第1部第2章と重複するが、あえて由緒の明らかな染織品の概要を示す。

　聖武天皇崩御後の四十九日目に当たる天平勝宝8歳6月21日に、光明皇后が2巻の献物帳

を添えて東大寺毘廬舎那仏へ献納された聖武天皇御遺愛の宝物。2巻の献物帳のうち「国家珍宝帳」には、刺納や織成の袈裟、綾の袈裟幞、﨟纈の袈裟箱袋をはじめ、鏡箱の綾の襯、﨟纈と夾纈の画面屏風、麻布の屏風袋、綾を張った大枕、錦の御軾などが記載されており、もう1巻の「種々薬帳」には、絹や麻の薬物の袋と裏が記載されている。なお、同年7月26日にも「屏風花氈等帳」を添えて献納が行われており、花氈と刺繍で飾った錦の繡線鞋が記載されている。これらは、正倉院宝物の成り立ちからみて最も由緒正しい宝物である。

天平勝宝4年4月9日の東大寺大仏開眼供養会で奉納された大歌・唐古楽・唐中楽・唐散楽・狛楽・度羅楽・呉楽（伎楽）の楽舞装束と楽具の袋や裏など約200点、天平勝宝8歳5月2日の聖武天皇崩御の日に用いられた櫃覆の帯や、5月19日の葬送の日に用いられた花鬘や絁製の紐など聖武天皇の御葬儀に関する品々約50点、天平勝宝9歳5月2日の聖武天皇一周忌斎会を荘厳した大灌頂幡や錦および羅の道場幡の合計約700点は、それぞれ銘文や題箋があり、これらは、同じ由緒のものが数多くまとまって伝来している染織品である。

その他の由緒の明らかな染織は、由緒の同じものが数点ないし1点ずつ伝わっている。おおむね列挙すれば、天平14年（742）2月14日銘の最勝王経帙の縁の錦、天平勝宝2年（750）3月25日銘の駿河国金献納時机覆絁貼箋、同5年3月29日の仁王会で使用した麻布製の屏風袋、同6年5月3日の大弁才功徳天講で用いた天蓋・幡・敷物などの断片、同7歳7月19日の中宮宮子（聖武天皇の生母）斎会で使用した幞残片、天平宝字2年（758）正月の年中行事品（子日目利箒と子日手辛鋤と卯日杖の机褥・覆・帯）、天平神護元年（765）7月15日の盂蘭盆会に内裏から献納された品々を載せた机褥の心の麻布、同3年2月4日の称徳天皇東大寺行幸に際して献物を載せた机褥、神護景雲2年（768）4月3日の再度の称徳天皇東大寺行幸に際して献物を載せた机褥とその時用いられた帯、同2年4月26日銘の裛衣香（防虫香として、沈香や白檀や丁字や甘松香などを混ぜて平絹の巾着で包んだもの）、承和4年（837）3月12日銘の林邑楽を演じる際に使用した夾纈絁の幕類の残欠、延喜19年（919）4月と天暦9年（955）4月8日の二つの年月日が記された呉楽の力士装束の裏、応永20年（1413）11月銘の麻布製の駕輿丁の衣と袴、大小数十点を数える調絁亜と調庸布および庸布（調絁および調庸布には、様々な年次のものがある）などである。

また、正倉院染織には、他に二つの大きな特徴があると考えられている。第二の特徴は、錦、綾、羅、紗、刺繍、金・銀糸飾り、綴れ、平絹、麻布、組紐、夾纈、﨟纈、纐纈、彩絵、摺絵と多種多様で、後世の基本的な染織技法の種類をほぼ網羅していることである。ここで正倉院染織の前の時代に目を向けると、少なくとも半世紀はさかのぼる法隆寺の染織（7世紀のもの）には、正倉院染織を象徴する大文様の緯錦や文様が平地綾文綾よりも鮮明に表される綾地綾文綾、羅・紗・薄絹など薄物に染めてあるため色彩に透明感のある華麗な夾纈などは、ほとんどみられない。後の時代に目を向けると、鎌倉から室町にかけて金襴、繻子、

繻珍、緞子、綸子、唐綾、唐錦厚板、印金などが渡来し、桃山から江戸にかけて天鵞絨(ビロード)、モール織物などが舶載され、辻が花、繡箔、摺箔などが打掛、小袖、能装束などに用いられ、縮緬、紗綾、小紋、友禅染めなどが登場し盛行する。そして、明治になると飛び杼やジャカード機、化学染料などの新技術が導入され、それらが主流を占めるに至る。

　ところで、繻子について、資料が発見されていなかったために中国宋代以降に中国で織り始められたと考えられていた。近年、法門寺地下宮殿出土品や正倉院の繡線鞋に繻子地錦が発見され、8世紀の中国で繻子が製織されていたことが判明している。ただし、繻子は正倉院染織中繡線鞋にのみ用いられており、奈良時代に我が国では製織されていなかったようである。

　第三の特徴は、染織文様に、ギリシャの葡萄文・パルメット文・エジプトのロータス文・インドの蓮華文・イラン（古代ペルシャ）地方の樹下動物文・連珠円文・狩猟文など世界の代表的な文様が多用されていて、世界性があることである。文様の世界性は、7世紀の法隆寺の染織にはみられない特徴であろう。

　以上の特徴から、正倉院染織には隋・唐の強い影響がうかがえる。そのため、これまで正倉院染織には隋・唐からの舶載品がかなり多数含まれている可能性があると考えられたこともあったが、今日では整理が進み、正倉院に伝来した染織の技法と文様のほぼ全貌が掌握された結果、舶載品とみられるものが数点ある以外、ほとんどすべてが国産であると考えられている。現時点では、残念ながら国産であることの確実な証拠があって実証されているわけではないが、根拠となるものをあげれば凡そ次のようである。

　錦、綾、羅、刺繡、組紐、夾纈、﨟纈、纐纈のいずれにも、類似したものが多く存在し、同様の文様の色違いのものや同文同色のものが、幡と天蓋、幡と褥、衣服と袋など、異なる用途に使用されている場合が多いこと。

　次に、中国をはじめとする日本を除く東アジアの8世紀頃の出土裂の文様が、正倉院染織の文様と構成要素が類似しているにもかかわらず、同一性を感じさせるものがほとんど存在しないこと（数点の舶載品とみられるものを除いて）。

　さらに、平絹と麻布は、例外的な薄絹や白布を除けば、ほとんどすべてが、当時地方から税として輸納された調絁および調布、調庸布であると考えられることなども根拠の一つになるだろう。

　かつて織り傷が多く技術に未熟さが感じられるものは国産で、精妙な作りのものは舶載品であるという、単純明快な説もあったが、『続日本紀』和銅6年（713）11月の条に、鞍作磨心が独り群を抜いて上手に妙麗な錦綾を織成するので「栢原村主(かしわらのすぐり)」という姓を賜ったとあるように、国内で染織生産に従事するものの中にも抜群の技量を持つものがいて、優れた錦綾を作っていたと考えられることから、今では、いちがいに国産のものが劣っているとはいえ

ないという説が有力である。すなわち、織り傷のあるなしや織成の上手下手だけでは、国産品か舶載品かを区別する根拠にはならないと考えられている。

以上のような判別方法に対して、絹糸の違いや絹繊維の形状と構造（セリシンとフィブロインなどの構成分子のレベルまで考えて）の研究が進めば、調査分析により渡来した絹が用いられていることを明らかにできるようになるかもしれない。分子の分析は現時点では困難であるかもしれないが、製糸技法の違いによると思われる絹糸の違いを比較する方法などは、8世紀頃の中国出土絹織物と正倉院の絹織物とを比較検討する過程で開発される可能性がある。

2．正倉院染織の保存科学的研究

明治時代から腐心された正倉院染織の整理と修理は、大正3年になると方針が固まって進捗し、大正14年の「正倉院宝物古裂類臨時陳列」を嚆矢として次々に公開されて普及したことは、第3部第1章で述べた通りである。

調査研究については、昭和2・3年に帝室博物館編の原色版大型図録『御物上代染織文』が発行されている。帝室博物館から正倉院古裂の復元模造を委嘱された初代龍村平蔵は、完成した復元裂を昭和3年に博物館に納めている（『生誕120年記念展──初代龍村平蔵　織の世界展』図録（丸山伸彦監修、朝日新聞社主催、1996)参照）。

また、川島織物の佐々木多次郎は大正15年頃小菱文羅の復元に成功し、高田装束店主の高田義男は昭和2年頃に文羅の織成に成功し、喜多川平朗は昭和6年頃に正倉院裂を調査して錦綾羅の復元模造を行ったことが知られる（『川島織物研究所報告第4報　羅技私考』川島織物研究所、1960)。

そのように調査研究は大戦前から進められていたが、科学的研究が緒に就いた最初は、奈良国立博物館と正倉院事務所と在外の専門の研究者により、文部省科学研究費交付金（総合研究）を受けて行われた「正倉院裂の基礎的調査」（昭和25〜27年、研究代表者黒田源次）である。3年間の研究期間終了後は、引き続き正倉院事務所の事業として、古裂第1次調査（昭和28〜37年）、古裂第2次調査が行われた（昭和38〜47年）。平成2〜3年には、繊維材質調査が行われ、平成12・13年には、刺繍技法調査が行われた（第3部第1章の表1参照）。それぞれの研究の成果は、詳細な報告が一般に刊行されている。その中でも保存科学的研究と言える「上代裂の染色に関する化学的研究」（昭和28〜37年）と「正倉院の繊維材質調査」（平成2・3年）について、以下に紹介する。

（1）「上代裂の染色に関する化学的研究」

上村六郎と高木豊は、昭和28年以来、正倉院事務所から提供された古裂片から染料を抽出

して化学分析調査を行った。このような調査は今日では「破壊調査」と称されるもので、かけがえのない文化財に対しては軽々に行われるべきではないと考えられている。

　正倉院古裂の染料の抽出試験が断行された理由は、第一に正倉院古裂の数量が莫大なもので、1～2cm四方の大きさに千切れた片々が未整理状態で数十万片以上もあることである。ただし、量が多いから少々の無駄使いも許されるということはない。上村・高木は、染料を抽出した古裂片を一つ残らず正倉院事務所に返還している。

　第二に染料成分を抽出して分析機器にかけなければ成分の同定が困難であるからである。この時、色彩とその蛍光のみから染料判定が行われることは危険であり限界があるとされ、化学分析実験が併用されることが必要であることが結論付けられた。

　今日では、化学分析機器が当時と比べると遥かに進歩してそれに伴った精度の非常に高い実験が可能になった。そのため、最先端の機器を駆使して分析実験すれば、これまで分析同定が不可能とされた物質（分解されやすい染料成分や媒染剤の成分など）が明らかになる可能性がある。それでも、今日でも染料を抽出して化学分析実験を行うことにより同定結果の確度を高める必要があると一般に考えられている。そして、新たな実験の前提になるのは旧来の実験結果であり、それらを踏まえて、事前に分析同定される可能性のある物質を吟味することが必要であることは言うまでもない（使用染料の予測は重要な意味を持つと言われる）。なお、上村・高木の染料の化学分析調査については、次章に詳述した。

　「上代裂の染色に関する化学的研究」の内容を概説すると次のようである。

①実験方法

　実験資料から2％硫酸とメタノールとを1対4に混合した溶媒により染色成分を抽出し、主としてペーパークロマトグラフ法によって分析して色素成分を同定した。予想される色素に応じて様々な判定方法を用いた。

②実験資料

　赤・紫・黄・緑・縹色系の平絹・二色綾・絣・暈繝錦（綺）・錦（緯錦）・縫糸・糸総・組紐・夾纈絁・﨟纈絁・纐纈絁。

　単色の平絹（絁）は小断片の状態で用いた。緯錦は各色の緯糸を分解して用いた。絣と二色綾は糸を解せなかったので、特定の色彩の糸の多い部分をその色の資料として用いた。夾纈絁・纐纈絁・﨟纈絁は地と文様各部の色彩を分別せずに、そのまま用いた。糸房は房の状態で用いた。

③実験結果

　分析実験結果を一覧に示す（表1・2）。

　染料の化学的調査について、分光蛍光光度計の発達により、光線を当てて反射光を分析することにより染料物質の同定が可能になった。近年、正倉院の赤色の麻布や錦の中に染料物

第3部　正倉院の染織物の保存と技術

質として紅花が同定されたのもその成果である。高速液体クロマトグラフによる分析は、重ね染めされた2種類以上の染料の同定や、ごく微量残存していることが予想される媒染剤の同定に道を開く可能性があり、大きな成果が期待される。

(2)「正倉院の繊維材質調査」

　佐藤昌憲博士、小西孝博士、川口浩氏（元京都市染織試験場長）、切畑健氏（大手前女子大学教授）、橋本甫之氏（株式会社龍村美術織物自動車インテリア事業部長）により、平成2・3年の2か年に亙って行われた。調査対象とされたのは、獣毛（花氈、色氈を含む）と麻と木綿（「ゆう」と称される繊維束）とモメン（草綿と称され、綿花を紡いだ糸を用いている）である。この調査で画期的であったことは、様々な新しい機器が古代裂の調査に初めて導入され、大きな成果を上げたことである。

　ペンシル形の小型CCDカメラを搭載したマイクロスコープは、花氈のような大きなものでも（たとえば275×139cm）望む個所の繊維の細部を500～400倍まで拡大して直ちにテレビモニターに映し出し、調査員全員で観察調査を行うとともに、その映像を同時にビデオテープとハードコピー（特殊なプラスチック・コーティングした用紙に印刷）に記録できる。文化財の調査への応用が初期段階であったこの時期に、その都度複数の調査員が確認することによって正確な調査がしかも効率よくスムーズに行うことができ、非常に有効性が高いことが明らかになった。この時使用されたのは、マイクロハイスコープシステムKH-2200型である。

　走査電子顕微鏡による繊維表面と断面の観察は、ほとんどすべての調査対象資料に及んだ。破壊調査であるため、僅少な資料片（数ミリ）を用いて、観察し撮影写真を後に検討する時にできるだけ判りやすいように資料の事前処置に工夫を凝らすなど、最新の技術を駆使して将来にわたって基本的資料となる顕微鏡写真が得られた。そのため実体顕微鏡を用いた肉眼観察や化学反応による判定では判別の困難なものもあった大麻と苧麻の区別も容易に行われた。さらに、数十床もある花氈や色氈の繊維を相互比較することも容易になり、その中で新見解を得ることが可能になった。この時使用されたのは、日立製作所製S-2250N型である。

　顕微赤外分光光度計による赤外吸収スペクトルの測定は、顕微赤外分光光度計の文化財への応用がごく初期的な段階であったこともあり、試行錯誤が予想されるものであったが、今日の羊毛とカシミア山羊とアンゴラ山羊の赤外吸収スペクトルと比較検討することにより、カシミア系とアンゴラ系の区別や、品種改良されたカシミア山羊とは異なる古品種のものであることなどを明らかにすることができた。さらに、現代の羊の毛や古いものでも品種などの明確な羊の毛の標準資料が増加することにより、誹破壊の分光スペクトル測定によっていっそう明確な判定が可能になることを示した画期的な測定調査となった。今後、絹繊維へ

の応用が産地の解明や精練の程度や製糸方法を知る上で期待される。

　この時の正倉院の繊維材質調査は、新しい調査機器の導入により従来不明であったものを明らかにするなどの画期的な成果を上げるとともに、将来の文化財の材質調査に対して新しい機器による分析調査が非常に有効であることを示したという意味で、大変意義の深いものであったと言えよう。

おわりに——現状と課題——

　正倉院の染織品は、由緒や伝来からみて8世紀中頃に我が国で生産されたことが明らかな、第一級の歴史的染織資料である。正倉院裂の中には、後世に混入した年代が判明しないものもわずかに存在するが、それは全く取るに足らない量であり、今ではほとんどが判明している。

　古裂片の保存方法については、熟慮して理想的と思われる方法を採用すべきであり、現にその方向に沿うように（紫外線や空中の酸素の影響を出来るだけ除き、黴やフォクシングの発生の要因と考えられる庫内環境に配慮して）整理が進められている。

　しかし、天保・明治に端を発し、大正3年以来今日までにすでに1世紀に及ぼうとする正倉院古裂整理事業を振り返ってみると、必ずしも今日的な文化財保存の考え方が優先されていたとは限らない。明らかに展覧することを念頭に置いて整理されたものもあり、たとえば、大正9〜11年にかけて整理された大幡（灌頂幡）は、すっかり分解されて表面の錦綾のみを残し、欠損部分を補塡して全体を丈夫な下地（数枚重ねた麻布を平絹で覆ったもの）に縫い付けている。同様に、展覧を前提にして、崩壊寸前まで朽損している絹織物を表具の技術で崩壊を止めて精のある状態に戻そうとして、強い硬い糊を大量に用いて固めたものがあり、今では糊が表に浸み出して変色し、糊で固められていない部分の絹が崩れて欠落している。

　さらに、結び緒、布箋、縫い付け部分の残った衣服残片、1匹又はそれに近い長い裂地を巻いたものなどを、リラックスさせることなく箱に詰め込むように収めるとか底の敷板に糸を掛けて固定した、函装古裂と称されるものがあり、伸展・補修が行われていないために絹の崩壊に伴う粉塵が多量に発生している。わずか2〜3の例を示したに過ぎないが、それらに限ってみても不都合な整理の仕方をしているものを、文化財保存の観点から見直して修正すべきことは明らかである。

　函装古裂の一部は、20年以上前から、より保存環境の良い状況になるように整理方法の変更が進められている。しかし、過去の整理の仕方によっては、技術的にやり直しのできない場合もある。そのようなものは、周囲の環境（温湿度、金属イオン、光……）をできるだけ良好にして、現状維持に努める以外にないと考えられる。

　そもそも、正倉院裂の場合、整理期間が非常に長く、初期の頃と現在とでは、整理方針や

第3部　正倉院の染織物の保存と技術

文化財保存の考え方の変遷、保存技術の進歩などについて、隔たりを埋めることが不可能なケースが多くみられる。さらに、処置を加えれば保存状態を改善できるものも存在するが、厖大な数量の正倉院裂の場合、同様のものが数百、数千と整理されているので短期間に全体をしかるべき状態に整理することは容易ではない。現在少しずつ改善する方向を模索しているが、屏風装、玻瑠装、軸装、古裂装、函装など、いずれか一つだけに処置を加えるとしても、それぞれ一応の完成までに十数年から数十年を要すると思われる。そして、数十年後に全体が完成したとしても、その頃には今よりも保存技術が進歩していると考えられるので、再び保存状態の改善が問題になることが予想される。したがって、むやみに保存整理状態の改善に邁進することはできないのである。

　染織品は、明治時代に分類整理のみが行われて、新聞紙に包まれて再び唐櫃に納められていたが、昭和30年代中頃から、それらの整理が開始された。その時、維持修理という考え方が導入され、ごく薄い糊を付けた薄和紙で破損個所のみを裏打ちする修理が施されるようになり、現在に至っている。当初は、整理が進めば近い将来欠失部分（衣服の袖や襟、幡の頭や脚など）が発見される可能性が高いと考えられていた。そのため、容易に裏打ちの和紙を取り外して整理をやり直し、欠失部分を補うことができる維持修理が進められた。約40年を経た今でも、その方針が貫かれているが、現在では再整理の便宜のためというよりも、絹にできるだけ水や糊を付けないことが保存上望ましいという考え方が、維持修理を行う主要な根拠になりつつある。しかし、あまりにも慎重を期した結果、中途半端な整理状態のまま放置されているような印象を受ける染織品もあり、その取り扱いが今後の課題の一つといえる。

　これまで正倉院古裂の保存の現状や課題を述べたが、過去の整理事業を批判することは見当違いであることを強調したい。もしも、古裂を分類し、展開し、補修して容器に納める努力が明治以来継続されていなければ、由緒も、織りの種類も、染料もほとんど何もわからないままに古裂の固まりが少しずつ朽ち果てるのを待つことになったであろう。保存技術が進歩したことを受けて今から染織整理を開始したとしても、内容や状態が不明な古代裂の固まりを容易に整理できるとは考えられないから、きちんとした整理を行えば、終了するまでにおそらく同様の100年近い年月を要するであろう。さらに、古代染織研究を遅らせて、1世紀後に現状よりも良い保存状態になっているという保証はない。したがって、これまでの染織品整理事業が非常に意義深いものであったといわざるを得ない。

　最後に、整理を行うのが人間である限り、整理事業を考える際に技術論に終始することはできない。そのことは、大正から戦後にかけての草創期に正倉院古裂整理事業に従事した人々について述べた下記の一節が端的に示している。

　　ここにおいて作業手は、注意周到で判断力に富み、頭脳は緻密で、根気よくなければやっていけぬ。そのうえに、仕事は申し分なく貴いが、地味なこともまた極端だから、縁の

第3章　正倉院の絹織物の保存科学

　下の力持ちばかりで一生を送らねばならない。仕事の途中で発見した珍しい品を出来心にしろ、私するような、浅ましい人間ではなおさら困る。勤続ができなくてしばしば新人と交替していては、手先の熟練に事欠くのみでなく、復元の参考記録が頭のなかに揃わないことにもなる。従って、適任者の勤続はいきおい長年にわたるであろう。そのかくれた功績を正倉院古裂の名とともに記録すべきだと信じる。

（松本楢重『正倉院雑談』「古裂整理の大事業」）

《図版解説》
七条織成樹皮色袈裟（北倉1）（第3部第1章図7）
　織成の名称は珍宝帳の記載によるが、正倉院では他に類例のない織物である。斑になった樹皮色と称される色彩は、杢糸を綴れ織りすることで表されている。糞掃衣に因むと考えられている。周縁の濃紫綾と界線の紺平絹は、明治に御物整理掛で新補された。裏は紺綾。長さ245cm、幅139cm。

紫地鳳形錦御軾（北倉47）（第3部第1章図12）
　この錦は、中国発祥の鳳凰と西から伝わったとされる葡萄唐草が融合した文様のものである。フランスのポール・ペリオが中国から将来した錦（二色錦）の中に類似するとされる文様の錦があり、中国で作られた意匠と考えられている。ただし、この錦は正倉院に同文異色のものが存在するなど使用例が多く、日本産のものといわれる。明治に御物整理掛で解体修理され、裏打の平絹が補われている。御軾は、長さ78cm、幅23cm、高さ19cm。

縹地大唐花文錦（南倉103）（第1部第3章図1・第2部第5章図16）
　楽器の琵琶の袋に用いられていた錦である。織り幅が当時の普通の錦の1尺9寸（約56.4cm）の約2倍ある広幅の錦であるのにもかかわらず、綾流れの方向が逆さになるなどの乱れや経糸の付け上がりによる糸飛びなどの織り傷がみられない。さらに、正倉院の錦の中で最も多色が用いられていて、唐花文の意匠が最も複雑な形状をしている。それらのことから、中国唐から舶載されたものと考えられている。正倉院にはこの琵琶袋以外の用途のものは存在しない。おそらく、琵琶袋に縫製された状態で唐から伝わったのであろう。主文の径は、約53cm。

図1　花喰鳥文刺繍（はなくいとりもんのししゅう）（南倉185）
　用途は不明である。対照形の鳳凰の断片が存在するので、中央の縫い目を境に図様が左右対照で現存品の少なくとも2倍の幅があったことや、縫い目が図版の上端にみられることから2倍の長さのものであったことが推測され、帳のようなものではなかったかと考えられている。
　文様の輪郭の多くには、金糸と銀糸が縫い付けられている。長さ79.5cm、幅63cm。

紫地綾錦几褥（むらさきじあやにしきのつくえのじょく）（南倉150）（第2部5章図18）
　机の上に敷く上敷きである。正倉院には、このような褥が数十点伝わっている。それらの中でもこの褥は、装飾が豊かで残存状態が良好なものの一つである。
　中央の鏡面には、赤紫地に薄黄で文様を表した二色錦の紫地獅子唐花文錦が用いられている。同文の錦が幡などに多様されており、地色の異なるものもあることから、日本産と考えられる。
　長さ約107cm、幅52.5cm。

図2　赤地唐花文錦（あかじからはなもんのにしき）（南倉179）
　正倉院には、頭に同様の文様の錦が用いられている幡が多数存在する。それらの幡には墨書銘文が記されていないので由緒は明らかではないが、わずかに文様形状の異なる錦が、天平勝宝9歳（757）の聖武天皇一周忌斎会用錦道場幡の頭に用いられていることから、前後にそれほど違わない時期（約10年前後か）に用いられたものと考えられている。

裂の両端に耳が残されていることから（図版参照）、織り幅が通常の錦の約2倍の113cmあることが知られる。主文の短径約25cm。

図3　白練綾大枕（しろねりあやのたいちん）（北倉46）

枕ではなく、肘つきの一種と考えられている。文様は2種類の花文を互い違いに配置したもので、唐花文様の初期的なものと考えられている。上面にみえる補修された平絹は、明治時代の修理の跡である。高さ28.5cm、長さ68cm、幅36cm。

図4　霞欅魚鳥文緑地臈纈（かすみたすきぎょちょうもんみどりじろうけち）（北倉1）

袈裟を入れた漆皮箱が納められていた袋の臈纈平絹である。

霞欅花文の網目の中に、魚と飛鳥を交互に置いた構成の文様である。正倉院の臈纈には、同様の文様が多くみられる。文様の形に凸彫りしたスタンプに、溶かした蜜蝋を付けて押捺して防染したものである。飛鳥の長さ約3.5～4.0cm。

夾纈羅幡（きょうけちらのばん）（南倉185）（第3部第2章図11）

保存状態が非常に良い羅幡で、非常に大切に収蔵されていたと考えられる。正倉院に同形式の幡が数旒伝わっている。由緒を記した墨書銘文がないので、何の儀式にいつ用いられた幡か不明であるが、重要な儀式に用いられるか、貴顕の献納になるものであったことが推測される。

夾纈文様を詳細に検討すれば、幡頭・身の版木が共通しており、脚の版木も共通していることがわかる。ただし、諸色の夾纈羅が用いられていることから、同文様の彫られた夾纈の版木が何枚も用いられた可能性がある。幡頭および身の長さ約136cm、身幅約29cm。

表1　錦・綾・絹・絣・糸総・夾纈・纐纈の染料同定結果一覧

番号	資料名	資料部位	同定染料名	備考
1	二色綾（織色綾）	黄糸（経糸）	黄檗	
	同上	淡縹糸（緯糸）	蓼藍	
2	赤地絣錦（No.23）	赤地部分	日本茜	
	同上	黄地部分	黄檗	
	同上	黒紫部分	紫草	
3	暈繝錦（綺か）	淡赤糸（経糸）	日本茜	刈安か櫨を交染した可能性あり
	同上	緋糸（緯糸）	日本茜	
	同上	黄糸（緯糸）	不明	ベルベリン以外のアルカロイド色素が存在
	同上	緑糸（緯糸）	蓼藍と刈安の交染	
	同上	縹糸（緯糸）	蓼藍	
4	花鳥文長斑錦（No.120）	黄緑糸（地緯）	蓼藍と黄檗の交染	
	同上	茶糸（地緯）	フラボノイド系染料	
	同上	黄糸（地緯）	フラボノイド系染料	
	同上	淡縹糸（絵緯）	蓼藍と刈安の交染	
5	亀甲花文錦（No.20B）	紫糸（緯糸）	不明	蘇芳の可能性が高いが、同定には至っていない
	同上	黄（淡褐）糸（緯糸）	刈安	
6	上記5の錦に付く緋縫糸	全体	日本茜	
7	紫地狩猟連珠文錦（No.41）	紫糸（緯糸）	紫草	
	同上	黄糸（緯糸）	フラボノイド系染料（多分刈安）と日本茜の交染	

第3章 正倉院の絹織物の保存科学

8	赤紫地唐花獅子文錦(No.105)	赤紫糸(緯糸)	日本茜	
	同上	黄糸(緯糸)	日本茜	あるいは茜と刈安の交染
9	緑地唐花獅子文錦(No.105)	緑糸(緯糸)	蓼藍と刈安の交染	
	同上	黄糸(緯糸)	刈安	
10	七宝錦(No.27)	紫糸(緯糸)	紫草	
	同上	黄糸(緯糸)	黄檗	
	同上	黄緑糸(緯糸)	黄檗	
	同上	浅縹糸(緯糸)	蓼藍	
11	紫地小唐花文錦(No.49)	紫糸(緯糸)	紫草	
	同上	黄糸(緯糸)	刈安と黄檗の交染	
	同上	浅緑糸(緯糸)	蓼藍と黄檗の交染	おそらく刈安の下染めをしている
	同上	浅藍糸(緯糸)	蓼藍と黄檗の交染	
	同上	緋糸(緯糸)	日本茜	
12	緋糸総	全体	日本茜	
13	黄橙糸総	全体	刈安と日本茜の交染	
14	緑糸総	全体	フラボノイド系染料(多分刈安)と蓼藍の交染	
15	浅緋組紐	全体	日本茜	
16	濃黄有文綾	全体	刈安と黄檗の交染	
17	緑地黄目交纈縬絁	黄色部分	刈安と黄檗の交染	
	同上	青色部分	蓼藍	
18	紫地目交纈縬絁	紫色部分	紫草	
	同上	黄色部分	刈安	
19	浅緋纐纈絁	全体	日本茜	
20	緋﨟纈絁	緋色部分	日本茜	
	同上	黄色部分	不明	
21	滅紫﨟纈絁	全体	紫草	
22	花鳥霞欅文﨟纈絁	全体	蓼藍と日本茜と刈安を使用	刈安以外に櫨の可能性あり
23	紫地花鳥文﨟纈絁	全体	紫草と日本茜と刈安を使用	刈安以外に櫨の可能性あり
24	青緑地十二稜文夾纈絁	黄文部分	黄檗	
	同上	淡緑文部分	蓼藍と刈安と黄檗を使用	
	同上	青緑地部分	蓼藍と刈安と黄檗の交染	
25	赤橡地十二稜文夾纈絁	全体	日本茜とフラボノイド系染料の交染	

表2 諸色平絹の染料同定結果一覧

番号	資料名	同定染料名	備考
資料Ⅰ	緋色絁	日本茜	
資料Ⅱ	帯紫赤色絁	日本茜	不明色素有り。茜の分解物か交染に起因するものか不明
資料Ⅲ	やや赤味の紫絁	紫草（主染料）と日本茜の交染	
資料Ⅳ	暗赤色絁	日本茜	
資料Ⅴ	黒紫絁	紫草	
資料Ⅵ	明褐絁	フラボノイド系染料（主染料）と日本茜の交染	
資料Ⅶ	黄絁	黄蘗（ベルベリン系染料）	
資料Ⅷ	黄絁	フラボノイド系染料	
資料Ⅸ	赤黄絁	フラボノイド系染料（主染料）と日本茜の交染	
資料Ⅹ	帯緑黄絁	黄蘗（主染料）と蓼藍の交染	
資料ⅩⅠ	濃緑絁	フラボノイド系染料（おそらく刈安）と蓼藍の交染	
資料ⅩⅡ	濃縹絁	蓼藍	

第4章　正倉院の染め色

はじめに

　本章では、正倉院染織品の染め色について、染色染料の科学的な研究成果を紹介し、文献上の色名について触れると共に、正倉院に伝わる染織品の染め色の現状や破損・褪色状況などについて概説する。さらに、古代染色の歴史的変遷についても探ってみたい。

　奈良朝以前の染色の歴史的変遷については、諸先学の文献史料と実物資料の両方を駆使した様々な研究があり、それらを個々に紹介することは容易ではない。むしろ、諸先学の研究に直接触れていただく方がわかりやすく正確である。さらに、本章において古代の染色についての今日までの研究の到達点を示せるとは考えていないし、正倉院の染め色の全貌を明らかにできるとは思っていない。ただ、近年になって研究資料の増加がみられ、様々な文献史料の研究が進むことにより注記の充実した活字本の出版が相次ぎ、研究状況が変化しているという実感はある。したがって、そのような最近の状況と今後の展望を述べることもあながち無意味なこととは言えないであろう。加えて、正倉院古裂の染め色に日々実際に触れている私個人の印象も述べることにした。

　ところで、『万葉集』にみえる染め色と正倉院に伝来する染織品の染め色との深い関わりについては、上村六郎の『万葉染色考』（共著、古今書院、1931）や『万葉染色の研究』（晃文社、1943）や『上代文学に現れたる色名・色彩並びに染色の研究』（綜芸社、1957）などを通して、広く一般に普及していると思われる。しかし、『万葉集』にみえる染め色と正倉院古裂の染め色とを古代（又は上代）の染め色という一つの大きな括りの中に入れてほとんど同一視してしまいがちではないだろうか。そのような見方に対する警鐘を込めて、「文献史料からみた古代の染色染料について」という節を記した。

1．正倉院の染色染料の化学分析調査

　歴史上初めて我が国の上代裂（法隆寺伝来裂）の染色染料の化学分析調査を行ったのは、上村六郎である。上村は自ら「染色文化の研究」と称した文献と化学分析実験との両面から染色の歴史を探ろうとする研究分野の草分けであり、昭和の初期にすでに種々の植物染料の

第3部　正倉院の染織物の保存と技術

化学分析を行っていたと言われる（上村によれば、鶴巻鶴一の門下生の一人として京都高等工芸学校の染色学科に学び、京都帝国大学工学部工業化学科に進むが、大正8年頃からすでに文献と実験の両方から進める天然染料の実験的研究を開始した。また、山崎斌は、昭和5年頃から天然染料による染色を始めたという）。

　その後の博士の膨大な研究は『上村六郎染色著作集』1～6（思文閣出版、1979～81）に収められている著作物によってある程度知ることができる。中でも、昭和28年（1953）以来十数年間にわたって正倉院の染織品調査を委嘱され（正倉院古裂第1次調査）、正倉院事務所から提供された古裂片から染料を抽出して化学分析調査を行ったことは（高木豊と共同調査）、特筆されるべきである。

　このような調査は、前章でも述べたように、今日では「破壊調査」と称されるもので、通常はかけがえのない文化財に対しては行うべきではないとして避けられる。そのため、正倉院裂の染料の化学分析調査以外に文化財（染織品）の染料の化学分析調査が行われたケースは報告されていない（後述の藤ノ木古墳出土染織品に対しては破壊を伴う化学分析が行われたが、それらは原形を留めない出土品であり、伝世裂などは私の知る範囲内では化学分析に供された例はない）にもかかわらず正倉院古裂の染料の抽出試験が断行された理由について、繰り返すようであるが、以下に述べておく。

　第一の理由として、正倉院古裂の数量が莫大なもので、1～2cm四方の大きさに千切れた片々が未整理状態で数十万片以上もあることである（塵芥と称される古裂の塊が今も未整理状態のまま唐櫃数杯分存在するが、そこに古裂断片が何片含まれているか不明である）。ただし、それだから少々の無駄使いも許されるということではない。上村・高木の分析した古裂片は、染料を抽出した後にすべて正倉院事務所に返還されている。それらをみるといずれも1～2cm四方にも満たない小断片ばかりで、日頃から莫大な正倉院裂に接している者としては、一千二百数十年前の染料成分が分解・変質している資料であるから、染料分析がもう少し容易な大きさの裂地片を提供しても良かったのではないかという思いをいだくこともある。しかし、当時の文化財に対する深い配慮が感じられ、居住まいを正させられるのである。おそらく、そのような小断片からでも十分に染料成分を抽出して分析が可能であるという実績と技術が認められていたのであろうが、破壊調査は慎重の上にも慎重を重ね最小限度の資料しか用いてはならないという原則が守られていることを強く感じさせられる。

　それに加えて、当時すでに1～2cm四方のもとの裂地から分離した小断片であっても調査結果と照合すれば、糸の太さや撚り、織り組織などからどのような裂地の断片かが判明するようになっていたことも小断片の染料の抽出試験を行う意義を高めたと思われる（正倉院古裂第1次調査に先だって、文部省科学研究費交付金を受けて「正倉院裂の基礎的研究」（昭和25年～27年）が行われている）。

第二の理由として、私は上村の個人的信用であったであろうと思う。当時すでに染色文化史研究の分野の第一人者であり、今日でも泰斗と呼ぶに相応しい研究者であるから信用されて当然であり、わざわざ調査が断行された理由の一つに挙げる必要もないのであるが、この小文を成すにあたって『上村六郎染色著作集』第１～６巻を読み返してみて、そのような感慨を覚えたので、あえてここに記すことにした次第である。

　かくして正倉院古裂の染料抽出試験は行われ、『書陵部紀要』に「上代裂の染色に関する化学的研究」としてその結果が報告された（『書陵部紀要』第11号、1959）に第１回目の報告が発表され、14・19・21号と都合四度に分けて発表された。ただし、21号には、単色の平絹以外の資料（錦・絣・夾纈・纐纈・﨟纈・糸房等々）を対象にして高木豊が単独で行った化学分析研究調査結果が報告された）。

　この破壊試験を伴う研究は軽々に行うことができるものではなく、その後はまだ一度も行われていない。初めての化学分析調査であり、容易に結論に至らない試行錯誤的な部分もあるが、精緻で系統的かつ合理的である。染料判定は、色彩とその蛍光のみから行われることは危険であり限界があると考えられ、化学分析実験が併用されることが必要であると結論付けられた。当時と比較すると今日では科学分析機器がはるかに進歩して桁違いに精度の高い実験が可能である。そのため、現代の最先端機器を用いて実験すればかつて分析不可能とされた化学物質（分解されやすい染料成分に加えて媒染剤の成分物質等々）が同定できる可能性があり、新たな情報をもとにして新見解が樹立されることが期待される。しかし、実験の前提として、旧来の実験結果を踏まえて新たにどのような物質が分析同定される可能性があるのかを事前に吟味する必要があることは言うまでもない（使用染料の予測は重要な意味を持つと言われる）。

　なお、今日まで先端機器を使用した化学分析に着手していない以上、昭和28年から十数年間にわたって行われた一連の正倉院染色染料分析調査研究は、正倉院古裂の染料抽出を伴う最初にして最後の化学分析実験であった。その内容を概説すると、次のようである。
①実験方法
　実験資料から染色成分を完全に抽出するために、２％硫酸とメタノールとを１対４に混合した溶媒の中に入れて煮沸し、溶媒を取り替えながら反復抽出する。色素溶出液を蒸留してメタノールを除き、色素成分の結晶を含む残液に対して種々の溶液で分別抽出を行い、幾つかの呈色反応を見たり、ペーパークロマトグラフ法によって分析して、色素成分を同定する（古裂の色に応じて予想される色素成分が異なり、予想される色素の種類に応じて用いる溶液や同定に至るまでの判定方法が異なる。ここでは判定方法を詳しく紹介しない）。なお、濾紙クロマトグラフ上の斑点の色素に紫外線を照射して、発生する蛍光による判定も行った（蛍光の色と強さが色素成分によって種々異なる）。

②実験資料

『書陵部紀要』第11・14・19号に報告されたものは、赤・紫・黄・緑・縹色系の平絹（絁）である。『書陵部紀要』第21号に報告されたものは、二色綾・絣・暈繝錦（綺）・錦（緯錦）・縫糸・糸総・組紐・夾纈絁・﨟纈絁・纐纈絁である。

単色の平絹（絁）は小断片をそのまま用いた。緯錦は緯糸を各色別に解して、わずか数ミリ（糸約1cm）を資料とした。絣と二色綾は糸を解せないので特定の色糸の多い部分をその色の資料とした。夾纈絁・纐纈絁・﨟纈絁は文様と地の色別に分けるまでには至らなかった。糸房はそのまま用いた。

③実験結果

様々な染色資料の染料分析化学実験の結果は第3部第3章表1・2に示した。

高木豊は、化学分析実験を終えた最終結論として以下のようなことを述べている。

（1）茜は、経年変化による変褪色の程度が小さい。

（2）外観の色彩から紅花染めを思わせるものでも、化学分析の結果全て茜であった。そもそも、紅花が染色当時の色彩を留めているものとは考えられないことを実感した。

（3）フラボノイド系染料（刈安・櫨・楊梅等）を完全に同定することは困難であった。

（4）経年変化後の分解物からもとの色素を推定出来るようになることが期待される。

（5）染料によって同定確認に難易の差がある。原因としては、技術的な問題と経年変化による色素分解の問題とが絡み合っている。

（6）染色条件や経年変化を追跡することは、今後の研究課題の一つになるであろう。

我が国の上代裂の染色に関する科学的研究は、染料成分の化学分析実験を伴わないものであれば、上記の他にも行われている。その中で次の二例を紹介する。

染色研究家の前田雨城氏は、昭和50～51年に東京国立博物館法隆寺宝物館収蔵の法隆寺献納宝物裂（広東綾大幡）の色彩調査研究を行った。これは観察調査であり、染料成分の化学分析実験を伴わないが、褪色の程度などを丹念に探っている（前田雨城『ものと人間の文化史38 色・染と色彩』法政大学出版局、1980）。

神庭信幸氏は、国立歴史民俗博物館収蔵の「上代裂帳」に収められている正倉院裂並びに法隆寺裂20点の染め色について、色彩の分光スペクトル測定を行い、分光曲線の相互比較やＸＹＺ表色系で表示した場合の色度図上の位置の比較などを通して、古裂に残る色彩の系統色名による分類を試みた。上代裂に残る色彩に古代の人々の色彩感覚を辿る上で重要な手がかりがあるとみて、上代裂に残る色彩を現代の系統色名に対応させることによって古代の色名とそれが指し示す色彩との関係をより明確にする必要があると考えたからである。その結果、現存する上代裂の色彩の変褪色（経年変化による染料と繊維の劣化が原因）の問題について、今後多くの検討を要するという結論を述べている（「上代裂に見られる色彩の系統色名」

『国立歴史民俗博物館研究報告』第62集、1995)。

2．近年増加した古代の染色資料

　これまでは、我が国の奈良時代（天平時代、710～794年）以前の古代染織品の実物資料は、天平時代の正倉院裂と飛鳥時代（6世紀末～645年）および白鳳時代（645～710年）の法隆寺裂以外にほとんど存在しないと考えられてきた（ここでは詳述しないが唐招提寺、叡福寺、勧修寺などに数点ずつ伝存することは古くから知られている）。飛鳥・白鳳時代以前（弥生時代～古墳時代）の発掘出土裂についても、大刀や甲冑に錆着して黒や茶褐色に変色した微細な断片以外にほとんど存在しないと考えられてきた。

　ところが、東京国立博物館法隆寺宝物館収蔵の法隆寺献納宝物裂と正倉院頒布裂（明治9年に大久保利通内務卿の決済により正倉院古裂の一部が全国諸博物館に頒布されたことが知られており、今日巷間に出回る正倉院古裂はその時頒布されたものの一部といわれる）の整理と修理とが東京国立博物館の澤田むつ代氏によって昭和56年以来連綿と行われた結果、今では法隆寺裂のほとんどすべてが、白鳳時代のしかも法隆寺再建の頃から天平時代のものであることがほぼ明らかになったといえる（澤田むつ代『上代裂集成』（中央公論美術出版、2001）の記載内容から判断したことであるが、その見解の一部を「正倉院裂の研究」（『仏教芸術』第259号、毎日新聞社、2001）の中で示した）。

　かつて未整理であった頃の法隆寺裂は、干支による紀年銘があるものがわずかに存在するが大多数のものの由緒が不明で、それだけに法隆寺が創建された7世紀初頭の飛鳥時代の染織品も含まれている可能性があると考えられていた。いわゆる繡帳銘文により推古30年（622）の製作と考えられている天寿国繡帳（現在では旧繡帳と称される飛鳥から白鳳時代に製作された部分と鎌倉時代に模造された新繡帳と称される部分とがばらばらに集められて合成された形で伝わっている）と並ぶ時代のものから、さらに時代をさかのぼるものも存在すると漠然と考えられていた。そのため、それらの染色技法は遣隋使（推古8～22年まで計6回派遣されたとされる）のもたらしたと考えられる、中国六朝期の当時最先端の染法をまだ充分に取り入れていないもので、5世紀中頃以降、中国や朝鮮半島から集団的に移住した帰化人達の染法の域を出ないものと考えられた。なお、従来推古30年から遅くとも舒明朝（629～641年）の初期には完成していたと考えられている天寿国繡帳（旧繡帳の部分）の製作時期について、天武朝（673～686年）や持統朝（687～697年）にまで下がるとする有力な新見解が最近発表されたが、今後の検討を待たねばならない。

　法隆寺裂にみられる錦は赤・白・緑の3色を用いた蜀江錦が多く、幡の縁や脚に用いられている平絹の赤系統の色味が黄味の強い朱色や黄橙色というべきものであることは、古い染法を用いている証拠のように捉えられる面があった。しかし、法隆寺裂の多くが法隆寺再建

の頃から天平時代にかけてのものとすれば、異なる見解を取らねばならない。その概略を以下に述べる。

　仏教伝来（538年）から法隆寺創建（607年）、さらには推古朝（593 〜 628年）から舒明朝にかけては、かつて渡来人達がもたらした旧来の染色方法が踏襲された。たとえ遣隋使の派遣により優れた技術がもたらされても、染色を生業とする渡来人の子孫達が自らの優越性や特殊性を守るために新しい染法をボイコットしたとする見解もある。しかし、法隆寺再建の頃（8世紀初頭）を過ぎると国を挙げて律令主義国家の建設を目指すようになり、遣唐使（第1回は舒明2年(630)に出発して同4年に帰国している。その後不定期に第2回(653 〜 654)、第3回(654 〜 655)、第4回(659 〜 661)、第5回(665 〜 667)、第6回(669 〜不明)、第7回(702 〜 704)、第8回(717 〜 718)、第9回(733 〜 736)、第10回(752 〜 754)等々と派遣された）によってもたらされた最新の優れた染法は、染色を行う者に強制的に採用させられたと考えられる。技術革新が行われたとみなす根拠は、律令制の服制により様々な色の衣服を作る必要があり、染色は重要な国家事業の一つであったと考えられることである。

　では、8世紀初頭の法隆寺裂にみられる黄味の強い朱色や黄橙色についてであるが、その当時まだ茜の最新の染色技術を充分に生かすだけの技量がなかったとみなせるのではないだろうか。そして、正倉院に残る諸国の調緋絁をみれば、それから30 〜 40年後には地方諸国でも平絹（絁）を濃い鮮やかな赤に染色することが可能であったことがわかる。新しい染法は国家の指導のもとに急速に普及させられたのであろう。この辺りの見解については、今後充分に吟味して繰り返し検討を加える必要があるので、これ以上述べることは控えたい。

　以上のように、主要なものの整理が完了して全体について一定の見解を持てるようになった法隆寺裂のような染色資料は、新資料の一種とみなせる。それとは違って、今まで知られていなかった全く新しい資料には次のようなものがある。

（1）藤ノ木古墳出土の染色資料

　奈良県生駒郡斑鳩町の藤ノ木古墳の発掘調査は昭和60年(1985) 7月から年内一杯にわたって行われた（第1次調査）。その後、内視鏡による石棺内の調査（第2次調査）を経て石棺を開けて内部の品々を取り出す調査（第3次調査）が昭和63年9月から12月にかけて行われた。その結果、藤ノ木古墳は法隆寺が建立される少し前に築造された6世紀末頃の後期古墳であることが判明した。石棺の中には半分くらい水が溜り有機物が浮遊していた。それらは、経錦（平地経錦）、綾（平地経三枚綾）、平絹（筬目のある透目のものが多くみられる）、刺繍、組紐（三ツ組、二間組、角八ツ組等々）、糸房、麻布などである。その他、石棺の底に沈んでいた大刀や鏡に同様の染織品が付着していた。それらの有機物は、石棺内に水が満ちていたために約1400年の歳月を経ても朽ち果てることなく今日まで伝わったと考えられている

（発掘時には石棺内の水は半減していた）。我が国でこれだけ多量の染織品が古墳から出土するのは初めてのことであった。

　出土した染織品は、いずれも押せば潰れて粉状化する藁縄の燃え滓のような状態にまで朽損が進んでいた。茶褐色に褪色しているものが多かったが、染色染料成分のうかがえるものも存在した（銅イオンが付着して緑色を呈していると考えられるものもあった）。それらに対して、ＦＴＩＲ（フーリエ変換赤外分光光度計）による被破壊分析試験と染料の抽出を伴う高速液体クロマトグラフによる染料分析試験（破壊分析）が行われた（角山幸洋「ⅩⅢ繊維　織物・組紐」『斑鳩　藤ノ木古墳　第２・３次調査報告書　分析と技術篇』斑鳩町・斑鳩町教育委員会、1995）参照）。

（２）吉野ケ里遺跡出土の染色資料

　佐賀県神埼郡神埼町の日本最大の弥生時代の環濠集落遺跡である吉野ケ里遺跡の調査結果が発表されたのは平成元年（1989）である。吉野ケ里遺跡は弥生時代から中世までの遺構が展開する複合遺跡と言われるもので、吉野ケ里遺跡出土の染織品と称しても何を指しているのかわかり難いが、本章において注目されるのは甕棺墓の甕棺の底から発見されたと言われる約２千年前の平絹の断片である。薄茶、橙、赤、緑、青、黒、紫、赤紫などの色をした織り密度の粗い（数値は不明）小さな片々が発見された。それらは染色された絹布の断片であり、佐賀県教育委員会は平成３年（1991）１月に初めて染色研究家の前田雨城氏に染色調査を委嘱した。

　調査は、前田雨城氏が開発した三次元蛍光スペクトルによる分析法により行われ、同年４月に報告された。この分析法は非破壊調査であり、吉野ケ里遺跡出土の染織品のように少量の貴重な文化財の分析調査に威力を発揮するものと期待される。ただし、標準資料と被検査資料の示す三次元蛍光スペクトル曲線を並べた等高線図の示す立体形の相互比較により使用されている染料成分の同定を行うものであるから、全く未知の染料成分の分析は困難であろう。高木豊の化学分析実験により日本茜の主たる染色成分がムンジスチンであることが同定されたが、今の段階では同様のことを期待できないのではないだろうか。多数の標準資料の情報に基づいて分析課程がコンピューターシステム化され、被検査資料の様々な条件における蛍光スペクトルの情報が得られれば容易に結果が導き出されるようになり、非破壊の画期的な方法としてあらゆる染色文化財の染料成分分析・同定に活用されるようになるのかもしれない。

　吉野ケ里遺跡出土染織品の染料成分の分析結果として、薄茶・橙・赤の絹布片は大茜（前田氏によるとオオアカネは日本茜の変種で突然変異によりあらわれたとされる）、緑・青・黒・紫・赤紫の絹布片は貝紫により染色されているとされた（前田雨城「発表記録・吉野ケ

第3部　正倉院の染織物の保存と技術

里の貝紫と茜」(『国立歴史民俗博物館研究報告』第62集、国立歴史民俗博物館、1995)や前田雨城・下山進・野田裕子「吉野ケ里遺跡出土染織遺物の染色鑑定科学調査について」(『佐賀県吉野ケ里遺跡発掘報告書』佐賀県教育委員会、1994)等参照)。

(3) 下池山古墳出土の染色資料

　平成7～8年に奈良県天理市成願寺町の下池山古墳の発掘調査が行われ、内行花文鏡に付着した染色資料(鏡袋と言われる)が出土したことが知られる。下池山古墳は古墳時代初期(3世紀末頃)に築造されたと考えられることから、幅の太細を取り混ぜた青・黄緑・茶色の縞柄の平絹は、倭文織(倭文布)と称される我が国古来の縞織物の一種かと言われている(倭文織や倭文布は、『日本書紀』『万葉集』等に記されていて、一般に素材は楮や麻である)。縞柄の染料の科学分析は行われたかもしれないが、私はその正式な報告書をみていないのでわからない。

(4) 中国における出土染色資料

　中国における漢代から六朝を経て唐代に至る染織遺物の新しい発掘出土例は多い。その中でも、湖南省博物館と中国科学院考古研究所による湖南省長沙市郊外にある前漢初期の馬王堆1号漢墓の発見と発掘調査(1972)は、出土した古代の染織品の調査に関してエポックメイキング的な意味があった。史上希にみる大量の染織品が出土したことから、初めて中国の多くの染織研究者が協力して調査研究が進められたと言われる。染色染料の分析調査も紫外吸収スペクトル、ペーパークロマトグラフ、高速液体クロマトグラフの手法により、藍・茜・支子等を同定している(上海市絲綢工芸公司編『長沙馬王堆1号漢墓　出土紡織品的研究』(上海市紡織科学研究院・文教出版社、1980)参照)。

　中国における近年の染織品の発掘出土例中、次のようなものがよく知られている。

　青海省文物考古研究所により青海省都蘭県の熱水古墓群が発掘調査されて(1982～85年)、北朝末から盛唐(6～8C)期の錦、綾、羅、平絹、綴れなどが発見された(許新国、趙豊「都蘭出土絲織品初探」『中国歴史博物館』第15・16期、1991)。それらの中に銘文からペルシャ製と言われる錦が含まれていることは注目すべきである。

　陝西省考古研究所により、強風で倒壊した陝西省扶風県法門寺の五重塔の下から見つかった地下倉庫が発掘調査されて(1987年)、晩唐(9世紀後半頃)の数千点に上る金銀器や数百点におよぶ錦、綾、羅、平絹、刺繍などが発見された(『文物』第10期、1998)。

　新疆文物考古研究所により新疆ウイグル自治区尉犁県因半墓地の漢晋時代の古墓九座が発掘調査されて(1989年)、四座の古墓から、錦、綾、平絹製の衣服、衾(夜具)、枕、袋などが発見された(『文物』第10期、1994)。

日中共同尼雅遺跡学術調査隊により新疆ウイグル自治区民豊県尼雅遺跡が発掘調査されて（1994～97年）、前漢から後漢にわたる遺跡の古墓から、錦、綾、平絹製の衣服、衾（夜具）、顔覆い、枕、香袋、袋類、帽子などが発見された（『日中共同尼雅遺跡学術調査報告書』第2巻、1999、『文物』第1期、2000）。

このような染色実物資料は、今後とも次々に増加することが期待される。そして、今はまだ不明な箇所が多く隙間だらけの印象のある古代染色の歴史も、やがて明確になるであろう。

3．文献史料からみた古代の染色染料

古代染色に関する我が国の文献史料は、『古事記』『日本書紀』『続日本紀』『万葉集』『古語拾遺』『風土記』『懐風藻』『大宝律令（養老律令）』『正倉院文書』「東大寺献物帳」等々を数え、個々に記された染色関係の内容（色名・染料名・染法その他）を逐一調べ上げるのは容易なことではない。さらに、古代染色の理解を深めるためには、中国、インド、ギリシャ、ローマの古代文献を調査研究することも望まれるが、網羅的に掌握することは容易ではない。

幸い上村六郎は、広く内外の文献史料にみえる色彩と染色関係事項の調査研究報告を発表している。『万葉集』にみえる色彩と染色は、前述した『万葉染色考』や『万葉染色の研究』に、その他の我が国の文献史料にみえる色彩と染色は『上代文学に現れたる色名・色彩並びに染色の研究』にまとめられている。内外の文献にみえる色彩と染色を広く紹介したのは『東方染色文化の研究』（第一書房、1933）である。それらの概要を述べることは容易ではないので、ここでは『万葉集』にみえる色彩と染色一端を紹介する。

上村の「正倉院日和」という題名の随筆には、昭和10年11月8日の曝涼中の正倉院特別拝観におけるエピソードが語られている。上村にとって久し振りの好天は絶好の正倉院日和と思えたが、同行の万葉学者佐々木信綱は「有り難い万葉日和」と称したという。正倉院拝観後、上村と佐々木に斎藤茂吉を加えた3人は、万葉植物園（現在の春日大社神苑）並びに万葉古蹟を巡って日がな1日を過ごしたとある（図1～4）。

上村博士の論考「万葉の色彩と染色」（『万葉集大成　第8巻　民俗篇』平凡社、1953）は、『万葉染色の研究』に発表された研究を新たに集大成するために、その大要を序説としてまとめたものであるという。そこには正倉院の染織品が紹介されたり正倉院古文書が引用されている。

正倉院宝物と『万葉集』の深い結びつきについては、角田文衞博士の論考「万葉集と正倉院」（『万葉集大成　第11巻　特殊研究篇』平凡社、1955）に述べられている通り、両者は天平文化を代表する存在であり『万葉集』を理解する上で正倉院宝物を活用することができると言われる程である。

ただし、正倉院宝物と『万葉集』との関係を考える際には、その対象年代に留意しなけれ

ばならない。すなわち、正倉院宝物の大半は8世紀の中頃を過ぎた天平時代爛熟期のものである。『万葉集』は前後約3世紀にわたると言われるが、萌芽時代（雄略天皇などの頃から推古天皇時代まで）、第1期（舒明天皇時代から壬申の乱(629〜672)まで）、第2期（壬申の乱後から平城京遷都(710)まで）、第3期（平城京遷都より後から天平5年(733)まで）、第4期（天平6年から天平宝字3年(759)まで）に分けてみるのが一般的である。

したがって、正倉院宝物は『万葉集』第4期のものが多くを占めている。伝存する正倉院染織に奈良時代の染め色がさほど褪色せずに残っていると仮定しても、そこに『万葉集』第1期の歌に詠まれた染め色をみることには慎重にならざるをえない。仏教伝来（538年）の頃から天平宝字3年までの染法や染め色の変遷についての理解を深めて初めて、正倉院古裂の実物の染め色によって『万葉集』の染色を読み解くことが可能になるといえよう。

上村六郎は『万葉染色の研究』の中で、上代染色を三つの時代に区分して考えることを常としてきたと述べている。第1期は、中国や朝鮮半島から染色技術を持った達が集団的に渡来する以前の原始染色時代。第2期は、5世紀中頃から中国や朝鮮半島から帰化人達が集団的に渡来して浸染を伝えた初期浸染時代。第3期は、仏教伝来（538）と共に押し寄せた染法により刺激を受けた浸染完成時代。しかし、そこに古墳時代以前の発掘出土裂や法隆寺裂の染め色についての見解（前節でその一部を示した）や遣隋使・遣唐使のもたらしたであろう新技術の検討を加えると、仏教伝来の頃から天平時代中頃までの約200年間に我が国で行われた染色技法の変遷と、ひいては染め色の変遷とがあったとみることができるだろう。その変遷については、稿を改めて検討したい。

『万葉染色の研究』には染色に関する歌（もしくは顔料に関する歌）として319首が明らかにされている。そこには茜・紅・紫草・韓藍・山藍・榛・橡の他に、青旗・丹生・真赤土・朱・黄土・鴨頭草・杜若・柴等々が詠み込まれている。本書で逐一検討することはできないが、茜を詠み込んだ歌として明らかにされているものを挙げて、万葉染色について検討してみたい。

あかねさす紫野行き標野行き野守は見ずや君が袖振る（巻1・20）

額田王　天智天皇7年（668）

あかねさす日は照らせれどぬばたまの夜渡る月の隠らく惜しも（巻2・169）

柿本人麿　持統天皇3年（689）

……白栲の麻衣着埴安の御門の原に茜さす日のことごと……（巻2・199）

柿本人麿　持統天皇10年（696）

大伴の見つとは言わじあかねさし照れる月夜に直に逢へりとも（巻4・565）

加茂女王　（奈良時代初期か）

あかねさす日並べなくにわが恋は吉野の川の霧に立ちつつ（巻6・916）

作者不明　養老7年（723）天皇吉野離宮行幸時の歌か

長谷の斎槻が下にわが隠せる妻あかねさし照れる月夜に人見てむかも（巻11・2353）
　　　　　　　　　　　　作者不明　年代不詳（この歌は、柿本人麿の歌集にある）
あかねさす日の暮れぬれば為方を無み千遍嘆きて恋ひつつぞ居る（巻12・2901）
　　　　　　　　　　　　作者不明　年代不詳（巻12には飛鳥から奈良前期の歌があるという）
……あかねさす昼はしみらにぬばたまの夜はすがらに……（巻13・3270）
　　　　　　　　　　　　作者不明　年代不詳（巻13には奈良時代初期の歌も含まれるという）
……あかねさす昼はしみらにぬばたまの夜はすがらに……（巻13・3297）
　　　　　　　　　　　　　　　　　　　　　　作者不明　年代不詳（同前）
あかねさす昼は物思ひぬばたまの夜はすがらに哭のみし泣かゆ（巻15・3732）
　　　　　　　　　　　　　　　　　　　　　中臣朝臣宅守　天平11年（739）
飯喫めど甘くもあらず寝ぬれども安くもあらず茜さす君が情し忘れかねつも
　　　　　　　　　　　　　　　　　　　　　　　　　　　　　　（巻16・3857）
　　　　　　　　　　　　佐為王の近習の婢　年代不詳（奈良時代の初め頃か）
……珠貫くまでに茜さす昼はしめらにあしひきの八峰飛び越え……（巻19・4166）
　　　　　　　　　　　　　　　大伴家持　天平勝宝2～5年（750～753）
あかねさす昼は田賜びてぬばたまの夜の暇に摘める芹子これ（巻20・4455）
　　　　　　　　　　　　　　　　　　　　　葛城王　天平元年（729）

『万葉集』ではこれら13首に「あかねさす」の語が枕詞として用いられている（染色染料の茜という言葉の単独の用例はない）。各歌の製作年代を検討する前に、「あかねさす」と染色染料の茜との関連性について考えてみたい。全体をみてみると、日（太陽、日中）と昼（明るい昼間）の枕詞の用例が9首、照る月の枕詞の用例が2首である。他の2首は、紫野（染料植物の紫草の栽培園）の紫と茜の染料の色の関連から来る枕詞（巻1・20）と紅顔（婦人の麗しい要望）の赤にかけた茜の色から来る枕詞（巻16・3857）とである。

したがって、「あかねさすは明るい光が差す（明ね差す）という意味から来るもので、染料の茜とは直接関連しない」と一概に言えないことがわかる。「あかねさす紫野」は染料植物の関連から来るものであり、「茜さす君」は鮮やかな赤色の色のつながりから来るものと解釈できるからである。おそらく、朝日や夕日に照り映える茜雲のあかねは、染料植物の茜の染め色に基づく名称であろう。同様に「あかねさす日」や「あかねさす昼」のあかねも茜の染め色に基づくといえよう。

たとえば「紅」については、「紅の深染めの衣」「紅の八塩（繰り返し染めた）の衣」「紅の赤裳裾」「紅の色」などと、染料植物の紅花又は紅花の染め色を直接表現した歌が22首ある。「紫」は、「紫草衣に染め」「紫の帯」「紫の大綾（文様の大きな綾）の衣」などと、植物染料の紫草又は紫草の染め色を直接表現した歌が15首ある。それらと比較すると、『万葉集』に

おいては、あかねさすという言葉と染料の茜との関連性がやや薄い感がするが、茜の染め色をもってあかねさすという枕詞が生まれたとみなせば、それは染料とその染め色そのものを指しているといえよう。

　古代の赤色について一言すれば、『古事記』『日本書紀』『続日本紀』『万葉集』『大宝律令（養老律令）』『正倉院文書』「東大寺献物帳」等々に赤、紅、緋、纁、蘇芳、赤白橡、朱、丹等々の記載がある。紅（くれない）は呉の藍の意味で、中国渡来の紅花又は紅花の染め色の鮮明な赤色のこと、緋は茜による染め色で、濃く明るい朱色（黄味を帯びた濃い鮮やかな赤色）のこと、纁（そひ・くん・うすあか）は茜による染め色で（茜のみか紫草との交染か不明）、薄い赤色でやや暗い（朱纁は黒味を帯びた赤色の意味である）色のことといわれる。それらのことは、上村六郎・山崎勝弘『日本色名大鑑』（甲鳥書林、1943）、上村六郎『上代文学に現れたる色名・色彩並びに染色の研究』（前掲）、上村六郎『昭和版　延喜染鑑』（岩波書店、1986）等に詳しい。

　では、「あかねさす」と詠われた上代の色は、いったいどのような色であろうか。上村六郎は、文献史料の検討を重ねて、染色実験を繰り返した上で、上代の茜の染め色は熟した柿のような赤橙色というべき色と結論付けた。私もその通りであろうと思う。

　ただし、法隆寺裂と正倉院裂をみる限り、上代の茜の染め色は、黄味の強い黄橙色から、黄味が交じった濃い鮮やかな赤色（紅色と称される鮮明な赤と比較するとようやく黄味が感じられる程度に赤味が強い色）や暗赤色まで種々のものが存在する。しかも、法隆寺裂の赤は、正倉院裂の赤と比較すると橙色や朱色の系統寄りのもの、すなわち黄味が強いという見解がある。一定の基準の下に客観性のある科学的な色彩の比較実験が行われていないので、法隆寺裂と正倉院裂の色彩を軽々に比べることはできないが、見た目の感じの違いがあることは確かである。そこに流行や好みの問題も考慮する必要があるが、それだけで色の違いが生じているのではあるまい。それぞれの時代の染色技法の違いを反映していると考えられる。

　正倉院裂の中には橙色のものから赤味の強いものまで存在するが、法隆寺裂はいずれも朱色がかっていることからみて、正倉院裂の時代になってようやく強い赤を発色させる技術が渡来して普及したのであろう。

　『万葉集』の歌にある「あかねさす」の茜の色にも染色技述に応じた違いがあると考えられる。そして、『万葉集』を古代染色の重要な文献史料の一つとみる立場（上村六郎が初めて提唱した立場）から、それぞれの歌の茜の色について検討することが必要であろう。前節でも述べた通り、染色技法の時代変遷については充分に吟味する必要があり、現状の変・褪色の問題なども考慮しなくてはならないことを思えば、今結論を述べることはできないが、次のような見方はできるであろう。

　すなわち、「あかねさす」と詠われた歌の年代は、天智天皇7年（668）から天平勝宝年代

の初期（750頃）に及んでいる。その期間は、染色技術の渡来ということからいえば三区分することができる。①古墳時代の文化からようやく脱した7世紀後半、②法隆寺再建から奈良時代の初期、③奈良時代中・盛期の大仏開眼会の前後（8世紀中頃）である。そして、それぞれの時期に特徴のある染色技法が活用されたとみられ、茜の染め色に違いがあったとみることができる。

　色名について石田茂作は「奈良時代の染色技術」（『仏教考古学論攷　6　雑集編』思文閣出版、1977）の中で、正倉院古裂に実際に用いられている色として、

○赤系統は、赤、紅、蘇芳、緋

○青系統は、藍、紺、碧、縹、浅縹

○黄系統は、黄、萌黄

○緑系統は、緑、深緑、浅緑

○紫系統は、紫、赤紫、深紫、黒紫

○茶系統は、茶、白茶、深茶

○その他は、黒、樹皮色、金色、銀色

となると仮定して、それらに『正倉院文書』にみえる色名と考えられるものを対比させている。さらに、『正倉院文書』にみえることから奈良時代に用いられたと考えられる染料として、紅花、支子、黄檗、藍、刈安、紫草、茜、搗橡、櫨、蘇芳を挙げて、『延喜式』「縫殿寮式」「雑染用度」条にある色名と染料名の関係に基づいて、それら、すなわち『正倉院文書』にみえる色名と奈良時代に用いられた染料とを対比させている。

　石田の方式により、「現代の色名」と「奈良時代の色名」と「奈良時代の染料名」とが関連付けられたといえよう。前節で紹介した神庭信幸氏の研究（「上代裂に見られる色彩の系統色名」）は、伝存する古裂の色を測定機器（分光光度計）測定した点が異なるが、同様の主旨の研究と言えるもので、古裂の変褪色によりその色彩の復元が困難であることなど、新たな問題提起が行われた。

　『正倉院文書』にみえる色名については、関根真隆編『正倉院文書事項索引』（吉川弘文館、2001）に詳細に書き出されているので参照することができる。

　ところで、上村六郎は『万葉染色の研究』に際して引用はすべて『新訓万葉集』（佐々木信綱編、岩波書店、1927）に依ったと記している。それは『定本万葉集』（佐々木信綱・武田祐吉編、岩波書店、1940〜48）が刊行途中で全巻完結していなかったからだとしている。本章では『万葉集』をわずかに調べたに過ぎないが、『日本古典文学大系　万葉集1〜4』（高木市之助・五味智英・大野晋校注、岩波書店、1957〜62）と『新編　日本古典文学全集6〜9　万葉集』（小島憲之・木下正俊・東野治之校注、小学館、1994〜96）とを参考にした。このように『万葉集』一つを取っても様々な全注全集が公刊されており、現存するすべての

古写本の実態を一望できる専門研究に欠かせない『校本万葉集』も昭和54〜57年、平成6年と増補・改訂が行われている。『古事記』『日本書紀』『続日本紀』『風土記』『懐風藻』『大宝律令(養老律令)』等々のすべてにおいて、今日では上村が研究を進めた時代とは比較にならない程注記の充実した活字本の出版が相次いでいる。染色文化史の研究を発展させる環境が整いつつあるといえよう。

4．植物染料を用いた染色

　文献史料を充分に検討して、古代の染色資料の化学分析調査結果を吟味して、現代の材料を用いて様々な染色実験を行い、古代の染め色を推定するという古代染色研究のスタンスは、上村六郎が提唱して以来今日まで同じと言える。では、現代の材料を用いた染色実験にはどのようなものがあり、その結果をどのように解釈すべきであろうか。

　植物染料や天然染料と称される紅花、茜、蘇芳、藍（蓼藍）、刈安、黄蘗、支子、黄蓮、鬱金、紫草（紫根）、橡（櫟実）、櫨、丁子（香染）、榛（樹皮及実(矢車)）、柴、胡桃、山桃（楊梅）、檳榔子、付子（五倍子）、臙脂等を染料として絹布を染めることは、実は容易ではない(以下の説明に植物の花や葉や根の搾り汁を摺り付ける摺り染めに関するものを除く)。単に色が付くという程のことであれば、染料を煮出して絹布を浸ければよいように思えるが、そのような天然染料は支子や鬱金を除けば存在しない。媒染剤（古代には主として灰汁と鉄漿と明礬とが用いられたと考えられている）を用いなければ発色定着しない染料がほとんどである。紅花に含まれる紅色色素（カーサミン）に絹布を浸ければ直接染着するが、黄色色素（サフロール）と紅色色素とが混在している紅花の絞り汁の中から効率よく紅色色素を取り出すためには経験的に知られる様々な工程が必要である。蓼藍に含まれる青色色素（インジゴ）を絹布に染着させるためには、発酵させて還元しアルカリ性にして水溶性にした物質に絹布を浸けて空中で酸化させる方法によらねばならない(これは発酵建で、還元剤等を用いて還元してアルカリ水に溶解させる方法もあるが、古代には用いられなかったであろう)。

　さらに、染料を煮出す際に用いる水の性質や温度、煮る時間や媒染剤の加え方等々に様々な工夫を凝らさなければ濃い色や綺麗な色、あるいは望む色に染まらないのである（長期間かけて蓄積された染色のノウハウは口伝として伝わっているが、奈良時代の口伝は伝わっていない)。日頃染色実験を行っていない私は、植物染料による染色の困難さについての実感が乏しいが、同種の染料でも採取された年月や場所によって全く染まる色が違うとか、水質によって染め色が違ってくるので良い水の出る所でなければならないとか、鉄やアルミの容器を用いて染色すると金属イオンが染め色に影響する可能性があるというようなことを読んだり聞いたりすることによって、今ではその微妙さを感じるようになり始めている。従来通りに染めているのにまだらになってうまく染まらないこともあり、原因不明のまま染液作り

第4章　正倉院の染め色

からやり直すこともあるという。『延喜式』「縫殿寮式」「雑染用度」条にある黄櫨、黄丹、深緋、赤白橡、青白橡、緑などをはじめとする様々な交染の場合にはさらに一層複雑である。

したがって、植物染料（付子や臙脂を加えれば天然染料というべきである）を用いた染色方法を解説し詳細なノウハウに至るまで紹介している文献は趣味の本から専門書まで多数存在する。しかし、それらは古代の染め色を復元することを目的としている文献ばかりではない。本書において様々な文献に記された染色方法を逐一概説することには意義があると思われるが、ここでは古代の染め色を復元する目的で行われた染色実験の中で、興味をひかれた茜染めに関するエピソードを紹介するに止める。

茜の染色成分がアリザリンであると考えられて、西洋茜（インド茜）と日本茜との区別が行われていなかった昭和の初め頃に、西洋茜は弱酸性の明礬の水溶液で〈深紅に近い赤〉に染まり日本茜はアルカリ性の灰汁で〈黄みのある赤〉に染まる（明礬媒染では黄橙色に染まる）という違いに初めて着目したのが上村六郎である。しばらく後に高木豊は、西洋茜の染色成分がアリザリンとプルプリンとで主成分はアリザリンであり、日本茜の染色成分がプルプリンとムンジスチンとで主成分はムンジスチンであることを明らかにした（ムンジスチンの同定に成功した）。

上村と高木は、先に述べたように正倉院事務所に委嘱されて正倉院古裂の染料を抽出して化学分析調査を行い、赤い古裂の染色染料が日本茜であることを実証している。そのような経過を経て、古代の茜染めが日本茜の根の煮汁を用いて灰汁を媒染剤としていることが一般的に知られるようになった。灰汁は『延喜式』によると椿の枝や葉を燃やした灰から作られたものが用いられ、『和名類聚抄』によると桧の灰も用いられた。

上村は『延喜式』「縫殿寮式」「雑染用度」条の浅緋の所に記載された材料を用いた染色実験を繰り返して（雑染用度には材料の記載があるのみで、染色方法や細かい技法は一切記載されていない）、材料の中の米の使用目的がわからないとしながらも、上代の茜の染め色は熟した柿のような赤橙色というべき色であったと結論付けている。これまでに上村が古代の茜の染め色として発表されたものには、濃い鮮やかなものはみられないようである。そして前述の著書『昭和版　延喜染鑑』（八代将軍徳川吉宗は「雑染用度」条にある染法を勘案して染色させた布帛を実物資料として添付した『式内染鑑』を享保14年（1729）に作った。いまだ原本は発見されていないが写本や増補版とされる色の種類を増加した写本がいくつか伝わっている。それらの中に『延喜染鑑』という名称を付けられたものがあり、本書の名称の由来と考えられる）の中で『農業全書』（宮崎安貞著、元禄10年刊）にある茜染めの方法を紹介している。それは概略次のようなものである。

（一）灰汁の原料は桧の灰とする。灰は通常の1.6倍の分量を用いて灰汁は通常の量（染色する裂地の重さの約20倍とされる）を作り、灰汁処理（すなわち灰汁に浸けては乾か

すことで、上村は場合によっては灰汁を刷毛で塗っては乾かした可能性を示唆している)を裂地の種類に応じて55回とか65回繰り返す。

(二)茜の根を水に浸けてふやかして、汚れを洗い落としてから煮出す(掘り出した年月に応じて一昼夜、二昼夜と水に浸ける日数を増やす)。

(三)水の量は、茜約5.7kgに対し水約14.4kgの割合とする。茜を煮出す際に酢を加えること(水約3.6kgに1盃とあり、酢と一所にぬるでの木を入れて煮るとある)。加える酢には楮紙に包んだ熱い飯を入れて塩気を取り去る前処理をしておくこと。

(四)最初の染液の中に布帛を浸けて染色した後、染液を捨てて新たに水と酢を加えて煮出し直すこと。その中に浸染して染め上がると絞って陰干しする作業を都合9回繰り返すこと。続いて染液を捨てて新たに水と酢を加えてその中に布帛を浸けて煮出して、煮染をして染め上がると絞って陰干しする作業を3回繰り返すこと。最後に、湿り気のある中に畳んで塗り物の桶に入れて一夜おく。

　以上の中で注目すべき点は、灰汁処理を60回前後も繰り返すこととか、水には酢を加えて酸化させて煮出すこととか、同じ茜の根を水を替えて12回煮出すこととかである。この方法は、江戸時代になるとすっかり蘇芳染めに取って代わられていた茜染めの古法として残っていたものを江戸時代に書き記したものと言われる。したがって、奈良時代に同様の染法が行われていたとは考えられないが、次のように染め色の検討する時に古代の染法に関して示唆することがあるように思われる。

　すなわち、日本茜は赤味の強い濃い色に染めることが難しいと言われている。しかし、正倉院に伝来する赤絁(平織りの絹布)や赤綾などの古裂は、黄橙色から朱色、そして黄色味をわずかしか感じさせない濃い鮮やかな明るい濃い赤や暗い赤まで様々な染め色をしている。朱や黄色味の全く感じられないラッカーやペイントのような赤は存在しないが、かなり濃い色に染められている。そして、それらの赤はすべて日本茜で染められたことが実験的に確かめられている(第1節に既出)。このことは、奈良時代に日本茜を用いて絹布を濃い鮮やかな赤に染める方法が確立していたことを意味していると考えられる。

　その方法であるが、『農業全書』にあるように充分に灰汁処理をした絹布を同じ茜根から十数番液まで採って染液を弱酸性にして繰り返し浸染(最後は煮染)することではないだろうか。日本茜の色素成分には、黄色味の強いものと赤色味の強いものとがあり、最初の煮汁には特に黄色味の成分が多いと言われる。そして、その黄色味の成分を別の裂地に先に染め付けてから目的の布帛を浸染すれば赤色味の強い染め色が得られるとも、黄色味が染着し難い状態にして浸染すれば赤色味の強い染め色が得られるとも言われる。

　さらに、一度煮出した染液は溶けている染色成分が布帛に染着してしまえば染液としての役割を果たせなくなるので新しい染液に替えるのは当然と考えられるが、すでに煮出した染

色材を繰り返し煮直すことは、茜の染料としての性質に関係するのではないだろうか（繰り返し煮だしても、一定の割合で染色成分が出てくる性質があるのかもしれない）。

　最後に古代の茜の染法について（濃い鮮やかな染め色を出す方法について）の興味深い研究を紹介してこの節を終わりたい。

　吉岡常雄は、『延喜式』「縫殿寮式」「雑染用度」条の浅緋の所に記載されている染色材料の米の使用方法について、どろどろの粥状に炊いて中に入れた茜根の黄色味の成分を吸着するために用いられたと考えた（『伝統の色』光村推古書院、1973）。この方法により赤色味の成分がどれだけ効果的に染着するのか明らかではないが、黄色味の成分をなくせば濃い鮮やかな赤になることを示している。

　宮崎隆旨と宮崎明子は、同じ「雑染用度」条の米の使用方法について、玄米を用いて発酵させて発酵液として用いたと考えた（「古代茜染に関する一考察」『奈良県立博物館紀要』第11号、1997）。この研究は、日本茜根の染液を弱酸性化すれば布帛に黄色味の成分が染着され難いことを示している。そして、染色実験の成果が報告された（染色された絹布は宮崎明子氏の作品展と合わせて一般公開され、正倉院古裂の中でも濃い鮮やかなものと近似した染め色を示していることが確認された）。

　これらの研究は、黄色味のある赤にしか染まらないと考えられてきた日本茜の染液でも、黄色味の成分の染着を防げば正倉院に残る赤の染め色（わずかしか黄色味を感じさせない濃い鮮やかなもの）を出すことができることを明らかにした。浅緋綾を染める材料として茜と米と灰と薪とが記されている『延喜式』は、奈良時代から約120年後に成ったもので、奈良時代にそのような材料で染色されたことは実証されてはいない。正倉院に伝存する赤味の強い調絁によって、奈良時代にすでに地方の諸国においても茜の染液の黄色味の成分の染着を防ぐ染色技法が存在したことは明らかになったといえるが（正倉院の赤の平絹の多くは地方から輸納された調絁であると考えられている）、それがどのような染法であったか、確証となるものはまだないのである。

5．正倉院古裂の染め色

　正倉院宝物の科学的調査研究がまだ十分に進展していない時分には明確にし難いことが多くあり、天平時代（奈良時代）を代表する正倉院宝物がそのまま天平の顔のようにみなされたのはやむをえないことであった。しかし今日では、諸性質の違いや墨書銘・刻銘・題箋などからいくつかの白銅鏡や繡線鞋（女性用の絹の靴）や漆胡瓶（鳥首形の蓋付水差し）や銀壺や金銀花盤や佐波理皿・加盤・匙や毛氈類や香薬類など、舶載品であることや時代が異なることが明らかな品物がほぼ判明している。それらに加えて、ラピスラズリや碧玉や象牙や犀角など舶載された材料を用いて国内で生産された品であることが明らかなものや、光明皇

后の献納品目録（「国家珍宝帳」）に天武天皇（在位673～686）から孝謙天皇（在位749～758）まで伝えられたことが記されている赤漆文欟木厨子、慶雲4年（707）銘のある『詩序』、和銅7年（714）銘のある甲斐国調絁（北倉141金青袋に用いられている）、唐の開元4年（716）（すなわち霊亀2年に相当する）銘のある墨などを除けば、正倉院宝物の大多数は天平時代の爛熟期と言うべき頃の国産品であると考えられている。

　特に染織品は、わずか数点の舶載品と甲斐国調絁（上記）のような例外的なものを除いて、ほとんどすべてが天平時代爛熟期の国産品である。

　すなわち、正倉院宝物は、平城京遷都（和銅3年）を境にして幕を開けた絢爛たる天平文化の穏やかながらも荒々しさの残る初期的な時期ではなく、律令制の矛盾が露呈し始めて政権争いが深刻化し、退廃・沈滞・爛熟・陰鬱・繊細という表現が当てはまる時期のものであるとみなされる。もちろん、正倉院宝物が天平文化の大輪の華であるということを否定することはできない。ただ、次の平安時代に通じる天平時代の少し進んだ頃のものから成るという認識を持って、天平初期のものとの微妙な違いを意識することには重要な意味があるといえよう。

　正倉院の染織品の大部分が天平時代後期の国産品であり、その染め色は第8～10回遣唐使、その中でも特に第9回遣唐使（多治比広成を大使として天平5年（733）に出発、天平6年に玄昉や吉備真備らが帰国した）と第10回遣唐使（藤原清河を大使として天平勝宝4年（752）に出発、同6年に副使の大伴古麻呂が鑑真和上ら唐僧8人を伴って帰国した）のもたらしたと思われる唐の最新の染色技法を強く反映していると考えられる。

　正倉院古裂が初めて一般公開されたのは、大正14年4月15～30日に奈良帝室博物館で開催された「正倉院宝物古裂類 臨時陳列」と名付けられた展覧会である。大きな反響を呼び、その当時で2万5千人近い入場者を数えた（16日間）。鮮やかな色彩を伝える正倉院古裂の評判は高まり、図録の出版が計画され、法隆寺献納宝物裂も加えた『御物上代染織文』全24輯（帝室博物館、1927～29年）が逐次刊行された。この時代にオールカラーの図録が刊行されるのは異例のことである。その間、昭和3年4月14～29日には東京帝室博物館で「御物上代染織特別展」、同7年4月23日～5月8日には奈良帝室博物館で「正倉院整理古裂第2次展観」が開催され、同15年11月5～24日に東京帝室博物館で開催された「正倉院御物特別展」に出陳された144件の宝物中に染織品は三十数点含まれていた。

　正倉院古裂への関心が非常に高まったのは、その色彩の鮮やかさの故と言われる。「天平時代の色彩をそのまま現代に甦らせた」という表現がしばしば用いられた。それは、客観的な観察の結果ではなくむしろ願望というべきであったように思われる。この願望が叶えられないことは、正倉院古裂の染料の化学分析実験（昭和28～44年）によって明らかになった。経年変化による色素分解とそれに伴う変褪色が実証されたからである。

部外の研究者にとって正倉院染織研究の根本資料の一つである正倉院事務所編『正倉院宝物　染織』上・下（朝日新聞社、1963・64）の刊行の目的には、正倉院の染織品の色彩保存を図ることが謳われている（最近、増補・改訂された正倉院事務所編『新訂　正倉院宝物染織』上・下（朝日新聞社、2000・01）が刊行された）。染料の化学分析実験結果を受けて、移ろいやすい染め色の現状を後世に伝えようとしたのであろう。私は正倉院古裂を見続けて二十数年になるが、その間に染め色の変褪色を感じたことは一度もない。しかし、確実に化学変化は進んでいるはずである。それが非常に緩慢なために、一千二百数十年を経た今日まで目に鮮やかな印象を与える色彩が伝わったのであろう。土の下に埋まっていたり日の光の差す環境に置かれたり風雨に曝されていたら、少なくとも今の色彩が伝わらなかったことは確実である。染料物質に化学変化を生じさせる要因は、紫外線・温湿度・空中の酸素・埃・黴・害虫・鼠など様々といわれる。空気の流通しない冷暗室に外気を遮断して置くのが理想かもしれないが、そのような環境を維持することは不可能に近い。保存環境にできるだけ配慮しながら色彩の維持に努めて、次の世代に伝えることが可能な範囲で最も大切なことではないだろうか。

　正倉院古裂に残る染め色はバラエティに富んでいる。それは、そもそも赤、青、黄、紫、茶褐色等のそれぞれを様々な色味に染めたことと（文献によって様々な色名がある。『正倉院文書』によれば赤の色は、赤、紅（浅・中・深・滅）、緋、蘇芳がみられるという）、植物染料で染めたために毎回微妙に異なる色味に染まったことと、その後の変褪色の程度の違いによると考えられる。経年変化による褪色の問題は、現に存在する色彩を信じられなくしてしまうやっかいなものであるが、肉眼観察と分析機器を用いた調査を続ければ、いつか古代の本当の染め色が明らかになることであろう。

おわりに

　正倉院の染織品の染め色について語る時に、1．正倉院の染色染料の化学分析調査、2．近年増加した古代の染色資料、3．文献史料からみた古代の染色染料、4．植物染料を用いた染色、5．正倉院古裂の染め色（現状）の五つを外すことはできないと考えて、それぞれ節立てして述べた。各分野に諸先学の研究の蓄積が多くあり、その一端を紹介することに追われた感がある。それでも、最近の実物資料の増加（未整理古裂の整理の進捗と新資料の発掘出土による）と文献史料の充実と分析機器の発達は、この分野（古代染色文化史）の研究のさらなる発展を予感させるので、文中に今後の展望についても触れたつもりである。言い足りないことばかりが目立つが、正倉院古裂を中心としたこれまでの我が国の古代染色文化史研究について通観して頂ければ幸いである。

第 4 部

正倉院以外の染織品の調査・研究

第1章　吐魯番県阿斯塔那古墓出土の絹織物
　　　　　　（トルファン）（アスターナ）

はじめに

　筆者は、シルクロード学研究センターの課題研究「中国における絹の源流と発展」の一環として、平成10年（1998）8月8日から15日にかけて北京と烏魯木斉を訪問し、烏魯木斉の新疆ウイグル自治区博物館において、11・12日と13日午前中の2日半にわたって吐魯番県阿斯塔那古墓出土の北涼、北朝、隋、初唐、盛唐、中唐、晩唐の絹織物21点（錦を中心に、綾、文羅、印花絹）を20倍の単眼顕微鏡と裸眼で観察調査した。その結果、阿斯塔那古墓出土の絹織物について、いくつか気付く所があった。それは、中国の絹織物と正倉院の絹織物とを比較しながら、逐一観察して得た事柄である。その比較検討した内容について、本章では他に良い表現方法が見つからなかったので、もっぱら説明文で示した。また、数値で表せるものはできるだけ一覧表で示すようにした。

　なお、観察結果を述べる前に、この調査報告の意義を明らかにするために、これまでに発掘された中国の古代絹と、今回実見することのできた吐魯番県阿斯塔那古墓（以下トルファン、アスターナと略記）出土の絹織物について概説する。

なお、シルクロード学研究センターは、平成5年（1993）7月に、なら・シルクロード博記念国際交流財団（奈良県の第3セクター）に設置されて、平成20年（2008）3月に廃止された。

1．中国古代の絹織物

　私は、1970年代の終わり頃から正倉院の絹織物と中国出土の古代の絹織物とを比較検討することに関心を持つようになったが、その頃中国へ行って実物を観察することは不可能に近く、『絲綢之路―漢唐織物』（新疆維吾爾自治区博物館出土文物展覧工作組編、文物出版社、1972）のカラー図版を何度も繰り返し眺めながら、いわば正倉院の染織品と類似しているが、どこか相違している染織品に思いを馳せた。この染織図録は、『漢唐の染織』（小学館、1972）という日本語に完訳した本も出版されており、親しみやすかった。さらに、『長沙馬王堆1号漢墓』（中国科学院考古研究書編、湖南省博物館、文物出版社、1973）のカラー図

版も、前漢と唐の絹織物の違いを明瞭に示していた。この報告書も、『長沙馬王堆１号漢墓』上・下（平凡社、1976）という日本語完訳版が出版されていた。これらの図録は、中国の古代染織をカラー図版で紹介した歴史的名著であるといえよう。

　1972年以降今日まで、中国の文物展がしばしば開かれている。それらの文物中には古代の絹織物が含まれており、しばしばガラスケース越しに実物をみることができた。私のみた染織品の中には『絲綢之路─漢唐織物』に掲載されていたものもあり、実物の実感を味わうことができた。たとえば「中華人民共和国 シルクロード文物展」（東京国立博物館・大阪市立美術館、1979）には、今回実見調査した絹織物中数点が出陳されている。

　1970年代の終わり頃から80年代にかけて、上記図録以外に、中国の古代の絹織物に関して、オーレル・スタインの"Serindia"（1921）、"Innermost Asia"（1928）、大谷探検隊将来品の『西域考古図譜』（1915）、『旅順博物館図録』（1953）、梅原末治『蒙古ノイン・ウラ発見の遺物』（1960）、龍村謙「大谷探検隊将来の古代錦綾類」（『西域文化研究６』1963）、などを参考にした。また、フランスのギメ美術館にはポール・ペリオ将来の染織品があり、ロシアのエルミタージュ美術館にはピョトール・コズロフ将来の染織品があり、それぞれ専門の研究報告書があるということを知っていたが、その報告書に当たる、クリシュナ・リブー、ガブリエル・ヴィアル"Tissus de Touen-Houang"（『敦煌の織物』1970）や、ルボ・レスニチェンコ『古代中国の絹織物と刺繍』（1961、原書はロシア語版で、これまで邦訳されていない）を実際にみたのは比較的最近のことである。

　1970年代の終わり頃、広汎に中国の古代の絹織物を扱った日本語で書かれた研究書（論文類は除く）は、私の知る範囲では、布目順郎『養蚕の起源と古代絹』（雄山閣、1979）と佐藤武敏『中国古代絹織物史研究』上・下（風間書房、1977・78）しか存在しなかった。それまでに発表された染織遺物の報告書全体をもとにして研究することは、英語やフランス語やロシア語に堪能であるか、それらに精通した研究者にご教示願わない限り難しい状況だったといえよう。なお、『養蚕の起源と古代絹』は座右の書として常々参考にしているが、この書は絹素材に関する専門書であり、織成に関することは別の文献を参考にせざるを得なかった。そのため、織成に関しては、主として佐々木信三郎『日本上代織技の研究』（川島織物研究所、旧版1951、新修版1976）を参考にした。この研究書は、我が国の古代染織品の織り組織および製織技法の専門書でありながら、随所に中国出土裂について述べられていて、知らず知らずの間に、中国の出土裂との比較なしには我が国の古代染織品について語れないことを教えられた。この著書は、古代の織物組織や織技を考える上で、今日でも話題の中心を占める歴史的名著である。

　なお、1960年代から80年代にかけて、中国考古学界の専門研究誌である『文物』や『考古』などに新しい出土染織品の研究報告がしばしば掲載された。たとえば、武敏「新疆出土漢─

唐絲織品初探」（『文物』第7・8期、1962）、夏鼐「新疆新発現的古代絲織品—綺、錦和刺繍」（『考古学報』第1期、1963）、夏鼐「我国古代蚕、桑、絲、綢的歴史」（『考古』第2期、1972）、武敏「吐魯番出土絲織物中的唐代印染」（『文物』第10期、1973）、陳娟娟「新疆吐魯番出土的几種唐代織錦」（『文物』第2期、1979）、武敏「唐代的夾版印花—夾纈」（『文物』第8期、1979）、陳娟娟「両件有絲織品花紋印痕的商代文物」（『文物』第12期、1979）、武敏「吐魯番出土蜀錦的研究」（『文物』第6期、1984）などである。それらは、紙数が限られた研究雑誌掲載の論文でありながら、染織品の調査結果が詳細に述べられており、圧倒される思いはしたが、それらをもとにして中国出土の絹織物と正倉院の絹織物とを比較検討し関連付けるまでには至らなかった。

　その後、今日までの間に、『中国の博物館　第1巻　新疆ウイグル自治区博物館』（講談社、1987）が出版された。そこには中国出土の古代の絹織物が数十点掲載されており、初めてみるものがあった（その中には、今回実見調査した絹織物十数点が含まれている）。また、『西域美術　第1巻　ギメ美術館ペリオ・コレクション』（講談社、1994）には、ポール・ペリオ将来の染織品が二十数点掲載されており、初めてみるものが多く、私は、この図録によって初めて敦煌からの将来品を中心とするいわゆるペリオ・コレクションの染織品を少しまとめてみることができた。

　中国の古代絹織物に関する近年の考古学的成果は、非常に目覚ましいものがあると言われる。その始まりは1950年代後半の新疆トルファンにおける発掘調査である。その後、湖南省長沙市馬王堆の1号前漢墓から大量の染織品が発見されたり（1972年）、青海省（都蘭県熱水古墳郡、1982〜85年）や陝西省（扶風県法門寺、1987年）、その他の地域から多くの染織品が発見されている。したがって、染織品が出土する地域は新疆の砂漠地帯に限られていない。数量からいえば、むしろ新疆以外の地域のものの合計の方が多いかもしれない。

　それでも、タリム盆地の周辺では、当初より今日に至るまで、次々に染織品が出土しており、保存状態が非常に良いことが様々なカラー図版によってよく知られている。スタイン、ペリオ、コズロフ、大谷探検隊などの将来品はすべて新疆出土の染織品である。新疆から次々に染織品が発見される理由は、新疆での発掘回数が多いためではなく、新疆以外の地域では発掘品にほとんど染織遺物を伴わないことが多いからである。砂漠地帯特有の乾燥した気候が幸いして、新疆では染織品が腐朽して湮滅することなく約2千年間も保たれ得たのであろう。その上、新疆出土の絹織物は、1200〜2000年以上も経過した漢から唐にかけてのものとはとうてい思えないほど、風合も色彩も非常に良好に保たれている。

　ちなみに、1200年以上経過していながら風合も色彩も良好に保たれていることで知られる正倉院の絹織物は、唐櫃の中に納められていたために、太陽光線を遮断され、湿度もほぼ一定の60〜70％ぐらいに保たれていたことが奏功して、今日まで奇跡的に保たれ得たと考え

られている。新疆と正倉院の事例からみて、光に当たらないことと湿度の高い状態に置かれないこととは、絹織物保存に欠かせない要因である。

さて、風合や色彩の状態が良好な新疆出土の染織品は、おそらく漢代から唐代にかけての中国の染織研究の中心に位置するものであろう。そして、今後も出土する可能性が高く、出土品の状態が良好であることが予測されることからみて、今後とも中心に位置し続けることであろう。そして、新疆出土の染織品の時代、地域、用途、使用者、生産者、生産技法などについて今より踏み込んだ議論を行うためには、他地域で発見されたものとの比較検討に目を向けて、染織品の地域差を明らかにすることが必要であろう。さらに、染織品の文様と技法の面で漢代から唐代にかけて大きな変革があったと考えられているから、一つ一つの染織品についても、文様や組織をより詳細に検討すれば、漢代から唐代の染織品の文様や技法の時代変遷や地域性について今よりも多くのことが明らかになることが期待される。今回、新疆出土の古代染織品を実際に間近に観察調査して、正倉院の染織品と比較検討できたことは、意義深いと思われる。

なお、最新の新疆出土の染織品として、新疆ウイグル自治区民豊県尼雅遺跡出土の前・後漢時代の錦、綾、平絹製の衣服、衾（夜具）、顔覆い、枕、香袋、袋類、帽子などや（1994〜97年発掘、『日中共同尼雅遺跡学術調査報告書』第2巻(1999)参照）、新疆ウイグル自治区尉犁県營盤遺址第15号墓出土の漢晋時代の錦、綾、平絹、刺繍製の衣服、衾（夜具）、枕、香袋（1995年発掘、『文物』(第1期、1999)参照）などがあることを付け加えておく。

2．古代の絹織物調査

今回実見して観察調査した絹織物は、『絲綢之路―漢唐織物』（前出）と『中国の博物館 第1巻 新疆ウイグル自治区博物館』（前出）に掲載されているものを中心としていた。調査に先立ち、カラー図版ですっかり馴染みになっていた正倉院の染織品と類似しているが、どこか相違している染織品を実際に自分の目で、顕微鏡下にみるということに興奮していたが、調査方法について不安な点もあった。

染織品の調査研究方法は、組織や織成方法から行うものと（裂地の実物からのみならず、絵画などに描かれた織機や古い織機の実物などからも検討される）、繊維や染料の化学分析から行うものと、文様や色彩から行うものと、文献から行うものとの四つに大きく分けられるといってよいだろう。最終的にはそれらを総合して判断することが必要であるが、今回は、実物に触れなければできない調査を目指し、分析調査は博物館の了解を得ておらず不可能であったので、主として組織についての観察調査を行った。

染織品の組織の調査の基本は、実物を拡大して自らの目でみることである。すなわち、観察調査に際して、染織品の実物を顕微鏡で拡大してみながら、次第にみる位置を変えたり、

あるいは全体を見渡して、何かに気付くごとに眼下で発見した問題を整理して、可能な限りその場で問題を解決しながら進めるのである。

たとえば、織り組織の一部が例外的なものである場合、それが偶然発生した織り傷なのか必然的に生じたものなのかを考察することにより、その裂地がどのような織機でどのような仕掛けによって織成されたのかを解明する重要な糸口が得られることがある。その場合、偶然例外的な個所を調べたか否かで異なる結果が得られることが予想される。今日の段階では、数値で表せる織り密度や糸の太さなど以外、専門の研究者の間でも調査内容や結果が必ずしも一致していない。様々な既存の調査データが活用今後、様々な評価方法を取り入れながら、多くの観察結果を比較検討して、古代染織の調査方法を確立して評価基準を作られなくてはならないだろう。また、古代の裂地が持つ雰囲気のようなものをどのように評価するかということも、今後の検討を要する問題である。

佐藤武敏は、20年以上前に『中国古代絹織物史研究』上（前出）の中で「しかし何と言っても出土絹織物の製作技術が精密に調査されたことは高く評価できる」（22頁）、「絹織物の技術史的研究。これはとりわけ近年考古学的調査の発展にともない著しく進んだ研究分野である。（中略）その織法、デザイン、染色、繊維などの調査が詳細に行われている」（34頁）としながらも、「これ迄の調査は時代・項目が個別的に試みられている傾きが強く、殷代から唐代迄、生産技術が一体どのように展開しているのか、という体系的な考察に欠けている」（34頁）と述べている。それは、古代の織物に関する情報（すなわち調査データ）の不足が原因して、体系的な考察が進まなかったためと考えられる。精密かつ詳細な調査が各時代の染織品に広汎に行き渡ったならば、それらを相互に関連付けて体系的に考察することが可能になるはずである。

しかし、今日でも、精密かつ詳細な調査が各時代の染織品に広汎に行き渡っているとはいえず、古代の織成方法について不明な事柄が多い。したがって、織法や織技の実態や歴史的変遷について考察する手がかりになるものは、観察の結果気付いた小さな事柄など、たとえ数値で表せないようなデータでも増やしていかなくてはならないだろう。たとえば、古代の裂地が持つ雰囲気のようなものも、今その原因が明らかにできなくても、現状ではどのようにみえたかを書き記しておくことが必要である。それが糸込みの疎らさによるのか、糸の太さのばらつきによるのか、経年変化による損耗によるのか、織り間違いや組織が緻密に織られていないためなのかなどということを検討するのは、より多くのデータが集まった次の段階で行うべきであると思われる。それらを今後とも調査項目として一般化するか否かについても、データが蓄積した後に検討すべきである。これまでも、現代に残された遺物を詳細に調査することによって、織法や織技の実態が明らかにされてきたのであり、今までより詳細な議論をするためには、さらに一層詳細な調査を行わなくてはならない。

第4部　正倉院以外の染織品の調査・研究

　今回の調査に当たっては、先学の研究を参考にして、予め調査事項を決めておいて、それらについて調査するとともに、観察中に気付いたことをできるだけ書き留め、図版を掲載した（図1～21）。

　調査項目の選定は、佐々木信三郎『日本上代織技の研究』（前出）、横張和子「複様平組織の緯錦について―大谷探検隊将来絹資料の研究―」（『古代オリエント博物館紀要』第11号、1990）、坂本和子「大谷探検隊収集西域文化資料とその関連資料」（『仏教文化研究所紀要』第35集、龍谷大学、1996）を参考にした。ただし、たとえ調査項目が同じであっても、現段階では、観察された現象の解釈の仕方が個々の研究者によって異なる。したがって、たとえ先学の精緻な調査研究を参考にしても、それと同様の調査が可能なのではなく、実際に調査した私の固有の調査結果を報告するに過ぎない。研究者が同じ裂地を別々に調査して、全く同じ調査結果を得ることは無理にしても、将来的にはある程度の互換性があって、互いに調査データを共有して使えるようになることが必要であろう。ちなみに、横張和子氏の研究は、C.I.E.T.A.（「国際古代染織学会」又は「国際古代織物研究協会」、フランスのリヨンにて1954年設立）によって提唱されている方式に則った調査を行っている。坂本和子氏の研究は、C.I.E.T.A.の方式をもとに、独自の調査を展開している。

　今回調査した項目は、次の通りである。なお、織り組織を示す組織要領図や紋意匠図（指図）は、表示方法を考慮中のため本書では掲載していない。

　①織り組織

　古代の錦は、大別して経錦と緯錦とがある。経糸に色糸を用いて文様を表面に出す色糸の変化で表すものが経錦、緯糸に色糸を用いるものが緯錦である。地が平組織の場合は複様平組織、綾組織の場合は複様綾組織と称する。

　古代の綾は、地組織と文様組織を並列で記して、平地綾文綾、綾地異方綾文綾（地と文の綾流れの方向が反対向き）などと称している。

　②織り密度

　裂地1cm当たりの経糸又は緯糸の本数のことである。最小目盛0.1mmのマイクロメーター付小型単眼顕微鏡を用いて、5～10か所を測定し平均値をとった（今回調査した中で比較的大きい裂地は10か所測定した場合もあるが、裂地の面積に対して基準を決めてはいない）。ばらつきが大きく、平均値を出しても意味がないと思われた場合は、17～22本/cmなどと記した。

　③糸の太さ

　通常、織り込まれている糸は扁平に押しつぶされていて、円柱形と仮定することはできない。したがって、糸の太さは、一般的に裂地の表面にみえる見かけの糸幅で示される。正倉院裂は、1枚の裂地の中に特別に太い糸や細い糸がでたらめに混在している傾向が強いので、

厳密には糸の太さの分布を調べるべきであるが、そのような調査は従来から行われておらず、今後の課題である。今回は、特に太い糸や細い糸を除いた平均的なものの太さを測定した。すなわち、最小目盛0.1mmのマイクロメーター付の小型単眼顕微鏡を用いて5～10か所を測定し、最大と最小を除いた数値を百分の五ミリを最小単位として、0.25～0.35mmなどと記した。

　④糸の撚りの有無

　経糸や緯糸に撚りが加わっているものについて、撚り方向と撚りの強弱を調査した。

　⑤糸の種類

　今回調査した錦・綾・羅・平絹の織糸の素材はすべて絹であるので、特に記載していない。染め色は、たとえばマンセル表示で現状を示すことにも意味があるが、経年変化により褪色している場合があり、今回は赤、青、緑、黄、紫などの単純な色名で記した。

　⑥文丈

　一完全文様の経糸方向の寸法のことである。

3．吐魯番県阿斯塔那古墓出土の絹織物

　以下に、観察中に気付いたことを記す。説明は調査品目ごとに一文で述べたが、凡そ「製作年代について」「経糸と緯糸の区別について」「文様の説明」「組織や織技の特異点」の四つの項目について順番に説明するようにした。数値で示すことのできる調査結果は、トルファン出土絹織物調査結果一覧（表1）に示した。なお、調査品目の番号は、伴出遺物などから推定した製作年代の古い順とした。

○№1　紺地禽獣文錦（図1）

　伴出遺物に、北涼承平13年（455）の墓誌がある。この裂地は、掛け蒲団の残片であると言われる。

　同文の別裂で織り耳のあるものがあり、経錦（複様平組織経錦）であることや文様が縦方向に横並びに表されていることがわかる。

　文様は、動物を樹木のように配した燈樹と柱状文を横向きに交互に並べている。動物文や中国式の唐草風繋ぎ文様で構成されていて、植物文はみられない。漢代の錦にしばしばみられる中国固有の文様の流れを汲むものであろう。正倉院の錦にはみられない文様である。なお、典型的な漢代中国的な文様の錦であるが、もはや古様な印象を強く受けないのは、漢代の文様に共通すると思われる様式を脱した№3　緑地燈樹文錦に類する雰囲気があるからではないだろうか。

　この錦は緯糸にＺ撚り（約400回/m）が加わっている。正倉院の経錦中には、色経に撚りの加わっているものは存在するが、緯糸に撚りの加わっているものはみられない。文様も正

257

第4部　正倉院以外の染織品の調査・研究

倉院の経錦と比較すると複雑である。この錦は、中国で5世紀中頃に製作された錦であるから、正倉院の錦との関連性はみられないのであろう。母緯と陰緯の本数比は1対1で、それぞれ1本ずつ入っている。

○No.2 狩猟円文錦（図2）

　高昌墓から出土した。年代資料は不明であるが、文様から北朝期（5～6世紀中頃）のものといわれる。用途は不明。

　裂地の一方の端に織耳が残っており、経錦（複様平組織経錦）であることや、文様が縦方向に横並びで表されていることや（これは経錦に一般的な特徴と言われる）、文様の端が中途で終わっていることなどがわかる。

　文様は、輪繋ぎ状の円帯内に左右対称に象、鹿、狩猟文（騎馬人物が振り返り様に弓を射る）、獅子、騎乗した駱駝を表し、獅子の間には香炉風のものを置いている。もう一方の円帯内には、左右対称の車を引く馬のような文様を配し、中央に香炉風の文様を置いている。四つの円帯で挟まれた間地には、左右対称にパルメット風の蔓草の上で向き合う馬を配し、上部に香炉か立樹のような文様を一つ置いている。輪繋ぎ状の円帯は、渦巻きの唐草による。輪の接点には、蓮華風の花文が表されている。我が国の連珠狩猟円文の前身と思われる輪繋ぎ状の円帯やパルメット風の蔓草や狩猟文や駱駝の文様には、明らかに西域やペルシャ以西の西方の影響がうかがわれるが、渦巻きを連続させた円帯や車を引く馬や香炉の文様は中国的で、文様の上では、まだ西方の影響が顕著ではないと考えられる。また、このような輪繋ぎ状の文様は正倉院にはほとんど例がなく、正倉院の錦にみる連珠円帯の中に狩猟文を表した文様とこの錦の文様との間には、おそらくいくつかの段階があったのだろう。ちなみに、正倉院の狩猟文錦は緯錦である。

　他の中国出土の経錦と比較すると文様が込み入っていて、それほど図案化されていないので、後世（7～8世紀頃）の緯錦の文様と通じる印象を受ける。ただし、この錦の色経は糸込みが緩く、間から母緯がみえている状態で、裂地自身は緻密なものではなく、正倉院の経錦にみる経糸の糸込みの多さがみられない。なお、陰緯と母緯は1本ずつ織り入れられている。

○No.3 緑地燈樹文錦（図3）

　高昌墓から出土した。年代資料は不明であるが、文様から北朝期（5～6世紀中頃）のものであろうといわれる。用途は不明。

　裂地の下縁は織耳で、経錦（複様平組織経錦）であること、文様が縦方向に横並びで表されていること（これは経錦に一般的な特徴といわれる）、鹿の文様が一方の端であることがわかる。

　文様は、燈樹と称される燈明が燃えるような形を樹木状に表した文様の下に、向き合う鹿

を表し、燈樹の上方には雷鳥あるいは鷲のような鳥を４羽配している。上方で向き合う２羽の鳥はパルメット風の蔓葉文を互いに銜えていて、間地に花樹を置いている。なお、この燈樹は、網目繋ぎの中に花卉を置いて周囲を蕨手風の房で囲んでいる複合的な文様で構成されている。

　この錦は、樹下双獣文の様式、鹿の首に巻かれたリボン、鳥の銜えるパルメット風唐草など、文様の諸所に西方（イラン地方か）の影響がうかがわれる。同様の文様の色違いの錦がアスターナの異なる古墓から出土しており、当時流行した文様の錦の一つであろう。

　緯糸は、多くが赤であるが、母緯、陰緯の別なく所々白糸が混在している。赤と白を織り込む効果を狙ったとは考えられない混ざり方なので、適当に使用したらしいが、他の経錦には母緯と陰緯の色を変えているものがあるので（No.11・14・20）、そのような技法の前段階のものであるかもしれない。正倉院の錦にも、緯錦の中に母経と陰経の色を変えているものがある（たとえば表１の９と18）。複様組織の錦の場合、母緯や母経はわずかずつではあるが表面に出てみえるから染色し、陰緯や陰経は内側に織り込まれてほとんどみえないから染めない（白のままである）ことは合理的であり、進んだ技法といえるかもしれない。さらに、地が薄い色の場合、内側の糸の色が外から透過されてみえるので、陰緯や陰経の色を濃くしない配慮をしたとしても首肯される。中国の錦では糸の色に関しても工夫していたということであろうか。

　正倉院の錦では、色糸を表裏に区分けする働きをする陰緯や陰経の方が母緯や母経よりも太いか、陰緯や陰経が２本引き揃えられていて太くなっていることが多いように思われるが（これは、１色１本の糸を表面に出して、残りの何本もの糸をしっかり下に沈めるためであると解釈できる）、今回調査した中国の錦のうち５〜６世紀のものには、その傾向はあまりみられなかった。

　後世、平安様緯錦となって陰経の実際的な役割がなくなり（芯経となり）、さらに、文様の部分にだけ色糸を織り込む縫い取り織りが用いられるようになると、母と陰の違いがなくなり、以上のような工夫は意味をなくしたと思われる。しかし、製織にたずさわっていた当時の工人達は、織技の進歩や新しい織機の導入に対応しながら、その時々に様々な工夫を凝らしていたのであろう。

　紺地の同様の文様のものをみると、最上部の蔓を銜えた鳥のすぐ上の所で文様が上下打ち返し（対象）になっている。したがって、この錦の織幅は約50cmであろう。なお、陰緯と母緯は１本ずつ織り入れられている。

○ No. 4　天青色幡文綺（図４）

　伴出遺物に、高昌昌和３年（543）、章和18年（543）、延昌２年（562）の衣物疏がある。用途は不明。

この裂地には両耳が残っており、織り幅が約51.5cmであることがわかる。文様は、経糸方向に同じものが繰り返されているが、緯糸方向にみると細部の形状が変化していて、繰り返されていない。すなわち、文様が緯糸方向に対称に打ち返される、いわゆる屏風刺しの綜絖を用いていないことがわかる。織り幅一幅分の経糸一本一本が綜絖一つ一つに対応していたと思われる。図版の面を表として（この面の裏の方が、色褪せていて緯糸による筋が目立つ）、平地に経地合の綾（経綾）で文様を表した綾であり、斜文線の方向が文様の中央で逆さに変化しているから、平地浮文綾である。文様部分の組織は、経糸が緯糸を3本越して1本沈む四枚綾になっている個所と、経糸が緯糸を5本越して1本沈む六枚綾になっている個所とが混在している。このような織り乱れがしばしば不規則に生じていることは、当時の綾織り機を考える上で示唆的である。すなわち、枠綜絖のようなものに経糸を通しておいて、綜絖の上げ降ろしで文様を表した場合、織り乱れは少なくともある程度の規則性を持って生じるからである。

　文様は、柱状形やパルメット風唐草を幡頭のような形で囲んだものを横に並べたり、パルメット風唐草を連ねて地文のようにした部分があったり、二重の連珠の帯を山形に配したり、様々なものが集まって裂地全体を複雑に埋めている。おそらく全体として寺院の柱にかけられた幡の文様であろう。

　ところで、同じ平地でも平地綾文綾の場合には、正倉院に花文、唐草文、連珠文、双竜円文など様々なものが伝わっているが、正倉院の平地浮文綾は、すべて単純な幾何学的な文様のものである。それに対して、中国においてすでに6世紀の中頃にかなり複雑な平地浮文綾が織られていたということは、我が国への綾織り技法の伝来時期（古墳時代後期頃か）や伝来した技法について示唆的である。

　ところで、綺と綾という名称についてであるが、後漢の『説文解字』は、綺を文様のある絹織物とし、綾を布帛の細かいものとしている。夏鼐「我国古代蚕、桑、絲、綢的歴史」（前出）には、漢代の綺として平地の綾が示されている。初唐の『一切経音義』は、綺が錦の次で綾よりも厚いものとしている。我が国の平安時代の『和名類聚抄』は、綾は綺の細かいものとしている。それらのことからは漠然としたことしかわからないが、時代や使われた場合によって同じ言葉が異なる意味に解釈されていたらしく、そもそも綺の語義や綺と綾の違いについて、古来から一定した考え方があったわけではないようである。今も綺と綾について厳密な解釈が成されているわけではない。ただし、今日我が国で綾と称しているものを、中国では綺と称している。

○ No. 5　樹葉文錦（図5）

　No. 4と同様伴出遺物に、高昌昌和3年、章和18年、延昌2年の衣物疏がある。覆面の一部分として出土した。

一方の縁に織耳が残っており、経錦（複様平組織経錦）であることと、文様が経糸方向に横向きに並んでいることがわかる。

　文様は、葉の茂った樹木を横に並べており、間地に菱形、方形、半円形などを配している。また、点を並べて樹木の中心に菱形を表している。間地の方形や半円形が潰れていないことと、そのあたりの地部だけが幅広いことからみて、樹木の形状が伸びたり縮んだりして変化しているのは、緯糸の打ち込みの強弱によるのではなく、樹木を表す時の経糸開口の回数が多かったためであろう。すなわち、空引機ではなく綜絖機で製織されたと推測される。正倉院の錦でも、同形の文様がいくつも並ぶ場合、文様の形状が変化しているものが多い。

　このような樹木を並べた文様は、イラン地方の聖樹の文様が源ではないかと思われるが、この錦の文様においては、漢代以来の中国固有の文様と西方の文様の融合が十分に成されているとは思われない。正倉院の錦の中には、中国風の雲文（霊芝雲）と山文（三神山あるいは蓬莱山）が交互に並ぶ文様の経錦や同形の花文が並ぶ緯錦は存在するが、樹木が並ぶだけの文様のものは存在しない。正倉院の染織文様は主に唐代の影響を受けていると考えられるから、そこにこの錦と正倉院の錦の製作された時代の相違がうかがわれる。

　また、この錦は経糸方向の縞柄になっていて、各縞ごとに2色が用いられている一種の二色錦である。このような錦は、正倉院の長斑錦にしばしば存在するから、織る時に直接扱う色糸の数を多くしないで裂地を多色に織り表す技法として、古くから用いられていたことがわかる。なお、母緯と陰緯の本数比は1対1で、それぞれ1本ずつ入っている。

○ No.6　倣獅文錦（図6）

　伴出遺物に、高昌昌和18年（548）の随葬物疏がある。覆面として用いられたものである。

　この錦の一方の縁には織耳が残存しており、緯錦（複様平組織緯錦）であることがわかる。また、緯錦でありながら文様が経糸方向に横向きに並んでいる。組織は、複様三枚綾組織緯錦である。

　文様は、花卉あるいは花文を配した山文を縦に並べた列と、少し下にずれた位置に四つ足の動物を縦に並べた列を互い違いに並べたものである。2種類の文様の列は、凸凹に上がり下がりしている条線で仕切られている。文様を横に仕切るこのような線は、漢代から北朝の頃の中国の錦綾の文様にしばしばみられる（たとえばNo.1）。これに似た文様の錦は、正倉院に存在しない。

　母経にも陰経にも色緯にもZ撚りが掛かっていて、経・緯糸とも糸の太さのばらつきが大きい。また、母経と陰経の本数比は1対1で、それぞれ1本ずつ入っている。経糸は、撚り糸であるため、やや蛇行して入っている。緯糸は、平糸のものとZ撚りのものが混在していて、太く（経糸の2〜3倍）密度が低いため、より一層蛇行している。経緯共撚り糸が用いられていることから、この錦は、中国の中原で作られた平絹などを原材料とし、それをほぐ

して得た絹糸を長く紡いで織り糸を作り、それを用いて西域（高昌国か）で織った錦であるという説がある（新疆ウイグル自治区博物館の武敏教授談）。これほど粗い感じの錦は、正倉院には存在しない。

　この錦と正倉院で唯一の複様平組織緯錦とを比較すると、正倉院の錦の経糸はＳ撚りの加わっている細目の糸で、緯糸は無撚りであるのに、この錦は経糸にも緯糸にもＺ撚りが加わっていて、緯糸が経糸の約２倍の太さであるが、どちらも細目の糸は用いられていない。したがって、正倉院の複様平組織緯錦は、アスターナ出土の６世紀中頃の同様の組織の緯錦との共通点は認められない。

○ №7 連珠「胡王」錦（図７）

　伴出遺物に、高昌建昌４年（558）の墓誌がある。覆面に用いられていた。

　一方の縁に織耳が残存しており、経錦（複様平組織経錦）であることや文様が途中で終わっていることがわかる。また、この錦は、文様が経糸方向に打ち返して横向きに並んでいる。

　文様は、輪の中に吠えるように口を開けて座る獅子を配した連珠円帯と、輪の中に駱駝を引く胡人らしい人物を配した連珠円帯とを繋いで、輪の四つ合わさった間地にパルメットの十字形文を置いたものである。獅子も駱駝と胡人も経糸方向にみて上下に打ち返し（対称）に表されている。駱駝と胡人の間には「胡王」の文字が織り出されている。なお、文字が裏返しに表されているが、図版に示した面の反対面は、色経の色が混じっていて文様が明瞭ではないから、図版の面が表であることは確実で、単なる織り間違いであるのか、わざわざ逆さ文字を織り出したのか不明である。

　連珠の帯やパルメットの十字形文や駱駝と胡人の文様から、イラン地方の文様の影響を受けたことがうかがわれる。ただし、輪繋ぎ文や漢字からみて、この文様全体の構成は中国で生み出されたものであろう。西域の人々に馴染みのある文様を織ることで、貢ぎ物か商品として商取引に用いようとしたのかもしれない。

　この錦は５色を用いているが、経糸方向の縞柄になっていて、各縞ごとには３色が用いられている。

　経錦としては陰緯が細く、緯糸の織り密度が少ないことと、経糸の織り密度もそれほど大きくないことから、列地全体に母緯がはっきりみえていて、拡大すると正倉院の一般的な緯錦のようにみえる。色経が相当乱れ、諸処の緯糸が切れていて、傷みが大きい印象を受ける。さらに、織り間違いが相当多い錦である。なお、母緯と陰緯の本数比は１対１で、それぞれ１本ずつ入っている。

○ №8 雲気霊獣文錦（図８）

　伴出遺物に、高昌延昌７年（567）年の墓誌がある。用途は不明。

一方の縁に織耳が残存しており、経錦（複様平組織経錦）であることや、経錦の一般的な特徴に反して文様が経糸方向に縦向き（正位置）に並んでいることがわかる。

文様は、雲気が流れるような、凸凹に上がり下がりしている縞の下に獅子と四つ菱を配したものである。正倉院にはこのような構成の文様はみられない。

全体の印象として、糸が細く薄い感じがするが、糸の太さは正倉院の経錦と比較して細いものではない。ただし、裂地表面の見かけの糸幅を比較しても、実際の糸の太さと比例しているか不明である。裏面は小さなかすがい状のテープを貼って経糸の分解を防ぐような修理が施されている。緯糸切れが多いことも、裂地を薄く感じさせているのかもしれない。

織り密度、糸の太さなどは、他の吐魯番出土の経錦や正倉院の経錦と比べてあまり違いは無い。母緯と陰緯に同様の糸が用いられていて、どちらも1本ずつ織り入れられている。紺、赤、黄、緑、白の5色の色経が用いられているが、縦縞柄になっていて、各縞には3色が用いられている。

○ No. 9 連珠孔雀「貴」字文錦（図9）

伴出遺物に、高昌延昌36年（596）、和延3年（604）、義和4年（617）の衣物疏がある。この裂地の用途は、覆面である。

織耳は残っていないが、文様が前後左右どちらにも対称になっていないことと、色糸の方向に比較的直線的な筋がみられることから、経錦（複様平組織経錦）であると考えられる。経錦とすると、文様が経糸方向に横向きに並んでいることになる。

文様は、連珠円帯の中に、左右に雲文を並べた植物風の文様の下に、二重角文を並べた台の上に向き合って立つ一対の孔雀を配し、連珠円帯の接点には「貴」字を配して、間地にパルメット風の文様の上で駆ける馬の文様を表している。また、連珠円帯の上下左右には二重角文が配されている。正倉院の連珠円文と比較して、円帯は同様であるが雲文やパルメット風の文様が相異しており、このような形の駆ける馬や孔雀の表現も正倉院の染織文様にはみられない。正倉院裂にみる連珠円文は、8世紀後半に生産されたと考えられるが、この錦は、伴出遺物から凡そ7世紀初頭に生産されたと考えられるので、正倉院の連珠円文の中国における原形をみるようである。

ところで、この錦の文様と5～6世紀のものといわれているNo. 2の文様とを比較すると、円帯の形状は異なるが、パルメット風の文様の上で駆ける馬の文様が同様であることがわかる。したがって、No. 2の文様とこの錦の文様と正倉院の狩猟連珠円文の三者の間に、円帯を並べた文様の時代的変化がうかがわれる。

顕微鏡で拡大すると、2本並んだ状態の母緯が表面によくみえている。今回調査した他のアスターナ出土経錦の中でも、この錦が一番母緯がよくみえている。正倉院の経錦は、アスターナ出土の経錦と比べて、糸の太さや織り密度に違いがあるとはみえないのに、地組織が

平でも綾でも、母緯が込みの大きい色経の間に挟まれてみえにくい印象があるから、同じように経錦と言っても、織成技法に違いがあった可能性がある。ちなみに、正倉院の経錦でも、裏面からみると母緯がよくみえている。ところで、この錦では母緯が2本並んでみえたが、2本引き揃えた糸を織り込んだのか母緯を2回織り込んだのか、明確なことは不明である。今回の観察調査では、2本引き揃えた糸を織り込んだようにみえたが、明らかにするためには詳細な調査が必要であろう。

なお、母緯の見え方の違いが、経錦が多綜絖織機で織られたのか空引き機で織られたのかという、今日でも議論のある問題を解決する糸口の一つになるかどうかは、今後の検討課題である。

○ No.10 鳥獣花条文錦（図10）

年代資料は不明であるが、文様から初唐期（7世紀中頃）のものであろうといわれる。連珠の帯や唐花風の花文からみて、そのように推定されたのであろう。用途は不明。

織耳は残っていないが、色糸方向に文様がわずかずつ違っていることや、色糸が波状に揺らいで織り込まれていて、色糸と直交する糸が直線的でまっすぐな筋が入っていることから、色糸は緯糸で、色糸と直交する糸は経糸とみなした。すなわち、この錦は、緯錦（複様平組織緯錦）である（確証はない）。ただし、緯錦とみなした場合、この裂地断片の範囲では、文様の繰り返しが経糸方向に全くみられない。すなわち、2〜3cm幅の各条帯ごとに別々の文様が織り表されていることになり、空引機の機構で織るのは困難であろうと思われる。そのためか、この錦を経錦とする説も存在する。緯錦とするならば、多綜絖機の類で織られたのであろうか。ただし、その議論は、より多くの調査データをもとにして行われるべきであり、ここでは問題提起に留める。

文様は、様々な条帯を重ねている。すなわち、数色の長方形を積み重ねた帯状の文様の上に草花の帯を並べ、その上に向き合いに立って顔を反対に向けた双鳳文を並べ、双鳳の上にパルメット風の唐草を並べている。唐草の上には連珠で挟まれた菱形花文の帯が配され、その上に全花形と半花形を交互に並べた唐花風の文様がみえる。なお、この裂地片の範囲内では、同文様の条帯がの繰り返し表されていない。

この錦は、色糸に強いS撚りが加わっている（少なくとも400〜500回転/m）。それは特異であり、この錦以外に今回調査した錦の中で色糸に撚りがみられたのは、No.6とNo.18とであるが、前者は経糸と緯糸両方にZ撚りがみられ、色糸である緯糸は撚りのあるものとないものとが混在していたし、後者は色糸である経糸にわずかなZ撚り（約12回転/m）が加わっているようにみえたものである。正倉院の錦でも色糸に加撚されているものは例をみない。ただし、色糸が波状に揺らいでいる原因が強撚糸であるからだとすれば、直線的でなくとも経糸である可能性もある。しかし、色糸と直交する無撚糸が色糸よりもはるかに織り密度が

第1章　吐魯番県阿斯塔那古墓出土の絹織物

小さいのに直線的であることから、色糸と直交する糸が経糸であろう。なぜなら、密度が大きい強撚糸の経糸の間に、密度が小さい無撚糸の緯糸を織り込んだ場合、張力が強く加撚されている経糸に緯糸が影響されて波状に揺らぐであろうからである。なお、母経と陰経の本数比は1対1で、それぞれ1本ずつ入っている。

○ No.11 連珠載勝鷥鳥文錦（図11）

伴出遺物に連珠猪頭文錦の覆面があり、その覆面に用いられている唐花文様の初期を思わせる花文錦からみて、この錦も初唐期（7世紀中頃）のものであろう。この錦も、覆面の残欠である。

裂地の一方の縁は、絹以外の素材（モメンか麻か毛か不明）の太い撚り糸（Z撚りの糸を何本も合わせて、S撚りの上撚りをした紐状の太い糸）を3本並べて、一番端の太糸に色糸を1回捻って巻き付けている。この3本の太糸を耳糸とみなして、その縁が織耳であるという見方もできる。ただし、緯糸を耳糸に1回捻ってから巻き付けるようにするためには、3本の太糸の端の1本と内側の2本を分けて交互に上下して、それに合わせて緯糸を端の1本の太糸に巻き付けるように織り入れなくてはならない。他のアスターナ出土の錦には、このような織耳はみられない。正倉院の錦の織耳でも、かなり太い耳糸が存在する場合もあるが、このような織耳はみられないので、非常に特異な印象を受けた。ところで、正倉院の錦の織耳の中には、耳糸を抜いて輪奈状になっているものがしばしばみられる。裂地として、太い耳糸が残っていることは不都合であったのであろう。したがって、3本の太糸が耳糸とすれば、このように織れば耳糸を容易に抜き取ることはできないから、なぜ織耳をこのように作ったのか疑問である。なお、理由は不明であるが、3本の太糸の部分だけ色糸が切れて欠失し、本数が半分以下に減少している。

色糸には撚りはなく、色糸と直交する糸にはZ撚りが加わっている。そして、後者（色糸と直交する糸）は、直線的であるが（経糸の特徴）部分によって密度にかなりの粗密がある（緯糸の特徴）。

さて、以上のように色糸が経糸か緯糸かは容易に決め難いが、織り付け又は織り尻の処理として、この錦のように3本の太糸を入れたとは考え難い。すなわち、色糸が経糸である場合は考え難い。その点、太糸の縁に色糸を巻き付けて折り返し、再び織り入れられていることから、色糸を緯糸とみなすことは可能である。ここでは色糸が緯糸で、この錦が緯錦（複様三枚綾組織緯錦）であるとみなすことにする。

文様は、連珠円帯の中に四角を並べた文様の首飾りを巻き、口に綬帯を銜えて立つ1羽の鳥を表したものである。同様の文様の錦が、唐龍朔元年(661)の文書が伴出しているアスターナ第332号古墓から発見されている。

この錦は、他のアスターナ出土錦や正倉院の錦と比較して、経糸も緯糸も織り密度が非常

に小さい。そのためか、文様はかなり曖昧である。また、色糸の太さのばらつきが非常に大きい。太糸に巻き付けている色糸の一方の端の処理の仕方などは、異様な印象を受け、織成技法が想像し難い。アスターナ出土錦の中で特異な錦であるといえよう。

　西域で織成された錦であるため、中国で生産されて輸出されたものと考えられる同時期のアスターナ出土の錦と異なっているという見方もある。なお、母経と陰経の本数比は1対1で、それぞれ1本ずつ入っている。

○ No.12 騎士文錦（図12）

　年代資料は不明であるが、文様から初唐期（7世紀中頃）のものであろうといわれる。連珠円帯やその外側にわずかに残るパルメット唐花文からみて、そのように推定されたのであろう。用途は不明。

　織耳が存在しないので、経錦か緯錦かを判定する確証となるものはない。日頃正倉院裂を観察している目でみると、色糸間があまり詰まっていないことと文様が明瞭で大型であることなどから、この錦は緯錦のようにみえる。さらに、色糸と直交する糸にS撚り（400～500回転/mか）が加わっているが、正倉院には緯糸に撚りが加わっている錦綾が存在しないので、撚りのある糸は必ず経糸であると思われ、この錦は緯錦のようにみえる。しかし、アスターナ出土の錦の中には、織耳が存在するために経錦であることが確実なもののうち、色糸間がまばらで隙間のあるものや文様が大型のものが存在する。また、アスターナ出土の錦の中には、緯糸に撚りのある錦が存在する（確実なものはNo.1とNo.6、諸条件からそう判断したものはNo.13とNo.20）。したがって、一見したところ、この錦は緯錦と思われるが、その根拠は曖昧である。

　次に、文様をみると、連珠円がひしげて楕円状になっているのは、緯糸を打ち込んだためと思われ、楕円の短径の方向が経糸方向のようである。その場合には経錦ということになる。色糸は3色3本で、表側の1本は比較的まっすぐで波を打ったり歪んでいないが、裏側の2本は歪んだり捻れている。ただし、このような傾向は、色糸を緯糸とみるか経糸とみるかの判断基準になるかどうかわからない。むしろ、次に述べる、色糸を捌いて必要な色の1本を表面に出す糸が3本入っていることから説明されるだろう。また、正倉院の3色の色経を用いた経錦に一般的で、アスターナ出土錦に関しても経錦であることの傍証となる可能性がある色糸の配列、すなわち、色糸がＡＢＣ、ＣＢＡ、ＡＢＣの順に並んでいるかどうかを今回確認できなかったが、色糸と直交する糸が3本（色糸を捌いて必要な色の1本を表面に出す糸）と1本（地組織を成す糸）で一単位になっていた。このような傾向も、色糸を緯糸とみるか経糸とみるかの判断基準になるかどうかわからない。一応ここでは経錦（複様三枚綾組織経錦）とみなすことにする（確証はない）。

　文様は、連珠円帯の中に馬の首に両手を回しながら振り返る胡人の騎士のような人物が配

され、円帯の外側にはパルメット唐草風の文様が置かれているものである。馬の左右には翼のようなものが表されていて、天馬であることがわかる。この人物は、天馬を捕まえた状態で、騎乗しているのではないらしい。円帯内全体の文様配置がどのようなものであるのか不明であるが、狩猟文とは異なる。

　陰緯が3本織り入れられている経錦であることが、色経間があまり詰まっていない経錦を成立させている理由かもしれないという印象を受けた。正倉院の経錦の中には、陰緯が2本以上織り入れられているものはみられない。

○No.13 連珠対鳥文錦（図13）
　伴出遺物に、唐龍朔2年（662）の墓誌がある。用途は不明。
　織耳が存在しないので、経錦か緯錦かを判定する確証となるものはない。色糸と直交する糸にS撚り（約200・300・500回転/mと区々）が加わっている。撚り数が区々であるためか、糸幅も区々である。したがって、経糸の撚りを区々にした場合経糸張力がばらばらになって織り難いことを思えば、撚り糸が緯糸であると推測される（すなわち経錦）。しかし、織り入れてある緯糸の撚り数が一本一本異なるような場合があり得るだろうか。長い撚り糸を作ることが困難であるため、織りながら緯糸に撚りを加えたのであろうか。

　また、表面に織り傷（織り間違い）の多い錦であるが、その中に撚り糸（母経又は母緯）が1回転捻られてその間に色糸が入っている織り傷を発見した（写真撮影を行わなかったので、その個所についての調査メモによる）。撚り糸が経糸である場合、このような状態になるためには、よほど経糸捌きに不都合が生じ、織機上で張力の加わった経糸が、振綜を用いたように隣りの経糸の下を潜らなくてはならない。

　あるいは、腰機のように織り手の動きで自由に経糸張力を緩めることができる場合には、経糸同士が絡み合うこともあるのかもしれないが、複様組織で紋織りを行うような場合、とび離れた1か所だけで1組の経糸が絡み、しかも同じ経糸同士で繰り返し絡まないということは考え難い。むしろ、撚り糸が緯糸である場合、二丁杼や三丁杼のような場合を想定すれば、糸が絡み合うことは考えられるし、一丁杼でも、往復の緯糸が絡み合う場合を想像することができる。撚り糸が短いものしかできなかったとすれば、ますます撚り糸を緯糸とみなすと辻褄が合う。文様の上からも、経錦とみなした場合には、文様が経糸方向に打ち返されて繰り返されているが、緯錦とみなした場合には、文様は緯糸方向（横向き）に繰り返されていて、経糸方向には、たとえば双鳥の首にリボンがあるものとないものが上下に並ぶように、文様の繰り返しはない。ここで、経糸方向に文様が繰り返されていない場合、毎回紋綜絖を上げる順番を変えなくてならないので、かなり織り難いと思われる。ただし、図版にみえる2列の連珠円を繋いだ帯が2列分が一単位で、その単位が繰り返されていると考えれば、話は別であるが、わざわざそのような大きな文様を織り出したかどうかは疑問である。

第4部　正倉院以外の染織品の調査・研究

　以上述べたことから、この錦が経錦（複様三枚綾経錦）であるとみなす。

　文様は、連珠円帯の中に長方形の台の上に立つ鳥を向かい合わせに並べ、円帯を横に連結して縞状にし、その縞を少し離して順に並べたものである。連珠円帯は接触しているが、重なってはいない。また、連珠円帯の上下左右に二重角文が配されているのは、№9と同様である。鳥は、頭上にそれぞれ草花のような飾りを置き、一方の帯のものは首からリボンをなびかせているが、他方の帯のものはリボンが表されていない。

　色糸と直交するＳ撚りの加わっている糸は、糸間の隙間が比較的大きく不均一である。このことは、撚り糸が緯糸で、織成中に緯打ちの力が均一ではなかったことを意味しているのかもしれない。また、色糸は直線的ではないが、撚り糸は比較的直線的に織り込まれている印象である。そのことも、検討すべき調査データである。なお、色糸と直交する糸が２本（色糸を捌いて必要な色の１本を表面に出す糸）と１本（地組織を成す糸）で一単位になっていた。

○№14 宝相団花文錦（図14）

　№13と同様、伴出遺物に、唐麟徳２年（665）の墓誌がある。用途は不明。

　織耳が存在しないので、これも経錦か緯錦かを判定する確証となるものはないため、作られた時期がこの錦とほぼ同じ７世紀中頃の、織り耳が存在しない№12および№13とこの錦とを比較してみる。前二者の色糸は３色３本で織り密度約30本/cm、この錦の色糸は５色５本で織り密度約44本/cmである。さて、この錦を経錦とみなすと、色糸方向の線に添って色が５色に変化するから、どの個所にも５色の色糸が用いられていることがわかり、色経を合計した密度（裂地表面に出ている経糸と下に沈んでいる経糸とを合計した密度）が約220本/cmとなる。前者の色経を合計した密度が約90本/cmであることを思えば、はたして経糸密度がそれだけ大きい経錦を織ることができたのか疑問である。さらに、この錦は、一つの花文が大きいにもかかわらず、文様を表す線が滑らかで、他の経錦のように、少し歪んでいて単純な感じ（今回調査した経錦あるいは経錦とみなしたものに共通した雰囲気である）をほとんど感じさせない。

　以上のことから、この錦が緯錦（複様三枚綾緯錦）であるとみなす。

　文様は、パルメットをモチーフとした複合花文の外周を八稜形とし、谷間から半花形を覗かせたものである。宝相華唐花文と称することができよう。裂地が大破しており、文様の中央部分は欠落していて不明である。

　この錦は、経糸にも緯糸にも撚りが加わっていない。同時期のもので、経錦とみなした№12および№13は、緯糸に撚りが加わっている。なお、色糸と直交する糸が２本（色糸を捌いて必要な色の１本を表面に出す糸）と１本（地組織を成す糸）で一単位になっていた。

○№15 目交文緑地菱繋文羅（図15）

伴出遺物に、唐永昌元年（689）の墓誌がある。この裂地の用途は、形状から舞女俑の領巾（首、肩に巻く裂地）といわれる。

正倉院の文羅と同じく、文様部分が網捩れ組織で、地組織の部分が籠捩れ組織である。羅の文様は菱形花文で、小円文を3個1組にしていくつも並べた文様を防染して染めている。黄で下染めした上から版型により防染材を付けて、藍を染め重ねて地を緑にしたものと思われる。防染材の種類は不明である。

正倉院の文羅と比較すると、糸が相当細く、経糸密度が大きい（正倉院の最も密度が大きいものよりもさらに大きい）ことがわかる。また、正倉院の文羅は、小菱格子文や並び三菱文や入子菱文など直線的に表されるものが多く、この羅のように複雑な花文のものもわずかにあるが、それらはこれら羅と比較して織り乱れがかなり大きい。したがって、使用した糸が細くて太さのばらつきが少ないことを考慮するとしても、この文羅を織成した技術は、正倉院の文羅を織成した技術よりも数段勝っていたのではないかと推測される。

○No.16 赤地菱繋文羅（図16）

No.15と同様、伴出遺物に唐永昌元年の墓誌があり、形状から女俑の領巾といわれる。

正倉院の文羅と同じく、文様部分が網捩れ組織、地組織の部分が籠捩れ組織で、文様は菱形花文である。

正倉院の文羅と比較すると、No.15と同様に、糸が相当細く、経糸密度が大きく、文様の織り乱れが少ないことがわかる。なお、この文羅に用いられている糸の太さは、経糸も緯糸もNo.15の糸の三分の二以下で、特に細い。

○No.17 紅地団花文錦（図17）

伴出遺物に、武周長安2年（702）の文書がある。副葬品の女俑の半臂に用いられていたといわれる。

織耳が存在しないので、経錦か緯錦かを判定する確証となるものはない。ただし、二色錦でかなり大きな文様が細部まで明瞭に織り表されていることから、緯錦（複様三枚綾組織緯錦）であろうと思われる。経錦で色経を2色とした場合、比較的大きな文様になると、少し歪んでいて単純な感じに織り上がるように思われるが、この錦の場合は、複雑に入り込んだ細部の形状まで明瞭である。

文様は、八稜唐花の中に頭上にパルメット唐草を配した双鳥文（この裂地には片一方の鳥の尾と脚の一部と唐草の端の部分しか残っていないが、他の双鳥あるいは双鳳文からみて、明らかであろう）を置いた主文と、パルメット風唐草を菱形に配した副文とを五位置に並べた唐花文の形式の動物窠文である。主文の外周部分と副文は、正倉院の綾地異方綾文綾の八稜唐花文綾（図18）とほとんど同じ文様である。8世紀初頭に作られたこの錦の文様が、8世紀中頃に作られた正倉院の八稜唐花文綾の文様の源流の一つと考えられ、興味深い。

第4部　正倉院以外の染織品の調査・研究

　経糸に太さムラがあり、それが原因かと思われる経筋が所々に入っている。また、経糸は細くて直線的で、色緯は太いが比較的波打っている感じがする。いわゆる、横曲がり構造の裂地である。経糸張力が強く、緯糸密度が大きくないことが原因しているのであろう。正倉院の2色を用いた緯錦の組織とよく似た感じがした。織機に共通点があるかもしれない。なお、母経と陰経の本数比は1対1で、それぞれ1本ずつ入っている。

○№18 藍地宝相華文錦（図19）

　伴出遺物に、唐開元3年（715）の墓誌がある。現状は、いくつかの断片を寄せて合わせてあるもので、用途は不明。

　織耳が存在しないので、経錦か緯錦かを判定する確証となるものはない。経錦とみなした場合、色糸方向の線に添って色が5色に変化しするから（部分によっては6色にみえるが、褪色の仕方の違いであろう）、どの個所にも5色の色糸が用いられていることがわかり、色経を合計した密度（裂地表面に出ている経糸と下に沈んでいる経糸とを合計した密度）が約240本/cmとなる。№14は、色糸の密度が大きいことを理由の一つとして緯錦とみなしたが、この錦の色糸は比較的細く、わずかにZ撚り（12～14回転/m）が加わっていて条件が異なるから、単純に同じように考えることはできない。また、文様の上からも、今回調査した経錦あるいは経錦とみなしたものに共通する少し歪んでいて単純な感じがする。ここでは、この錦を経錦（複様三枚綾組織経錦）とする。

　文様は、四弁花文の周囲に8個のパルメットを唐草で繋いだ構成の花文と、小四弁花の上下左右に十字形にパルメットを配した菱形花文とを、五の目に並べた花文である。主文と副文の区別が明確ではないが、主副の花文を五の目に並べた唐花文が誕生する初期的な段階の文様といえよう。

　この錦の文様は、天平勝宝4年（752）の大仏開眼会に奉納された舞楽の呉楽（伎楽）の装束である襪（いわゆる靴下）に用いられた正倉院の複様三枚綾組織経錦の紫地花文錦（図20）とよく似ている。文様のみならず、中に隠れている糸（複様組織の陰緯又は陰経にあたるもの）が色糸の込みが大きいために表面からみえないし、地組織をなす糸（母緯又は母経）も色糸に隠れてみえ難い様子は、正倉院の一般的な経錦とよく似ている。さらに、この錦は、裏面からみると地組織をなす糸（母緯又は母経）がはっきりみえていて、正倉院の一般的な経錦と同じ特徴を持っている。それは、表側へは1本の色糸、裏側へは数本の色糸が押し出されるので、その上を渡る糸（母緯か母経）が裏側では長く渡るからであろう。この錦と正倉院の経錦がよく似ていることは、この錦が他のアスターナ出土経錦と異なる特徴を持っていても経錦であることを示す傍証になるであろう。のみならず、この錦が8世紀初期のもので正倉院の経錦が8世紀中頃のものであることから、次のようなことが推定できる。

　今回調査したアスターナ出土錦の中で、6世紀中頃の製作とみられる№7は、織り耳が

第1章　吐魯番県阿斯塔那古墓出土の絹織物

あり経錦であることが確実なもので、色経が疎らで陰緯がみえている。6世紀末頃のNo.9と7世紀中頃のNo.12とは、織り耳はないが経錦と推定したもので、色経の込みが多くないので母緯がよくみえている。したがって、この錦が製作されたとみられる8世紀初期になって色経の糸込みが非常に大きい経錦が作られるようになり、その技術が8世紀の中頃に我が国に伝来して大仏開眼会用の錦の生産に使われたのであろう。このことは、さらに多くの資料によって例証される必要があるが、従来から正倉院の8世紀中頃の錦の中に経錦が存在することについて、当時でもまだ古様な錦も生産されていたもので、7世紀の法隆寺の蜀紅錦などと繋がりがあるかのようにいわれていたことに対して、今回、色経の込みが多い経錦が、中国から当時の最新の錦として伝来したといえるようになったのではないだろうか。経錦を織る新しい技術は、旧来の技術を席巻したのであろう。

　さらに、技術が伝来してそれによって新しい文様の錦が生産されたのではなく、文様と技術が一体となって伝わったとみなす方が自然であると思われ、この錦と似た文様の経錦が正倉院に伝来していることは、そのことの証左の一つになるであろう。

○No.19 緑地仙人騎鶴文印花絹（図21）

　年代資料は不明であるが、文様から盛唐期（8世紀中頃）のものであろう。用途は不明。

　正倉院に伝存する似た雰囲気の染め物は、﨟纈であるが、これは印花縵であるといわれる（縵とは、平織りの絹帛を指す名称である）。その理由は、文様の外形線に添って裂地が抜け落ちている部分があることで（武敏教授談）、印花とは、強いアルカリ性の薬剤を版型で押し付けることによって、薬剤の付いた部分に染料成分が染着しないようにした防染である（武敏「吐魯番出土絲織物中的唐代印染」（「唐代的夾版印花―夾纈」（前出）参照）。

　文様は、歩行する水鳥と霊芝雲を交互に縦に並べた列、綬帯の端を銜えた鶴に乗る仙人の文様を縦に並べた列、花卉と飛鳥（並びに霊芝雲）を交互に縦に並べた列、山岳と鳳凰を交互に縦に並べた列、花卉を縦に並べた列が帛面を埋めている。各列の中で、鶴に乗る仙人や山岳の文様は、一つ置きに同文が並んでおり、細部の異なる2種類の文様があったようである。

　裂地の織り密度や糸幅のデータは、正倉院の8世紀中頃の調絁と同様である。しかし、みた感じは、正倉院の絁よりも薄い印象を受けた。おそらく、裂地の性質を示すために表面の見かけの糸幅と織り密度とだけではわからないことがあるのであろう。たとえば、単位面積当たりの重さや糸の断面形状や糸の太さのばらつきの程度なども、性質を示すより詳細な調査データとして有効と思われる。

○No.20 真紅地牡丹鳳凰文錦（図22）

　伴出遺物に、唐大暦13年（778）の文書がある。用途は不明。

　織耳が存在しないので、経錦か緯錦かを判定する確証となるものはない。ただし、今回実

271

見することはできなかったが、この裂地と同文様の錦の中に織耳が残存するものがあり、耳の位置から経錦であることが判明しているといわれる（武敏教授談）。

　文様は、八弁花文の周囲に草花と側面花を二重に巡らした豊かな複合花文を中心に置き、その周りに4羽の花枝を加えた飛鳥を配し、上下左右に大きな花卉を置いて、間地を霊芝雲、花卉、鳥（止まっているようにみえる）で埋めたものである。さらに、下端に紺地花文の条帯が表されていることから、周縁に別の文様を織り込んだもので、鏡面と周縁が同時に織られたことがわかる。

　実見調査により気付いたことを述べると、この錦の色糸と直交する糸は、中に隠れている糸（複様組織の陰緯又は陰経にあたるもの）には強いS撚り（約1000回転/m）が加わっていたが、地組織をなす糸（母緯又は母経）は無撚りであった。色糸と直交する糸が2本（色糸を捌いて必要な色の1本を表面に出す糸）と1本（地組織を成す糸）で一単位になっていた。また、色糸の密度は大きくないので、間から内側の撚り糸がみえており、地組織をなす糸がはっきりみえていた。これらのことは、この錦が緯錦であることを示唆しているかのようである。なぜなら、中に隠れている糸（陰緯又は陰経）が加撚糸で、地組織をなす糸（母緯又は母経）が無撚糸である複様錦は、今回調査したアスターナ出土錦の中では時代の下る（8世紀の終わり頃）この錦だけしかないが、正倉院の8世紀後半の錦には例があり（たとえば表1の4と9）、それもすべて緯錦である。

　次に、色糸と直交する糸が数本（色糸を捌いて必要な色の1本を表面に出す糸）と1本（地組織を成す糸）で一単位になっていることについて、これはアスターナ出土錦においても、正倉院の錦においても、緯錦に限られる特徴である（No.12は経錦とみなしたがその特徴を持っているものであり、経錦である確証はなく、あるいはその特徴のために緯錦とされるかもしれない）。さらに、No.18は、アスターナ出土錦の中では時代が下る8世紀初期のものであり、経錦として新しい技法が用いられて、色糸の密度が大きく、間から内側の糸がみえず、地組織をなす糸も色糸に挟まれてみえにくいとみなしたのであるが、さらに時代の下るこの錦において色糸の間から内側の糸がみえているとすれば、新式の色経が込んでいる経錦とは異なるこの錦を緯錦とみなすべきであろう。

　文様については、この錦を経錦とみると、中央の複合花文の中心線で上下に線対称になっているので、打ち返しに織られたことがわかる。ただし、左右に対称ではなく、屏風刺しの綜絖で織られてはいない。額縁の部分は、鏡面の紋織りと別の仕掛けが必要で、空引機であれば、横綜が2種類挟まれていて、それぞれの組を分けておいて、織る場所によって引き上げる横綜を取り替えたと考えられる。緯錦とみると、中央の複合花文全体が一文様で複合花文の間地の中心で打ち返しに織られたことがわかり、左右も屏風刺しにした綜絖が用いられた可能性がある。したがって、文様の対称性からみて、むしろ緯錦のようである。

○ №21 飛鳳蝶虫団花文錦（図23）

　年代資料は不明であるが、トルファン勝金口仏寺遺跡から舎利袋として木箱に入れられて出土した状況や裂地の文様から、晩唐から五代（9〜10世紀）のものといわれる。

　袋状に縫製されており、織耳の存在は確認できないが、円形花文の個所だけ別の色糸を刺繍のように織り入れていて縫取織りになっていることから、緯錦であることは明らかである。赤の経地合の六枚綾地に、黄の緯糸を長く浮かして文様を表し、円形花文だけを縫取織りした六枚綾地絵緯固文縫取織錦である。

　文様は、飛翔する鳳凰や雲や蝶や虫を全体に配し、糸玉のような円形花文を横に並べたものである。

　正倉院には、縫取織りの錦は存在しない（小断片で、2〜3cm四方の花鹿の文様の部分が、色糸を刺繍か綴れ織りのように織り込んでいるようにみえるものがあるが、縫取織りの錦である確証はない）。我が国でも平安時代になると縫取織りの錦がみられるようになる。したがって、この錦は、複様組織によって多色の文様を織り出していた時代から、縫取り織りによって容易に多色の文様を織り出す時代への変わり目が、中国においても晩唐であることを示す資料の一つといえよう。

　ところで、正倉院事務所では、平成9年（1997）から染織品の詳細な調査を行っており、織り密度や糸の太さなど数値で表せる範囲のデータについて、『正倉院紀要』第22・23号に報告している。ただし、これらの調査結果は、まだ第一段階のものであり、今後とも追加や修正を行いながら、8世紀の染織品の世界最大のコレクションである正倉院裂について、少しでも多くの情報を明らかにしたいと考えている。これまでに発表した正倉院の錦21点と綾18点のデータは、正倉院の絹織物とトルファン出土の絹織物とを比較検討する資料として示した（表2・3）。

4．正倉院の錦綾との比較

　アスターナ出土の絹織物を初めて実見調査して、正倉院の絹織物との糸の違いに驚かされた。糸の太さのばらつきが多く、1本の糸でも太細の変化がある正倉院のものを見慣れていた目には、アスターナのものは糸の太さがはるかに均一で、整然と組織されているようにみえた。先学は、古代の我が国の絹糸が平たい感じのものであるのに対して、漢代から唐代の中国の絹糸は丸みがあって太った感じがすると指摘し（佐々木信三郎）、絹繊維について、中国のものの方が断面完全度（完全度が高いほど断面が円により近い）が大きく断面積が大きい傾向があることを明らかにしている（布目順郎）。したがって、糸の違いに注目したのは私が最初ではないが、単眼顕微鏡で間近にみたところ、非常に整然と組織されており、糸の違いを実感した。

第4部　正倉院以外の染織品の調査・研究

　今、正倉院の絹織物の大部分が我が国で作られた絹糸を使用しているという前提で話を進めることにする（8世紀の我が国で、中国から輸入した絹糸を使用して錦や綾などの高級織物を生産していたとは考え難い）。中国の織物に用いられている絹繊維が、丸く太っていて、太さが均一であるということは、養蚕技術も製糸技術も優れていたということになる。古代の養蚕と製糸について今日でもほとんど何もわかっていないので、当時の我が国と中国の技術を比較検討することは困難であるが、相当な違いがあったと思われる。

　当初は、アスターナ出土錦と正倉院の錦とがかけ離れたものにみえて、両者を比較する意味があるか疑問であったが、8世紀の初め頃に製作されたと考えられるNo.17 とNo.18 とを調査して、正倉院のものと文様と組織のどちらも共通性があることがわかった。そして、自明のことであるが、5～7世紀に製作されたアスターナ出土錦が正倉院の錦と関連性がないことを今回確認することができた。さらに、8世紀初期の中国製の錦が、正倉院の錦に影響していることも判明した（第3節の個別解説には、アスターナ出土錦と正倉院の錦とを比較しながら思い付いたことを述べた）。

　今後、正倉院の染織品に影響した中国の染織品の生産時期の上限と下限を知るためには、多くの調査データが必要であろう。今回の調査で、中国からの染織技術の伝播が意外に短期間で行われ、古い技術が順に廃れていって、次々に新技法が採り入れられたのではないかと思うようになった。そのことを明らかにするためにも、同様により多くの調査データが必要である。

　正倉院には複様組織緯錦が多いが、中国では6世紀頃から次第に緯錦が作られるようになり、8世紀頃には緯錦が次第に中心を占めるようになり、それが伝播して正倉院の緯錦が作られたのであるから、当然のことであろう。そして、正倉院の染織品は、中国で経錦から緯錦への移行が本格化した頃に、中国から技術を導入して生産されたものと思われるから、経錦から緯錦への移行の過程を明らかにするための重要資料の一つと言えよう。

　今回8世紀の中国の綾を調査していないので、正倉院の綾との関連性はわからないが、6世紀中頃の平地浮文綾（No. 4）について、正倉院の綾との違いを知ることができた。多くの中国の綾の調査データが集まれば、おそらく綾の染織技術の伝播についても明らかになることだろう。

　アスターナ出土の染織品は、伴出遺物などから製作年代を推定してほぼ編年することが可能であるが、今回実見調査を行って、表されている文様も用いられている染織技法も、その編年に応じたものであることを確認できた。そして、アスターナ出土裂の最も後期である8世紀のものと正倉院裂とが類似していた。これまで、正倉院の染織品の調査を行う場合に、中国の染織品が我が国のものより優秀であることを自明のこととしており、また、中国の染織品について、漢代、北朝、唐代のものというような大分類しかしていなかったように思わ

れるが、今回の調査で、もっと細かい分類をしなければ正倉院の染織品に関連性がある中国の染織品を選出することができないし、両者を比較検討する場合、どちらが優秀かということは次の段階の問題で、関連性を明らかにするのが先決であることがわかった。正倉院裂と中国出土裂は、前者が後者に習ったものであるから、相当類似性が高いが、どうしても模倣した品と原物との違いが存在するようである。その違いを明確にすることは、今後の課題である。

おわりに

　古代裂の調査方法や内容、調査結果やその評価の仕方は、今日でも決まった方法が存在しない。気が付いたことをメモ風に文章で記すことによって、様々な特異な事例を説明するのであるが（C.I.E.T.A.の調査方式でも、佐々木信三郎『日本上代織技の研究』の中でも、染織品を調査した時に気付いたことを文章で解説している）、その方法が諸見解を統一し難くしているように思われる。その解説の中から普遍的と思われる事項を箇条書きにして、調査データとした方がわかりやすいだろう。さらに、染織品調査において、できるだけ同じ調査方法と同じ解釈の仕方と同じ言葉を使用するようにすべきであり、それらは今後の課題である。

　また、織り密度や糸の太さのように数値で示される調査データもあるが、測定して数値を並べても、それだけではほとんど何もわからない。時代や産地の異なる裂地のデータを比較検討して初めて何らかの意味が発見されるのである。ところが、染織品を列挙して一定の調査結果を記載しただけの調査報告ですら、現段階では不足している。したがって、誰しも裂地の調査の度に新たに調査した結果だけをもとにして（既存のデータと比較せずに）考察せざるを得ず、かつて佐藤武敏が「殷代から唐代迄、生産技術が一体どのように展開しているのか、という体系的な考察に欠けている」（前掲『中国古代絹織物史研究』上、34頁）と指摘した通り、今なお古代裂研究の世界は、体系的な考察を欠いた状況にあるといえよう。古代裂の評価や研究の展開を困難なものとしているのは、基礎的な資料の不足が原因と思われる。

　裂地の織り組織を示す組織要領図についても、既存のものを活用して、基本的なものを予め決めておいて、それに合わせた図にするようにした方がわかりやすいと思われる。

　今回のアスターナ出土絹織物の調査によって、今後の古代裂調査の課題が多少みえたような気がした。そして、正倉院裂と比較検討することによって、技術の伝播などについて新しい見解を持つことができたことは収穫であった。

第4部　正倉院以外の染織品の調査・研究

《追記》
　本稿を書き終えた後、坂本和子・武敏・横張和子（五十音順）によるトルファン出土絹織物の観察調査研究報告を収録した『シルクロード学研究8　トルファン地域と出土絹織物』（2000）が刊行された。その後、長沢和俊・横張和子『絹の道　シルクロード染織史』（講談社、2001）、坂本和子『織物に見るシルクロードの文化交流』（同時代社、2012）も刊行された。それらから、文献と平行して行われるべき実物資料の織り組織、織り糸、染色、文様に関わる研究の重要性と、これまでの研究成果を目の当たりにできる。

表1 トルファン出土絹織物調査結果一覧

No.	名称	出土年・地	織り組織	【経糸】織密度	糸幅(mm)	撚り	経糸の色	【緯糸】織密度	糸幅(mm)	撚り	緯糸の色	丈(cm)
1	紺地禽獣文錦	72TAM177-48	平組織経錦	約32本/cm(×3)	0.35(平均)	無	紺・青・赤・白・薄茶	約16本/cm(×2)	0.15～0.2	Z	青	12
2	狩猟円文錦	68TAM101-5	平組織経錦	約56本/cm(×3)	0.25	無	黄褐・紺・緑・白	約15本/cm(×2)	0.25	無	薄赤(黄褐)	13
3	緑地橙樹文錦	72TAM186-24	平組織経錦	約56本/cm(×3)	0.25～0.35	無	緑・白・黄・赤茶	約16本/cm(×2)	0.15	無	赤	10
4	天青色幡文錦	72TAM170-20	平地浮文綾	約54本/cm	0.2	無	青	約36本/cm	0.2～0.25	無	青	19.7
5	樹葉文錦	72TAM170-38	平組織経錦	約30本/cm(×2)	0.25	無	紫紫・白・青・黄・緑	約16本/cm(×2)	0.1	無	薄紫	3.6
6	倣獅文錦	59TAM313-12	平組織緯錦	17～22本/cm(×2)	0.2～0.35	Z	薄赤	約20本/cm(×2)	0.7(多数)	Z	白・赤紫	6.5
7	連珠「胡王」錦	72TAM169-72/3	平組織経錦	約54本/cm(×3)	0.25	無	白・黄・赤・緑・紺	約16本/cm(×2)	0.1	無	赤	10.5
8	雲気霊獣文錦	67TAM88-2	平組織経錦	約56本/cm(×3)	0.25	無	紺・黄・赤・白	約14本/cm(×2)	0.1	無	赤	3.2
9	連珠孔雀貴字文錦	66TAM48-6	平組織経錦	約48本/cm(×3)	0.25～0.3	無	赤・濃紺・白	約16本/cm(×2)	0.1～0.15	無	赤	9.5
10	鳥銜花条文錦	60TAM324-16	平組織緯錦(経錦説有)	約17本/cm(×2)	0.15～0.2	無	赤	56～60本/cm(×3)	0.2・0.3混在	強撚(S)	緑・紺・赤・黄・白	8.5
11	連珠載勝鸞鳥文錦	69TAM138-17	三枚綾緯錦	約12本/cm(×2)	0.25(平均)	S	赤(母経)・白(陰経)	約12本/cm(×3)	0.25～0.35	無	赤・白・茶・黄茶	16.5
12	騎士文錦	67TAM77-6	三枚綾経錦(緯錦説有)	約30本/cm(×3)	0.3	無	白・紺・青	約29本/cm(母緯・陰緯の総数)	0.15～0.2	S	薄赤	不明(38か)
13	連珠対鳥文錦	69TAM134-1	三枚綾経錦(緯錦説有)	28～32本/cm(×3及び×2)	0.3～0.35	無	黄・赤・白	約18本/cm(×2)	0.1・0.2・0.3混在	S	赤	8.2
14	宝相団花文錦	73TAM214-114	三枚綾緯錦(経錦説有)	約64本/cm(母緯・陰緯の総数)	0.15～0.2	無	茶(母緯)・白(陰経)	約44本/cm(×5)	0.2～0.25	無	茶・白・緑・薄青・黄	不明(16か)
15	目交文緑地菱繋文羅	73TAM206	菱繋文羅	約108本/cm	0.1以下	無	緑	約26本/cm	0.15	無	緑	約1
16	赤地菱繋文羅	73TAM206	菱繋文羅	約90本/cm	0.075以下	無	赤	約20本/cm	0.1以下	無	赤	1.7
17	紅地団花文錦	72TAM230	三枚綾緯錦	約26本/cm(×2)	0.1～0.2	無	黄	約27本/cm(×2)	0.4	無	赤・黄	不明(18.6か)
18	藍地宝相華文錦	72TAM188-29	三枚綾緯錦	約48本/cm(×5)	0.2	弱撚(Z)	藍・赤・緑・黄・白	約14本/cm(×2)	0.1	無	薄赤	5.1
19	緑地文緑地仙人騎鶴文印花絹	73TAM191	印花平絹	約56本/cm	0.15～0.2	無	緑	約27本/cm	0.25～0.3	無	緑	―
20	莫紅地牡丹鳳凰文錦	68TAM381	三枚綾経錦(緯錦説有)	約34本/cm(×5)	0.25(平均)	無	赤・紺・褐・薄青・白	約50本/cm(母緯・陰緯の総数)	0.15～0.25	陰緯強撚(S)	赤緯(母緯)・白(陰緯)	23.5
21	飛鳳蝶虫団花文錦	1959吐魯番勝金口仏寺	六枚綾地絵緯固文縫取織錦	約26本/cm(×2)	0.15～0.2	無	赤	約19本/cm(縫取織箇所以外)	0.45～0.5	無	赤・黄・青・薄桃・白	不明(19.3か)

備考：72TAM177-48（出土年・地の項目のNo.1参照）は、「1972年にトルファンアスタナ第177号墓で出土したNo.48の裂地」を意味する。

表2　錦調査結果一覧

No.	名称	組織	糸幅(mm)	撚り	種類(色)	把釣	配分比	密度(本/cm)
1	紫地鳳形錦	複様三枚綾組織緯錦	陰(文)径:0.15 母(地)径:0.1~0.15 緯:0.2(赤)0.25(他色)	無	経:赤 緯:紫・白・薄緑・黄・赤(部分)	経:2 緯:2	陰経:母経=2:1 緯は、各々1越	陰経:21(実42) 母経:22~24 緯:24(実96,120(赤有))
2	白地唐花文錦	複様三枚綾組織緯錦	陰(文)径:0.1 母(地)径:0.1~0.15 緯:0.35~0.4	無	経:薄黄赤 緯:白・薄緑・紫・赤・黄	経:2 緯:2	陰経:母経=2:1 緯は、各々1越	陰経:19(実38) 母経:24 緯:30(実150)
3	花鳥文長斑錦	複様三枚綾組織緯錦	陰(文)径:0.15 母(地)径:0.1~0.15 緯:0.3~0.35	無	経:薄赤 緯:紫・薄緑・白・赤・黄・縹	経:2 緯:2	陰経:母経=2:1 緯は、各々1越	陰経:16(実32) 母経:18 緯:30(実180)
4	赤地獅子唐花文錦	複様三枚綾組織緯錦	陰(文)径:0.15~0.2 母(地)径:0.2~0.25 緯:0.2~0.3	※	経:赤 緯:赤・黄・白・紫・薄緑・縹	経:2 緯:2	陰経:母経=2:1 緯は、各々1越	陰経:20(実40)母経:20 緯:34(赤),40~42(5色) (実234~244)
5	黄地唐花文錦	複様三枚綾組織緯錦	陰(文)径:0.1(一部0.2) 母(地)径:0.1(一部0.2) 緯:0.3~0.4	無	経:薄茶 緯:黄・白・紫・縹・青緑・濃黄	経:2 緯:2	陰経:母経=2:1 緯は、各々1越	陰経:16~18(実32~36) 母経:16~18 緯:30(実180)
6	鴛鴦文暈繝錦	複様三枚綾組織緯錦	陰・母径:0.05~0.1 緯:0.5(赤),0.3(紫) 0.35~0.5(緑系) 0.4~0.6(白茶)	無	経:赤茶 緯:赤・紫・白茶・黄・紺・緑 (各縞は、地1文の3色)	経:2 緯:2	陰経:母経=1:1 緯は、各々1越	陰・母径:14 緯:26~28(実78~84) (糸幅大で、緯:22の所あり)
7	白茶地小双鳥連珠文錦	複様三枚綾組織経錦	陰(文)径:0.1~0.15 母(地)径:0.1~0.15 緯:0.15~0.3	無	緯:白茶 経:白茶・白・紫・薄紫・緑・他 (3色が123・321と並ぶ)	緯:2 経:2	陰緯:母緯=1:1 経は、各々1越	陰緯:11~12 母緯:11~12 経:52(実156)
8	花文暈繝錦	複様三枚綾組織経錦	陰(文)径:0.15~0.2 母(地)径:0.15~0.2 緯:0.25~0.35	無	緯:茶褐色 経:赤・黄赤・縹・紺・緑・薄緑・ 白・紫(各縞2色で顕文)	緯:2 経:2	陰緯:母緯=1:1 経は、各々1越 (各色1・2・2並び)	陰緯:16 母緯:16 経:48~50(実96~100)
9	花鳥文長斑錦	複様三枚綾組織緯錦	陰(文)径:0.15~0.2 母(地)径:0.2 緯:0.25~0.35	※	経:薄赤(陰)、薄黄(母) 緯:赤・橙・紫・白・縹・黄緑	経:2 緯:2	陰経:母経=1:1 緯は、各々1越	陰経:18 母経:22 緯:50~56(実150~168)
10	花文暈繝錦	複様三枚綾組織緯錦	陰(文)径:0.1~0.15 母(地)径:0.1~0.15 緯:0.3~0.35	無	経:赤 緯:紺・深緑・黄緑・白・薄茶・ 赤・紫・紫	経:2 緯:2 (3有)	陰経:母経=1:1 緯は、各々1越	陰経:18~19 母径:20 緯:30~32(実60~64)

11	花葉文長斑錦	複様三枚綾組織経錦	陰・母緯:0.25〜0.35 (赤(太目)白(細目))合糸 経:0.2,0.25,0.5等	無	緯:赤糸・白糸各1本引き揃 経:緑・赤・紺・白	緯:1 経:1	陰:母緯=1:1 経は、各々1越	陰・母緯:14〜16 経:12〜16 (実、二重経と三重経部分がある)
12	赤地双鳥唐花文錦	複様三枚綾組織緯錦	陰緯(文)経:0.1〜0.15 母(地)経:0.1〜0.15 緯:0.35	無	経:黄赤 緯:赤・黄・白・薄縹・紫	経:2 緯:2	陰経:母経=2:1 緯は、各々1越	陰経:14(実28) 母経:14 緯:24(実144)
13	山岳花文長斑錦	複様三枚綾組織緯錦	陰・母経:0.15 (その他0.1,0.3等) 緯:0.35,0.45,0.5	無	経:紫 緯:赤・黄赤・黄・濃紫・薄紫・ 白・薄縹・紺・紫(緯2〜4重)	経:2 緯:2	陰・母経=1:1 緯は、各々1越	陰・母経:16 緯:26や28や32〜36 (実数は、色緯が阿重かによる)
14	紫地獅子唐花文錦	複様三枚綾組織緯錦	陰・母経:0.15 (0.2〜0.25のものあり) 緯:	無	経:薄赤 緯:赤・紫・薄黄	経:2 緯:2	陰経:母経=2:1 緯は、各々1越	陰経:16(実32) 母経:16 緯:16(紫)、18(黄)(実34)
15	浅緑地鳥獣花卉文錦	複様三枚綾組織緯錦	陰緯(文)経:0.1〜0.15 母(地)経:0.1〜0.15 緯:0.5〜0.6	無	経:白茶 緯:黄・薄緑	経:2 緯:2	陰経:母経=1:1 緯は、各々1越	陰経:22 母経:22 緯:14〜18(実28〜36)
16	七曜四菱文罽錦	複様三枚綾組織緯錦	陰緯(文)経:0.1〜0.15 (0.25も混在) 緯:0.3〜0.5等	無	経:黄赤 緯:赤・黄・白・薄縹・紺・濃紫・ 紫・薄緑・白茶(顕文部は2色)	経:2 緯:2	陰経:母経=1:1 緯は、各々1越	陰経:18 母経:18 緯:32〜36(実28〜36)
17	赤地草花丸文錦	複様三枚綾組織緯錦	陰・母経:0.1,0.15 (0.2も混在) 緯:0.5	無	経:黄 緯:濃黄赤・黄	経:2 緯:2	陰経:母経=2:1 緯は、各々1越	陰経:16(実32) 母経:16 緯:20〜22(実40〜44)
18	紫地花文錦	複様三枚綾組織緯錦	陰緯(文)経:0.1〜0.15 母(地)経:0.1〜0.15 緯:0.3〜0.4	無	経:白(陰)、紫(母) 緯:赤・黄・薄縹	経:2 緯:2	陰経:母経=1:1 緯は、各々1越	陰経:18 母経:18 緯:20〜24(実60〜72)
19	紺地花卉蝶文錦	複様三枚綾組織緯錦	陰緯(文)経:0.1〜0.15 母(地)経:0.1〜0.15 緯:0.2〜0.25	無	緯:赤 経:紺・薄縹・黄・黄緑	緯:1 経:1	陰緯:母経=1:1 経は、各々1越 (各色1・1・2・2並び)	陰・母緯:16 経:42〜44 (実、二重経と三重経部分がある)
20	白地唐草樺花文錦	複様三枚綾組織緯錦	陰・母経:0.1(一部0.25) 緯:0.45(一部0.3)	無	経:黄赤 緯:白茶・赤・濃紫・紫・薄紫・ 紺・薄緑・薄縹	経:2 緯:2	陰経:母経=1:1 緯は、各々1越	陰・母経:18 緯:22〜24 (実、三重と四重色緯部分がある)
21	黄赤地山岳花文錦	複様三枚綾組織経錦	陰・母緯:0.2〜0.25 経:0.15〜0.2	無	緯:黄赤 経:黄・薄赤・白・薄縹・緑・薄 縹・紺(3色が123・321と並ぶ)	緯:2 経:2	陰緯:母緯=1:1 経は、各々1越	陰・母緯:16 経:68〜72(実204〜216)

※=陰経にのみ強い撚り(400回/m、S(右)撚り)

表3　綾調査結果一覧

No.	名称	組織	糸幅(mm)	撚り	色	把釣	密度(本/cm)
1	小花文縹綾	綾地異方四枚綾文綾	経:0.2 緯:0.25～0.35	無	縹	経:4 緯:4	経:44～48 緯:38～40
2	小花文縹綾	綾地異方四枚綾文綾	経:0.2 緯:0.25～0.30	無	縹	経:4 緯:4	経:44～46 緯:34～36
3	八稜唐花文赤綾	平地四枚綾文綾	経:0.15～0.20 緯:0.35	無	赤	経:2 緯:2	経:45～50 緯:28～32
4	花樹双鳳双羊文白綾	三枚綾地浮文綾	経:0.10～0.25 緯:0.40～0.45	無	経:黄茶 緯:白茶	経:2 緯:2	経:42～44 緯:22～24
5	葡萄唐草文緑綾	綾地異方四枚綾文綾	経:0.10～0.2 緯:0.25～0.3	無	濃緑	経:4 緯:4	経:50～54 緯:40～42
6	双鳥唐花文白綾	綾地異方四枚綾文綾	経:0.25 緯:0.5～0.45	無	黄土	経:4 緯:4	経:44～46 緯:18～20
7	天馬文白綾	綾地同方綾文綾(6・3)	経:0.15～0.35 緯:0.35	無	黄土	経:2 緯:2	経:44～48 緯:32～34
8	小唐花文緑綾	平地四枚綾文綾	経:0.1～0.2 緯:0.2	無	青緑	経:2 緯:2	経:52～54 緯:32～34
9	花枝唐草文紺綾	平地四枚綾文綾	経:0.15～0.25 緯:0.30～0.35	無	濃青緑	経:2 緯:2	経:52～56 緯:28～32
10	飛仙雲丸文茶綾	綾地異方四枚綾文綾	経:0.10～0.15 緯:0.25～0.30	無	薄茶	経:4 緯:4	経:44～48 緯:30～32
11	獅子雲花鳥文紫綾	綾地異方四枚綾文綾	緯:0.05～0.10 経:0.2	無	濃紫	経:4 緯:4	経:50～54 緯:34～36
12	双鳥唐花文紫綾	綾地異方四枚綾文綾	緯:0.10～0.15 経:0.25	無	紫	経:4 緯:4	経:56～58 緯:28～30
13	葡萄唐草文白綾	綾地異方四枚綾文綾	経:0.2 緯:0.35～0.45	無	黄土	経:4 緯:4	経:50～52 緯:28～30
14	小唐花文白綾	綾地異方四枚綾文綾	経:0.15～0.20 緯:0.25	無	白茶	経:4 緯:4	経:50～55 緯:30～32
15	花鳥蝶文白綾	綾地異方四枚綾文綾	経:0.15～0.20 緯:0.35	無	白茶	経:4 緯:4	経:50～52 緯:44～46
16	花樹獅子人物文白茶綾	綾地同方綾文綾(6・3)	経:0.15～0.20 緯:0.25	経強撚 (左右混在)	経:白茶 緯:赤茶	経:2 緯:2	経:44～46 緯:28～30(地) 緯:34～36(文)
17	唐花蝶文白綾	綾地異方四枚綾文綾	経:0.25 緯:0.45～0.5	無	薄茶	経:4 緯:4	経:40～42 緯:18～24
18	双竜連珠文紫綾	平地四枚綾文綾	経:0.20～0.25 緯:0.3	無	紫	経:2 緯:2	経:50～52 緯:24～26

備考：No.7・16の(6・3)は、文が六枚綾、地が三枚綾の意味。No.16の経糸の撚りは、約900回/m。

第2章　藤ノ木古墳出土の組紐について

はじめに

　本章では奈良県立橿原考古学研究所における藤ノ木古墳出土染織品調査に参加し[1]、藤ノ木古墳出土の組紐の調査を行なった。その結果を報告する。これらの組紐は、後期末古墳とされる藤ノ木古墳と同じ6世紀後半のものと考えられるので、その後の時代の法隆寺の組紐（7世紀後半頃）や正倉院の組紐（8世紀後半頃）とも比較検討した。

1. 棺外遺物中の組紐

　奈良県立橿原考古学研究所編「斑鳩 藤ノ木古墳 第1次調査報告書」（斑鳩町・斑鳩町教育委員会、1990）によると、棺外遺物中の組紐は次の通りである。上記の第1次調査報告書の図版番号は【　】内に示し、本書の図版番号と区別した。ここで幅と記したのは、紐を上からみた見かけの幅のことである。

①二間組組紐
　挂甲小札（遺物番号1798）の威紐、幅3.5～4.0mm
　挂甲小札（遺物番号2492）の威紐、幅5.0mm（図1）
　挂甲小札（遺物番号2756）の威紐、幅1.5mm（図2）
　篠籠手（遺物番号1403）の威紐、幅3.5mm
　篠籠手（遺物番号2187）の威紐、幅4.0mm（図3）
　篠籠手（遺物番号2754）の外側に錆着の用途不明紐、幅4.5mm
　襟甲（遺物番号3026、3029）の威紐・綴紐、幅2.0～2.5mm（図4）

②三ツ組組紐
　篠籠手（遺物番号2187）の威紐、幅3.5mm（図5）
　篠籠手（遺物番号2882、4051）の威紐、幅3.0mm
　篠籠手（遺物番号2754）の外側に錆着の用途不明紐【図228-27】（図6）

③綾巻（組紐であるかどうかも不明。本書では組紐の一種とみなす）
　挂甲小札（遺物番号1798）の覆輪の縁飾り、幅4.0mm（図7）

襟甲（遺物番号3026、3029）の覆輪の縁飾り、幅4.0mm（図8～11）
④種類不明紐（調査報告書に紐の種類は記されていない）
　胴丸式挂甲【図23～31】
　　威紐（全体）
　　綴紐【図31－1・2】
　　ワタガミ綴付紐【図23、24－1】
　覆輪綴付紐【図23－1～4、24－2～5、26－1、27－3・5～9、28－2～7、30－5・6・7、31－2・3・4・6】
　　用途不明の組紐【図27－5、30－1】
　篠籠手【図32～36】
　　威紐（全体）
　　覆輪綴付紐【図32－1、33－2、34－1・3、35－1～3、36－1・3～9】
　　篠籠手を筒状に巻くための組紐【図32－1】
　　用途不明の組紐【図35－2、35－4】
　篠状鉄札【図37～42】
　　威紐（全体）
　　ワタガミと似た構造のものの綴付紐【図37、38、40－1・2、41－5、42－1・2】
　　覆輪綴付紐【図37、38、39－1・5、40、41、42－3・4】
　　ラセン状下搦の組紐【図40－7】
　襟甲【図43】
　　威紐（全体）
　　覆輪綴付紐（全体）
　　小札の孔を通っていない丸組紐【図43－5】
　その他の付属具【図44】
　　威紐（全体）
　　覆輪綴付紐【図44－1・2・5・7・8・11・12】
　　小札の孔を通っていない丸組紐【図44－5・9・11】
　棺外遺物中の組紐①～③は、第1次調査報告書の「分析と技術篇 Ⅵ」、棺外遺物中の組紐④は同報告書の「調査報告篇　Ⅴ」によった。ところで、④は調査報告書に組紐の種類が記されていないので、①～③と重複するもの以外は組紐の種類を明らかにすることができないが、両者で挂甲の各部位の取り扱い方と表記の仕方が異なることを考慮すれば、挂甲に使用されている組紐は①～③の3種類（二間組組紐、三ツ組組紐、綾巻）であろう。

2．棺内遺物中の組紐

奈良県立橿原考古学研究所編「斑鳩 藤ノ木古墳 第2・3次調査報告書」（斑鳩町・斑鳩町教育委員会、1995）によると、棺内遺物中の組紐は次の通りである。

①三ツ組組紐

　三輪玉（大刀1と5の把に装着）装着紐、幅約3mm（実測図より）（図12・13）

②綾巻

　掛け布（浮遊繊維）の端飾り縁、幅2～3mm（今回の調査で測定）（図14）

　方形布（浮遊繊維）の額縁の内縁飾り、幅2～3mm（今回の調査で測定）

　金銅製履Aの履口部の錦縁飾り裾、＊幅（太さ）1.5mm（寸法のみ）（図15）

③角八ツ打組紐

　＊大刀2の把間上部の巻き紐、幅7mm（図16）

　大刀3の把頭に付く紐、幅約8mm（今回の調査で測定）（図17～19）

④種類不明紐（調査報告書に紐又は組紐の種類が記されていない）

　＊大刀1の把縁に巻き把木と茎を固定する組紐、幅3mm　※

　＊大刀3の把縁に巻き把木と茎を固定する組紐、幅3mm　※

　＊大刀5の把縁に巻き把木と茎を固定する組紐、幅3mm　※

　＊大刀3の把頭の背から茎に巻く組紐、幅約4mm　※

　刀子1・2の鞘に三重に巻き付けられている組（実撚）紐、幅（直径）約0.4mm

　銅鏡1（獣帯鏡）の鈕の麻糸（2本）

　金銅製冠の帯部の裏張り（裏地裂）の綴じ紐、幅不明

　金銅製履Aの履口部の縁飾りの綴じ紐、幅不明

　棺内遺物中の組紐は、主として上記報告書の「分析と技術篇　ⅩⅢ」に記されているが、＊印のものは、同報告書の「調査報告篇　第2部第3次調査　Ⅳ」によった。紐の種類が記されていないので組紐か否かは不明。ただし、大刀2の把間上部の巻き紐は写真図版と実測図から角八ツ打組紐と推定した。また、綾巻とされる金銅製履Aの履口部の錦縁飾りの裾に付く紐の寸法は「分析と技術篇　ⅩⅢ」に寸法の記載がなかったので、紐の種類の記載はないが寸法が記されている「調査報告篇　第2部第3次調査　Ⅳ」によった。また※印のものは、同報告書の「分析と技術篇　ⅩⅥ」によった。ここでは組紐と紐を区別しているが、組紐の種類は記されていない。なお、「分析と技術篇　ⅩⅥ」に記載されている組紐はすべて「調査報告篇　第2部第3次調査　Ⅳ」にも記載されているが、両者で記載内容にわずかな違いがあるものがある。すなわち、上記④中の大刀1・3・5の把縁に巻き把木と茎を固定する組紐は、後者では刀身の茎部分を固定している把間基部の背側の巻き紐とされている。

銅鏡１の鈕の麻糸は、紐の種類はおろか、もともと鈕の孔に通されていたか否かも不明とされており（後に紛れ込んだ可能性がある）、ここでは組紐として取り上げないことにする。

金銅製冠の帯部の裏張りと金銅製履Ａの履口部の縁飾りの綴じ紐は、挂甲の綴紐と異なり縫い糸のようなものである。今回調査していないので組紐が用いられていないと断定できないが、ここでは組紐として取り上げないことにする。

ところで、「分析と技術篇　ⅩⅢ」と「調査報告篇　第２部第３次調査　Ⅳ」で、以下に示すように同じ組紐について異なる説明が記されている場合がある。

①の三輪玉を装着していた紐について、後者では三輪玉のくびれ部に紐が遺存しているとある。

③の大刀３の把頭に付く紐について、後者では大刀３の把頭付近に取り付くと思われる紐とある。

④の刀子１・２の鞘に三重に巻き付けられている組紐は、「幅1.5mmほどの紐が数本単位で向きを変えて丁寧に巻かれている」といわれ、実測図では撚り紐が五～六重に巻いてある。それらが、「分析と技術篇　ⅩⅢ」の図にはそれぞれ「金銅製大帯内部の刀子の撚紐①」、「金銅製大帯内部の刀子の撚紐②」と記されている。

④の金銅製冠の帯部の裏張り（裏地裂）の綴じ紐は、後者では冠の帯部の２孔一対の穿孔の一部に紐の痕跡をとどめるとある。

④の金銅製履Ａの履口部の縁飾りの綴じ紐は記されていない。ただし、履口部に縁飾りの装着がみられるとあり、金銅製履Ａの履口部に冠の帯部のような２孔一対の穿孔があることから、縁飾りを紐で綴じていたかと推定される。同様に金銅製履Ｂの履口部の縁飾りも紐で綴じていたかと推定される。

3．今回調査した組紐

今回調査したのは棺内遺物中の浮遊繊維と大刀２～４の把頭と剣付着繊維中の組紐である。それらを次に示す。

①三ツ組組紐

　大刀３の把頭の背から茎に巻く組紐、幅3.0～3.5mm（図20・21）

　　この組紐は、写真図版からみた三輪玉（大刀１と５の把に装着）を装着していた三ツ組組紐と似ていた。

②綾巻

　棺内浮遊繊維片中の刺繍断片の端飾りおよび紐断片、幅２～３mm（図22～25）

　剣の鞘部分付着刺繍断片の端飾り、幅２～３mm（図26・27）

　　約300点以上に及ぶといわれる棺内浮遊繊維片をほぼ網羅して組紐の有無とその種類

を調査した結果、すべて綾巻と称されるものだった。それらは刺繡断片の端に付いた状態か単独に紐の断片の状態で浮遊していたものである。三ツ組の組紐のようにみえるものが数片あったが、すべて綾巻と称されるものであることを確認した。金銅製円形飾金具に房状に付いている十数本の撚り紐のうち2～3本が横にくっついたままで飾金具から外れたものは、一見すると二間組の組紐断片にみえたが、それらはすべて撚り紐で二間組組紐は全くないことを確認した。

剣と棺底の間に挟まっていた繊維遺物は、調査した時点では剣に纏わり付いているように付着していた。剣の付着繊維について組紐の有無とその種類を調査した結果、すべて綾巻と称されるものだった。それらは刺繡断片の地裂の端に付いていた。

③角八ツ打組紐

大刀2の把間上部の巻き紐、幅7mm（図28・29）

大刀3の把頭に付く紐、幅約8mm（今回の調査で測定）（図30～33）

上記以外に、北側被葬者装身具（ガラス玉を数珠繋ぎにしたものを何条も簾状に連ねたいわゆる玉鬘風のもの）や環状乳画文帯神獣鏡（銅鏡2）、画文帯仏獣鏡（銅鏡3）、神獣鏡（銅鏡4）の三面を取り上げた跡の水面下繊維を調査したが組紐はなかった。棺内遺物中大刀1・大刀5・刀子1～6・三輪玉・魚佩・鏡・金属製装身具（冠・履・帯その他）等と棺外遺物（全体）はみる機会がなかった。

4．藤ノ木古墳出土の組紐の種類

藤ノ木古墳出土の組紐は、上記の②～④でほとんどすべてを尽くしているように思われるが、次のような検討すべき事柄がある。

棺外遺物中の組紐は、上記②の通り挂甲とその付属具に用いられている3種類（二間組組紐、三ツ組組紐、綾巻）であると考えられる。ただし、種類不明のものが多く、確実に3種類に限られるとはいえない。

棺内遺物中の組紐は、第2・3次調査報告書の「分析と技術篇　ⅩⅢ」に未調査や調査が未完成のものがあると記されているので、大刀付着の紐については同報告書の「分析と技術篇　ⅩⅥ」と「調査報告　第2部第3次調査　Ⅳ」、その他の遺物付着の紐については「調査報告篇　第2部第3次調査　Ⅳ」によらなくてはならない。ただし、「分析と技術篇　ⅩⅢ」以外は組紐の種類が記されていないので、それらの報告を総合してもいくつかの組紐の種類は不明である。

今回、棺内浮遊繊維片はほぼ網羅して調査したが、棺内遺物付着繊維や棺底沈殿物中の繊維は一部しか調査できなかった。すなわち、棺内遺物中の組紐のうち従来の報告書で不明とされたもののうち一部しか再調査していない。

第4部　正倉院以外の染織品の調査・研究

　刀子1・2の鞘に巻き付けられている紐は、「分析と技術篇　XⅢ」によると直径約0.4mmの組紐（種類不明）とされているが、「調査報告篇　第2部第3次調査　Ⅳ」によると幅約1.5mmの撚り紐である。これは「分析と技術篇　XⅢ」の図236と図237の表題に「撚紐」とあり、それら写真図版も撚り紐にみえることから撚り紐と考えられる（ここでは組紐としては取り上げていない）。

　以下に藤ノ木古墳出土組紐の種類を示す。

藤ノ木古墳出土組紐の種類

組紐の種類	組紐使用の遺物	使用箇所・方法	幅(mm)	図版番号
二間組組紐	挂甲小札	威紐	3.5〜4.0	
〃	挂甲小札	威紐	5.0	1
〃	挂甲小札	威紐	1.5	2
〃	篠籠手	威紐	3.5	
〃	篠籠手	威紐	4.0	3
〃	篠籠手	外側に錆着・用途不明	4.5	
〃	襟甲	威紐・綴紐	2.0〜2.5	4
三ツ組組紐	篠籠手	威紐	3.5	5
〃	篠籠手	威紐	3.0	
〃	篠籠手	外側に錆着・用途不明		6
〃	三輪玉	大刀の把に装着用紐	3.0	12、13
〃	大刀3	把頭の背から茎に巻く	3.0〜3.5	20、21
綾巻	挂甲小札	覆輪の縁飾り	4.0	7
〃	襟甲	覆輪の縁飾り	4.0	8〜11
〃	掛け布（浮遊繊維）	端飾りの縁の紐	2.0〜3.0	14
〃	方形布（浮遊繊維）	額縁の内縁飾り	2.0〜3.0	
〃	金銅製履A	履口部縁飾りの縁の紐	1.5	15
〃	棺内浮遊繊維片	刺繍端飾り・紐	2.0〜3.0	22〜25
〃	剣	鞘付着刺繍片の端飾り	2.0〜3.0	26、27
角八ツ打組紐	大刀2	把間上部の巻き紐	7.0	16、28、29
〃	大刀3	把頭に付く紐	8.0	17〜19、30〜33
種類不明組紐	大刀1	把縁に巻く紐	3.0	
〃	大刀3	把縁に巻く紐	3.0	
〃	大刀5	把縁に巻く紐	3.0	

備考：表1より、挂甲（棺外遺物）使用の組紐は、二間組組紐・三ツ組組紐・綾巻の3種類と種類不明のものがある。大刀（棺内遺物）使用の組紐は、三ツ組組紐・角八ツ打組紐の2種類と、種類不明のものがみられる。金銅製履A・剣付着繊維片および浮遊繊維片(棺内遺物)にみる組

5．二間組組紐

　二間組組紐とは、糸の浮き沈みの状態が2本浮き2本沈む組織の組紐のことで、一般に、一枚物の平打の二間組組紐は「繁打」（重打とも書く）又は「一枚高麗打」、二枚物の平打の二間組組紐は「高麗組」、丸打の二間組組紐は「唐打」又は「十六打」と称されている。ここで二枚物というのは二重織物のように表・裏2枚の組紐を同時に作り、部分的に表・裏組紐の組織を交換して2本に分離しないようにしたもののことで、もともと1枚に作る場合は一枚物という。また、平打（又は平打ち紐）とは組糸が両端で折り返され縁がある組紐のこ

とで、断面形状が線状（細長い長方形）になる。丸打（又は丸打ち紐）とは組糸が螺旋状に回っていて筒状に組織され縁がない組紐のことで、組み方により断面形状が円形か四角形になる。丸打の中でも断面形状が四角形（正方形）になるものは、特に角打（又は角打ち紐）と称される。

ちなみに一枚物の平打の一間組組紐は「安田組」、二枚物の平打の一間組組紐は「地内記組」、丸打の一間組組紐は「江戸打」又は「八ツ打」と称されている。一枚物の平打の一間組組紐の一種であるが、2本の組糸を一単位として、組目においては4本の組み糸が交錯するように組んだ「唐組」と称される組紐がある。「唐組」は表面的には組糸2本を一単位として組んでいて、正倉院のいわゆる「安田組」と同じであるが、組目組目で常に4本の組糸が交錯しており、「安田組」よりも遥かに複雑な組紐である。「唐組」には菱形文様のものと矢羽根文様のものがあり、後者は江戸時代中期以降「笹波組」（佐々波組とも書く）と称されているといわれる。これは、組織や文様に応じて後世に新たな名称が追加された例であり、同様の例として「新羅組」という名称は、今日では上記の「繁打」「高麗組」「安田組」を合わせた全体の総称になっている。

『日本三代実録』の貞観16年（874）9月14日の項には、束帯を着用し帯剣する時に用いる平緒は、五位以上のものは唐組とし六位以下のものは綺か新羅組とせよ、とある。『和名類聚抄』（10世紀前半）には唐組が記され、『延喜式』「縫殿寮式」には新羅組の名称がみえる。ただし、法隆寺宝物や正倉院宝物中に唐組と新羅組の実例が多数みられるにもかかわらず、奈良時代の組の名称が記された希な文献である正倉院の「国家珍宝帳」（756）には、紫組・雑采組・白組・黒紫組・赤紫組・白線組等の名称しかみえない。唐組、新羅組の名称は、平安時代になって初めて一般に使用されるようになったのではないだろうか。

唐組、新羅組という名称は古く平安時代の文献にみられるが、それら以外の組紐の名称は江戸時代の文献・資料にみることができる。加賀藩第五代藩主前田綱紀が元禄年間（1688～1704）に集めた工芸品の見本の集大成である『百工比照』にある「打糸の類」と記された組紐の見本帳（手鑑）には、上記と同じ「（袋）志げ打」「高麗打」「十六打」「安田打」「江戸打」「八ツ打」「ささ波打」や、それ以外に「四ツ打」「たくぼく打」「貝口打」等々の名称を併記した組紐の見本が集められている（ここでは組の意味でいずれも打と記されているが、志げ打や十六打などの如く、今日でも慣用的に打と称されるものもある）。正徳2年（1712）序の『和漢三才図絵』には「啄木（組）」が記されている。黒羽藩主大関増業が、江戸時代後期の文化・文政の頃集成した『止戈枢要』の中の『組訓備考』や、尾張藩士であった真野家三代の記録した文書にも、各々上記と同様「繁打」「安田打」「ささ波打」「高麗組」「啄木組」等々20～30種類の組紐の名称が挙げられている。

組紐の名称には重要な意味があり、安田組・高麗組・唐組・笹波組等というだけでどのよ

第4部　正倉院以外の染織品の調査・研究

うな組織の組紐かただちに判明するが、それらの名称が学術的に定義されていないため、混乱を生じやすく解り難い状況が続いているといえよう。さらに、後世の命名と考えられるそれらの名称が藤ノ木古墳の時代（6世紀第3四半期といわれる）に用いられていたとは考えられないし、古い時代の組紐の組織を後世の名称により表現できるとは限らないので、それらの名称を藤ノ木古墳出土の組紐に対して軽々に用いることはできない。本来ならば、組紐の組織を逐一調査してそれぞれに新たに名称・符号を付けるべきなのであろう。

　では、本書でも便宜上用いた二間組組紐・三ツ組組紐・角八ツ打組紐等の名称は当を得たものであろうか。三ツ組組紐というと組糸の数から組織まで一つに定まるが、角八ツ打組紐というと組織上いわゆる和角と洋角の2種類があり、それらを少し崩した特異な組み方も考慮すれば、どのような組紐か判然としない。二間組組紐というとこれは組組織の分類名称であって、平たいか丸いか（平打か丸打か）が不明で、1種類の組紐を指す名称ではない。したがって、二間組組紐、角八ツ打組紐などという名称は、判然としない点があり、1種類の組紐を示すための学術的な名称としては不適切といえよう。ただし、組紐の名称については今日でも一致した見解はなく、議論は尽きないと思われる。道明新兵衞「編み組み理論の成立と考古学会への希望」（『考古学雑誌』第49巻第4号、1964）や同「工芸組紐の発達と組編織の関係に就いて」（『古文化財の科学』第18号、1965）等で紹介されているように「複素関数 W＝ZN よりみた組紐の製作工程及び構造に関する位相的考察」（秋邦雄発表、1954）で示された組理論によって、複雑な組織の組紐まで組み方や組組織が理論的に解釈できるといわれており、あらゆる組紐を理論的に明解な方法で分類整理することができることは知られているが、まだ統一見解は存在しない。今日までのところ、組紐の理論と実際については、山木薫『くみひもの研究』（総合科学出版、1978）が最も詳しい文献である。

　次に、今日の代表的な二間組組紐である「繁打」（一枚物の平打の二間組組紐）、「高麗組」（二枚物の平打の二間組組紐）、「唐打」（丸打の二間組組紐）について説明する。「繁打」と称される一枚物の平打の二間組組紐は、今日では普通高台（高麗台）で組まれている。したがって奇数の組糸を左右に一本違いで振り分けて組み、できあがった組紐の左右の縁は糸の方向が／／／／／と＼＼＼＼になっている。この場合には、紐の表面にできる畦の数をMとすると組糸の数は2M＋1である。同様の組織の組紐を偶数の組糸で組むこともできる。この時、組紐の左右の縁の糸の方向は同じになり、紐の表面にできる畦の数をMとすると組糸の数は2Mである。

　「高麗組」と称される二枚物の平打の二間組組紐は、左右の縁が＜＜＜＜と＞＞＞＞のように杉目になっており、「繁打」と区別できる。

　「唐打」と称される丸打の二間組組紐は、「十六打」とも称されるように16本の組糸で組まれる場合が多いが、24本の組糸で組まれることもある。筒状の紐なので縁をみれば平打の紐

との違いは明らかである。

6．三ツ組組紐

　三ツ組組紐は、いわゆる髪の三つ編みと同じ組織で、3本の組糸で組まれ最小単位の組紐である。ただし、前掲の「工芸組紐の発達と組編織の関係に就いて」の中で触れられているように、表面的には三ツ組組紐と同じような組目がみえるが実際には4本の組糸を平打ちした四ツ平組（丸打ちのものは四ツ組と称され、基本的な組紐と考えられている）があることに留意しなくてはならない。道明新兵衞「威毛より見た上代甲冑について」（『考古学雑誌』第52巻第2号、1966）には、上代甲冑にむしろ四ツ平組が多く用いられていることが指摘されている。

7．綾巻と称されるもの

　藤ノ木古墳出土染織品には、綾巻と称される細い紐状のものが多数みられる。綾巻という名称は組紐製造業者の間では聞き慣れないものではないといわれる（角山幸洋氏談）。おそらく綾竹台（組台の一種であるが、組糸2本ずつ捩っては緯糸に当たる糸を入れながら組むのでこの台では通常捩り織物の紐が作られる）を用いて芯に糸を入れて製紐することと芯糸の周りに糸を綾目に交錯させて巻き付けることを合わせて命名されたのだろう。ただし、いわゆる丸台でも芯に糸を入れて製紐することは可能であるから、芯糸の周りに糸を綾目に交錯させるという理由のみから命名されたのかもしれない。

　この綾巻は、独立した紐のような状態になっているものもあるが、多くが縁を飾る細幅の刺繍の地裂の端に付着している。その付着の仕方であるが、刺繍の地裂の端の糸を中に巻き込んでいるようにみえ、その場合には、縁を縢る縫い糸の集合であり組紐を裂端に縫い付けているのとは全く異なる。紐状のものの芯に糸が入っていることは確認できたが、裂地と紐状のものを縫い付ける縫い糸については、確認するまでには至らなかった。しかし、3本以上の糸を用いて糸と糸を交錯させて組むように裂地の縁を縢ることは事実上不可能ではないだろうか。また、裂地の縁から離れて断片化した綾巻は、構成糸が互いの位置の乱れもなく組織された紐状を呈している。その2点は、いわば状況証拠に過ぎないかもしれないが、綾巻と称されるものは、刺繍の地裂の縁を縢る縫い糸が集合して紐状にみえているものではなく、芯に糸を入れて数本の糸で一間飛びに粗く組んだ細い紐であり、刺繍の地裂の縁に縫い付けられたものだと考えられる。

8．角八ツ打組紐

　角八ツ打組紐とは、8本の組糸を用いた丸打の二間組組紐で、断面形状が正方形となる。

第4部　正倉院以外の染織品の調査・研究

一間飛び組織で丸打ちに組んだ八ツ打組紐では、断面形状が円形である。

　角八ツ打組紐は洋角（洋角打組紐）とも称され、太い組糸を用いたり組糸を16本用いることによって幅１cm程度の太さのものを組んで用いられる。藤ノ木古墳出土品の中では大刀の巻き紐として用いられていたが、正倉院宝物中では鏡の鈕の紐にみられる（図34）。この紐は、16本の組糸を用いている。ところで、日本古来のものといわれる双角八ツ打と称される８本の組糸を用いた丸打の二間組組紐（和角打組紐）があり、角八ツ打組紐は後世伝わったといわれているが、組織をみる限り藤ノ木古墳出土品や正倉院宝物のものは角八ツ打組紐である。角八ツ打組紐は組織的に左右対称で、厳密に左右対称ではない双角八ツ打と比べるとバランスが良いといえる。

　ちなみに、正倉院には、組糸を８本又は16本用いた角打組紐以外に、組糸を14・18・20本用いた断面形状が長方形の角打組紐が数多く存在する。そして、諸色の組糸が暈繝を成しているものが多いことは、古墳時代とは全く異なる、色糸を多用した組紐製作の新技法が渡来したことを推測させる。

9．考　察

　組紐は、法隆寺宝物中にもいくつかみられるが（図35～37）、正倉院宝物中には多数存在し、それらの大多数は何色もの色糸を用いた多彩な組紐である。用途は、仏幡の吊り紐や佩飾品の下げ紐や褥等の縁飾りの覆輪に用いられる細い角打組紐（図38～40）や養老の衣服令にみられる条帯に当たるかと思われるような幅の広い平打組紐（図41・42）など、多種多様である。しかし、古墳時代の出土品の組紐は、挂甲や大刀等武器武具に用いられている組紐がほとんどすべてである。それは、これまで古墳時代の染織品が挂甲の小札や大刀や鏡等に錆着しているものしか知られていなかったことによるのかもしれない。

　ところが、藤ノ木古墳出土染織品の中でも棺内遺物は金属製品に錆着していない状態のものが多く、古墳時代の組紐の武器武具以外の使用例が発見されること期待され、綾巻と称される紐が多数見つかった。しかし、先出の表にも示すとおり藤ノ木古墳出土の組紐の用途は武器武具がほとんどで、綾巻は数量的には多くとも裂地（刺繍の地裂）の端に綴じ付けてあるだけでけっして用途が豊富であることを示すものではない。しかも、綾巻と称される紐は、組糸数も一定しておらず、かなり粗く組まれているようにみえるものもあり、組む技術の未熟さを感じさせる。

　すなわち、今日「啄木」「丸源氏」などと称されるような一定の組み方（すなわち規格のようなもの）が決まっている組紐ではなかったと考えられる。正倉院の組紐と比較しても、正倉院のものは同じ用途であればほぼ同一の作りで、一種の統一された規格があったと考えられるが、古墳時代の組紐の中で武器武具以外の用途の組紐は（今ところの藤ノ木古墳出土

のものしか知られていないと思われるが）まだ規格のようなものはなかったようである。武器武具とともにそれらに必要な組紐の製作技術が伝わったが、幡の吊し紐や佩飾品の下げ紐や袴の縁飾りや衣服の帯等に用いられる色彩豊かな様々な組紐を組む技術は、武器武具が伝わってから後の時代に渡来した人達が伝えたといえるのではないだろうか。

　藤ノ木古墳出土の組紐のみから古墳時代の組紐全般を論じることは避けなくてはならないが、これまで知られている範囲では、古墳時代には組糸の数が十数本の一枚物の平打の二間組組紐や三ツ打組紐や四ツ平組（前出）や八ツ打組紐など、比較的単純な組紐ばかりが使用されている（それらは、組む技術も比較的容易で、組台などの道具を用いるとしたら簡単な道具で組むことができるものであり、綾巻と称されるものも複雑な紐ではない）。そして、色彩についても、今では色褪せているので実証することはできないが（図43〜45）、藤ノ木古墳出土の組紐は組糸の本数も少なく、種々の色糸を用いたものであったとは考えられない。それに対して、飛鳥時代から奈良時代にかけて突然に唐組のような複雑な組織のものを含む色彩豊かな組紐が出現する事実は、色彩豊かな様々な種類の組紐が、武器武具が伝わった後にもたらされたという考え方の有力な傍証といえるだろう。

（１）　元宮内庁正倉院事務所保存課長関根真隆氏が「科学研究費　総合Ａ　藤ノ木古墳から見た古代繊維製品の研究」（1993〜95年）に参加された時に、調査補助員として直接出土遺物を調査する機会に恵まれた。

第3章　鶴巻鶴一博士のロウケツ染め

はじめに

　布帛面上に蠟を文様の形に置いて染液に浸けると、染まらない部分ができて、それが文様の形になる。すなわちそれは、蠟伏せ防染による顕文である。我が国では、奈良時代の8世紀中頃に盛んに行われた。当時、蠟防染により染められた染め物とその技法は、﨟纈と称された。『正倉院文書』に「押﨟纈」（正集8巻の天平勝宝8歳写書所解）、「染﨟纈」（正集14巻の天平勝宝9歳写書所解）、「染﨟纈所」（正集45巻の年代不詳染﨟纈所解）とみえる。正倉院裂中に様々な文様の﨟纈が多数存在することから（図1～7）、当時かなり盛行したであろうことがうかがわれる。しかし、平安時代以降、作例も文献上の記述もみられないことから、蠟防染の技法は、奈良時代を限りに絶えてしまったと考えられている。我が国に再び蠟防染の染織品が現れるのは、16世紀末からの南蛮貿易による更紗の輸入まで待たねばならなかった。国産の蠟防染が再び製作されるのは、さらに3世紀の後のことである。

　明治時代の20世紀初め、京都の鶴巻鶴一によってロウケツ染めが考案され実用化された。[1]我が国の今日のロウケツ染めは、鶴巻を始原としている。約1150年の時を経て、蠟防染が復活したと言える。﨟纈と同様に、奈良時代を境にして製作技術が廃絶していたが、明治以降に復活した染織品として、文羅と経錦が知られている。正倉院に伝わる染織品が一般公開[2]された時に刺激を受けた大正時代の染織工芸職人達は、苦心を重ねた末に、途絶えていた文羅や経錦の製作技術を復活した。それに対して、鶴巻は、正倉院の﨟纈のみに刺激されて蠟防染を復活したわけではない。ドイツ留学中にジャワのバティック（ジャワ更紗）に興味を惹かれ、帰国後もバティックの調査研究を進め今日のロウケツ染めを考案したことが知られている。正倉院の﨟纈を直接の契機として蠟防染が復活したわけではなかった。

　しかし、鶴巻は、帰国後の明治35年（1902）頃から毎年欠かさずに正倉院の特別参観に参加したと言われ、初期の作品には正倉院の﨟纈屏風の意匠をモチーフにしたものがみられる（図8・9）。正倉院の﨟纈が鶴巻のロウケツ染め製作にどのような影響を及ぼしたのか知るよしもないが、インスピレーションの源泉の一つであったあったに違いあるまい。

　本章では、明石国助（染人）の評伝[3]に基づいて鶴巻の仕事を紹介し、正倉院の﨟纈との繋

がりについて述べる。

1．鶴巻鶴一とその作品

　鶴巻は新潟県加茂町の名門豪家の出身で、東京帝国大学を卒業後、ドイツのクレフェルド市に2年間留学し最新の染色学を学んだ。蠟と松脂で防染するジャワのバティックに興味を惹かれたのは、留学中のことであったといわれている。博士のロウケツ作品に記されている「呉野」「呉野作」という雅号は、クレ（呉）とフェルド（野）に由来するといわれる（図10）。また、落款にある「七谿」は郷里の七谷村から採ったものといわれる。留学を終えて帰国後間もなく、明治35年に開校したばかりの京都高等工芸学校初代校長の中澤岩太による強い推薦を受けて、同校の色染科長に就任した。当時の教授陣には、図案科に所属する洋画家の浅井忠や建築家の武田五一、機織科長の萩原清彦をはじめ、錚々たる人達が集まっていた。鶴巻は、新進気鋭の研究者であると同時に当時の我が国の染色学の権威として迎えられた。大正7年（1918）には京都高等工芸学校の第2代校長となり、大正15年まで勤めた。

　鶴巻は、染色学を講じるかたわら、ロウケツ染めの研究と作品製作に熱心に取り組んでいる。ロウケツ染めへの取り組みの一部を紹介すると、蠟[4]と松脂[5]の混合比を研究し、季節や気候、目的とする亀裂の多寡に応じた混合比と溶融温度を明らかにしている。染料は堅牢度を最も重視して、阿仙薬（カテキュー）、インド藍、刈安（近江刈安）、鬱金、紫根（紫草の根）、蘇芳、ログウッドなどの植物染料を主体にして、アリザリンやインジゴゾール[6]などの化学染料も併用した。各々の媒染剤、染色温度や時間、染色回数を研究し、ロウケツ染めの技法で諸色の濃淡明暗を染め分けた。脱蠟方法についても研究し、蠟のみを用いた場合は炭酸ナトリウムを加えた熱湯浴、松脂が加わるとその中に石鹸を加えて繰り返し煮沸し、ベンジンを用いる場合もあった。研究は技術面に止まらず、文様意匠に対しても研鑽が積まれた。また、防染の蠟置きには独自な方法を創案した[7]。初期の頃にはロウケツ染めに彩絵を加えたに過ぎないが、やがて、印金・絞り・刺繡を加えた豊かな作風をみせるようになる。絞り・刺繡は専門家に頼ったが彩絵や印金は自ら行った[8]。

　鶴巻の手になる作品は膨大な数に上ると言われるが、最初に発表されたのは明治44年（1911）のことである。工芸学校の卒業式の当日に「﨟纈」と名付けた卓被や帯が発表され、当時の購入者として最大手である高島屋や大丸から追加注文があったと言われる。「﨟纈」は衣服や調度に流行の兆しをみせ、海外輸出品はバティック（Batik）と名付けられた。大正7年に農商務省主催の工芸品展覧会が開催されると、鶴巻式ロウケツ染めは一般の人々に次第に普及するようになる。しかし、その頃のロウケツ染めの製作は、ほとんど鶴巻の独壇場であった。図案家の中にはロウケツ染めに手を染める者も現れ始めるが、余技を出ないものであったらしい。昭和4年に、鶴巻の代表的な作品数十点を集めた「﨟纈展」が京都大丸

第4部　正倉院以外の染織品の調査・研究

で開催されるに及んで、漸く染織工芸界の注目を集めるに至ったといわれる。それ以降は、次第に本格的な染色家のロウケツ染め作家が登場する。思いつくままに記せば、渋江終吉、芹沢銈介、皆川月華、小合友之助、上野正、三浦景生、皆川泰蔵等々多士済々である。初期には友禅染めの一技法のように扱われることもあったが、今ではロウケツ染めは友禅染めと並ぶ染色技法の一つに数えられている。そして、宮崎友禅斎が友禅染めの創始者と讃えられるように、鶴巻鶴一はロウケツ染めの創始者として讃えられるべき存在である。

2．正倉院の﨟纈の影響

　鶴巻は、少なくとも高等工芸の教授に就任して以来、毎年正倉院の曝涼中の特別参観に参加して宝物を拝観した。﨟纈・夾纈・纐纈・摺絵・彩絵に興味を持ち、特に﨟纈屏風には強く惹かれたという。正倉院裂にみえる天平文様を生かしたロウケツ染めの屏風が京都工芸繊維大学の美術工芸資料館に残されている（図8・9）。樹下動物文や鳳凰文には天平文様の片鱗がうかがえる。樹の幹や下生えの草は、正倉院の﨟纈屏風に類似している。さらに、鶴巻のロウケツ屏風の外観は、元禄時代に別の用途の正倉院裂（紫地唐花文錦）を再利用して画面の額縁部分に貼るなどの修理をされた正倉院の鳥毛篆書屏風（図11）と鳥毛帖成文書屏風（図12）に似た雰囲気を持つ。それらのことからみても、鶴巻は、正倉院の﨟纈と宝物屏風に影響を受けて﨟纈作品を製作したことが推測される。鶴巻の初期の作品には天平文様が多かったと言われている。したがって、ジャワのバティックの研究がロウケツ染め作品に結晶するまでには、正倉院の﨟纈の影響があったことを否めないと考えられる。

　その後、鶴巻はロウケツ染めに印金・絞り・刺繍を加えるようになり、様々な染料を使用して桃山時代風の牡丹・桜・獅子の文様や、江戸時代中頃以降の松竹梅などの吉祥文様を表現した作品を次々に発表する。美術工芸資料館蔵の獅子と牡丹文様の作品（図13）や印金・絞り・刺繍を付加した小桜の文様の作品（図14）は、そのような鶴巻の作風の変遷を伝えている。

　ここで付記しておきたいのは、正倉院の﨟纈と鶴巻のロウケツ染めの技法上の相違点である。﨟纈は、熱して溶解した蜜蠟を版型に付けて裂地に押捺する[9]。蠟に何を混入して使用されたのかは、まだ分析されていないので不明である（分析データが取られていない）。版型としては、当時の諸国の国印のように青銅の鋳造印が用いられたという説がある。

　それに対して、ロウケツ染めは、蜜蠟か木蠟（現在ではパラフィンが多い）に松脂を混ぜたものを熱溶解して、筆先に付けて文様を描くのが一般的である。このような違いは、ロウケツ染めがジャワのバティックの研究に基づき、我が国の気候風土に合うように考案されたことに起因していると思われる。バティックは、裂地の上にチャンチン[10]を用いて蠟で文様を描き、チャンプ[11]による型押しを併用するが、一般的に型押しが全面に及ぶことはないので、

ロウケツ染めに溶蠟の版型押捺の技法が応用されなかったのであろう（一部に用いられたかもしれないが確認していない）。

　正倉院の﨟纈をみて版型押捺の技法に目を向けなかったのは，特別参観の折に、正倉内のやや暗いガラスケース越しに見る﨟纈屛風や﨟纈裂が、版型を押捺して蠟置きしたとはみえず、筆などで描かれたようにみえたためではないだろうか。また、明治から大正を通じて正倉院の種々の﨟纈を比較検討できる図録は存在せず、さらに、誕生が明治初期の鶴巻が奈良博覧会(12)を観覧して、﨟纈の蠟置きが版型によるのか筆描きによるのか調査したとは考えられない。したがって、正倉院の﨟纈が全面的に蠟を版型で押捺したものであることは、認識されていなかったと考えられる。

3．バティックと﨟纈

　最後に正倉院の﨟纈とジャワのバティックの関連性であるが、後者については、西村兵部の論考がある(13)。それによると、インドからインドネシアにヒンドゥー人の移植が活発になるのは紀元後の1世紀のことで、4～5世紀になると移植地のインド化が進む。その頃、中国の文献には、インドネシアのバティックの古法として、板締めの夾纈と﨟纈が併用された技法が記されている。しかし、10世紀の文献にみる蠟防染や板締めの染織品もインドから輸入されたものとみられ、ジャワにおいてバティックが生産されたとはいえない。13世紀には、ジャワ更紗の存在を示す中国の文献がある。したがって、今日の細密な図様を描くジャワ更紗（バティック）のもととなる蠟防染が登場して中国に伝わるのは、13世紀以降とみられる。では、8世紀中頃の正倉院の﨟纈は、インドか中国のいずれの国から渡来したのであろうか。

　蠟防染による染め物の古い出土遺物の例としては前4世紀とされるクリミヤ半島のケルチ出土裂や5世紀頃のエジプトのアンティノエ出土裂がある。中国では、アスターナ古墳群から西涼の裂（5世紀初期）や唐の裂（7～8世紀）が出土しているが(14)、長沙馬王堆の第1号前漢墓（紀元前2世紀）から蠟防染の裂は出土していない(15)。

　三国時代から唐代の5～8世紀の中国出土の蠟防染の印花絹や正倉院の8世紀中頃の﨟纈は、10～13世紀にさかのぼるジャワのバティックよりも古い。

　奈良時代の三纈といわれるように、正倉院に残る当時の染色作品は、夾纈・﨟纈・纐纈（奈良時代の文献には纈とのみ記されている）の3種類に分類される。その他に、顔料を膠などで貼り付ける彩絵や版木に墨などを塗りつけた上に、布帛を乗せて馬楝などで擦る摺り絵の作例も多数存在する。しかし、中国ではまとめて印花（模様染め）絹（布）と称されている。すなわち、板締めや版木に挟んで文様を染め出す印花、蠟防染して模様を染める印花、絞りで文様を染め出す印花、顔料を置いて文様を描く印花、アルカリ剤を版型に付けて裂地に押捺し、その部分をより濃く染着させる印花などである。特にアルカリ剤を用いた印花の作例

第4部　正倉院以外の染織品の調査・研究

は正倉院では発見されていない。

おわりに

　以上のことから、インドで行われていた蠟防染は、西洋世界（ローマ）へ伝えられ、やがてインドからインドネシアへも伝えられるが、中国へは、漢代に蠟防染の染め物の出土例がみられないことから、インドから直接ではなく、シルクロードを通って西から伝わったと考えられる。蠟防染とアルカリ剤による防染は、類似した技法であり、同時期の出土例をみる限りでは、中国でアルカリ剤による防染の方がより早い時期に行われていたとは言えないが、我が国へは蠟防染の技法のみが伝えられた。8世紀頃の中国でも蠟防染は西方から来た新技術で、優れたところがあり、早速我が国へ導入されたのであろうか。渡来の時期は、法隆寺に蠟防染の染め物が少し存在するが、それが7世紀の飛鳥時代のものであることは確認されていないことと、正倉院には8世紀中頃のものであることを示す墨書のある幡や舞楽装束に用いられている﨟纈があることから、8世紀中頃に伝わっていたことは確かである。

　正倉院の﨟纈文様は、中国出土の蠟防染の裂地の小花文等とどことなく共通するものがあるが、ジャワのバティックの文様にはほとんど共通するものがみいだせないように思える（今後の研究に待たねばならないが）。両者共に技法の基本はインドを起源にしていても、その後の発展は互いに関係することなく別の世界で行われたためではないだろうか。それが、明治時代に我が国の碩学により技法・文様ともに融合がはかられ、今日のロウケツ染めの隆盛がもたらされた。このことは、美術工芸文化史上、画期的なことといえるだろう。

（1）　鶴巻は自らの作品を正倉院宝物と同様に﨟纈（ろうけち）と紹介した。明石は、﨟纈新法と記している。﨟纈をロウケツと読ます場合もあるが、本書では混同を避けて鶴巻の創始した染法をロウケツ染めと称する。
（2）　大正14年（1925）4月15～30日に、奈良帝室博物館において「正倉院宝物古裂類臨時陳列」が開催され、屏風装、古裂帖、玻璃装、軸装、その他数百点が初めて公開された。
（3）　明石国助『宮崎友禅斎と近世の模様染』宮崎友禅翁顕彰会、1953。
（4）　蜜蠟も試行したが、木蠟を常用した。
（5）　粉末ではなく飴色の塊を用いて、松脂とは呼ばず、学名のコロホニュームと呼称した。
（6）　赤系統の染色に紅花や茜、コチニールも用いたが、主として発色の良いアリザリンを用いた。
（7）　青花で生地に下絵を描き、その上に筒紙の先に付けた筒金から絞り出した糊を置いて、糊が乾燥すると上から熱で溶かした蠟を含ませた筆で文様を描き、蠟置きする方法である。鶴巻はジャワのバティックに蠟防染のヒントを得たといわれるが、溶蠟で手描き友禅のように文様を描いている。
（8）　鶴巻は、浅井忠や工芸学校講師の菊地左馬太郎（素空）などの友禅の図案を用いてロウケツ染めを行うこともあったが、基本的に意匠デザインから蠟置き、染色から脱蠟までのすべてを自分自身で行い、図案家や染色家の手を煩わすことはなかった。印金は自ら習得して用いたという。
（9）　松本包夫「正倉院﨟纈の版型について」『書陵部紀要』第25号、1973。

(10)　パイプ状で、溶かした蠟を入れて細い口から蠟を出しながら手描きで蠟置きをするバティックの用具。
(11)　銅製の版型で、押捺して文様の輪郭線に蠟置きをするバティックの用具。19世紀中頃から始まったといわれる。
(12)　第1回目の奈良博覧会は、奈良博覧会社の要請が認可され、明治8年3月1日〜5月20日に開催された。東大寺大仏殿の回廊に正倉院宝物数百点をはじめとする諸寺の宝物等を並べて展示するという破天荒なものであった。奈良博覧会は、明治23年まで開催されたが、正倉院宝物が出陳されたのは明治8・9・11・13年の合計4回である。
(13)　西村兵部『インド・東南アジアの染織　別冊』（美術出版社、1971）並びに、西村兵部編・解説『インドネシア古代染織　Volume 2』（光琳社出版、1971）。
(14)　『漢唐の染織』小学館、1973（『絲綢之路─漢唐織物』（文物出版社、1972)の日本語翻訳版）。
(15)　『長沙馬王堆1号漢墓』平凡社、1976（『長沙馬王堆1号漢墓』（文物出版社、1973)の日本語翻訳版）。

第1部　正倉院の染織品について
The Shoso-in Textiles of the era of Emperor Shomu
第1章　聖武天皇の時代の正倉院の染織品

Plate 1　Great Buddha Hall of Todaiji Temple
図1　東大寺大仏殿

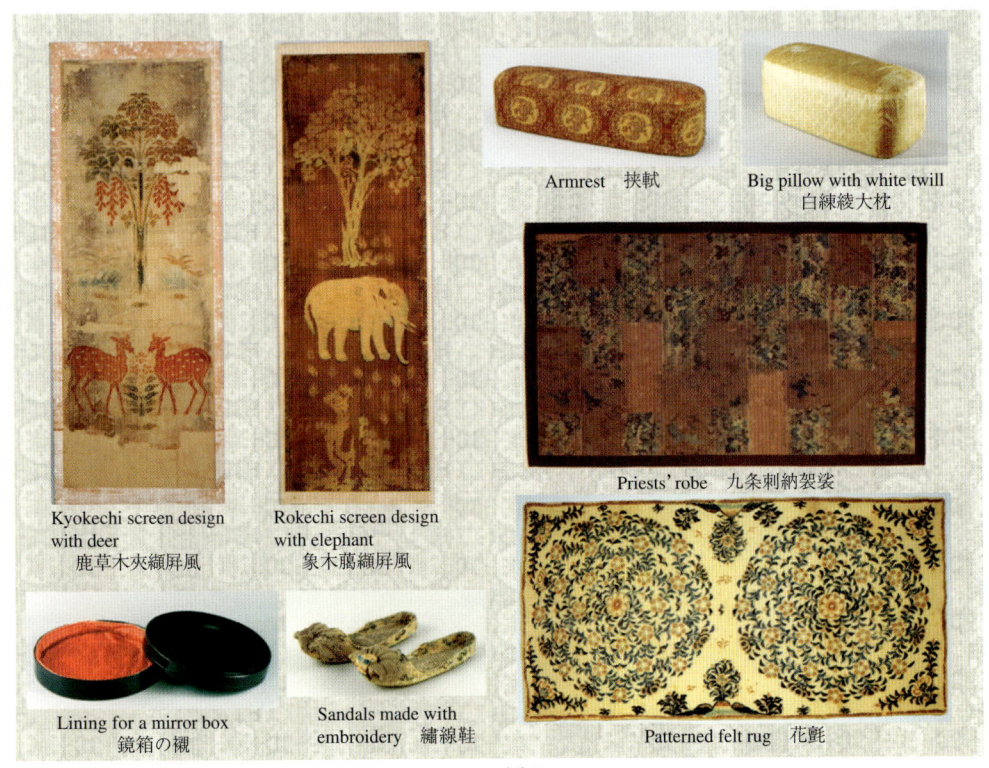

Armrest　挾軾

Big pillow with white twill　白練綾大枕

Kyokechi screen design with deer　鹿草木夾纈屏風

Rokechi screen design with elephant　象木﨟纈屏風

Priests' robe　九条刺納袈裟

Lining for a mirror box　鏡箱の襯

Sandals made with embroidery　繡線鞋

Patterned felt rug　花氈

Plate 2　図2

299

The east new repository　新造の東宝庫

The west new repository　新造の西宝庫

Plate 3　図 3

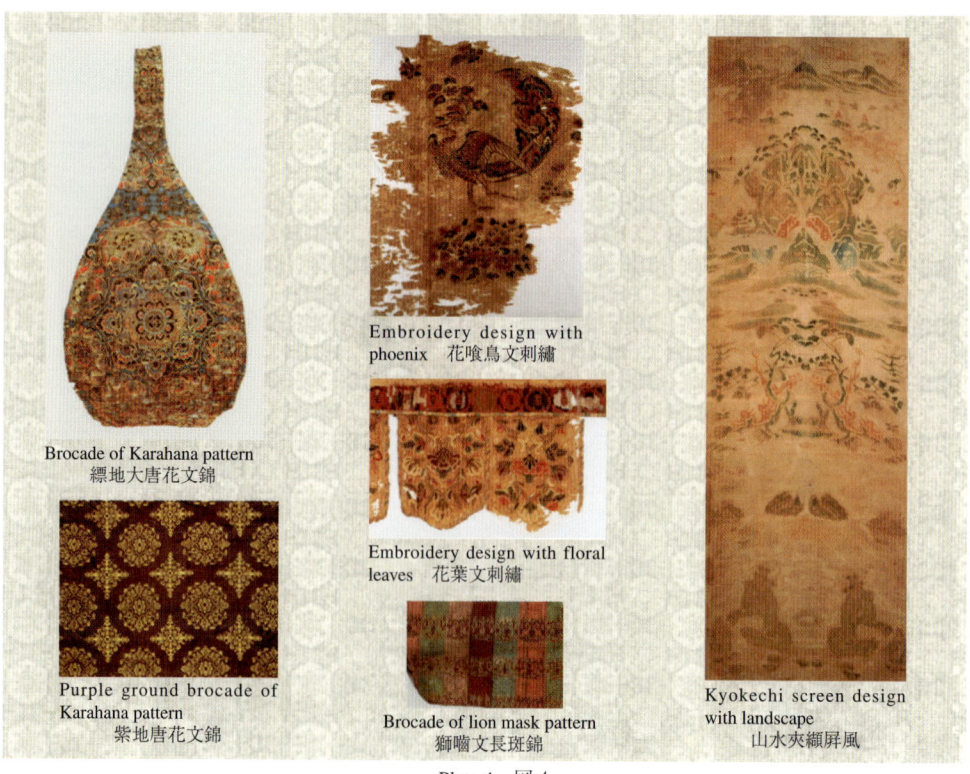

Brocade of Karahana pattern
縹地大唐花文錦

Purple ground brocade of Karahana pattern
紫地唐花文錦

Embroidery design with phoenix　花喰鳥文刺繡

Embroidery design with floral leaves　花葉文刺繡

Brocade of lion mask pattern
獅噛文長斑錦

Kyokechi screen design with landscape
山水夾纈屛風

Plate 4　図 4

Brocade design with eagles in beaded medallions
赤地鷲連珠文錦

Purple ground brocade design with beaded medallions
紫地鳥獣連珠文錦

Rokechi screen design with deer under a tree
羊木﨟纈屏風

Brocade design with beaded medallions
緑地狩猟連珠文錦

Plate 5　図 5

Kanjo big banner　灌頂大幡

Buddhist banner
錦道場幡

Buddhist banner made with Kyokechi gauze
夾纈羅幡

Textile square canopy　染織天蓋

Priests' robe　七条刺納袈裟

Plate 6　図 6

301

| Kyokechi screen design with bird, flower, and grass 鳥草夾纈屛風 | Kyokechi screen design with bird, stone, and tree 鳥木石夾纈屛風 | Rokechi screen design with parrot under a tree 鸚鵡﨟纈屛風 | Rokechi screen design with elephant under a tree 象木﨟纈屛風 |

Plate 7　図 7

Patterned felt rug　花氈

Plate 8　図 8

Twill design with animals under a tree
花樹獅子人物文綾

Twill design with animals under a tree
花樹双鳳双羊文綾

Twill design with animals under a tree　天馬文綾

Brocade design with animals under a tree
浅緑地鳥獣花卉文錦

Plate 9　図9

Brocade design with beaded medallions　紫地鳥獣連珠文錦

Brocade design with beaded medallions with rhinoceroses pattern
茶地犀連珠文錦

Brocade design with beaded medallions
赤地鶯連珠文錦

Brocade design with beaded medallions with paired dragons
緑地双竜円文綾

Plate 10　図10

303

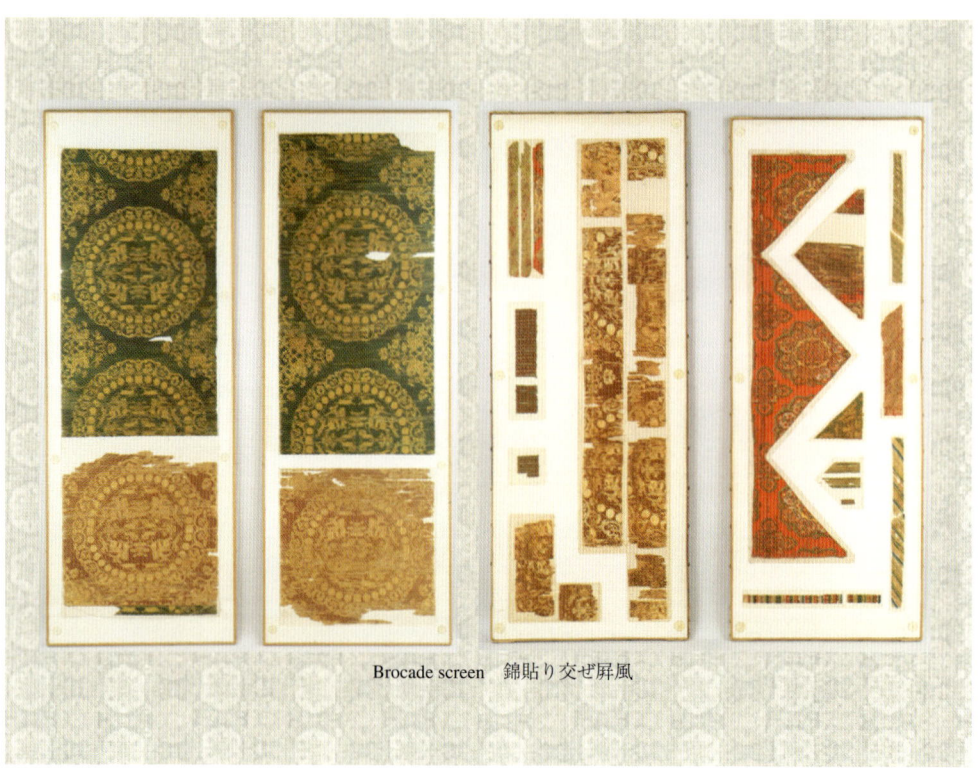

Brocade screen　錦貼り交ぜ屏風

Plate 11　図11

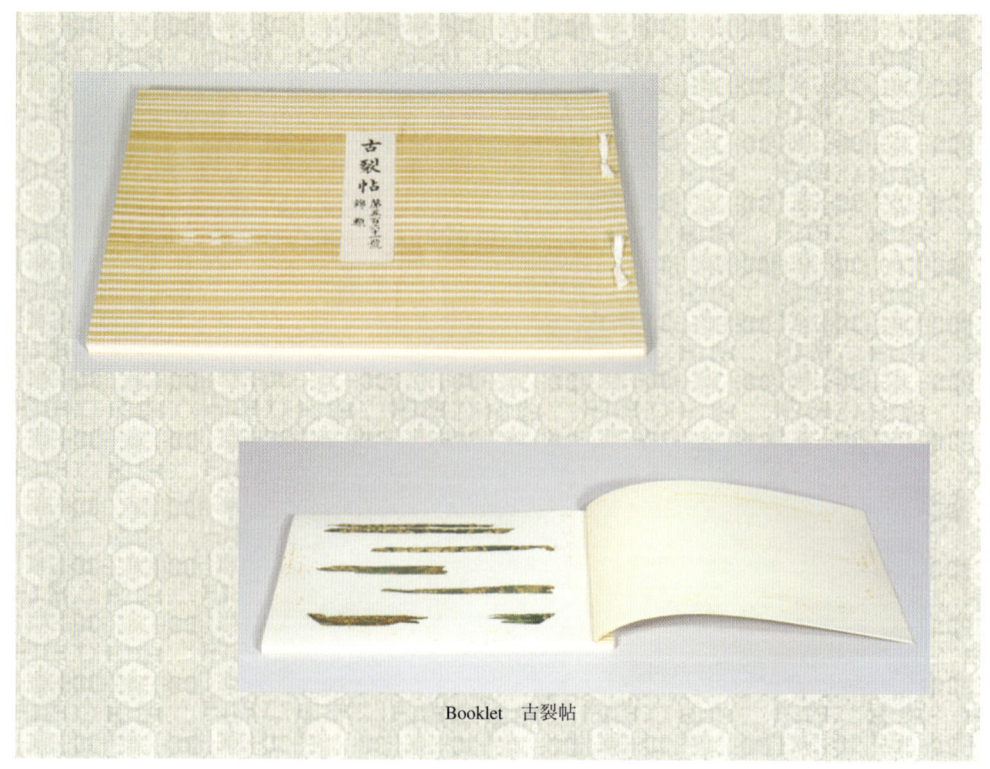

Booklet　古裂帖

Plate 12　図12

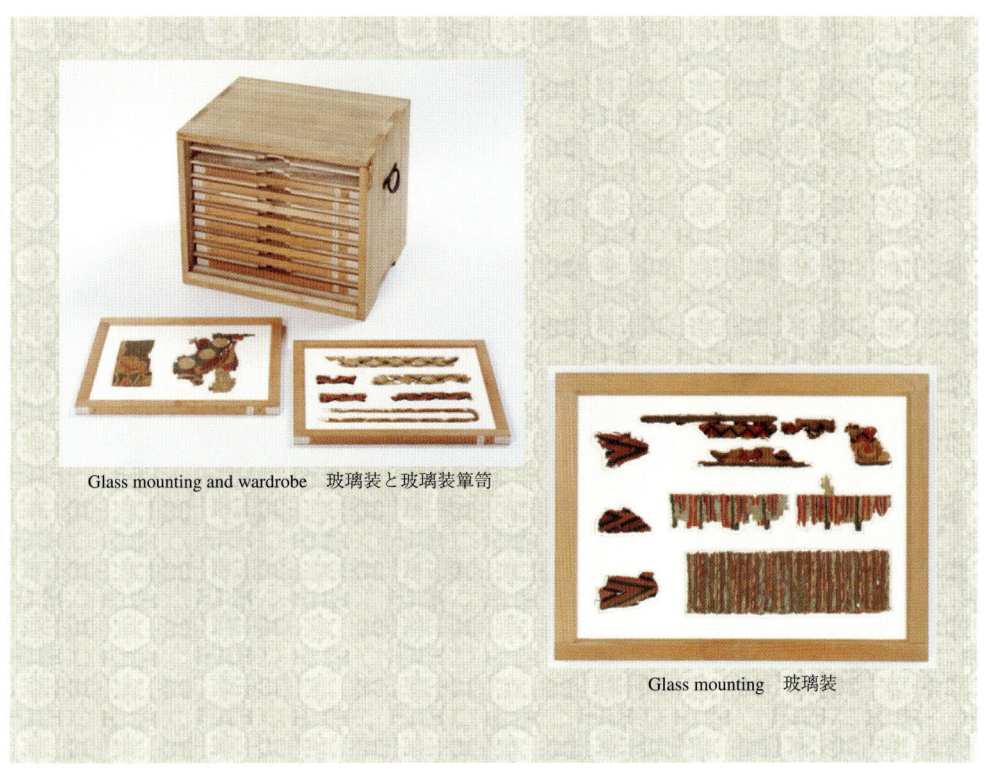

Plate 13　図13

第3章　正倉院裂の研究

図1　縹地大唐花文錦（南倉103）

図2-1　茶地犀連珠円文錦（中倉202）

図2-2　茶地犀連珠円文錦（中倉202）

図3　赤地獅子唐花文錦
　　　（中倉12）

図4　獅鳳円文蜀江錦　法隆寺献納宝物

図5　格子花文蜀江錦　法隆寺献納宝物

図6　八稜唐花文黄綾断片
　　　（南倉179）

図7　葡萄唐草文錦褥　法隆寺献納宝物

図8　雲唐草獅子文綾（中倉202）

図9　唐古楽　安君子半臂（南倉119）

図10　藤ノ木古墳出土棺内部（染織品の塊が水に浮遊している）

図11-1　団花文錦（文様大）
アスターナ第104号墓出土

図11-2　団花文錦（文様小）
アスターナ第211号墓出土

図11-3　団花文錦（文様小）
アスターナ第76号墓出土

図12　団花文錦（南倉179）

図13　蜀江錦（スタイン将来）
アスターナ第5区2号墓出土

図14　連珠花獅子文錦（模写図）
法隆寺献納宝物

図15-1　錦（スタイン将来）
アスターナ第9区3号墓出土

図15-2　鳥獣夾花条文錦
アスターナ第324号墓出土

図16　最勝王経帙（中倉57）

図17　花唐草文綾（南倉185）

図18　亀甲花文蜀江錦　法隆寺献納宝物

図19　キジル千仏洞　マヤ洞壁画

第2部　正倉院の染織品の研究
第1章　花唐草獅子文綾について

図1　大幡垂脚の花形裁文　昭和53年整理
　　　（南倉185 第129号櫃第159号）

図2　同　昭和51年整理
　　　（南倉185 第129号櫃第38号）

図3　同　昭和48年整理
　　　（南倉185 第127号櫃第133号）

図4　同　大正11年整理
　　　（南倉184 玻璃装第34号）

図5　図1の白描図

図6　図2の白描図

図7　図3の白描図

図8　図4の白描図

図9 花唐草獅子文綾の復元図
（文様の1回の繰り返しの中心）
（文様の1回の繰り返しの約半分を表示）

第2章　犀円文錦の研究

図1　犀円文錦文様復元図（太田英蔵作図）

311

図2　縹地大唐花文錦（南倉103）

図3　四騎獅子狩文錦（主文部分）

図4　古裂帳第4号1頁

図5　古裂帳第6号2頁

図6　古裂帳第6号8頁

図7　古裂帳第6号11頁

図8　古裂帳第6号15頁

図9　古裂帳第6号17頁

図10　古裂帳第7号18頁

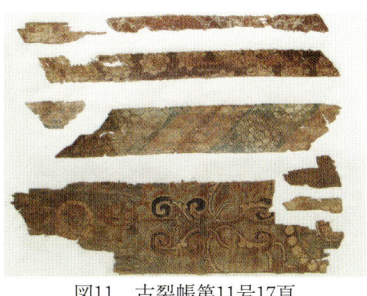

図11　古裂帳第11号17頁

図12　古裂帳第584号4頁

図13　古裂帳第645号1頁

図14　左右の犀の頭部のある断片
（古裂帳第6号11頁）

図15　左向きの犀の断片
（古裂帳第4号7頁）

図16　右向きの犀の断片
（古裂帳第6号16頁）

図17　双鳥文の断片
（古裂帳第6号2頁)

図18　双鳥文の断片
（古裂帳第7号18頁）

図19　双鳥の右側の鳥
（古裂帳第645号1頁）

図20　双鳥の左側の鳥
（古裂帳第4号1頁）

図21　双鳥の左の鳥の付近と連珠
（古裂帳第4号11頁）

図22　副文の中心
（古裂帳第584号4頁）

図23　織り出しの小石畳文を含む断片
（古裂帳第6号17頁）

図24　織り出しの小石畳文を含む断片
（古裂帳第6号17頁）

図25　織り出しの小石畳文を含む断片
（古裂帳第8号14頁）

図26　織り出しの小石畳文の断片
（古裂帳第11号15頁）

図27　連珠を含む副文断片
（古裂帳第4号1頁）

図28　やや大きな副文断片
（古裂帳第11号17頁）

図29　2窠の主文に跨がる副文部分
（古裂帳第6号15頁）

図30　連珠
（古裂帳第6号2頁）

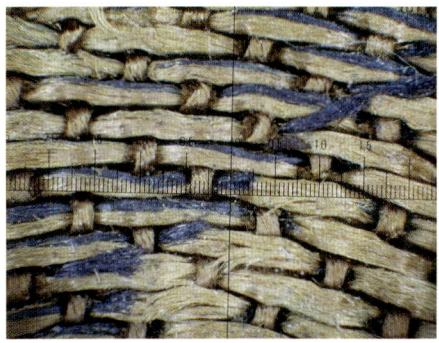

図31　円帯の内区と外区の境目
（古裂帳第6号8頁）

図32　連珠間の隙間
（古裂帳第6号2頁）

図33　円帯の内区の地（双鳥の上）
（古裂帳第6号2頁）

図34　連珠円帯内区の地（獅子の下）
（古裂帳第6号8頁）

図35　獅子の脚と地の境目
（古裂帳第6号8頁）

図36　犀の首の下の渦巻状の飾り
（古裂帳第6号2頁）

図37　犀の身体の斑文
（古裂帳第6号2頁）

図38　犀の首のリボン（中間部）
（古裂帳第6号11頁）

図39　副文の葡萄の実の中心
（古裂帳第6号8頁）

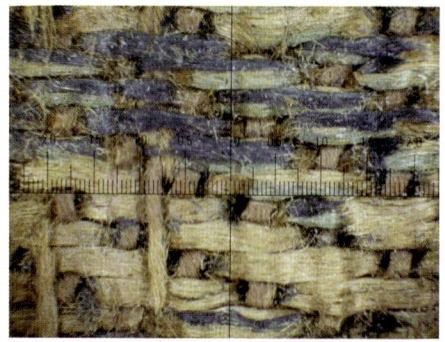

図40　花樹の実の房
（古裂帳第6号11頁）

図41　副文の唐草の茎
（古裂帳第6号15頁）

図42　副文の中心の蓮華
（古裂帳第6号17頁）

図43　織り出しの鼕文
（古裂帳6号17頁）

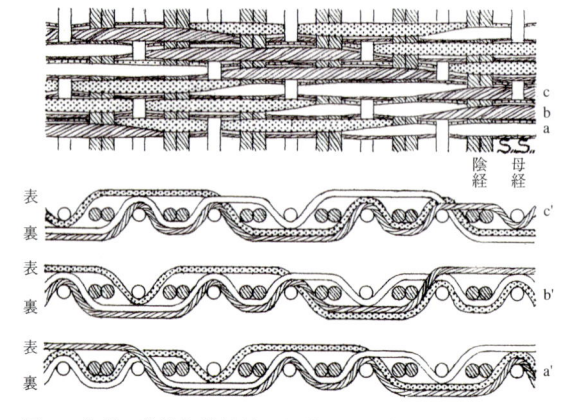

図44　複様三枚綾組織緯錦の組織要領図（佐々木信三郎作図）

図45　錦断片の裏面（古裂帳第584号９頁）

図46　花樹対鹿文錦（大谷探検隊将来裂）

図47　花樹対鹿文錦（アスターナ古墓からスタイン発掘）

317

第 3 章　正倉院の大幡

図 1　大幡 1 号（甲）
（南倉184）

図 2　大幡 2 号（乙）
（南倉184）

図 3　大幡 3 号（丙）
（南倉184）

図 4　大幡 4 号（丁）
（南倉184）

図 5　大幡 5 号（戊）
（南倉184）

図 6　大幡 6 号（己）
（南倉184）

図7　大幡頭
（南倉184 第128号櫃第183号）

図8　大幡身部分
（南倉184 第127号櫃第17号）

図9　大幡身部分
（南倉184 第129号櫃46号）

図10　大幡垂手
（南倉184 第129号櫃第47号）

図11　大幡身部分
（南倉184 第129号櫃第48号）

図12　大幡身部分
（南倉184 第129号櫃第49号）

図13 大幡身坪界部分（南倉184 第129号櫃第50号）

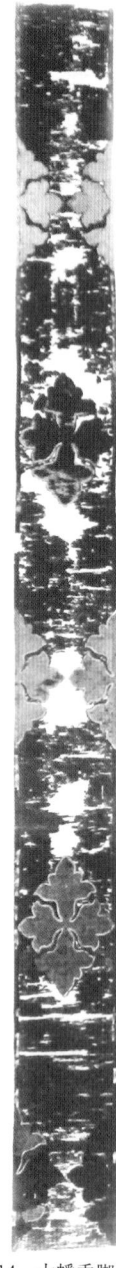

図14 大幡垂脚残片
（南倉184 第128号櫃第227号）

図15 大幡垂脚残片（脚端を含む）
（南倉184 第129号櫃第44号）

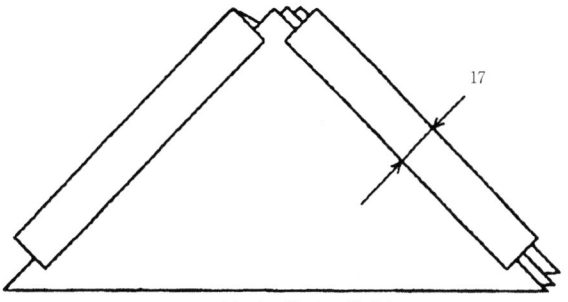

図16　幡頭の芯裂の模式図

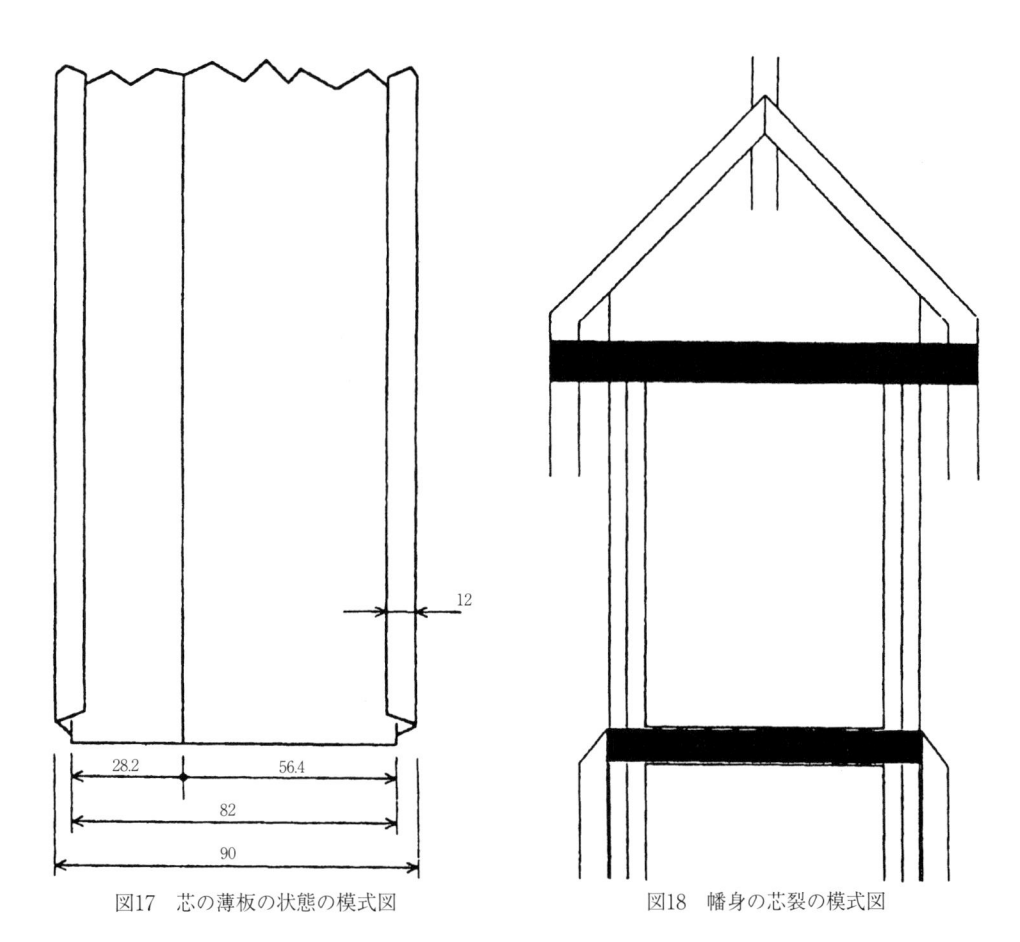

図17　芯の薄板の状態の模式図

図18　幡身の芯裂の模式図

図19　大幡復元図

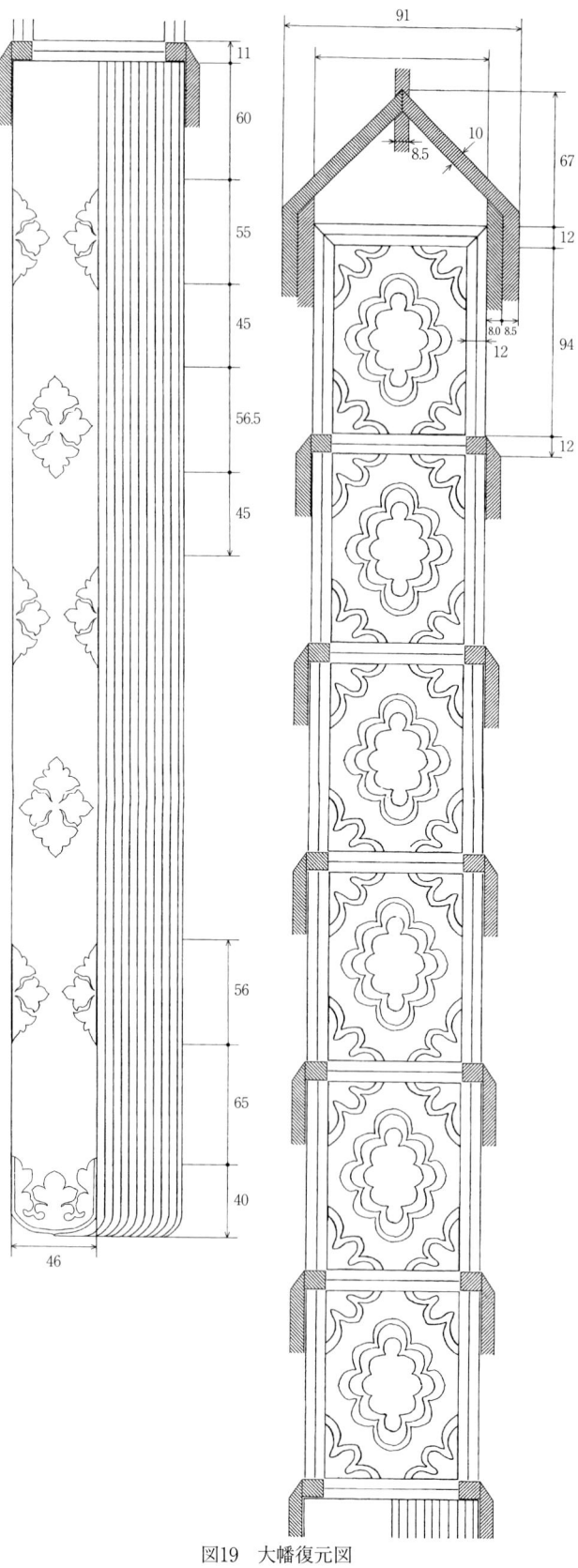

図20　No.100 赤地麒麟唐花文錦

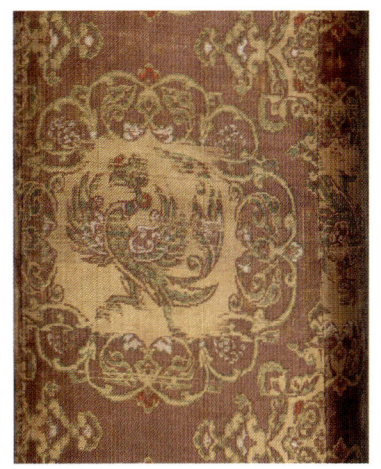

図21　No.98 紫地鳳形錦

図22　No.99 赤地鴛鴦唐草文錦

図23　No.113 浅緑地鹿唐草花文錦

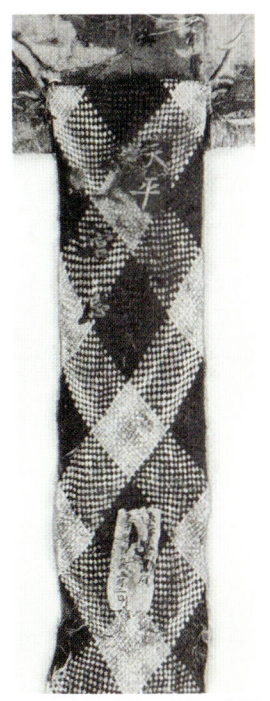

図24　大幡己号の舌裏の題箋

図25　大幡己号の下提芯裂の墨書銘

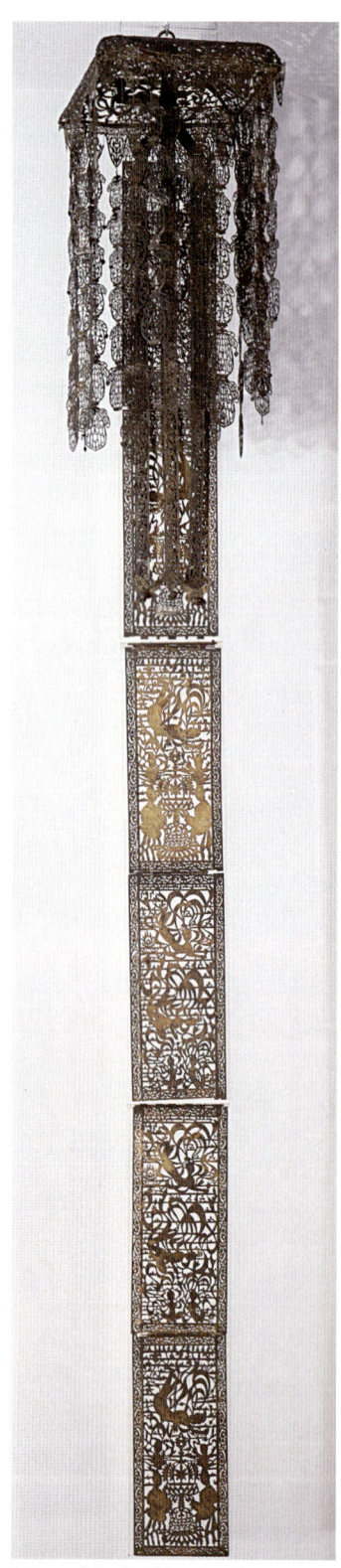

図26　金銅灌頂幡　法隆寺献納宝物　　　　　図27　広東綾大幡　法隆寺献納宝物

第4章　裂地としてみた正倉院の調絁

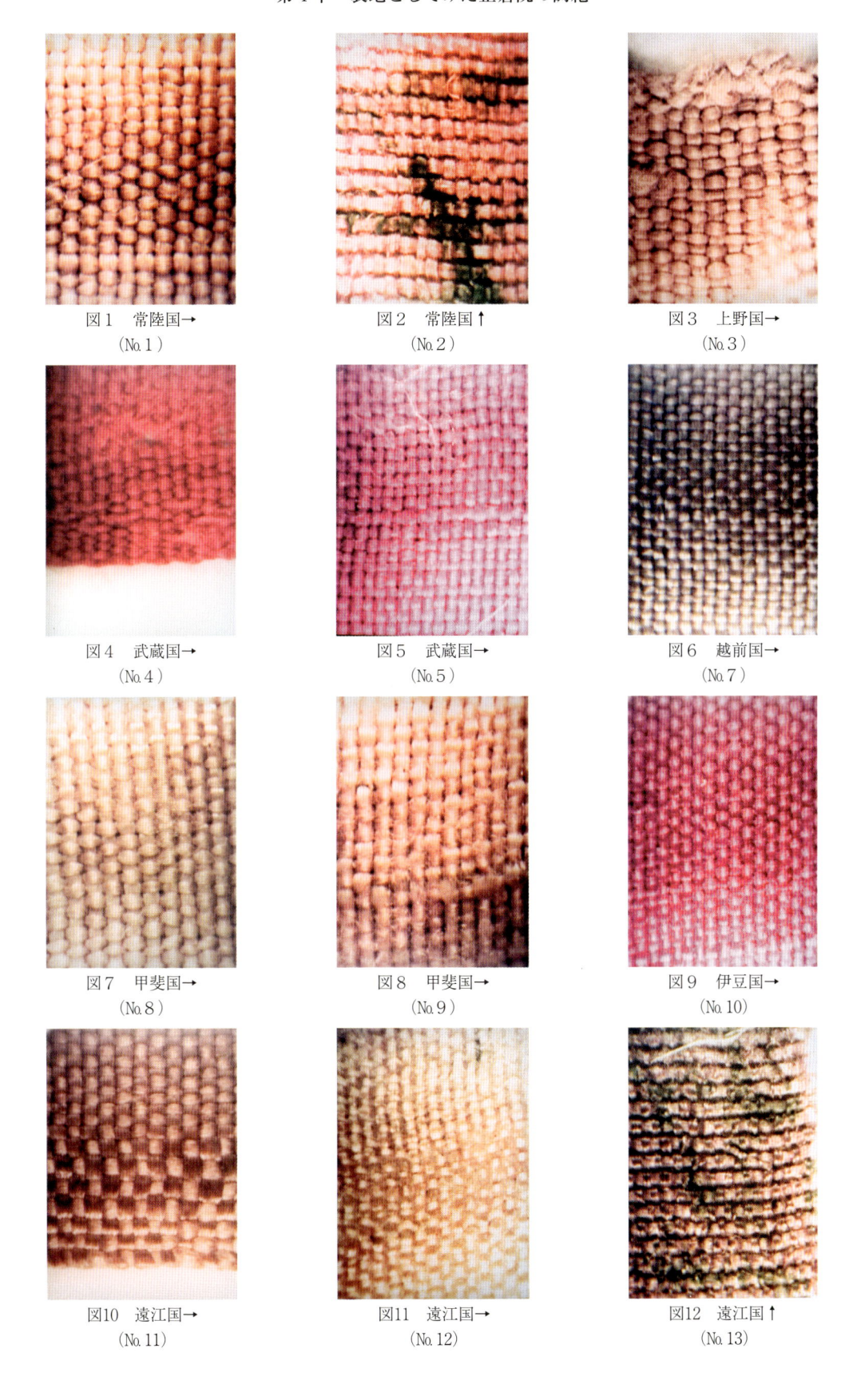

図1　常陸国→
(No.1)

図2　常陸国↑
(No.2)

図3　上野国→
(No.3)

図4　武蔵国→
(No.4)

図5　武蔵国→
(No.5)

図6　越前国→
(No.7)

図7　甲斐国→
(No.8)

図8　甲斐国→
(No.9)

図9　伊豆国→
(No.10)

図10　遠江国→
(No.11)

図11　遠江国→
(No.12)

図12　遠江国↑
(No.13)

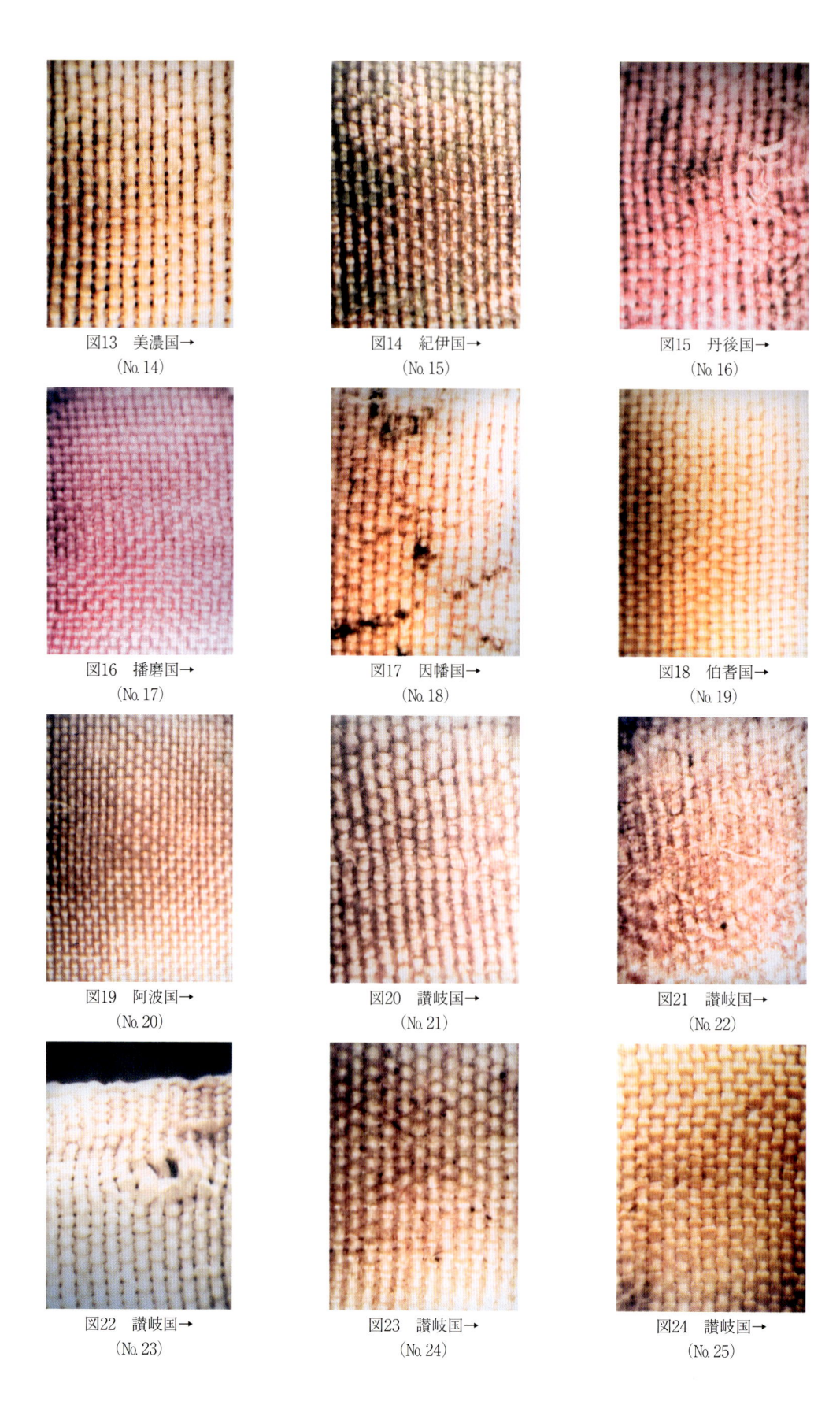

図13　美濃国→　　　　　図14　紀伊国→　　　　　図15　丹後国→
　(No. 14)　　　　　　　(No. 15)　　　　　　　(No. 16)

図16　播磨国→　　　　　図17　因幡国→　　　　　図18　伯耆国→
　(No. 17)　　　　　　　(No. 18)　　　　　　　(No. 19)

図19　阿波国→　　　　　図20　讃岐国→　　　　　図21　讃岐国→
　(No. 20)　　　　　　　(No. 21)　　　　　　　(No. 22)

図22　讃岐国→　　　　　図23　讃岐国→　　　　　図24　讃岐国→
　(No. 23)　　　　　　　(No. 24)　　　　　　　(No. 25)

図25　讃岐国→
(No. 26)

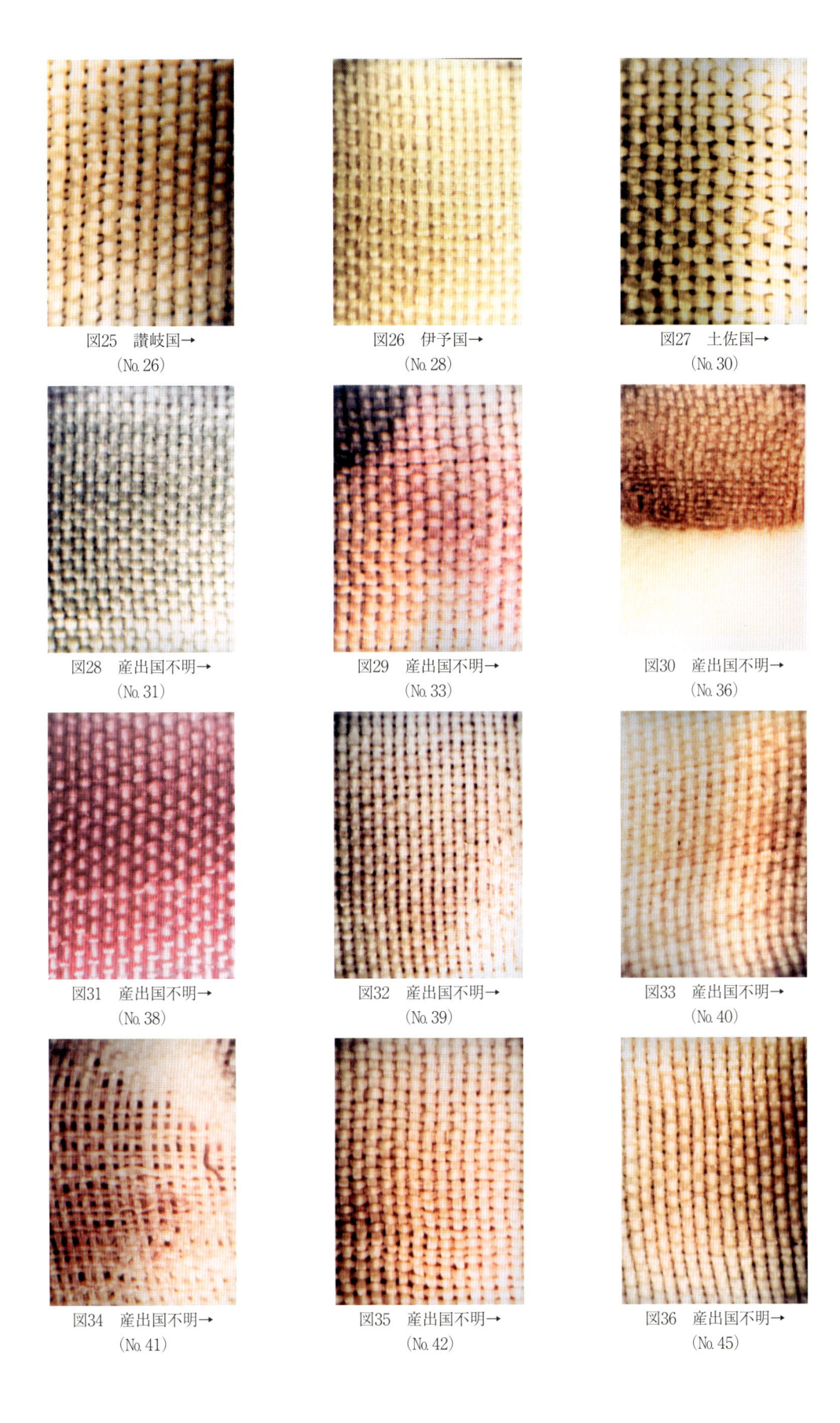

図26　伊予国→
(No. 28)

図27　土佐国→
(No. 30)

図28　産出国不明→
(No. 31)

図29　産出国不明→
(No. 33)

図30　産出国不明→
(No. 36)

図31　産出国不明→
(No. 38)

図32　産出国不明→
(No. 39)

図33　産出国不明→
(No. 40)

図34　産出国不明→
(No. 41)

図35　産出国不明→
(No. 42)

図36　産出国不明→
(No. 45)

第5章　古代織物の織技の研究について

図1　模造花樹獅子人物文白茶綾の意匠図（部分）

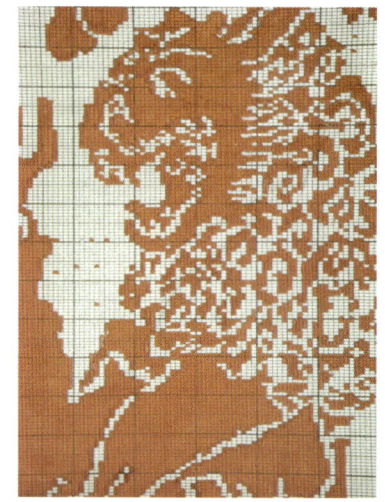

図2　意匠図（図1）の把釣がわかる拡大図

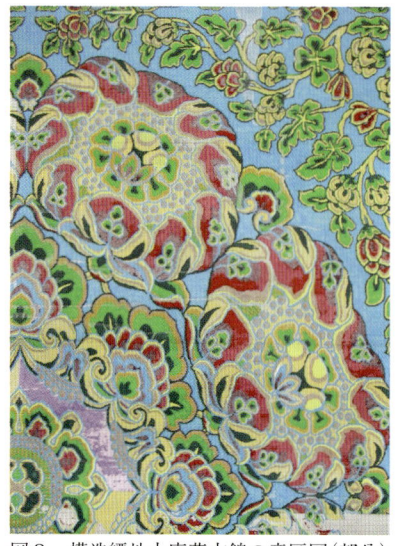

図3　模造縹地大唐花文錦の意匠図（部分）

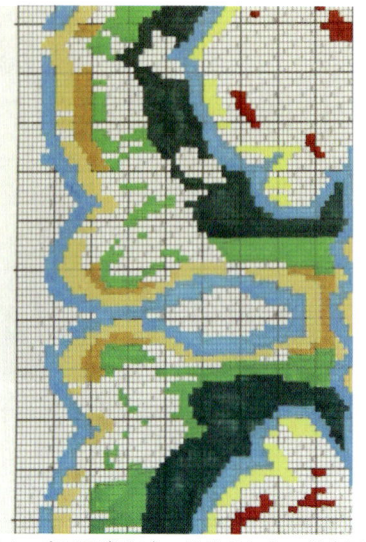

図4　意匠図（図3）の把釣がわかる拡大図

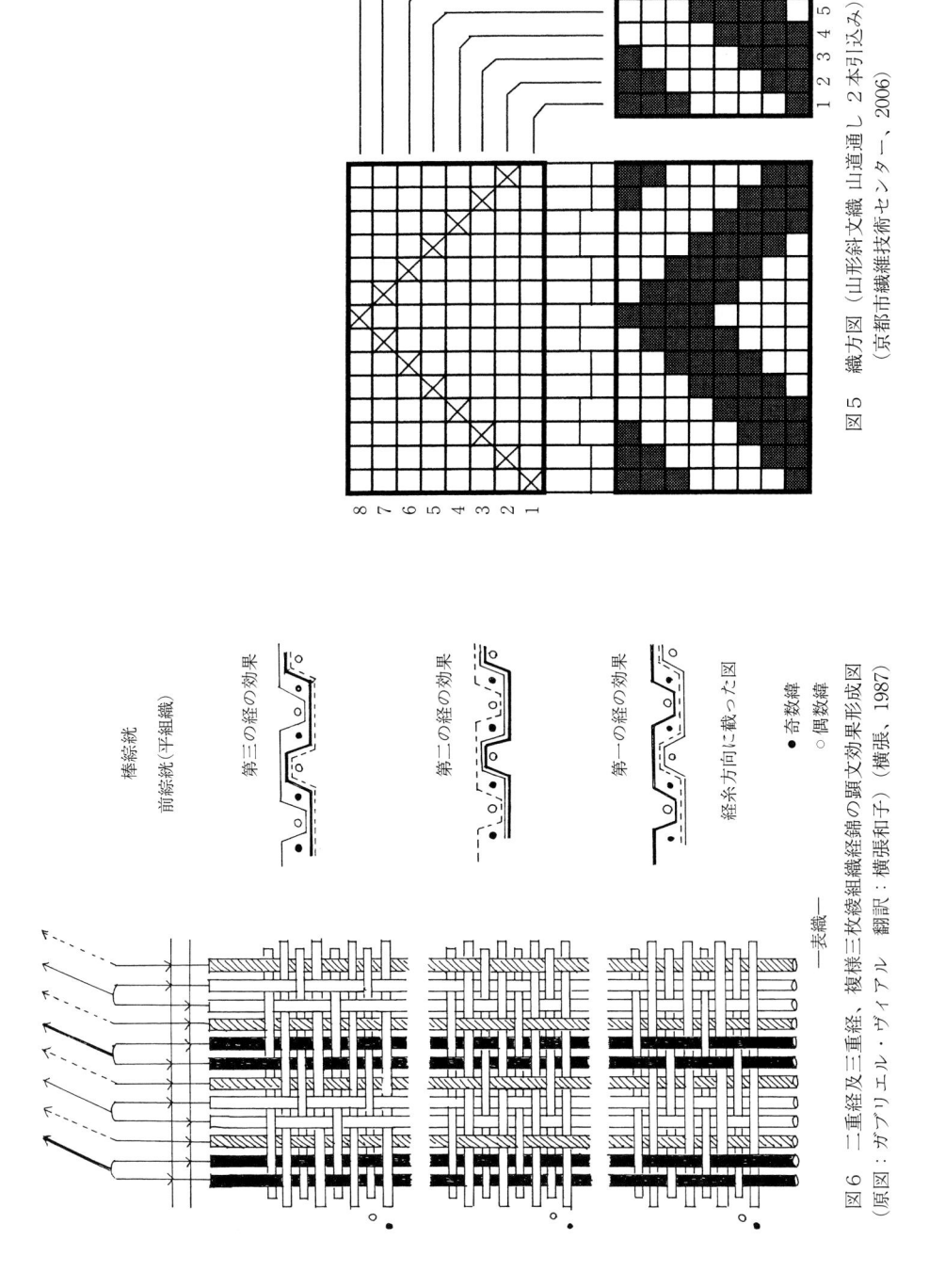

図5 織方図（山形斜文織 山道通し 2本引込み）
（京都市織維技術センター、2006）

図6 二重経及三重経、複様三枚綾組織経錦の顕文効果形成図
（原図：ガブリエル・ヴィアル 翻訳：横張和子）（横張、1987）

図7 二重経及三重経、模様三枚綾組織経錦の顕文効果形成図
（原図：ガブリエル・ヴィアル 翻訳：横張和子）（横張、1987）

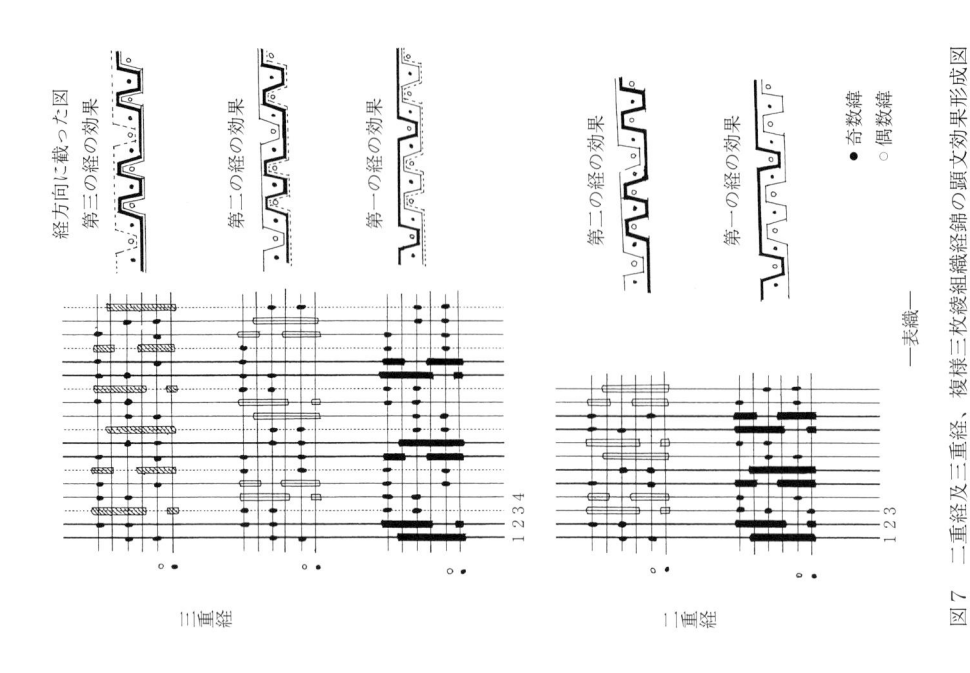

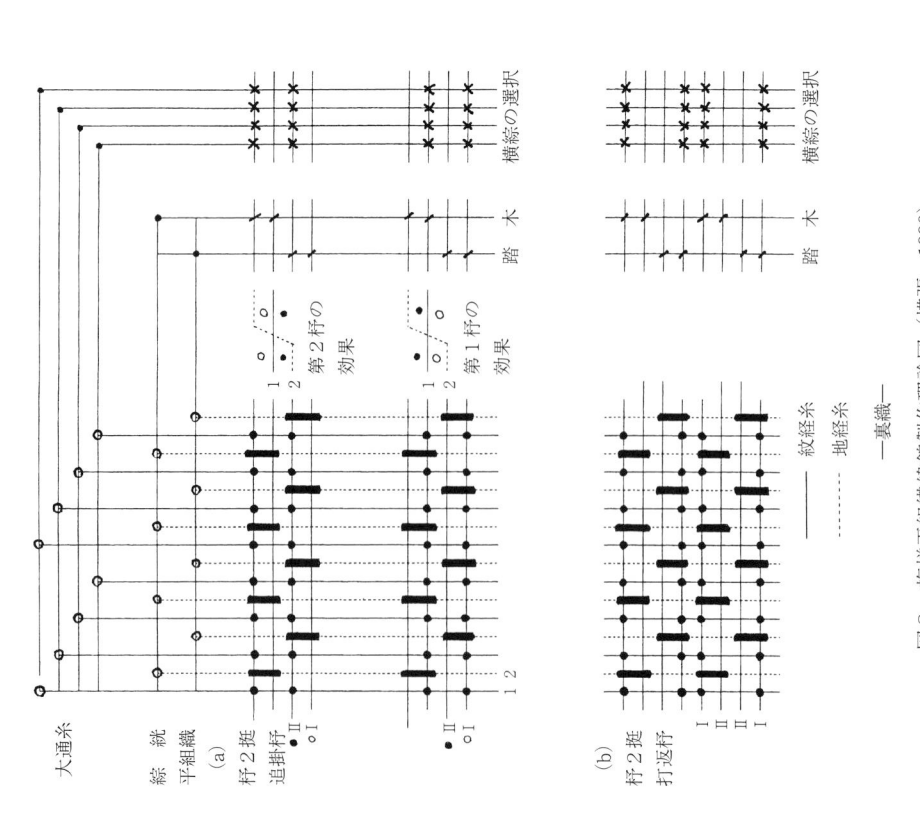

図8 複様平組織緯錦製作理論図（横張、1990）

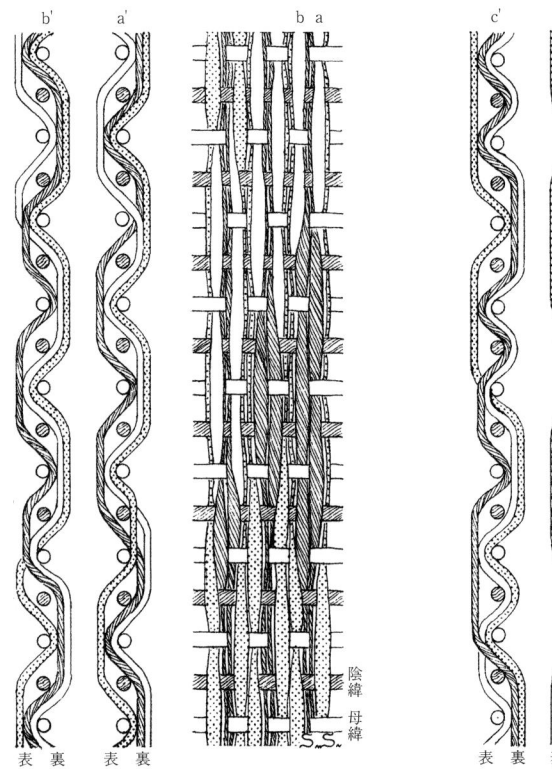

図9　経複様平組織及側面要領図（佐々木、1951）

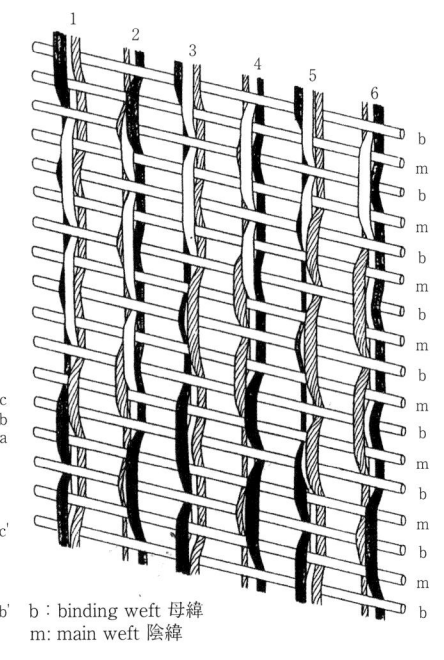

図10　経複様綾組織及側面要領図（佐々木、1951）

図11　緯複様綾組織及断面要領図（佐々木、1951）

b : binding weft 母緯
m: main weft 陰緯

図12　複様平組織経錦要領図（坂本、1993）

b : binding weft 母緯
m: main weft 陰緯
図13　複様綾組織経錦要領図（坂本、1993）

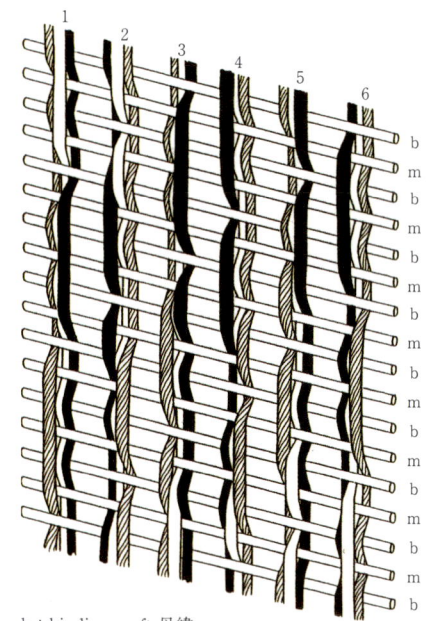

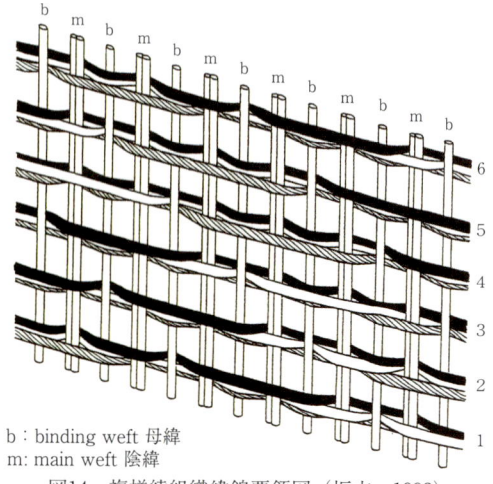

b : binding weft 母緯
m: main weft 陰緯
図14　複様綾組織緯錦要領図（坂本、1993）

図15　花樹獅子人物文白茶綾（南倉150-30）
（縦99cm、幅53cm）

図16　縹地大唐花文錦（南倉103）
（縦95cm、幅48cm）

図17　紫地花文錦（南倉124-75）
（赤帯付襪の底長27cm、幅20cm）

図18　紫地綾錦几褥（南倉150-8）
（縦197cm、幅52.5cm）

図19　赤紫地唐花獅子文錦　部分拡大図（図18）→
（メジャーの最小単位：1mm）

図20　山岳花文長斑錦　部分拡大図（図18）↑
（メジャーの最小単位：1mm）

図21　緑地錦几褥（南倉150-10）
（縦104cm、幅54.5cm）

図22　緑地花卉鳥獣文錦　部分拡大図（図21）↑
（メジャーの最小単位：1mm）

333

図23　几褥残欠（南倉150-29）
　　　（縦55cm、幅39.5cm）

図24　浅紅地花山岳文錦 部分拡大図（図23）↑
　　　（メジャーの最小単位：1mm）

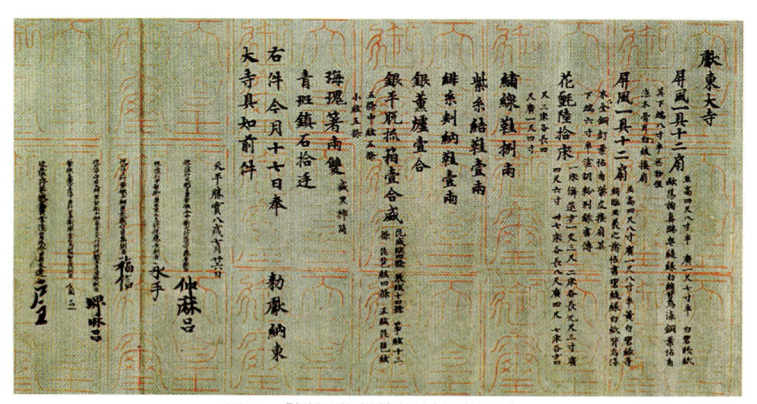

第6章　正倉院の花氈と文様

図1　「屛風花氈等帳」（北倉159）

図2　パジリク古墳出土の絨毯（2×1.9m）

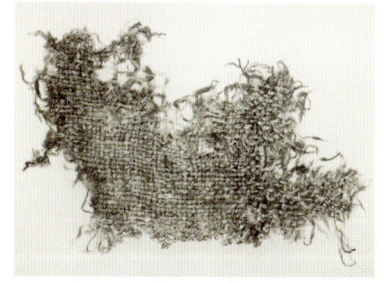

図3　正倉院の毛織物断片

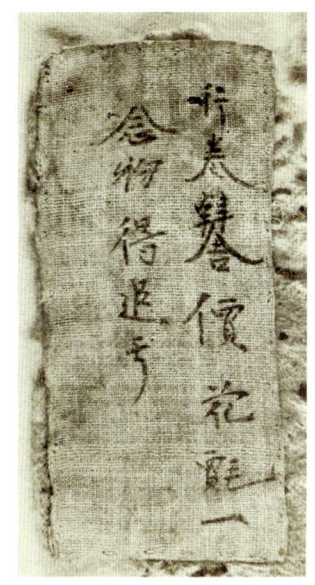

図4　花氈新6号（中倉202）の布箋 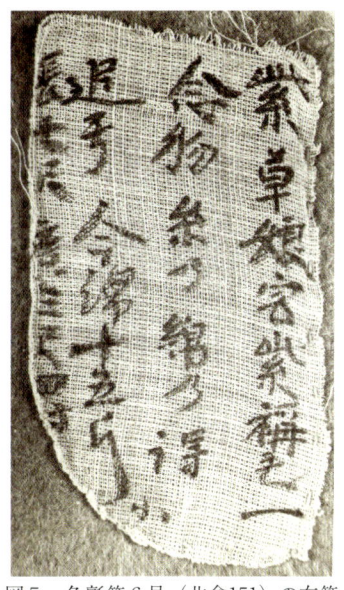　　図5　色氈第6号（北倉151）の布箋

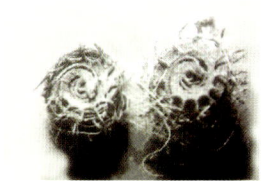

図6　色氈第12号（北倉151）
　　混入のウマゴヤシの実

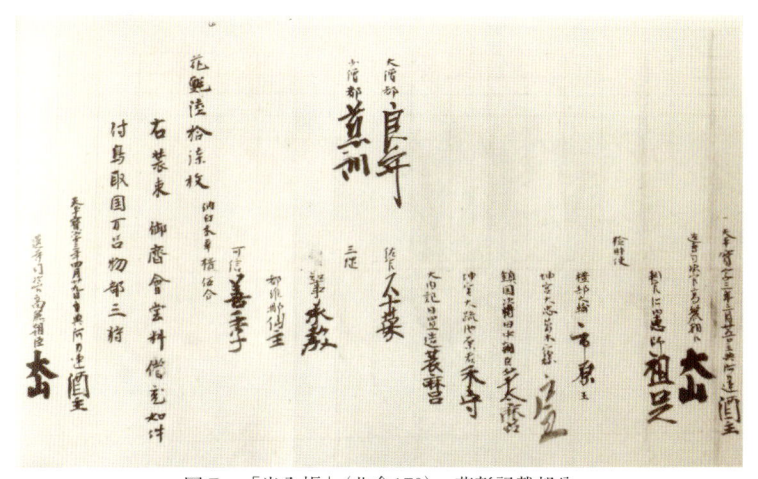

図7　「出入帳」（北倉170）　花氈記載部分

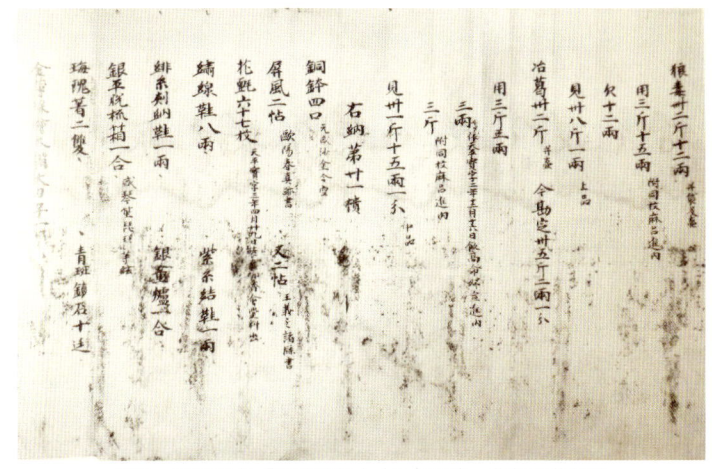

図8　延暦6年「曝涼使解」（北倉162）　花氈記載部分

図9　花氈1号（北倉150） 　　図10　花氈2号（北倉150） 　　図11　花氈6号（北倉150）

図12　花氈18号（北倉150） 　図13　花氈19号（北倉150） 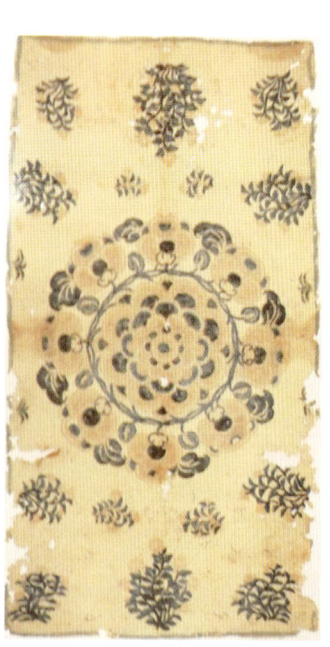　図14　花氈20号（北倉150）

図15　花氈22号（北倉150） 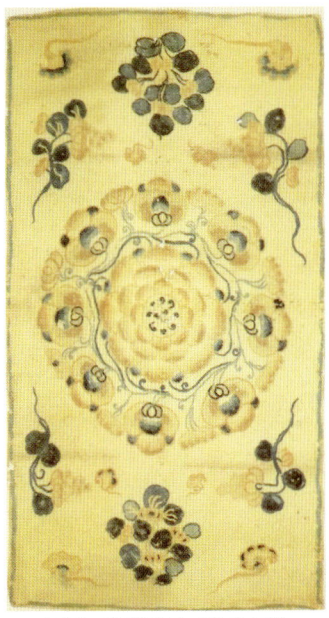　　図16　花氈23号（北倉150） 　　図17　花氈24号（北倉150）

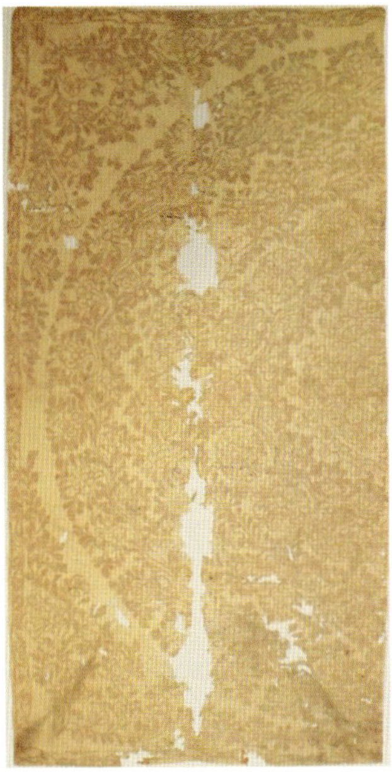

図18　花氈9号（北倉150）

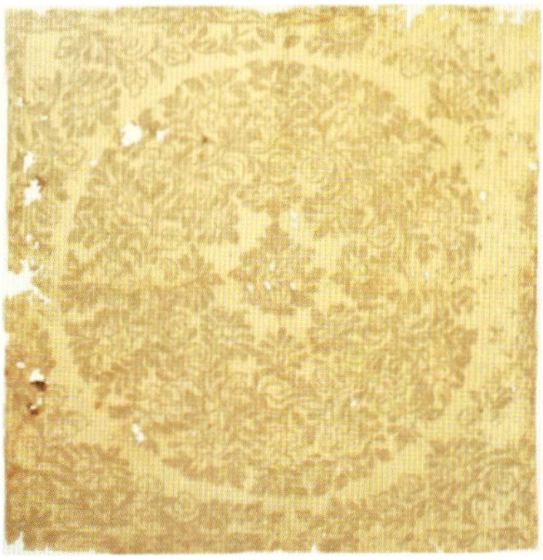

図19　花氈27号（北倉150）

図20　花氈28号（北倉150）

図21　花氈29号（北倉150） 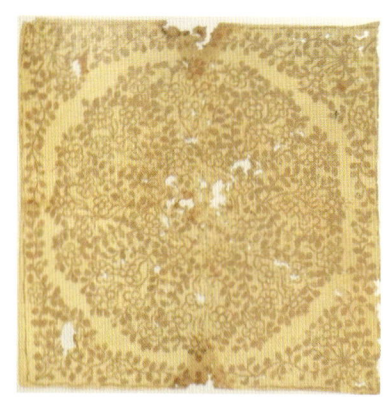　　　　　　図22　花氈30号（北倉150）

図23　花氈31号（北倉150） 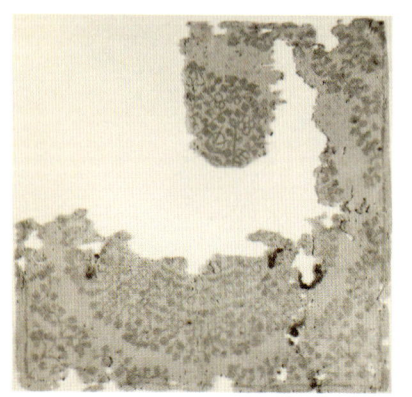　　　　　　図24　花氈新5号（中倉202）

図25　花氈11号（北倉150） 　　図26　花氈12号（北倉150） 　　図27　花氈13号（北倉150）

図28　花氈新6号（中倉202） 　　図29　花氈14号（北倉150） 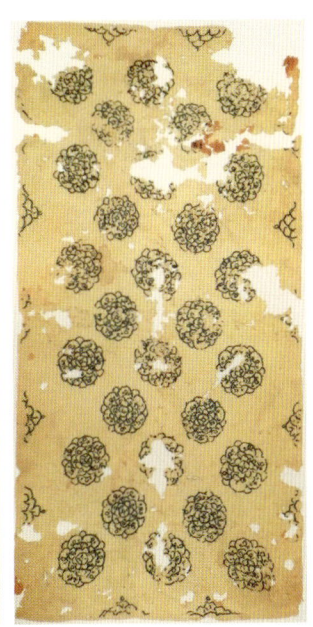　　図30　花氈26号（北倉150）

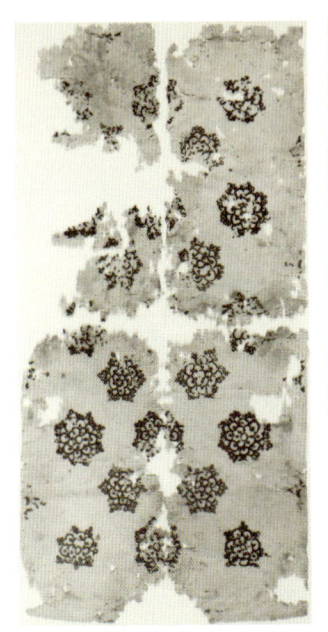

図31　花氈新4号（中倉202） 　　図32　花氈3号（北倉150） 　　図33　花氈4号（北倉150）

図34　花氈7号（北倉150）　　図35　花氈8号（北倉150）　　図36　花氈10号（北倉150）

図37　花氈15号（北倉150）　　図38　花氈16号（北倉150）

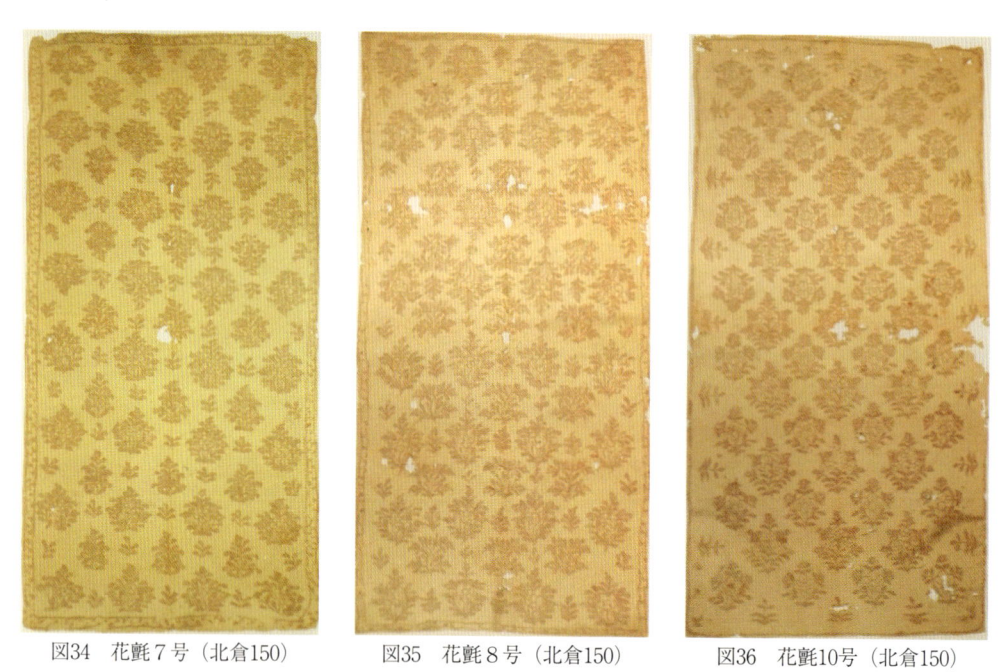

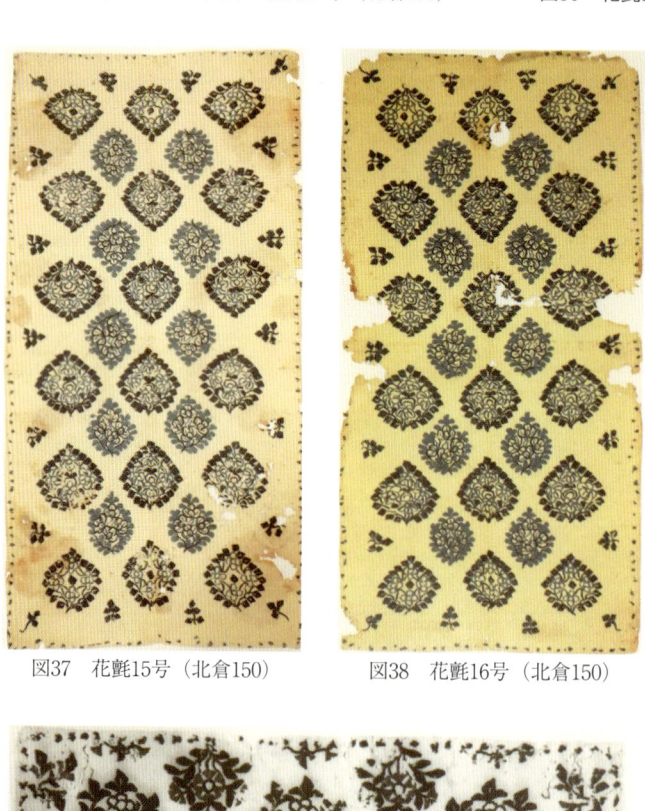

図39　花氈新1号（中倉202）

図40　花氈新2号（中倉202）

図41　花氈新3号（中倉202）

図42　花氈5号（北倉150）

図43　花氈17号（北倉150） 　　図44　花氈21号（北倉150） 　　図45　花氈25号（北倉150）

第3部　正倉院の染織品の保存と技術
第1章　正倉院の染織品の整理

図1　正倉院正倉

図2　唐櫃（北倉183 第54号）

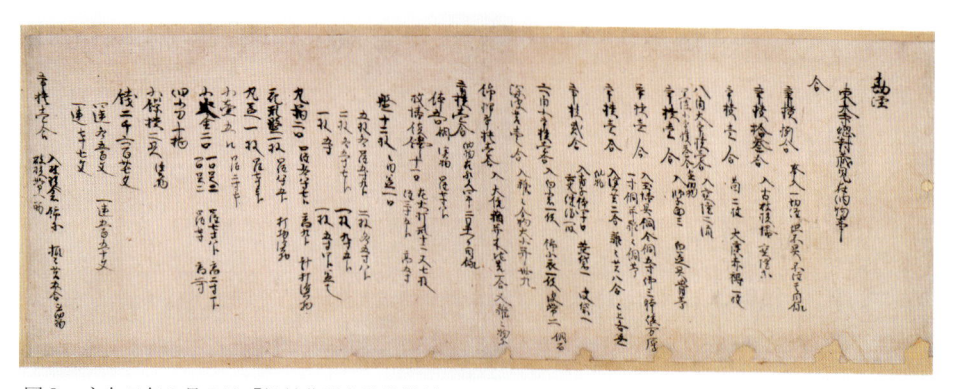

図3　永久5年8月7日「綱封蔵見在納物勘検注文」（中倉19『正倉院塵芥文書』第18巻）　巻頭部分

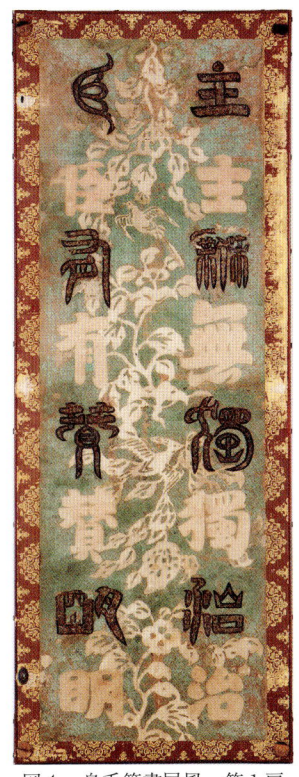

図4　鳥毛篆書屏風　第1扇
（北倉44）

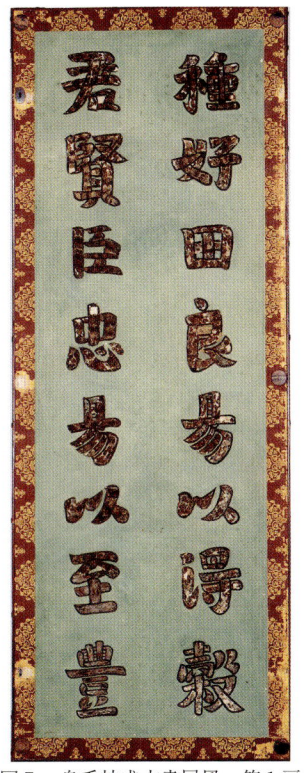

図5　鳥毛帖成文書屏風　第1扇
（北倉44）

図6　東大寺屏風納櫃（北倉182）

図7　七条織成樹皮色袈裟（北倉1　第3号）

図8 呉女背子（南倉124 第43号）

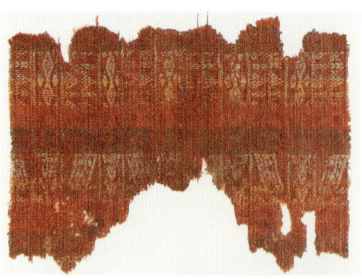

図9 赤地山菱文錦（法隆寺裂混在品）
（古屛風装55号第4扇）

図10 蜀江錦2種7片（法隆寺裂混在品）
（玻璃装第155号）

図11 七条刺納樹皮色袈裟（北倉1 第5号）

図12 御軾 鳳形錦（北倉47）

図13 御軾 長斑錦（北倉47）

図15 袈裟付木蘭染羅衣（南倉96）

図16 白綾褥（講座茵）（南倉150 第56号其1）

図18 玻璃装第69号
（中倉202 第108号櫃）

図14 大幡1号（甲号）（南倉184）

図17 古屏風装第60号第6扇
（南倉179）

図19　古裂帖と簞笥

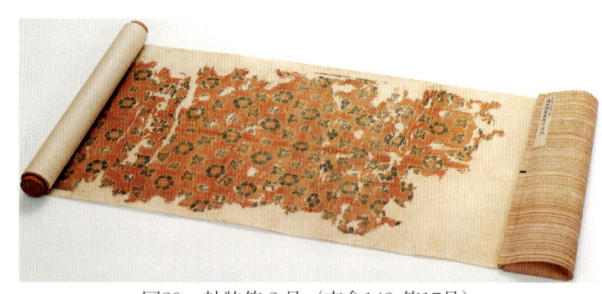

図20　軸装第2号（南倉148 第17号）

図21　塵芥古裂の櫃（慶長8年に徳川家康が寄進した長持の一つ）

図22　古裂の水伸ばし（破片を繋いで並べている所）

図23　古裂の水伸ばし（伸展した錦の糸目を揃えている所）

図24　敷紙を捲った籐張りの架台

図25　籐張りの架台

図26　襪が納められた簞笥

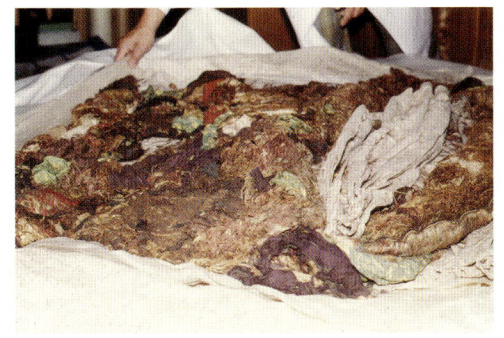

図27　方形天蓋第19号（南倉182 第137号櫃）
（明治の包みを解いた所）

図28　方形天蓋第19号（新聞紙を間に挟んだ錦・綾・臈纈・金糸等）

図29　方形天蓋第19号（水で湿らせて伸展した縁部と垂飾）

図30　方形天蓋第19号（裂地の袷の間に入れた薄和紙の上に、分離片を伸展し貼付している所）

図31　方形天蓋第19号（天蓋内面中央の錦裁文飾を伸展している所）

図32　方形天蓋第19号（維持整理の完了に向けて）（図33・34参照）

347

図33 方形天蓋第19号（維持整理完了状態・内面）

図34 同上（維持整理完了状態・外面）

第2章　正倉院裂の復元模造

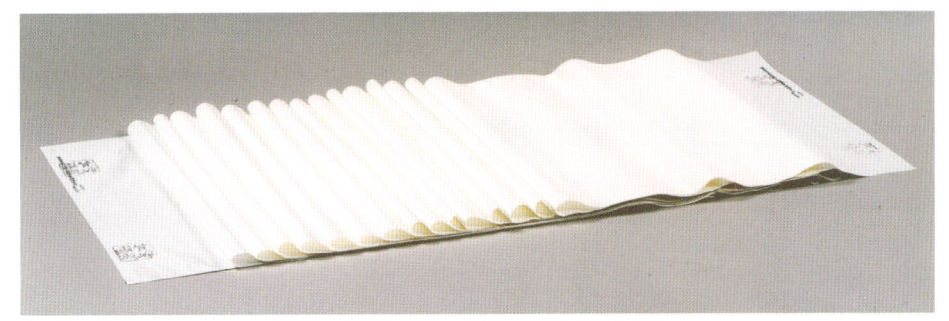

図1　讃岐国調絁　復元模造品（表№1）

図2　武蔵国（表№4）・伯耆国（表№2）・土佐国（表№7）調絁復元模造品（左から）

図3　紀伊国橡絁　復元模造品（表№10）

図4　伊豆国緋絁　復元模造品（表№9）

図5　阿波国黄絁　復元模造品（表№8）

図6　黄蘗纐羅帳（南倉146 第5号）

図7　小菱格子文黄羅　復元模造品（表№13）

図8　小菱格子文黄羅　復元模造品
　　　（部分拡大）

図9　花鬘緒残欠（小菱格子文羅）
　　　（中倉202 古屏風第8号）

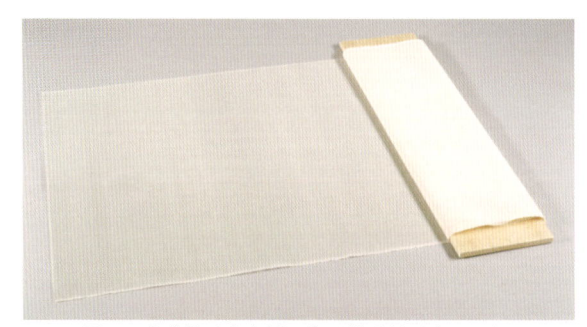

図10　小菱格子文白羅　復元模造品（表№11）

図11　夾纈羅幡（子持並ビ三ツ菱文羅）
　　　（南倉185 第129号櫃第84号）

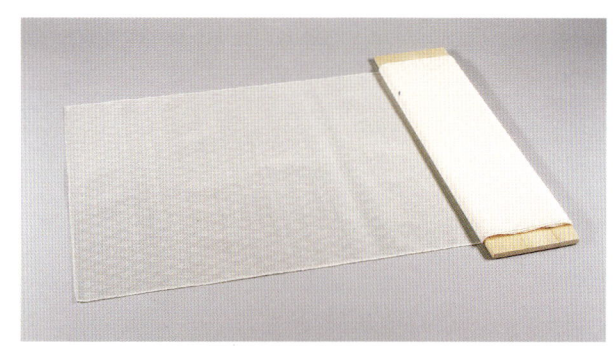

図12　子持並ビ三ツ菱文白羅　復元模造品（表№12）

図13　茶地花文夾纈羅（入子菱格子文羅）（南倉180 第19号）

図14　入子菱格子赤茶羅　復元模造品（表№14）

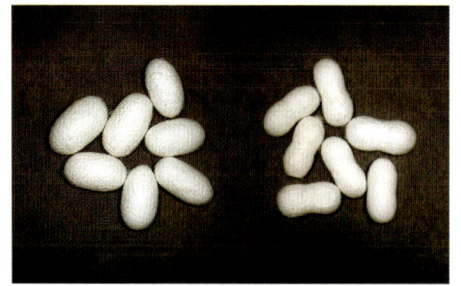

図15　一般の繭(左)と小石丸種の繭(右 長約3cm)

図16　鏡箱付属幭（八稜唐花文赤綾）（北倉42 第8号）

図17　八稜唐花文赤綾　復元模造品（表№16）

図18　呉楽笛吹襪（紫地花文錦）（南倉124 第75号）

図19　紫地花文錦　復元模造品（表№17）

図20　赤地唐花文錦　復元模造品（表№18）

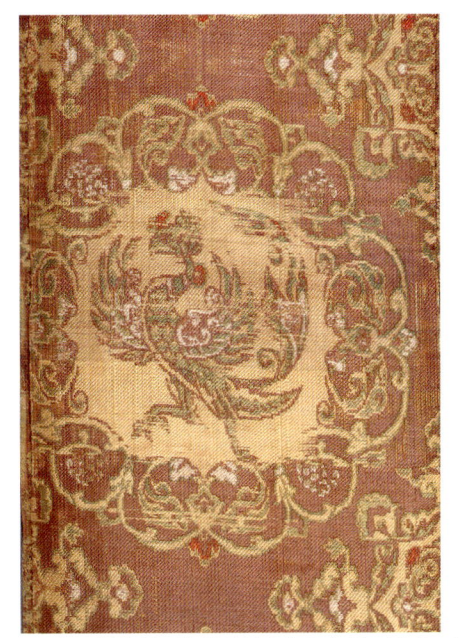

図21　鳳形錦御軾（紫地鳳凰唐草丸文錦）（北倉47） 　　図22　紫地鳳唐草丸文錦　復元模造品（表№19）

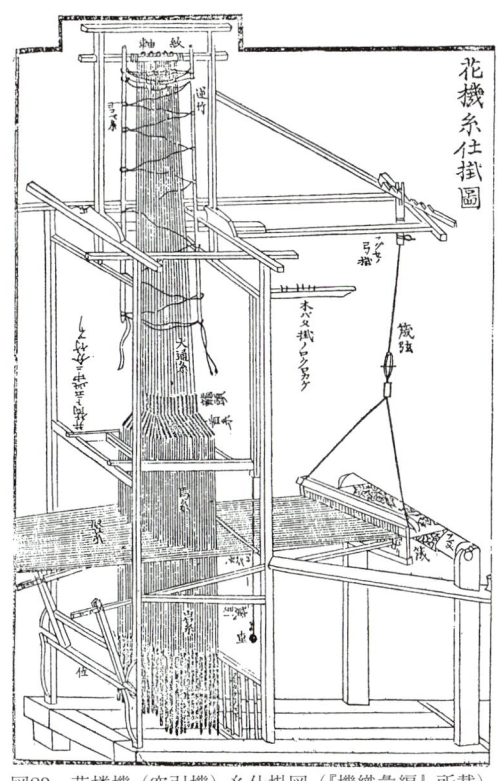

図23　花楼機（空引機）糸仕掛図（『機織彙編』所載）

353

第3章　正倉院の絹織物の保存科学

図1　花喰鳥文刺繍残片（南倉185）

図2　赤地唐花文錦（南倉179）

図3　白練綾大枕（北倉46）

図4　緑地﨟纈（袈裟箱袋）（北倉1）

第 4 章　正倉院の染め色

図 1　東大寺南大門の門前

図 2　正倉院の入口

図 3　春日大社「神苑」(平成 9 年春に「万葉植物園」から改名)の入口

図 4　「神苑」中の万葉園

第4部　正倉院以外の染織品の調査・研究
第1章　吐魯番県阿斯塔那古墓出土の絹織物

図1　紺地禽獣文錦（文丈約12cm）
（図版上下が経糸方向、以下同）

図2　狩猟円文錦（現幅約12cm）

図3　緑地燈樹文錦（21×24cm）

図4　天青色幡文綺（文丈19.7cm）

図5　樹葉文錦（図版幅約9.7cm）

図6　倣獅文錦（約16×20cm）

図7　連珠「胡王」錦（14.2×16.5cm）

図8　雲気霊獣文錦（現幅約16cm）

図9　連珠孔雀「貴」字文錦（現幅8.7cm）

図10　鳥獣花条文錦（10×13.4cm）

図11　連珠載勝鷲鳥文錦（図版幅約14.5cm）

図12　騎士文錦（14.2×8.8cm）

図13　連珠対鳥文錦（約18×28cm）

図14　宝相団花文錦（大片最大幅約15cm）

図15　目交文緑地菱繋文羅 　　図16　赤地菱繋文羅　　　　図17　紅地団花文錦（現幅約8.5cm）
　　　　　　　　　　　　　　　　　（長24cm）

図18　八稜唐花文緑綾　　　　　図19　藍地宝相華文錦（文丈5.1cm）
　　　（正倉院宝物）

図20　紫地花文錦（正倉院宝物）

図21　緑地仙人騎鶴文印花絹（鶴文幅約7cm）

図22　真紅地牡丹鳳凰文錦（中央の唐花の径約10cm）

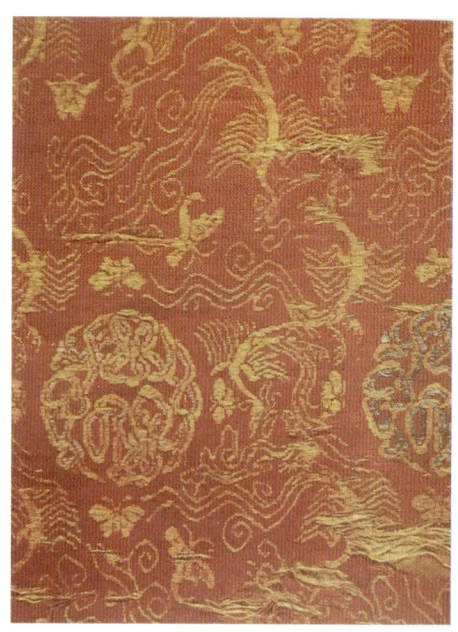

図23　飛鳳蝶虫団花文錦（円文の径約7cm）

第2章　藤ノ木古墳出土の組紐について

図1　二間組　挂甲小札（遺物番号2492）

図2　経錦・二間組　挂甲小札（遺物番号2756）

図3　二間組・管糸綴　篠籠手（遺物番号2187）

図4　経錦・二間組　挂甲小札（遺物番号3027・3029）

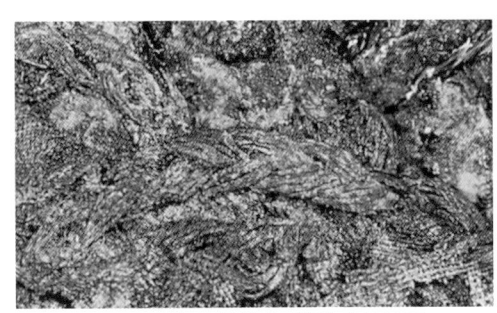

図5　二間組　篠籠手（遺物番号2187）

図6　三つ組　篠籠手（遺物番号2754）

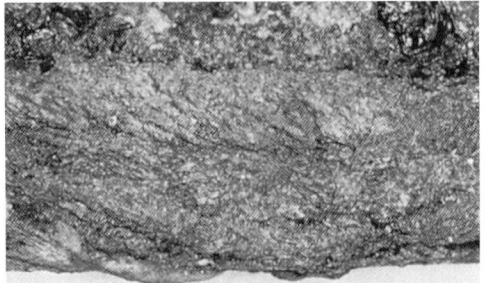

図7　経錦・綾巻　挂甲小札（遺物番号1798）

図8　経錦・綾巻　挂甲小札（遺物番号3027・3029）

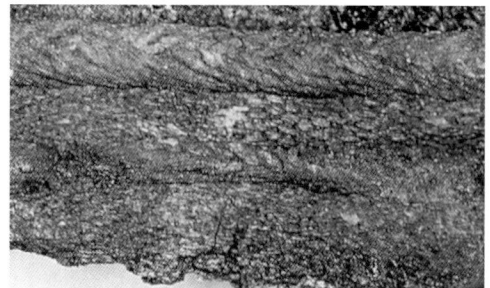

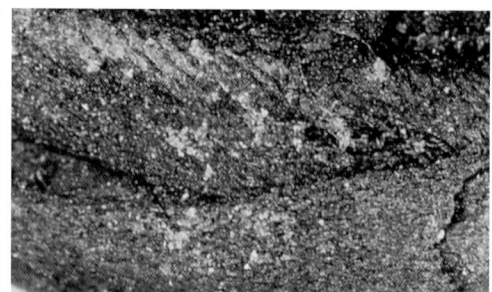

図9　経錦・綾巻　挂甲小札（遺物番号3027・3029）

図10　経錦・綾巻　挂甲小札（遺物番号3027・3029）

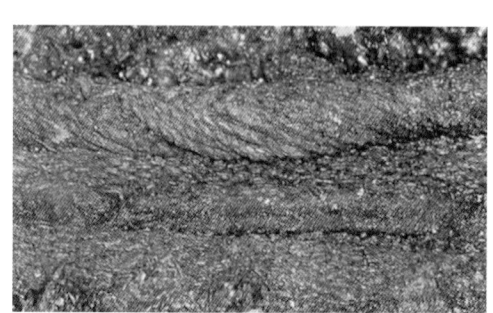

図11　経錦・綾巻　挂甲小札（遺物番号3027・3029）

図12　三輪玉を装着する組紐（三ツ組）

図13　三輪玉を装着していた組紐（三ツ組）

図14　巻き込まれた掛け布 ①

図15　金属製履の履口部（表側）に装着していた経錦・組紐

図17　大刀の下げ緒（拡大）①

図16　大刀2の把頭

図18　大刀の下げ緒（拡大）②

図19　大刀の下げ緒（拡大）③

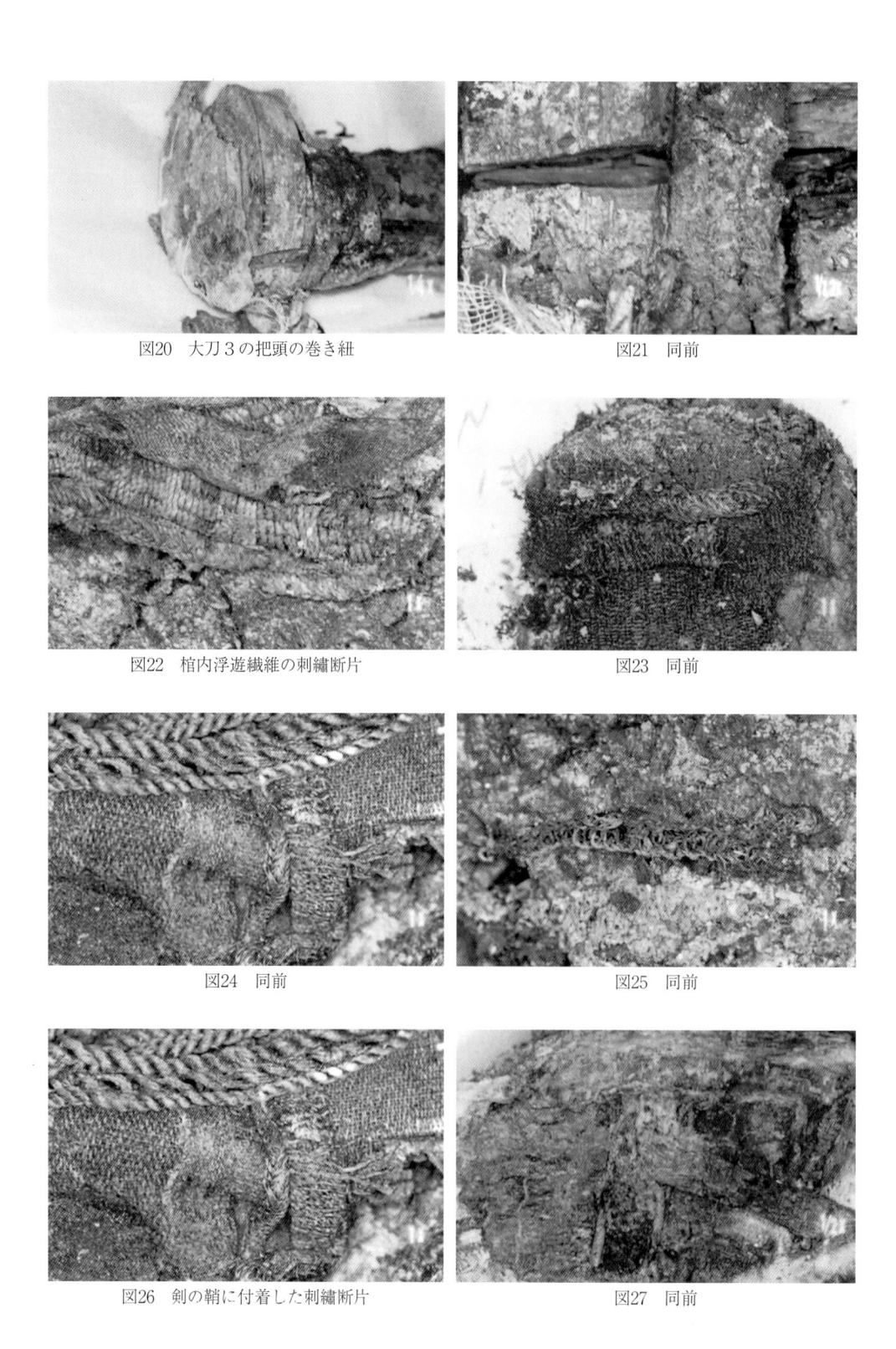

図20　大刀3の把頭の巻き紐

図21　同前

図22　棺内浮遊繊維の刺繍断片

図23　同前

図24　同前

図25　同前

図26　剣の鞘に付着した刺繍断片

図27　同前

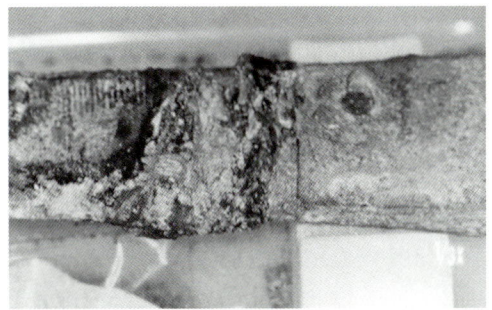

図28　大刀2の把間上部の巻き紐

図29　同前

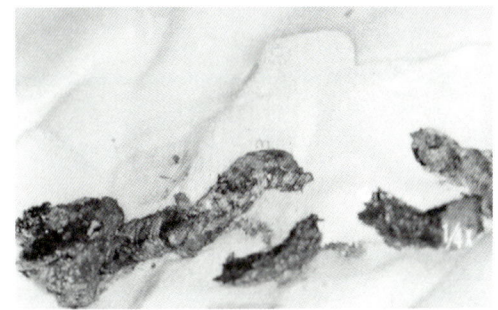

図30　大刀3の把頭に付く紐

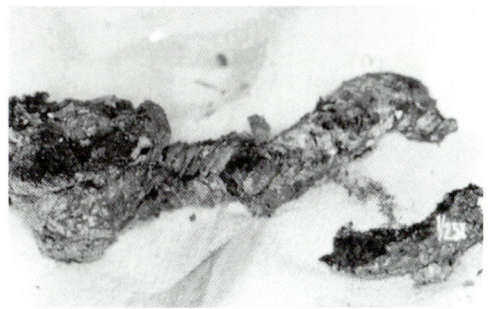

図31　大刀3の把頭に付く紐（拡大）①

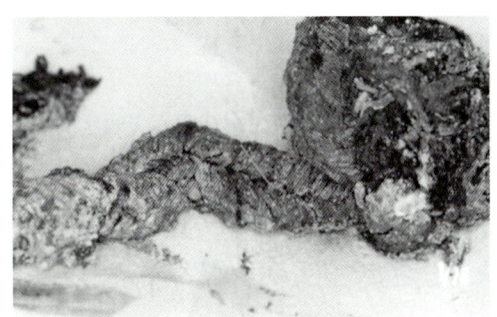

図32　大刀3の把頭に付く紐（拡大）②

図33　大刀3の把頭に付く紐（拡大）③

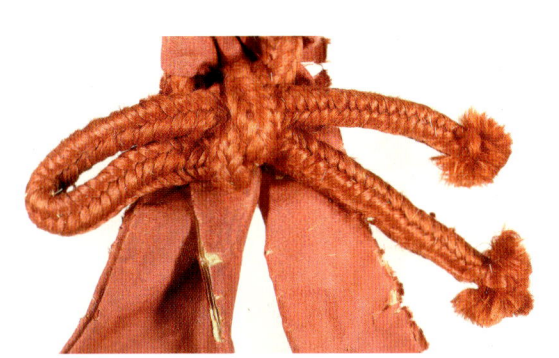

図34　八角鏡第3号（北倉42）付属組紐（幅8mm）

図35　玉帯残欠（幅9cm）
法隆寺献納宝物

図36　幡垂飾（幅5.5cm）
　　　法隆寺献納宝物

図37　組紐幡頭（幅3cm）
　　　法隆寺献納宝物

図38　付属角組紐第6号其1（中倉101　幅2mm）

図39　付属角組紐第6号其2（中倉101　幅2mm）

図40　付属角組紐第13号其1（中倉101　幅3mm）

図41　雑帯（一間組紐）第1号（中倉93　幅8.7cm）

図42 雑帯（二間組紐）第6号（中倉93 幅4.7cm）

図43 三ツ組組紐（大刀3の把頭の巻紐）

図44 綾巻（棺内浮遊刺繍の地裂端飾り紐）

図45 角八ツ打組紐（大刀2の把間上部の巻紐）

第3章　鶴巻鶴一博士のロウケツ染め

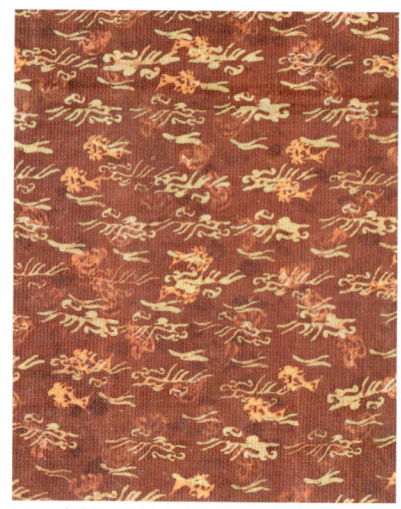

図1　赤紫地水波魚鳥文﨟纈絁（南倉150-26）

図2　緑地霞襷魚鳥文﨟纈絁（北倉1）

図3　黄地鳥花雲文﨟纈羅（南倉180-54）

図4　縹地花文﨟纈絁（南倉180-32の内）

図5　緑地小花文﨟纈絁
（南倉180-32の内）

図6　茶地花卉文﨟纈絁
（南倉148-21其2）

図7　赤地鳳唐草丸文﨟纈絁
（南倉148-29）

図8　麒麟ロウケツ染め屏風
（鶴巻鶴一作）

図9　鳳凰ロウケツ染め屏風
（鶴巻鶴一作）

図10　図13に記された雅号

図11　鳥毛篆書屏風　第1扇
（北倉44-1）

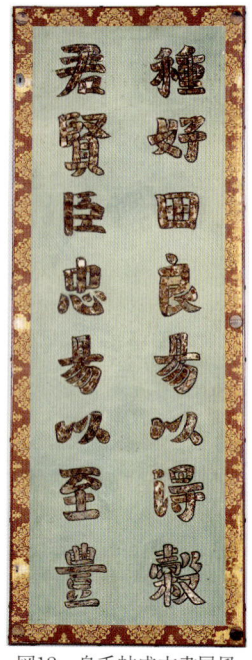

図12　鳥毛帖成文書屏風
第1扇（北倉44-3）

図13　牡丹に唐獅子ロウケツ染め屏風
（鶴巻鶴一作）

図14　博多広帯（描友禅小桜模様）
（鶴巻鶴一作）

参 考 文 献

《総説・図録*》　　　(出版年順)

黒川真頼編『工芸志料』内務省博物局、明治11年(1878)(復刻版『増補 工芸志料』東洋文庫、平凡社、1974)

『国華餘芳』*大蔵省印刷局、明治14年(1881)

『東瀛珠光』*宮内省、明治41年(1908)

香川黙識編『西域考古図譜』上・下巻*、国華社、大正4年(1915)(復刻版、柏林社書店、1972)

小野善太郎『正倉院の栞』西東書房、大正9年(1920)

明石国助『日本染織史』思文閣出版、昭和3年(1928)

『御物上代染織文』全24輯*、帝室博物館、昭和2～4年(1927～29)

帝室博物館編『御物上代染織文』上・下、昭和3・4年(1928・29)(前記図録の合本)

『正倉院の研究 東洋美術特輯』飛鳥園、昭和4年

佐々木信三郎『西陣史』芸艸堂、昭和7年(1932)

望月信亨編『仏教大辞典』世界聖典刊行協会、昭和8年(1933)

『大正新修大蔵経』大正一切経刊行会、大正13年～昭和9年(1924～34)

関東局編纂『旅順博物館図録』*座右宝刊行会、昭和18年(1943)

上村六郎・山崎勝弘『日本色名大鑑』*甲鳥書林、昭和18年

安藤更正『正倉院小史』明和書院、昭和21年(1946)(復刻版、国書刊行会、1972)

小野勝年・日比野丈夫『蒙疆考古記』星野書店、昭和21年

松本楢重『正倉院雑談』奈良観光事業株式会社出版部、昭和22年(1947)

佐々木信綱・武田祐吉『定本万葉集』全5巻、岩波書店、昭和15～23年(1940～48)

『岩波写真文庫 正倉院』1・2、岩波書店、昭和26・27年(1951・52)

松嶋順正「正倉院古裂銘文集成(結)」『書陵部紀要』第3号、昭和28年(1953)

『正倉院御物図録』全18巻*、帝室博物館(1～15巻)、昭和3～19年(1928～44)・国立博物館(16巻)、昭和26年(1951)・東京国立博物館(17・18巻)、昭和28～30年(1953～55)

和田軍一『正倉院』創元選書、創元社、1955

梅原末治『蒙古ノイン・ウラ発見の遺物』東洋文庫、平凡社、1960

山辺知行『日本美術大系 第8巻 染織』講談社、1960

『日本古典文学大系 万葉集1～4』高木市之助・五味智英・大野晋校注、岩波書店、昭和32～37年(1957～62)

原田淑人『東亜古文化論考』吉川弘文館、1962

正倉院事務所編『正倉院宝物 染織』上・下*、朝日新聞社、1963・64

龍村謙(二代平蔵)『錦とボロの話』学生社、1967

和田軍一『正倉院夜話』日経新書、日本経済新聞社、1967(復刻加筆版『正倉院案内』吉川弘文館、1996)

渡辺素舟『東洋文様史』富山房、1971

西村兵部『インド・東南アジアの染織 別冊』*美術出版社、1971

西村兵部『インドネシア古代染織 Volume 2』*光琳社出版、1971

長沢和俊『法顕伝・宋雲行記』東洋文庫、平凡社、1971

遠藤元男『織物の日本史』NHKブックス、日本放送出版協会、1971

『漢唐の染織』*小学館、1973(『絲綢之路─漢唐織物』(文物出版社、1972)の日本語翻訳版)

西村兵部『中国の染織』上・下*、芸艸堂、1973
原田淑人『東亜古文化説苑』原田淑人先生米寿記念会、1973
松本包夫編『日本の美術№102 正倉院の染織』至文堂、1974
西村兵部「上代の唐草」『日本の文様第9巻 唐草6』光琳社出版、1974
『法隆寺献納宝物目録』東京国立博物館、1974
『長沙馬王堆1号漢墓』*平凡社、1976（同名書（文物出版社、1973）の日本語翻訳版）
東野治之『正倉院文書と木簡の研究』塙書房、1977
山辺知行『カルチュア版 世界の美術19 染織』世界文化社、1977
山辺知行『シルクロードの染織』*紫紅社、1978
佐藤武敏『中国古代絹織物史研究』上・下、風間書房、1977・78
松嶋順正編『正倉院宝物銘文集成』吉川弘文館、1978
山木薫『くみひもの研究』総合科学出版、1978
『大正新修大蔵経索引』大蔵経学術用語研究会、1975～78
布目順郎『養蚕の起源と古代絹』雄山閣、1979
『特別展 中華人民共和国 シルクロード文物展』図録*、東京国立博物館・大阪市立美術館、1979
後藤捷一『日本染織文献総覧』染織と生活社、1980
「イラク、アル・タール出土織物・皮革遺物の研究」『ラフィダーン』第Ⅰ巻、国士舘大学イラク古代文化研究所、1980
皆川基『絹の科学』関西衣生活研究会、1981
岡崎譲治監修『仏具大事典』鎌倉新書、1982
松本包夫『正倉院ぎれ』学生社、1982
関根真隆『正倉院 名宝日本の美術4』小学館、1982
陳維稷（主編）『中国紡織科学技術史』科学出版社、1984
『西域美術 大英博物館スタイン・コレクション 第3巻 染織・彫塑・壁画』*講談社、1984
『中国美術全集 工芸美術編6 印染織繡（上）』*文物出版社、1985
『正倉院の文様』正倉院事務所編、日本経済新聞社、1985
上村六郎『昭和版 延喜染鑑』岩波書店、1986
『新疆ウイグル自治区博物館』*中国の博物館第2期第1巻、講談社、1987
松嶋順正『正倉院よもやま話』学生社、1989
前田亮『図説 手織機の研究』京都書院、1992
『西域美術 ギメ美術館ペリオ・コレクション』第2巻*、講談社、1995
『生誕120年記念展―初代龍村平蔵 織の世界展』図録*、丸山伸彦監修、朝日新聞社、1996
『新編 日本古典文学全集6～9 万葉集』小島憲之・木下正俊・東野治之校注、小学館、1994～96
正倉院事務所編『正倉院宝物』1～10*、宮内庁蔵版、毎日新聞社、1996～97
『法隆寺の至宝―昭和資財帳―』第10・12・14巻、小学館、1989・93・98
米田雄介『正倉院宝物の歴史と保存』吉川弘文館、1998
米田雄介『正倉院と日本文化』吉川弘文館、1998
『布目順郎著作集』第1～5巻、桂書房、1999
『シルクロード学研究8 トルファン地域と出土絹織物』2000
正倉院事務所編『新訂 正倉院宝物 染織』上・下*、朝日新聞社、2000・01
『シルクロード学研究12 中国における絹織物のはじまりと発展』2001
澤田むつ代『上代裂集成』中央公論美術出版、2001
関根真隆『正倉院文書事項索引』吉川弘文館、2001

長沢和俊・横張和子『絹の道シルクロード染織史』講談社、2001
坂本和子『織物に見るシルクロードの文化交流』同時代社、2012

　　《論文・報告》　　　　　　　　　　　　　　　　　　　（本書掲載の日本文献のみ収録、著者別五十音順）
明石国助「鶴巻鶴一博士と近世の䌷縮」『宮崎友禅斎と近世の模様染』宮崎友禅翁顕彰会、昭和28年(1953)
浅木年木「律令期における官営工房と在地の手工業生産」『日本古代手工業史の研究』法政大学出版局、1971
『甘木市文化財調査報告書』第12集、1982
石田茂作編「正倉院御物年表」『東洋美術特輯 正倉院の研究』飛鳥園、昭和4年(1929)
石田茂作「奈良時代の染色技術」『仏教考古学論攷6 雑集編』思文閣出版、1977
石母田正「古代・中世社会と物質文化」『古代末期政治史序説』下巻、未来社、1956
今泉隆雄「貢進物付札の諸問題」『奈良国立文化財研究所学報第32冊　研究論集』Ⅳ、1978
上村六郎『万葉染色考』古今書院、昭和6年(1931)
上村六郎『東方染色文化の研究』第一書房、昭和8年(1933)
上村六郎『万葉染色の研究』晃文社、昭和18年(1943)
上村六郎「万葉の色彩と染色」『万葉集大成 第8巻 民俗篇』平凡社、昭和28年(1953)
上村六郎『上代文学に現れたる色名・色彩並びに染色の研究』綜芸舎、1957
　　　　　　　　　　（以上、上村文献は『上村六郎染色著作集』第1～6巻(思文閣出版、1979～81)に再録）
上村六郎・高木豊「上代裂の染色に関する化学的研究」『書陵部紀要』第11・14・19号、1959・62・67
江馬務「奈良博物館に陳列された正倉院裂拝観の印象」『風俗研究』第612号、大正14年(1925)(『江馬務
　　著作集』第3巻(中央公論社、1976)に再録)
太田英蔵「上代錦綾とその作者」『正倉院文化』東方学術協会編、大八洲出版、1948
太田英蔵「古代中国の機織技術」『史林』第34号巻1・2合併号、京都大学、1951
太田英蔵「犀円文錦について」『書陵部紀要』第7号、1956
太田英蔵「絹帛」『月の輪古墳』近藤義郎編、月の輪古墳刊行会、1960
太田英蔵「正倉院の錦 概説」『書陵部紀要』第13号、1962
太田英蔵「紡織具と調庸絁布」『日本の考古学Ⅵ 歴史時代 上』河出書房、1967
太田英蔵「大瑞錦獅子狩文錦について」『服装文化』第156号、文化出版局、1977
　　　　　　　　　（以上、太田論文は『太田英蔵 染織史著作集』上・下巻(文化出版局、1986)に再録）
岡崎敬「アスターナ古墳群の研究」『仏教芸術』第19号、毎日新聞社、1953
岡崎譲治「荘厳具」『新版仏教考古学講座第5巻 仏具』雄山閣出版、1976
岡田至弘「幡」『仏教考古学講座第7巻 仏具法具篇』雄山閣、昭和11年(1936)
岡村吉右衛門『日本原始織物の研究』文化出版局、1977
奥村秀雄著「東京国立博物館保管 上代裂について(上)」『ミュージアム』第389号、東京国立博物館、
　　1983
奥村秀雄「日本上代の幡について」『法隆寺献納宝物染織Ⅰ―幡・褥―』東京国立博物館、1986
狩野久「律令制収奪と人民」『日本史研究』第97号、1968
神庭信幸「上代裂に見られる色彩の系統色名」『国立歴史民俗博物館研究報告』第62集、1995
喜田新六「調の絹絁布について」『歴史地理』第65巻第2号、昭和10年 (1935)
クリシュナ・リブー講演「正倉院染織の源流」(道明三保子翻訳)『服装文化』第176号、文化出版局、
　　1982
久留春年「正倉院古裂文様に就いて 2」『寧楽』第5号、大正15年(1926)
桑山正進「法隆寺四騎獅子狩文錦の製作年代(1)」『江上波夫教授古稀記念論集 考古・美術篇』山川出

版社、1976
「アッタール遺跡第6次調査の新染織資料調査報告」『ラフィダーン』第Ⅶ巻、国士舘大学イラク古代文化研究所、1986
坂本和子「織物の東西交渉―経錦と緯錦を中心に―」『古代オリエント博物館紀要』第14号、古代オリエント博物館、1993
坂本和子「大谷探検隊収集西域文化資料とその関連資料」『仏教文化研究所紀要』第35集、龍谷大学、1996
坂本和子「トルファン出土染織資料解説」『シルクロード学研究8　トルファン地域と出土絹織物』2000
坂本和子「トルファン出土染織資料について―錦の特徴に見る東西交流―」『シルクロード学研究8　トルファン地域と出土絹織物』2000
坂本和子「連珠文の伝播―アスターナ出土絹織物を中心として―」『シルクロード学研究叢書4　シルクロードの文様の世界』2001
坂本和子「織物に見るシルクロードの文化交流―トゥルファン出土染織資料―錦綾を中心に」大阪大学博士論文、2008
佐々木信三郎『川島織物研究所報告第2報 日本上代織技の研究』昭和26年(1951)
佐々木信三郎『川島織物研究所報告第3報 上代綾に見る斜子技法』1958
佐々木信三郎「正倉院錦綾に見る特異技法の一考察」『書陵部紀要』第9～11号、1958～59
佐々木信三郎『川島織物研究所報告第4報 羅技私考』1960
佐々木信三郎「正倉院の錦」『書陵部紀要』第13号、1962
佐々木信三郎『正倉院の羅』正倉院事務所編、日本経済新聞社、1971
佐々木信三郎『川島織物研究所報告第5報 上代錦綾特異技法攷』1973
佐々木信三郎『川島織物研究所報告第2報 新修日本上代織技の研究』1976
澤田むつ代「法隆寺幡に使われている綾―正倉院幡との比較において―」『ミュージアム』第389号、東京国立博物館、1983
栄原永遠男「律令制下における流通経済の歴史的特質」『日本史研究』第131号、1973
三瓶孝子『日本機業史』雄山閣、1961
佐藤昌憲・小西孝・川口浩・切畑健・橋本甫之「正倉院の繊維材質調査報告」『正倉院年報』第16号、1994
末沢伸夫・本田元志・松田なつみ『織物組織―基礎編―』京都市産業技術研究所繊維技術センター、2006
関根真隆「正倉院遺宝伝来の記」『名宝日本の美術 正倉院』小学館、1982
関根真隆「正倉院古文書物名索引5　染織関係項」『正倉院年報』第10号、1988
関野貞「天平創立の東大寺大仏殿及其仏像」『建築雑誌』第16輯第182・183号　日本建築学会、明治35年(1902)
薗田香融「律令財政成立史序説」『日本古代財政史の研究』塙書房、1981
高木豊「上代裂の染色に関する化学的研究」『書陵部紀要』第21号、1969
滝川政次郎「氈褥考」『大和文化研究』第6巻第1号、1961
滝川政次郎「氈褥考補遺」『大和文化研究』第6巻第5号、1961
滝川政次郎「聖武天皇の大葬に使用せられた櫃覆町形帯について」『南都仏教』第14号、1963
龍村謙「大谷探検隊将来の古代錦綾類」『西域文化研究第六 歴史と美術の諸問題』法蔵館、1963
中日共同尼雅遺跡学術考察隊『中日・日中共同尼雅遺跡学術調査報告書』第1巻、1996
中日共同尼雅遺跡学術考察隊『中日・日中共同尼雅遺跡学術調査報告書』第2巻、1999

角田文衞「万葉集と正倉院」『万葉集大成 第11巻 特殊研究篇』平凡社、昭和30年(1955)
角山幸洋「錦綾の伝播と生産」『服装文化』第153号、文化出版局、1977
角山幸洋「古代の染織」『講座・日本技術の社会史 3紡織』日本評論社、1983
角山幸洋「ⅩⅢ繊維 織物・組紐」『斑鳩 藤ノ木古墳 第2・3次調査報告書 分析と技術篇』斑鳩町・斑鳩町教育委員会、1995
道明新兵衛「編み組み理論の成立と考古学会への希望」『考古学雑誌』第49巻第4号、1964
道明新兵衛「工芸組紐の発達と組編織の関係に就いて」『古文化財の科学』第18号、1964
道明新兵衛「威毛より見た上代甲冑について」『考古学雑誌』第52巻第2号、1966
道明三保子「法隆寺蔵四騎獅子狩文錦に関する一考察」『古代オリエント博物館紀要』第3巻、1981
道明三保子「ササンの連珠円文錦の成立と意味」『深井晋司博士追悼 シルクロード美術論集』吉川弘文館、1987
鳥居龍蔵「四天王紋錦旗に比較すべきものあり」『東洋学芸雑誌』第131号、東洋学芸社、1892
内藤虎次郎(湖南)「染織に関する文献の研究」『東洋文化史研究』、弘文堂、1936(『内藤湖南全集』第8巻(筑摩書房、1969)に再録)
奈良県立橿原考古学研究所編『斑鳩 藤ノ木古墳 第1次調査報告書』斑鳩町・斑鳩町教育委員会、1990
奈良県立橿原考古学研究所編『斑鳩 藤ノ木古墳 第2・3次調査報告書』斑鳩町・斑鳩町教育委員会、1995
西村兵部「正倉院の綾」『書陵部紀要』第12号 1960
西村兵部「正倉院の錦 個別解説」『書陵部紀要』第13号 1962
西村兵部「四騎獅子狩文錦解説」『奈良六大寺大観 法隆寺5』岩波書店、1971
布目順郎「先秦時代の絹繊維およびその他繊維について」『京都工芸繊維大学繊維学部学術報告』第7巻第1号、1973
布目順郎「正倉院の繊維類について」『書陵部紀要』第26号、1974(『絹と繊維の考古学』(雄山閣、1988)に再録)
布目順郎「山西省陽高県出土の漢代絹繊維およびその他の繊維について」『日本蚕糸学雑誌』第44巻第6号(1975)
布目順郎「下池山古墳出土の縞織物について」『青陵』第92号、奈良県立橿原考古学研究所、1996
橋本凝胤「正倉院古裂を拝して」『寧楽』第4号、大正15年(1926)
早川庄八「律令財政の構造とその変質」『日本経済史大系 1古代』東京大学出版会、1965
早川庄八「古代美濃の手工業」『岐阜県史 通史編古代』岐阜県、1971
原島礼二「八世紀における絁布生産の技術史的考察」『続日本紀研究』第125号、1964
原田淑人「法隆寺所蔵獅子狩文錦に見ゆる立樹に就いて」『考古学雑誌』第20巻第3号、昭和5年(1930)(前出『東亜古文化研究』に再録)
樋口知志「律令的調制成立の前提」『歴史学研究』598号、1989
平野邦雄「手工業」『産業史Ⅰ』体系日本史叢書10 山川出版社、1964
武敏「アスターナ古墓出土織錦の研究」『シルクロード学研究8 トルファン地域と出土絹織物』2000
深井晋司「ササン王朝ペルシャ銀製馬像に見られる馬印について」『東洋文化研究所紀要』第62冊、1974(『ペルシャ古美術研究』第2巻(吉川弘文館、1980)に改稿して収録)
福岡市教育委員会編『福岡市埋蔵文化財調査報告書』第94集、1983
福山敏男「東大寺大仏殿の第一期形態」『仏教芸術』第15号、毎日新聞社、1952
前田雨城『ものと人間の文化史38 色・染と色彩』法政大学出版局、1980
前田雨城・下山進・野田裕子「吉野ケ里遺跡出土染織遺物の染色鑑定科学調査について」『佐賀県吉野ケ里遺跡発掘報告書』佐賀県教育委員会、1994

前田雨城「発表記録・吉野ケ里の貝紫と茜」『国立歴史民俗博物館研究報告』第62集、1995
松本包夫「正倉院﨟纈の版型について」『書陵部紀要』第25号、1973
松本包夫「正倉院の染織幡（前篇）」『正倉院年報』第3号、1981
松本包夫「正倉院の染織幡（後篇）」『正倉院年報』第4号、1982
松本包夫「正倉院裂の世界」『仏教芸術』第200号、毎日新聞社、1992
松本包夫「上代布帛幡の形式について—法隆寺系と正倉院系を中心に—」『正倉院宝物にみる仏具・儀式具』紫紅社、1993
三宅敏之（研究代表）『法隆寺・東大寺伝来上代裂（東博保管）の技法、文様等に関する調査研究』昭和55〜57年度科学研究費補助金研究成果報告書、1983
三宅米吉「法隆寺所蔵四天王紋錦旗考」『文』第1号、金港堂、1888
三宅米吉「四天王紋旗」『東洋学芸雑誌』第133号、東洋学芸社、1892
三宅米吉「法隆寺所蔵四天王紋錦旗と埃及の古裂紋様」『考古界』第2篇第4号、日本考古学会、1902
宮崎隆旨・宮崎明子「古代茜染に関する一考察」『奈良県立博物館紀要』第11号、1997
宮原武夫「調庸と農民」『古代の地方史 第5巻』朝倉書店、1977
森克己「繭〔小石丸〕を用いた正倉院裂の復元模造」『正倉院紀要』第27号、2005
山本忠尚「瓦と連珠円紋」奈良国立文化財研究所40周年記念論文集刊行会編『奈良国立文化財研究所40周年記念論文集 文化財論II』同朋舎出版、1995（『日中美術考古学研究』（吉川弘文館、2008）に再録）
横張和子「古代織技の問題点—空引機と棒機—」『服装文化』第178号、文化出版局、1983
横張和子「法隆寺四騎獅子狩文錦の成立について」『古代オリエント博物館紀要』第5巻、1983
横張和子「経錦技法の理論的考察」『古代オリエント博物館紀要』第9号、1987
横張和子「複様平組織の緯錦について—大谷探検隊将来絹資料の研究—」『古代オリエント博物館紀要』第11号、1990
横張和子「サミット（緯錦）の成立とその展開」『シルクロード染織史』講談社、2001
横張和子「サミット（綾地緯錦）論考」『古代オリエント博物館紀要』第28巻、2008
吉岡常雄『伝統の色』光村推古書院、1973

《外国文献》　　　　　　　　　　　　　　　　　　　　　　（本書掲載の外国文献のみ収録、出版年順）

慧琳『一切経音義』783〜807年頃
宋応星『天工開物』毅宗崇禎10年（1637）
Albert von Le Coq., Chotscho, "Koniglich Preussische Turfan-Expedition", Berlin, 1913.
Aurel Stein, "Serindia" Vol. IV, Oxford, The Clarendon Press, 1921.
Aurel Stein, "Innermost Asia", Vol. II, Vol. IV London, 1928.
Aurel Stein, "Innermost Asia", Vol. III, Oxford, The Clarendon Press, 1928.
湖南省文物管理委員会「湖南省長沙市郊外戦国古墓発掘」『考古学報』第1期、1957
河南省文化局文物工作隊「信陽長台関第2号楚墓の発掘」『考古』第11期、1958
高至喜「長沙烈士公園3号木槨墓清理簡報」『文物』第10期、1959
浙江省文物管理委員会「呉興銭山漾遺址第1、2次発掘報告」『考古学報』第2期、1960
新疆維吾爾自治区博物館考古隊「新疆民豊大砂漠中的古代遺址」『考古』第3期、1961
武敏「新疆出土漢—唐絲織品初探」『文物』第7・8期、1962
夏鼐「新疆新発現的古代絲織品—綺、錦和刺繡」『考古学報』第1期、1963
湖北省文化局文物工作隊「湖北江陵三座楚墓出土大批重要文物」『文物』第5期、1966
Krishna Riboud, Gabriel Vial, MISSION POUL PELLIOT VIII "Tissus de Touen-Houang", 1970.
中国科学院考古研究所満城発掘隊「満城漢墓発掘紀要」『考古』第1期、1972

夏鼐「我国古代蚕、桑、絲、綢的歴史」『考古』第2期、1972
新疆維吾爾自治区博物館「吐魯番阿斯塔那363号墓発掘簡報」『文物』第2期、1972
敦煌文物研究所「新発現的北魏刺繡」『文物』第2期、1972
新疆維吾爾自治区博物館出土文物展覧工作隊「"絲綢之路"上新発現的漢唐織物」『文物』第3期、1972
敦煌文物研究所考古隊「莫高窟発現的唐代糸織物其它」『文物』第12期、1972
甘粛省博物館「武威磨咀子三座漢墓発掘簡報」『文物』第12期、1972
新疆維吾爾自治区博物館出土文物展覧工作組編『絲綢之路—漢唐織物』文物出版社、1972
湖南省博物館・中国科学院考古研究所編『長沙馬王堆1号漢墓』文物出版社、1973
武敏「吐魯番出土絲織物中的唐代印染」『文物』第10期、1973
新疆維吾爾自治区博物館「吐魯番阿斯塔那—哈拉和卓古墓群発掘簡報」『文物』第10期、1973
湖南省博物館・中国科学院考古研究所「長沙馬王堆2、3号漢墓発掘簡報」『文物』第7期、1974
新疆維吾爾自治区博物館・西北大学歴史系考古専業「1973年吐魯番阿斯塔那古墓群発掘簡報」『文物』第7期、1975
熊傳新「長沙新発現的戦国絲織物」『文物』第2期、1975
新疆維吾爾自治区博物館編『新疆出土文物』文物出版社、1975
新疆博物館考古隊「吐魯番哈拉和卓古墓群発掘簡報」『文物』第6期、1978
陳娟娟「新疆吐魯番出土的几种唐代織錦」『文物』第2期、1979
武敏「唐代的夾版印花—夾纈」『文物』第8期、1979
陳娟娟「両件有絲織品花紋印痕的商代文物」『文物』第12期、1979
上海市紡織科学研究院・上海市絲綢工芸公司編『長沙馬王堆1号漢墓 出土紡織品的研究』文教出版社、1980
周匡明「銭山渼漾残絹片出土啓示」『文物』第1期、1980
賈应逸「略談尼雅遺址出土的毛織品」『文物』第3期、1980
荊州地区博物館「湖北江陵馬山磚廠1号墓出土大批戦国時期糸織品」『文物』第10期、1980
陳躍鈞・張緒球「江陵馬磚1号墓出土的戦国糸織品」『文物』第10期、1982
武敏「吐魯番出土蜀錦的研究」『文物』第6期、1984
彭浩「江陵馬山1号墓出土的両种縚帯」『考古』第1期、1985
陝西省法門寺考古隊「扶風法門寺塔唐代地宮発掘簡報」『文物』第10期、1988
新疆文物考古研究所「洛浦県山普拉古墓発掘報告」『新疆文物』第3期、1989
許新国・趙豊「都蘭出土絲織品初探」『中国歴史博物館』第15、16期、1991
武敏『織繡』幼獅文化事業有限公司、1992
Mihoko Domyo（道明三保子）Evolution of samit: Silks from Toji temple, "*CIETA—Bunetin 70*", 1992.
吐魯番地区文物保管所「吐魯番北凉武宣王沮渠蒙遜夫人彭氏墓」『文物』第9期、1994
新疆文物考古研究所「新疆尉犁県因半古墓調査」『文物』第10期、1994
新疆文物考古研究所「新疆尉犁県營盤墓地15号墓発掘簡報」『文物』第1期、1999
趙豊『織繡珍品』芸紗堂・服飾工作隊、1999
新疆文物考古研究所「新疆民豊県尼雅遺跡95MNⅠ号墓地M8発掘簡報」『文物』第1期、2000
趙豊『紡織品考古新発現』芸紗堂・服飾工作隊、2002
趙豊（主編）『中国絲綢通史』蘇州大学出版社、2005

《史料》　　　　　　　　　　　　　　　　　　　　　　　　　　（年代順、本書引用文献のみ収録）
『仏説薬師如来本願経』
『仏説灌頂経』

『陀羅尼集経』
『最勝仏頂陀羅尼真言』
陳寿『三国志』『魏志』東夷伝倭人条（魏志倭人伝）3世紀後半
恵生『宋雲行記』6世紀初期(北魏末)
『播磨風土記』和銅6年(713)
『日本書紀』養老4年(720)
「越前国郡稲帳」『正倉院文書』正集第28巻、天平5年(733)
「尾張国正税帳」『正倉院文書』正集第15巻、天平6年(734)
「駿河国正税帳」『正倉院文書』正集第17巻、天平10年(738)
「匠寮解」『正倉院文書』正集第1巻、天平17年(745)
『法隆寺伽藍縁起幷流記資財帳』天平19年(747)
『大安寺伽藍縁起幷流記資財帳』天平19年
「献物帳」(国家珍宝帳) 天平勝宝8歳(756)6月21日
「献物帳」(種々薬帳) 天平勝宝8歳6月21日
「献物帳」(屛風花氈等帳) 天平勝宝8歳7月26日
「献物帳」(大小王真蹟帳) 天平宝字2年(758)6月1日
「献物帳」(藤原公真蹟屛風帳) 天平宝字2年10月1日
『阿弥陀悔過料資財帳』神護景雲元年(767)
「出入継文」天平勝宝4年～弘仁5年(752～814)の文書を継いだもの
「沙金桂心請文」天平勝宝9年(757)と天平宝字3年(759)の文書2通
「出蔵帳」天平宝字3年(759)
『万葉集』天平宝字3年以降に成立
「出入帳」天平勝宝8歳～天応元年(756～781)、天応2年(782)、延暦3年(784)の文書を継いだもの
「王羲之書法返納文書」延暦3年(784)
「曝涼使解」延暦6年(787)6月26日
「曝涼使解」延暦12年(793)6月11日
『続日本紀』延暦16年(797)
「勘物使解」弘仁2年(811)
「雑物出入帳」弘仁2年～天長3年(811～826)の文書を継いだもの
『新撰姓氏録』弘仁6年(815)
『令義解』天長10年(833)
「雑財物実録」斉衡3年(856)6月25日
「礼冠礼服目録断簡」(「雑財物実録」巻初の部分)
『令集解』貞観年間(859～877)頃成立
『日本三代実録』延喜元年(901)
『延喜式』延長5年(927)
『和名類聚抄』承平年間(931～938)成立
『上宮聖徳法王帝説』11世紀中頃以前
「綱封蔵見在納物勘検注文」(中倉19『正倉院塵芥文書』第16巻) 永久5年(1117)8月7日
『東大寺要録』長承3年(1134)
『年中行事絵巻』(鷹司本、宮内庁書陵部蔵) 平安末期(12世紀後半)
「東大寺勅封蔵開検目録」『続々群書類従』第十六「雑部」所収) 建久4年(1193)8月25日
「御物納目散帳」(天平宝字元年～寛喜3年(757～1231)の文書を継いだもの)

参考文献

「東大寺勅封蔵御物目録」(『続々群書類従』第十六「雑部」所収) 寛元元年(1243)閏7月23日
『東大寺続要録』弘安・正応年間(13世紀末)
「東大寺勅封蔵重宝目録」(『続々群書類従』第十六「雑部」所収) 弘安11年(1288) 4月23日
『塵添壒嚢抄』天文元年(1532)
「東大寺三蔵御宝物御改之帳」(『続々群書類従』第十六「雑部」所収) 慶長17年(1612)11月13日
「三蔵宝物目録」(未刊) 寛文6年(1666)
「東大寺正倉院開封記」(『続々群書類従』第十六「雑部」所収) 元禄6年(1693) 5月
大関増業『機織彙編』(『止戈枢要』所収) 文政13年(1830)
「正倉院御宝物目録」(『続々群書類従』第十六「雑部」所収) 天保4年(1833)
「壬申検査古器物目録」正倉院の部、明治5年(1872)
『和訓栞』安永6～明治20年(1777～1887)

初 出 一 覧
※本書各章は、初出論文を改訂したものである。

第1部　正倉院の染織品について

第1章　聖武天皇の時代の正倉院の染織品
　　　　　　　　　　　　　　　アメリカ染織協会(TSA)における発表（和訳付 2012年9月）
第2章　正倉院の染織品
　　「正倉院の染織品について」（正倉院事務所編『新訂　正倉院宝物　染織』下、朝日新聞社、2001）
第3章　正倉院裂の研究　　　　　「正倉院裂の研究」（『仏教芸術』第259号、2001）

第2部　正倉院の染織品の研究

第1章　花唐草獅子文綾について　　「花唐草獅子文綾について」（『正倉院年報』第5号、1983）
第2章　犀円文錦の研究　　　　　　「犀円文錦の研究」（『正倉院紀要』第34号、2011）
第3章　正倉院の大幡　　　　　　　「正倉院の大幡」（『正倉院年報』第18号、1996）
第4章　裂地としてみた正倉院の調絁　「裂地としてみた正倉院の調絁」（『正倉院紀要』第21号、1999）
第5章　古代織物の織技の研究について
　　「古代織物の織技の研究について――正倉院の錦を中心にして――」（『正倉院紀要』第30号、2008）
第6章　正倉院の花氈と文様
　　「正倉院の花氈と文様」（『シルクロード学研究叢書4　シルクロードの文様の世界』、2001）

第3部　正倉院の染織品の保存と技術

第1章　正倉院の染織品の整理　　　「正倉院の染織品の修理」（『正倉院紀要』第27号、2005）
第2章　正倉院裂の復元模造――小石丸種の蚕の繭を用いて――
　　　　　　　　「正倉院裂の復元模造――小石丸種の蚕の繭を用いて――」（『染織α』第285号、2004）
第3章　正倉院の絹織物の保存科学
　　　　　　　「奈良時代の伝世品」（奈良文化財研究所編『絹文化財の世界』角川学芸出版、2005）
第4章　正倉院の染め色　「正倉院の染め色」（高岡市万葉歴史館編『色の万葉集』笠間書院、2004）

第4部　正倉院以外の染織品の調査・研究

第1章　吐魯番県阿斯塔那古墓出土の絹織物
　　「吐魯番県阿斯塔那古墓出土の絹織物と正倉院の絹織物」（『シルクロード学研究12　中国における絹織物のはじまりと発展』、2001）
第2章　藤ノ木古墳出土の組紐について
　　「藤ノ木古墳出土の組紐について」（『橿原考古学研究所研究成果第7号　藤ノ木古墳から見た古代繊維製品の研究』、2006）
第3章　鶴巻鶴一博士のロウケツ染め
　　「鶴巻鶴一博士のロウケツ染と正倉院の﨟纈」（『裂地を辿る』京都工芸繊維大学美術工芸資料館、2008）

図版一覧

*は正倉院所蔵

第1部　正倉院の染織品について

第1章　聖武天皇の時代の正倉院の染織品

1	東大寺大仏殿	299
2	鹿草木夾纈屏風／象木臈纈屏風／鏡箱の襯／繡線鞋／挟軾／白練綾大枕／九条刺納袈裟／花氈*	299
3	新造の東宝庫／新造の西宝庫	300
4	縹地大唐花文錦／紫地唐花文錦／花喰鳥文刺繡／花葉文刺繡／花葉文刺繡／山水夾纈屏風*	300
5	赤地鷲連珠文錦／緑地狩猟連珠文錦／紫地鳥獣連珠文錦／羊木臈纈屏風*	301
6	灌頂大幡／錦道場幡／夾纈羅幡／染織天蓋／七条刺納袈裟*	301
7	鳥草夾纈屏風／鳥木石夾纈屏風／鸚鵡臈纈屏風／象木臈纈屏風*	302
8	花氈*	302
9	花樹獅子人物文綾／天馬文綾／花樹双鳳双羊文綾／浅緑地鳥獣花卉文錦*	303
10	紫地鳥獣連珠文錦／赤地鷲連珠文錦／茶地犀連珠文錦／緑地双竜円文綾*	303
11	錦貼り交ぜ屏風*	304
12	古裂帖*	304
13	玻璃装と玻璃装箪笥／玻璃装*	305

第3章　正倉院裂の研究

1	縹地大唐花文錦（南倉103）*	305
2-1	茶地犀連珠円文錦（中倉202）*	305
2-2	同上*	305
3	赤地獅子唐花文錦（中倉12）*	306
4	獅鳳円文蜀江錦　法隆寺献納宝物　東京国立博物館蔵　Image：TNM Image Archives	306
5	格子花文蜀江錦　法隆寺献納宝物　東京国立博物館蔵　Image：TNM Image Archives	306
6	八稜唐花文黄綾断片（南倉179）*	306
7	葡萄唐草文錦褥　法隆寺献納宝物　東京国立博物館蔵　Image：TNM Image Archives	306
8	雲唐草獅子文綾（中倉202）*	307
9	唐古楽　安君子半臂（南倉119）*	307
10	藤ノ木古墳出土棺内部（染織品の塊が水に浮遊している）	307
11-1	団花文錦（文様大）中国新疆吐魯番阿斯塔那第104号墓出土	308
11-2	団花文錦（文様小）中国新疆吐魯番阿斯塔那第211号墓出土	308
11-3	同上　中国新疆吐魯番阿斯塔那第76号墓出土	308
12	団花文錦（南倉179）*	308
13	蜀江錦（スタイン将来）　中国新疆吐魯番阿斯塔那第5区2号墓出土	308
14	連珠花獅子文錦（模写図）　法隆寺献納宝物　東京国立博物館蔵	308
15-1	錦（スタイン将来）　中国新疆吐魯番阿斯塔那第9区3号墓出土	309
15-2	鳥獣染花条文錦　中国新疆吐魯番阿斯塔那第324号墓出土	309
16	最勝王経帙（中倉57）*	309
17	花唐草文綾（南倉185）*	309
18	亀甲花文蜀江錦　法隆寺献納宝物　東京国立博物館蔵　Image：TNM Image Archives	309
19	キジル千仏洞　マヤ洞壁画	309

第2部　正倉院の染織品の研究

第1章　花唐草獅子文綾について

1　大幡垂脚の花形裁文（南倉185 第129号櫃第159号）* ……………………………………… 310
2　同上（南倉185 第129号櫃第38号）* ……………………………………………………………… 310
3　同上（南倉185 第127号櫃第133号）* …………………………………………………………… 310
4　同上（南倉184 玻璃装第34号）* ………………………………………………………………… 310
5　図1の白描図　著者作図 ……………………………………………………………………………… 310
6　図2の白描図　著者作図 ……………………………………………………………………………… 310
7　図3の白描図　著者作図 ……………………………………………………………………………… 310
8　図4の白描図　著者作図 ……………………………………………………………………………… 310
9　花唐草獅子文綾の復元図　著者作図 ……………………………………………………………… 311

第2章　犀円文錦の研究

1　犀円文錦文様復元図　太田英蔵作図　『書陵部紀要』第7号（1956）より転載 …………… 311
2　縹地大唐花文錦（南倉103）* …………………………………………………………………… 312
3　四騎獅子狩文錦（主文部分）　法隆寺蔵　澤田むつ代『上代裂集成』（中央公論美術出版、2001）より転載 ……………………………………………………………………………………………… 312
4　古裂帳第4号1頁* …………………………………………………………………………………… 312
5　古裂帳第6号2頁* …………………………………………………………………………………… 312
6　古裂帳第6号8頁* …………………………………………………………………………………… 312
7　古裂帳第6号11頁* ………………………………………………………………………………… 312
8　古裂帳第6号15頁* ………………………………………………………………………………… 312
9　古裂帳第6号17頁* ………………………………………………………………………………… 312
10　古裂帳第7号18頁* ………………………………………………………………………………… 313
11　古裂帳第11号17頁* ……………………………………………………………………………… 313
12　古裂帳第584号4頁* ……………………………………………………………………………… 313
13　古裂帳第645号1頁* ……………………………………………………………………………… 313
14　左右の犀の頭部のある断片（古裂帳第6号11頁）* …………………………………………… 313
15　左向きの犀の断片（古裂帳第4号7頁）* ………………………………………………………… 313
16　右向きの犀の断片（古裂帳第6号16頁）* ……………………………………………………… 313
17　双鳥文の断片（古裂帳第6号2頁）* ……………………………………………………………… 313
18　双鳥文の断片（古裂帳第7号18頁）* …………………………………………………………… 313
19　双鳥の右側の鳥（古裂帳第645号1頁）* ……………………………………………………… 313
20　双鳥の左側の鳥（古裂帳第4号1頁）* …………………………………………………………… 314
21　双鳥の左の鳥の付近と連珠（古裂帳第4号11頁）* …………………………………………… 314
22　副文の中心（古裂帳第584号4頁）* …………………………………………………………… 314
23　織り出しの小石畳文を含む断片（古裂帳第6号17頁）* ……………………………………… 314
24　織り出しの小石畳文（古裂帳第6号17頁）* …………………………………………………… 314
25　織り出しの小石畳文を含む断片（古裂帳第8号14頁）* ……………………………………… 314
26　織り出しの小石畳文の断片（古裂帳第11号15頁）* ………………………………………… 314
27　連珠を含む副文断片（古裂帳第4号1頁）* …………………………………………………… 314
28　やや大きな副文断片（古裂帳第11号17頁）* ………………………………………………… 314
29　2窠の主文に跨がる副文部分（古裂帳第6号15頁）* ………………………………………… 314
30　連珠（古裂帳第6号2頁）* ………………………………………………………………………… 315

31	円帯の内区と外区の境目（古裂帳第6号8頁）*	315
32	連珠間の隙間（古裂帳第6号2頁）*	315
33	円帯の内区の地（双鳥の上）（古裂帳第6号2頁）*	315
34	連珠円帯内区の地（獅子の下）（古裂帳第6号8頁）*	315
35	獅子の脚と地の境目（古裂帳第6号8頁）*	315
36	犀の首の下の渦巻状の飾り（古裂帳第6号2頁）*	315
37	犀の身体の斑文（古裂帳第6号2頁）*	315
38	犀の首のリボン（中間部）（古裂帳第6号11頁）*	316
39	副文の葡萄の実の中心（古裂帳第6号8頁）*	316
40	花樹の実の房（古裂帳第6号11頁）*	316
41	副文の唐草の茎（古裂帳第6号15頁）*	316
42	副文の中心の蓮華（古裂帳第6号17頁）*	316
43	織り出しの鼇文（古裂帳6号17頁）*	316
44	複様三枚綾組織緯錦の組織要領図　佐々木信三郎作図　『川島織物研究所報第2報　新修日本上代織技の研究』（川島織物研究所、1976）より転載	316
45	錦断片の裏面（古裂帳第584号9頁）*	317
46	花樹対鹿文錦（大谷探検隊将来裂）　個人蔵	317
47	花樹対鹿文錦（アスターナ古墓からスタイン発掘）	317

第3章　正倉院の大幡

1	大幡1号（甲）（南倉184）*	318
2	大幡2号（乙）（南倉184）*	318
3	大幡3号（丙）（南倉184）*	318
4	大幡4号（丁）（南倉184）*	318
5	大幡5号（戊）（南倉184）*	318
6	大幡6号（己）（南倉184）*	318
7	大幡頭（南倉184 第128号櫃第183号）*	319
8	大幡身部分（南倉184 第127号櫃第17号）*	319
9	大幡身部分（南倉184 第129号櫃第46号）*	319
10	大幡垂手（南倉184 第129号櫃第47号）*	319
11	大幡身部分（南倉184 第129号櫃第48号）*	319
12	大幡身部分（南倉184 第129号櫃第49号）*	319
13	大幡身坪界部分（南倉184 第129号櫃第50号）*	320
14	大幡垂脚残片（南倉184 第128号櫃第227号）*	320
15	大幡垂脚残片（脚端を含む）（南倉184 第129号櫃第44号）*	320
16	幡頭の芯裂の模式図　著者作図	321
17	芯の薄板の状態の模式図　著者作図	321
18	幡身の芯裂の模式図　著者作図	321
19	大幡復元図　著者作図	322
20	赤地麒麟唐花文錦*	323
21	紫地鳳形錦*	323
22	赤地鴛鴦唐草文錦*	323
23	浅緑地鹿唐草花文錦*	323
24	大幡己号の舌裏の題箋*	323

25	大幡己号の下提芯裂の墨書銘*	323
26	金銅灌頂幡　法隆寺献納宝物　東京国立博物館蔵　Image：TNM Image Archives	324
27	広東綾大幡　法隆寺献納宝物　東京国立博物館蔵　Image：TNM Image Archives	324

第4章　裂地としてみた正倉院の調絁

1	常陸国調絁（No. 1）*	325
2	常陸国調絁（No. 2）*	325
3	上野国調絁（No. 3）*	325
4	武蔵国調絁（No. 4）*	325
5	武蔵国調絁（No. 5）*	325
6	越前国調絁（No. 7）*	325
7	甲斐国調絁（No. 8）*	325
8	甲斐国調絁（No. 9）*	325
9	伊豆国調絁（No. 10）*	325
10	遠江国調絁（No. 11）*	325
11	遠江国調絁（No. 12）*	325
12	遠江国調絁（No. 13）*	325
13	美濃国調絁（No. 14）*	326
14	紀伊国調絁（No. 15）*	326
15	丹後国調絁（No. 16）*	326
16	播磨国調絁（No. 17）*	326
17	因幡国調絁（No. 18）*	326
18	伯耆国調絁（No. 19）*	326
19	阿波国調絁（No. 20）*	326
20	讃岐国調絁（No. 21）*	326
21	讃岐国調絁（No. 22）*	326
22	讃岐国調絁（No. 23）*	326
23	讃岐国調絁（No. 24）*	326
24	讃岐国調絁（No. 25）*	326
25	讃岐国調絁（No. 26）*	327
26	伊予国調絁（No. 28）*	327
27	土佐国調絁（No. 30）*	327
28	産出国不明調絁（No. 31）*	327
29	産出国不明調絁（No. 33）*	327
30	産出国不明調絁（No. 36）*	327
31	産出国不明調絁（No. 38）*	327
32	産出国不明調絁（No. 39）*	327
33	産出国不明調絁（No. 40）*	327
34	産出国不明調絁（No. 41）*	327
35	産出国不明調絁（No. 42）*	327
36	産出国不明調絁（No. 45）*	327

第5章　古代織物の織技の研究について

| 1 | 模造花樹獅子人物文白茶綾の意匠図（部分）　正倉院事務所製作 | 328 |
| 2 | 意匠図（図1）の把釣がわかる拡大図　正倉院事務所製作 | 328 |

3	模造縹地大唐花文錦の意匠図（部分）　正倉院事務所製作	328
4	意匠図（図3）の把釣がわかる拡大図　正倉院事務所製作	328
5	織方図（山形斜文織 山道通し 2本引込み）『織物組織―基礎編―』（京都市産業技術研究所繊維技術センター、2006）より転載	329
6	二重経及三重経、複様三枚綾組織経錦の顕文効果形成図（ガブリエル・ヴィアル作図、横張和子訳）　横張和子「経錦技法の理論的考察」（『古代オリエント博物館紀要』第9号、1987）より転載	329
7	同上	330
8	複様平組織緯錦製作理論図　横張和子「複様平組織の緯錦について―大谷探検隊将来絹資料の研究―」（『古代オリエント博物館紀要』第11号、1990）より転載	330
9	経複様平組織及側面要領図　佐々木信三郎作図　『川島織物研究所報告第2報　新修日本上代織技の研究』（川島織物研究所、1976年）より転載	331
10	経複様綾組織及側面要領図　佐々木信三郎作図　同上	331
11	緯複様綾組織及断面要領図　佐々木信三郎作図　同上	331
12	複様平組織経錦要領図　坂本和子作図　坂本和子『シルクロード学研究12 中国における絹織物のはじまりと発展』（シルクロード学研究センター、2001）より転載	331
13	複様綾組織経錦要領図　坂本和子作図　同上	332
14	複様綾組織緯錦要領図　坂本和子作図　同上	332
15	花樹獅子人物文白茶綾（南倉150-30）*	332
16	縹地大唐花文錦（南倉103）*	332
17	紫地花文錦（南倉124-75）*	332
18	紫地綾錦几褥（南倉150-8）*	333
19	赤紫地唐花獅子文錦 部分拡大図（図18）*	333
20	山岳花文長斑錦 部分拡大図（図18）*	333
21	緑地錦几褥（南倉150-10）*	333
22	緑地花卉鳥獣文錦 部分拡大図（図21）*	333
23	几褥残欠（南倉150-29）*	334
24	浅紅地花山岳文錦 部分拡大図（図23）*	334

第6章　正倉院の花氈と文様

1	「屏風花氈等帳」（北倉159）*	334
2	パジリク古墳出土の絨毯　エルミタージュ美術館蔵	334
3	正倉院の毛織物断片*	334
4	花氈新6号（中倉202）の布箋*	335
5	色氈第6号（北倉151）の布箋*	335
6	色氈第12号（北倉151）混入のウマゴヤシの実*	335
7	「出入帳」（北倉170）　花氈記載部分*	335
8	延暦6年「曝涼使解」（北倉162）　花氈記載部分*	335
9	花氈1号（北倉150）*	336
10	花氈2号（北倉150）*	336
11	花氈6号（北倉150）*	336
12	花氈18号（北倉150）*	336
13	花氈19号（北倉150）*	336
14	花氈20号（北倉150）*	336

15	花氈22号（北倉150）*	337
16	花氈23号（北倉150）*	337
17	花氈24号（北倉150）*	337
18	花氈9号（北倉150）*	337
19	花氈27号（北倉150）*	337
20	花氈28号（北倉150）*	337
21	花氈29号（北倉150）*	338
22	花氈30号（北倉150）*	338
23	花氈31号（北倉150）*	338
24	花氈新5号（中倉202）*	338
25	花氈11号（北倉150）*	338
26	花氈12号（北倉150）*	338
27	花氈13号（北倉150）*	338
28	花氈新6号（中倉202）*	339
29	花氈14号（北倉150）*	339
30	花氈26号（北倉150）*	339
31	花氈新4号（中倉202）*	339
32	花氈3号（北倉150）*	339
33	花氈4号（北倉150）*	339
34	花氈7号（北倉150）*	340
35	花氈8号（北倉150）*	340
36	花氈10号（北倉150）*	340
37	花氈15号（北倉150）*	340
38	花氈16号（北倉150）*	340
39	花氈新1号（中倉202）*	340
40	花氈新2号（中倉202）*	341
41	花氈新3号（中倉202）*	341
42	花氈5号（北倉150）*	341
43	花氈17号（北倉150）*	341
44	花氈21号（北倉150）*	341
45	花氈25号（北倉150）*	341

第3部　正倉院の染織品の保存と技術

第1章　正倉院の染織品の整理

1	正倉院正倉	342
2	唐櫃（北倉183 第54号）*	342
3	永久5年8月7日「網封蔵見在納物勘検注文」（中倉19『正倉院塵芥文書』第18巻）　巻頭部分*	342
4	鳥毛篆書屏風　第1扇（北倉44）*	343
5	鳥毛帖成文書屏風　第1扇（北倉44）*	343
6	東大寺屏風納櫃（北倉182）*	343
7	七条織成樹皮色袈裟（北倉1 第3号）*	343
8	呉女背子（南倉124第43号）*	344

9	赤地山菱文錦（法隆寺裂混在品）（古屏風装第55号第4扇）*	344
10	蜀江錦2種7片（法隆寺裂混在品）（玻璃装第155号）*	344
11	七条刺納樹皮色袈裟（北倉1 第5号）*	344
12	御軾　鳳形錦（北倉47）*	344
13	御軾　長斑錦（北倉47）*	344
14	大幡1号（甲号）（南倉184）*	345
15	袈裟付木蘭染羅衣（南倉96）*	345
16	白綾褥（講座茵）（南倉150 第56号其1）*	345
17	古屏風装第60号第6扇（南倉179）*	345
18	玻璃装第69号（中倉202 第108号櫃）*	346
19	古裂帖と篝笥*	346
20	軸装第2号（南倉148 第17号）*	346
21	塵芥古裂の櫃（慶長8年に徳川家康が寄進した長持の一つ）*	346
22	古裂の水伸ばし（破片を繋いで並べている所）	346
23	古裂の水伸ばし（伸展した錦の糸目を揃えている所）	346
24	敷紙を捲った籐張りの架台*	346
25	籐張りの架台*	346
26	襪が納められた篝笥*	346
27	方形天蓋第19号（南倉182 第137号櫃）*	347
28	同上（新聞紙を間に挟んだ錦・綾・﨟纈・金糸等）*	347
29	同上（水で湿らせて伸展した縁部と垂飾）*	347
30	同上（裂地の袷の間に入れた薄和紙の上に、分離片を伸展し貼付している所）*	347
31	同上（天蓋内面中央の錦裁文飾を伸展している所）*	347
32	同上（維持整理の完了に向けて）*	347
33	同上（維持整理完了状態・内面）*	348
34	同上（維持整理完了状態・外面）*	348

第2章　正倉院裂の復元模造

1	讃岐国調絁　復元模造品*	349
2	武蔵国・伯耆国・土佐国調絁復元模造品*	349
3	紀伊国橡絁　復元模造品*	349
4	伊豆国緋絁　復元模造品*	349
5	阿波国黄絁　復元模造品*	349
6	黄﨟纈羅帳（南倉146 第5号）*	349
7	小菱格子文黄羅　復元模造品*	350
8	同上（部分拡大）*	350
9	花鬘緒残欠（小菱格子文羅）（中倉202 古屏風第8号）*	350
10	小菱格子文白羅　復元模造品*	350
11	夾纈羅幡（子持並ビ三ツ菱文羅）（南倉185 第129号櫃第84号）*	351
12	子持並ビ三ツ菱文白羅　復元模造品*	351
13	茶地花文夾纈羅（入子菱格子文羅）（南倉180 第19号）*	351
14	入子菱格子赤茶羅　復元模造品*	351
15	一般の繭（左）と小石丸種の繭*	352
16	鏡箱付属嘴（八稜唐花文赤綾）（北倉42 第8号）*	352

17	八稜唐花文赤綾　復元模造品*	352
18	呉楽笛吹襪（紫地花文錦）（南倉124 第75号）*	352
19	紫地花文錦　復元模造品*	352
20	赤地唐花文錦　復元模造品*	352
21	鳳形錦御軾（紫地鳳凰唐草丸文錦）（北倉47）*	353
22	紫地鳳唐草丸文錦　復元模造品*	353
23	花楼機（空引機）糸仕掛図（『機織彙編』所載）	353

第3章　正倉院の絹織物の保存科学

1	花喰鳥文刺繍残片（南倉185）*	354
2	赤地唐花文錦（南倉179）*	354
3	白練綾大枕（北倉46）*	354
4	緑地﨟纈（袈裟箱袋）（北倉1）*	354

第4章　正倉院の染め色

1	東大寺南大門の門前	355
2	正倉院の入口	355
3	春日大社「神苑」（平成9年春に「万葉植物園」から改名）の入口	355
4	「神苑」中の万葉園	355

第4部　正倉院以外の染織品の調査・研究

第1章　吐魯番県阿斯塔那古墓出土の絹織物

1	紺地禽獣文錦　吐魯番県阿斯塔那古墓出土	356
2	狩猟円文錦　同上	356
3	緑地燈樹文錦　同上	356
4	大青色幡文綺　同上	356
5	樹葉文錦　同上	357
6	傲獅文錦　同上	357
7	連珠「胡王」錦　同上	357
8	雲気霊獣文錦　同上	357
9	連珠孔雀「貴」字文錦　同上	357
10	鳥獣花条文錦　同上	358
11	連珠載勝鸞鳥文錦　同上	358
12	騎士文錦　同上	358
13	連珠対鳥文錦　同上	358
14	宝相団花文　同上	358
15	目交文緑地菱繋文羅　同上	359
16	赤地菱繋文羅　同上	359
17	紅地団花文錦　同上	359
18	八稜唐花文緑綾*	359
19	藍地宝相華文錦　吐魯番県阿斯塔那古墓出土	359
20	紫地花文錦*	360
21	緑地仙人騎鶴文印花絹　吐魯番県阿斯塔那古墓出土	360
22	真紅地牡丹鳳凰文錦　同上	360
23	飛鳳蝶虫団花文錦　同上	360

第2章　藤ノ木古墳出土の組紐について

1	二間組　挂甲小札（遺物番号2492）　藤ノ木古墳出土	361
2	経錦・二間組　挂甲小札（遺物番号2756）　同上	361
3	二間組・管糸綴　篠籠手（遺物番号2187）　同上	361
4	経錦・二間組　挂甲小札（遺物番号3027・3029）　同上	361
5	二間組　篠籠手（遺物番号2187）　同上	361
6	三つ組　篠籠手（遺物番号2754）　同上	361
7	経錦・綾巻　挂甲小札（遺物番号1798）　同上	361
8	経錦・綾巻　挂甲小札（遺物番号3027・3029）　同上	361
9	経錦・綾巻　挂甲小札（遺物番号3027・3029）　同上	362
10	経錦・綾巻　挂甲小札（遺物番号3027・3029）　同上	362
11	経錦・綾巻　挂甲小札（遺物番号3027・3029）　同上	362
12	三輪玉を装着する組紐（三ツ組）　同上	362
13	三輪玉を装着していた組紐（三ツ組）　同上	362
14	巻き込まれた掛け布①　同上	362
15	金属製履の履口部（表側）に装着していた経錦・組紐　同上	363
16	大刀2の把頭　同上	363
17	大刀の下げ緒（拡大）①　同上	363
18	大刀の下げ緒（拡大）②　同上	363
19	大刀の下げ緒（拡大）③　同上	363
20	大刀3の把頭の巻き紐　同上	364
21	大刀3の把頭の巻き紐　同上	364
22	棺内浮遊繊維の刺繍断片　同上	364
23	棺内浮遊繊維の刺繍断片　同上	364
24	棺内浮遊繊維の刺繍断片　同上	364
25	棺内浮遊繊維の刺繍断片　同上	364
26	剣の鞘に付着の刺繍断片　同上	364
27	剣の鞘に付着の刺繍断片　同上	364
28	大刀2の把間上部の巻き紐　同上	365
29	大刀2の把間上部の巻き紐　同上	365
30	大刀3の把頭に付く紐　同上	365
31	大刀3の把頭に付く紐（拡大）①　同上	365
32	大刀3の把頭に付く紐（拡大）②　同上	365
33	大刀3の把頭に付く紐（拡大）③　同上	365
34	八角鏡第3号（北倉42）付属組紐*	365
35	玉帯残欠　法隆寺献納宝物　東京国立博物館蔵　Image：TNM Image Archives	365
36	幡垂飾　法隆寺献納宝物　東京国立博物館蔵　Image：TNM Image Archives	366
37	組紐幡頭　法隆寺献納宝物　東京国立博物館蔵　Image：TNM Image Archives	366
38	付属角組紐第6号其1（中倉101）*	366
39	付属角組紐第6号其2（中倉101）*	366
40	付属角組紐第13号其1（中倉101）*	366
41	雑帯（一間組紐）第1号（中倉93）*	366
42	雑帯（二間組紐）第6号（中倉93）*	367

43	三ツ組組紐（大刀3の把頭の巻紐）　藤ノ木古墳出土	367
44	綾巻（棺内浮遊刺繍の地裂端飾り紐）　同上	367
45	角八ツ打組紐（大刀2の把間上部の巻紐）　同上	367

第3章　鶴巻鶴一博士のロウケツ染め

1	赤紫地水波魚鳥文﨟纈絁（南倉150-26）*	368
2	緑地霞襷魚鳥文﨟纈絁（北倉1）*	368
3	黄地鳥花雲文﨟纈羅（南倉180-54）*	368
4	縹地花文﨟纈絁（南倉180-32の内）*	368
5	緑地小花文﨟纈絁（南倉180-32の内）*	369
6	茶地花卉文﨟纈絁（南倉148-21其2）*	369
7	赤地鳳唐草丸文﨟纈絁（南倉148-29）*	369
8	鶴巻鶴一　麒麟ロウケツ染め屏風　京都工芸繊維大学美術工芸資料館蔵　『裂地を辿る』（京都工芸繊維大学美術工芸資料館、2008）より転載	369
9	鶴巻鶴一　鳳凰ロウケツ染め屏風　京都工芸繊維大学美術工芸資料館蔵　同上	369
10	図13に記された雅号　京都工芸繊維大学美術工芸資料館蔵　同上	370
11	鳥毛篆書屏風　第1扇（北倉44-1）*	370
12	鳥毛帖成文書屏風　第1扇（北倉44-3）*	370
13	鶴巻鶴一　牡丹に唐獅子ロウケツ染め屏風　京都工芸繊維大学美術工芸資料館蔵　『裂地を辿る』（京都工芸繊維大学美術工芸資料館、2008）より転載	370
14	鶴巻鶴一　博多広帯（描友禅小桜模様）京都工芸繊維大学美術工芸資料館蔵　同上	370

後　　記

　「古代の染織品について」(『日本美術工芸』第588号、1987)の冒頭に私は「かつて、古代の染織品といっても、寺院の堂内の暗がりの中で見る幕や敷物のようなものか、神楽の衣裳のようなものしか思い浮かばなかった。たまに和装品やインテリア用品、すなわち壁に貼ってあるクロスや壁掛や絨毯などに古代の文様らしきものを見いだすと、重厚さや奥深さを感じはするのだが、異国情緒があるとか、神秘的雰囲気を感じるといった情緒的な感想に終始した。そもそも、布裂のような面積のあるものが、細長い糸からできていることが不思議でたまらないくらいだから、美術工芸品としての染織品を理解することなど思いもよらないことであった」と書いている。
　これまで35年間熟覧し続けてきた正倉院裂については、実物に即して理解することができたと思っているが、その他の古代の染織品については、今でも同じ心境である。エジプトのコプト裂・アンデスのプレインカ染織品・ヨーロッパの教会に伝わった聖体衣やタピストリー・20世紀初頭から新疆、蒙古、満州、朝鮮半島で発掘されて世界各地(ヨーロッパ、アメリカ、ロシア、インド、日本など)に将来された染織品・クリミアのケルチ出土裂・シリアのパルミラ出土裂・シベリアのアルタイ出土裂等々、実物を熟覧調査していない染織品については、全く予想もつかない未知の存在のように思える。それらは、正倉院裂と素材や織技が異なるだけではない。由緒・製作された土地がら(風土)・製作者の民族性などが根本的に異なることを思えば、異なる地域の染織品を比較検討して互いの関連性を系統だてて理解することよりも、それぞれの染織品の理解を深めることが優先されるであろう。正倉院裂は、中国隋・唐の強い影響下に製作されたために(そのまま模倣したと言う方が正しいかもしれない)、7、8世紀の中国出土裂と類似点や共通点が非常に多いが、これは正倉院の染織品にある世界性という顕著な特徴であり、世界中の他の染織品に当てはまるとは限らないのである。
　私は、学生時代に古代染織品の研究者を目指していたわけではない。父親が京都大学で英米文学を講じていたため、幼い頃から漠然と研究の道に入りたいと考えており、日常の暮らしの中でも研究者にまつわる話を聞くことが多かったために、研究生活というものをごく身近に感じていた。しかし、学生から社会人になる時に、研究者になることが極めて狭い門であることを思い知ることになった。そのような時に、偶然に宮内庁正倉院事務所の研究職技官の話が来た。絹の研究で有名な京都工芸繊維大学の故布目順郎教授が、正倉院の繊維材質

調査を行った関係で、正倉院事務所の研究職技官の推薦を依頼されたのである。

　全く未知の世界に勤めることから、私は布目先生をお訪ねしてお話を伺うことにした。山科のお宅へ伺うと、二階の座敷からは縁側越しに手入れの良い木蓮の花が咲き誇っているのが見えた。私が「正倉院の染織品から中国やシルクロードの染織品まで研究したい」と抱負を申し上げると、少し表情が緩んで「少しずつ大切な仕事を任されるようになりますよ」と言われた。そのようなことが、今でも鮮明に記憶に残っている。大きな抱負を抱いて、これまでに一部分の研究を行ったに過ぎないが、正倉院の染織品の研究を通して色々なことにチャレンジすることができて幸せだったと思っている。

　私が正倉院事務所で長年にわたり染織品の整理と修理を担当することができたのは、正倉院の諸先輩・同僚・後輩の皆様のおかげであり、また、正倉院外の大勢の皆様のおかげでもある。ここに、大きな感謝を抱いてささやかな仕事の成果を捧げたい。特に本書の出版に際しての元正倉院事務所長米田雄介先生の一方ならぬご指導ご鞭撻に心から感謝の意を表する。最後に、本書の刊行にご配慮下さった思文閣出版取締役部長原宏一氏、編集でたいへんお世話になった大地亜希子氏に厚く御礼申し上げる。

　なお、このたびの出版に当たって、一般財団法人 仏教美術協会から平成25年度研究等助成金の交付を受けた。

　　平成25年9月

　　　　　　　　　　　　　　　　　　　　　　　　　　　　　　　　尾　形　充　彦

索　引

＊人物索引には、歴史上の人物から現代の人物までを入れた
＊事項索引には、主要な染織用語、人名以外の項目を入れた
＊染織用語索引には、主に染め(染料名を含む)と織りに関する専門用語・特殊用語を入れた

【人　名】

あ

明石国助	37, 292
秋邦雄	288
浅井忠	293
阿知使主	39, 44
穴織	39, 44
漢織	39, 44

い

石田茂作	241
伊藤博文	198
伊奈理武志	45
壱与	43

う

上野正	294
上村六郎	37, 213, 220, 229, 231, 237, 238, 240, 241, 243
内田正雄	197
梅原末治	252

え

英照皇太后	212
恵生	113
蝦夷沙門道信	110
江馬務	100

お

大久保利通	20, 198, 233
太田英蔵	37, 82, 210
大伴古麻呂	246
大野晋校	241
オーレル・スタイン	46, 113, 175, 252, 253
小合友之助	294
織田信長	196
小野妹子	40

か

観修寺宮済範親王	20, 196
栢原村主	13, 41, 219
夏鼐	37, 253, 260
ガブリエル・ヴィアル	38, 158, 252
上司延寅	20, 196
神庭信幸	232, 241
川口浩	222
河内鯨	46
鑑真	27, 246

き

喜多川俵二	159
喜多川平朗	159, 220
衣縫兄媛	39, 44
衣縫弟媛	39, 44
木下正俊	241
吉備真備	246
許新国	236
切畑健	222

く

鞍作鳥(止利仏師)	40
鞍作磨心	13, 41, 47, 219
クリシュナ・リブー	38, 158, 252
久留春年	100
呉織	39, 44
黒川真頼	198
黒田源次	220

け

| 玄昉 | 246 |
| 元明太上天皇 | 110 |

こ

孝謙天皇	246
香淳皇后	212
功満王	43, 49

393

光明皇后	7, 9, 16〜18, 174, 217, 246	龍村謙	252
孝明天皇	212	龍村平蔵	160, 220
小島憲一	241	龍村元	160
後白河上皇	183		

ち

コズロフ	253		
小西孝	222	仲哀天皇	49
五味智英	241	中宮宮子	17, 218
		趙豊	236
		陳娟娟	253

さ

斎藤茂吉	237	陳寿	211

つ

秦造酒公	39		
坂本和子	158, 167, 256, 276	都加使主	39
佐々木信三郎		角田文衛	237
	37, 156, 164, 210, 252, 256, 273, 275	角山幸洋	235
佐々木多次郎	220	鶴巻鶴一	230, 292〜294
佐々木信綱	237, 241		

て

佐藤武敏	38, 252, 255, 275		
佐藤昌憲	222	貞明皇后	212
澤田むつ代	233	天武天皇	45, 180, 246

し

と

渋江終吉	294	道明三保子	167
志村明	213	道明新兵衛	288, 289
下山進	236	鳥羽上皇	183
定安那錦	12, 39, 44		
聖徳太子	40, 42, 46		
称徳天皇	17, 218		

な

聖武天皇	7, 9, 10, 12, 13, 16〜18, 77, 79, 81,	中澤岩太	293
	104, 108, 109, 182, 183, 217, 218	長沢和俊	276

す

に

杉孫七郎	198	西村兵部	37, 84, 295
角山幸洋	289	蜷川式胤	197, 198

ぬ・の

せ

聖明王	179〜181, 189	布目順郎	38, 211, 252, 273
関根真隆	241, 291	野田裕子	236
芹沢銈介	294		

は

た

		萩原清彦	293
高木市之助	241	橋本凝胤	100
高木豊	37, 213, 220, 235, 243	橋本甫之	222
高田倭男	159		
高田義男	220		

ひ

武田五一	293		
武田祐吉	241	東野治之	180, 241
多治比広成	246	檜隈民使博徳	39
田島弥平	212	ビビ・シルワン	37
橘大郎女	40	卑弥呼	42, 43, 179, 181

索　引

ピョートル・コズロフ	252

ふ

フィステル	37
藤原清河	246
藤原道長	183, 196
武敏	37, 252, 253, 276
武烈天皇	40

ほ

ポール・ペリオ	38, 252, 253

ま

前田雨城	232, 236
股野琢	198
町田久成	197, 198
松本包夫	81, 100
松本楢重	225
丸山仲彦	220

み

三浦景生	294
皆川月華	294
皆川泰蔵	294
三宅敏之	38
宮崎明子	214, 245
宮崎隆旨	214, 245
宮崎安貞	243
宮崎友禅斎	294
明帝	179

む

身狭村主青	39

や

山木薫	288
山崎斌	230
山崎勝弘	240
山中五郎	81
山辺知行	37

ゆ

融通王	43
雄略天皇	39
弓月君	39, 43

よ

横張和子	167, 256, 276
横山松三郎	197
吉岡常雄	214, 245
米田雄介	213

る

ル・コック	46
ルボ・レスニチェンコ	37, 175, 252

【事　項】

あ

藍地宝相華文錦	270
赤地鴛鴦鹿草文錦	80, 105
赤地花樹飛鳥文﨟纈絁	30
赤地唐花文錦	104
赤地麒麟唐花文錦	104, 105
赤地格子蓮華文錦	37
赤地獅子唐花文錦	36
赤地双鳳獅子唐草連珠円文錦	37, 46
赤地菱繋文羅	269
赤獅鳳文蜀江錦	80
赤地格子蓮華文錦	46
赤紫地唐花獅子文錦	80, 164
赤紫地水波魚鳥文﨟纈絁	30
浅縹地大唐花文錦	80
浅紅地花山岳文錦	166
浅緑地鴛鴦鹿草文錦	80
浅緑地鹿唐花文錦	80, 105
浅緑地草花文夾纈綾	33
阿斯塔那（アスターナ）	42, 44〜48, 88, 158,
	251, 257, 259, 263, 265, 266, 270, 272〜275, 295
『阿弥陀悔過料資財帳』	110, 111
霰地花文錦	33
阿波国	134, 137, 138
阿波国調絁	138
安田打	287
安田組	287

い

伊豆国	133, 137, 138
伊豆国調絁	138
伊豆国調緋絁	214
一枚高麗打	286
『一切経音義』	260
因幡国	134, 137
伊予国	135, 137
イラク博物館	176
因半	177, 236

395

う

雲気霊獣文錦	262

え

營盤	38, 177, 254
叡福寺	233
越前国	14, 25, 41, 133, 137, 138
江戸打	287
エルミタージュ美術館	175
『延喜式』	13, 22, 25〜28, 138, 180, 189, 214, 215, 241, 243, 245, 287

お

近江国	24, 25
鸚鵡﨟纈毯代	189
大歌	9, 16, 218
大塚山古墳	140
大幡	100, 101, 103〜107, 109〜114, 200, 223
織部司	13, 14, 25, 109
尾張国	14, 25, 41

か

貝口打	287
垣内古墳	43
甲斐国	133, 137
甲斐国調絁	246
『懐風藻』	237, 242
観修寺	32, 233
花樹獅子人物文白茶綾	25, 33, 159
花樹双鳳双羊文綾	34
花樹対鹿文錦	88, 89
絣	47
花氈	22, 174, 175, 178〜187, 219
鹿草木夾纈屏風	34
花鳥文錦	80
亀塚古墳	44
唐打	286, 288
唐組	287, 291
唐花	9, 32, 105, 106, 162, 185〜187
唐花文錦	47
唐櫃	196, 224, 230, 252
哈拉和卓（カラホージャ）	42, 45〜47, 176
漢	87, 158, 162
冠位十二階	40, 44
灌頂幡	100, 107〜111, 114, 200, 223
広東綾大幡	110, 232
広東裂	47
広東錦	42

き

綺	287
魏	181
紀伊国	134, 137, 138
紀伊国調絁	138
伎楽	9, 16, 218, 270
黄地鴛鴦唐草文錦	105
黄地唐花文錦	47, 50
騎士文錦	266
魏志倭人伝	11, 42, 43, 179, 211
夾纈	8, 16
御物整理掛	21, 101, 198, 199

く

「雑染用度」条	26, 241, 243, 245
百済	39, 44, 45, 48, 50, 179, 181, 189
雲唐草獅子文綾	42
内蔵寮	13
栗山遺跡	211
車塚古墳	140
呉楽	9, 16, 218, 270

け

袈裟付木蘭染羅衣	200
花鬘	8, 9, 15, 16, 219
羂索院	183
遣隋使	14, 40, 45, 49, 234, 238
遣唐使	14, 45, 46, 49, 234, 238, 246

こ

小石丸	210, 212
高句麗	180
紅地団花文錦	269
格子花文蜀江錦	37, 46, 47, 50
高昌国	88
上野国	133, 137, 141
絳青縑	43
絳地交竜錦	43
「綱封蔵見在納物勘検注文」	18, 19, 182, 196
高麗打	287
高麗組	286〜288
高麗国	39
高麗台	288
高麗錦	33
深縹地花樹双鳥文夾纈絁	29
古裂装	224
古裂帖（古裂帳）	21, 22, 101, 200〜202
国際古代染織学会 → C. I. E. T. A.	

索　引

焦茶地霞欅花鳥文﨟纈絁	30
『古語拾遺』	237
『古事記』	49, 237, 240, 242
「国家珍宝帳」	9, 31, 33, 104, 105, 218, 246, 287
狛楽	9, 16, 218
紺地禽獣文錦	257
金銅灌頂幡	110

さ

才園古墳	140
犀円文錦	82, 84〜89
最勝王経帙	16, 47, 200, 218
ささ波打	287
笹波組	287
讃岐国	134, 135, 137, 139, 141
讃岐国調絁	139
山岳花文長班錦	166, 165
『三国志』	211

し

C.I.E.T.A.	38, 158, 162, 256
四騎獅子狩文錦	46, 82, 84, 85, 88, 89
『式内染鑑』	243
軸装	21, 22, 101, 195, 199〜202, 224
繁打	286〜288
刺繡釈迦説法図	32
『詩序』	246
倭文織	236
倭文布	236
漆胡瓶	245
四天王寺	44
獅鳳円文蜀江錦	37, 46, 47, 50
下池山古墳	43, 175, 236
下野国	22, 180, 189
ジャワ更紗	292, 295
山普拉	177, 188
山普拉古墳	177, 178
繡線鞋	16, 245
十善森古墳	44
十六打	286〜288
樹下双獣文	259
樹下動物文	9, 12, 32, 34, 87, 294, 219
樹下鳳凰双羊文白綾	25
「種々薬帳」	16
樹葉文錦	260
狩猟円文錦	258
『上宮聖徳法王帝説』	40, 46
聖語蔵経巻	201

正倉院掛	21, 101, 195, 199, 200
正倉院宝庫掛	21, 199
聖武天皇一周忌斎会	42, 47, 100, 107〜109, 112, 114, 218
聖武天皇一周忌斎会道場幡	105, 108, 164
蜀江錦	42, 46, 47, 50, 233, 271
『続日本紀』	13, 40, 108〜110, 111, 219, 237, 240, 242
新羅	48, 49, 181, 187
新羅組	287
白地花鳥文夾纈絁	29
白地花文錦	105
白地唐花文錦	105
白練綾大枕	198
塵芥	21, 22, 101, 195, 197, 198, 203, 230
真紅地牡丹鳳凰文錦	271
「壬申検査古器物目録」	197
壬申の乱	45, 238
『新撰姓氏録』	11, 43, 49
振綜装置	26
塵粉	21, 198

す

隋	8, 12, 23, 45, 47, 48, 80, 82, 219
瑞錦	88
駿河国	14, 25, 41

せ

『説文解字』	260

そ

『宋雲行記』	113
双禽唐花文綾	80
装潢	195, 199
双鳳円文綾	80
双鳳獅子円文綾	80
双鳳獅子円文錦	80
象木﨟纈﨟纈屛風	34
双竜円文	106, 260
双竜円文綾	33
『組訓備考』	287

た

大安寺	180, 189
『大安寺伽藍縁起幷流記資財帳』	110, 111, 180, 189
大英博物館	175
大化改新詔	45
大灌頂幡	10, 16, 47, 77, 79, 81, 110

397

太子間道	42
大瑞錦	88
大唐花文綾	80
大仏開眼会	7, 9, 12～14, 16, 42, 110, 111, 162, 217, 218, 241, 270, 271
大仏殿	111
打毯	186, 187
啄木	290
啄木組	287
但馬国	108
団花文錦	46
丹後国	134, 137, 138
屋于里克(ダンダーン・ウィリク)	176
断爛	21, 22, 101, 195, 197, 198

ち

茶地犀連珠文錦	32, 33, 36, 80
長安	88
調絹絁	140, 141
調絁	10, 13, 14, 17, 128, 130, 136～143, 210, 212, 215, 218, 219, 245, 271
鳥獣花条文錦	264
長班錦	165
調緋絁	234
調布	219
挑文師	13, 14, 25, 41, 47, 49
挑文生	13, 14
調庸絁布	36
調庸布	10, 13, 14, 17, 218, 219

つ

月の輪古墳	140

て

天寿国繡帳	32, 40, 46, 233, 234
天青色幡文綺	259
天馬文白綾	25

と

唐	8, 12, 23, 45, 46, 48, 80, 82, 161, 175, 219
統一新羅	48
唐古楽	9, 16, 218
唐散楽	9, 16, 218
唐招提寺	233
道場幡	10, 16, 104, 109～113
東大寺	15, 16, 109, 111, 174, 181, 183, 184, 196, 217
『東大寺献物帳』	237, 240
東大寺山堺四至図	17
『東大寺続要録』	17
東大寺東南院	17
東大寺屛風	196, 199
東大寺毘廬舎那仏	18, 217
『東大寺要録』	17, 109, 110, 111, 183
唐中楽	9, 16, 218
遠江国	133, 134, 137, 141
土佐国	108, 136, 137
脱庫孜薩来(トッグスサライ)	176
度羅楽	9, 16, 218
鳥毛帖成文書屛風	19, 196, 294
鳥毛篆書屛風	19, 196, 294
敦煌	42
敦煌莫高窟	111～113

な

南朝	48

に

『日本後紀』	22
『日本三代実録』	212, 11, 43, 49, 111, 287
『日本書紀』	11, 39, 40, 43, 44, 49, 110, 111, 179, 180, 189, 212, 236, 237, 240, 242
尼雅	38, 175, 177, 178, 188, 237, 254
ニューデリー国立博物館	176

ね

猫塚古墳	44
熱水古墓群	38, 236, 252

の

『農業全書』	243, 244

は

パジリク古墳	175
八稜唐花文綾	269
八稜唐花文黄綾	24
バティック	292, 294～296
花唐草獅子文綾	77
花唐草鳥文綾	104, 106
花唐草文綾	47, 106
縹地唐花文錦	80, 82
縹地大唐花文錦	85, 166, 36
玻璃装	21, 22, 101, 195, 199～202, 224
播磨国	134, 137
パルメット	9, 12, 32, 46, 88, 162, 219, 258, 259, 260, 262, 263, 266, 267, 269, 270

398

索　引

ひ

比恵遺跡	211
ビクトリア・アンド・アルバート美術館	176
常陸国	42, 132, 133, 137
飛天繡仏	32
飛鳳蝶虫団花文錦	273
『百工比照』	287
表具	195, 199
「屛風花氈等帳」	16, 174, 181〜184, 189, 218
屛風装	21, 22, 101, 195, 200〜202, 224

ふ

藤ノ木古墳	44, 140, 230, 234, 235, 281, 285, 286, 288〜291
藤原宮	45
『風土記』	237, 242

へ

平安京	196
平城京	196, 238, 246

ほ

宝花	32, 34
伯耆国	134, 137, 138
法興寺	44
倣獅文錦	261
宝相華	9, 32, 34, 78, 79, 186
宝相華唐花文	268
宝相華文様	80, 186
宝相団花文錦	268
法門寺	38, 236, 252
蓬萊山	9, 32
法隆寺	11, 12, 20, 24, 42, 44, 46, 47, 111, 112, 218, 234, 271, 281, 296
『法隆寺伽藍縁起幷流記資財帳』	110, 111, 179, 189
法隆寺裂	12, 23, 38, 40, 42, 45〜47, 50, 198, 229, 232〜234, 240
法隆寺献納宝物	20, 38, 46, 110, 178〜189, 198, 287, 290
法隆寺献納宝物裂	223, 232, 233, 246
北魏	48
北朝	48, 80

ま

馬王堆	211
馬王堆1号漢墓	26, 236, 252, 295
巴楚（マラル・バシ）	176
丸源氏	290
『万葉集』	26, 27, 214, 229, 236, 237, 238, 240, 241

み

緑地花卉鳥獣紋錦	165
緑地狩猟連珠紋錦	80
緑地仙人騎鶴文印花絹	271
緑地燈樹文錦	257, 258
緑地八花文錦	105
美濃国	134, 137, 140
美濃国調絁	138, 140, 141
民豊	176

む

武蔵国	133, 137, 141
紫地花文錦	270
紫地唐花鳥獣文錦	105
紫地唐花文錦	19, 196, 294
紫地獅子奏楽文錦	79, 80, 81
紫地鳳形錦	80, 104, 105

も

目交文緑地菱繫文羅	268

や

八ツ打	287
大和朝廷	43, 49

よ

陽高	211
庸布	17, 219
吉野ケ里遺跡	235
四ツ打	287
四菱文緑綾	24

ら

楽浪	211, 217
螺鈿紫檀阮咸	186
螺鈿紫檀五絃琵琶	186

り

『令集解』	11, 13, 40
林邑楽	17, 218

れ

霊芝雲	9, 34, 185〜187, 261, 271, 272
連珠円帯	262, 263, 265, 266, 268
連珠円文	9, 12, 32, 87, 219, 263

連珠華文錦	47	色錦	162
連珠孔雀「貴」字文錦	80, 263	色緯	85
連珠「胡王」錦	262	印花	295
連珠載勝鸞鳥文錦	265	印花絹	295
連珠双鳥双獅「同」字文錦	80	印花縵	271
連珠対鳥文錦	158, 267	インジゴ	27, 28, 213, 242
連珠花獅子文錦	46, 47, 50	インジゴゾール	293

ろ

楼蘭	176, 177
楼蘭古墓	177, 178
六朝	45, 47

インド藍　293
インド茜　27, 243

う

浮文錦	20, 24
鬱金	27, 215, 242, 293
畝織	44
厰機	163
裏織り	165

わ

『和漢三才図絵』	287
『和訓栞』	180
『和名類聚抄』	
	28, 175, 180, 189, 243, 260, 287

え

S撚り	264〜267, 272
臙脂	8, 26, 242, 243

【染織用語】

お

横綜	158, 272
黄丹	27, 243
近江刈安	293
黄蓮	27, 28, 215, 242
大茜	235
大通糸	158, 164
筬	129, 131, 140, 158, 159, 163, 215
筬打ち	139, 140
筬框	165
筬筋	137〜140
筬羽	139, 159
筬目	43, 44, 131, 135, 137, 215
母経	84〜87, 161, 164〜166, 259, 261, 265〜267, 270, 272
母緯	106, 165, 258, 259, 261〜264, 267, 270〜272
織色綾	104
織り段	141
織成	23
織り幅	142, 260
織り密度	129, 137, 263, 265, 268
織耳	128, 141, 258, 261〜273

あ

藍	8, 26〜28, 241, 242
青摺り	27
茜	8, 26〜28, 238〜245
阿仙薬	27, 293
網捩	23
網捩れ組織	269
綾地綾文綾	12, 106, 218
綾地異方綾文綾	25, 42, 47, 78, 79, 104, 256, 269
綾地浮文綾	25, 104
綾地同方綾文綾	24, 25, 104
綾地錦	20
綾竹台	289
綾地綾	24
綾地浮文綾	24
綾巻	281〜286, 289〜291
アリザリン	27, 243, 293

か

カーサミン	27, 213, 242
貝紫	8, 26
角打	287

い

意匠図	157, 160, 161
居座り機	215
櫟実	242
一間組組紐	287
一間飛び組織	290
緯六枚綾組織	160
色経	262, 263

索　引

角打組紐	290
角打紐	287
角八ツ打組紐	283, 285, 286, 288〜290
陰経	84〜86, 88, 160, 161, 164, 166, 259, 261, 265, 266, 270, 272
陰緯	106, 167, 258, 259, 261〜263, 267, 270, 272
籠捄	23
籠捄れ組織	269
絣裂	23
搗橡	241
カテキュー	293
カテコール	27
韓藍	238
絡み経	84〜87
搦み経	161
搦組織	25
刈安	8, 26, 28, 213, 232, 241, 242, 293
花楼	47
花楼機	162, 163
完全文様	157
管大杼	141

き

黄橡	27
黄櫨	26, 28, 243
黄檗	8, 27, 28, 213, 241, 242
夾纈	9, 12〜14, 20, 29〜31, 36, 201, 218, 231, 294, 295
夾纈紬	232
強撚糸	264, 265

く

支子	8, 26, 27, 28, 215, 241, 242
胡桃	27, 215, 242
クロセチン	28
桑	27

こ

纐纈	8, 9, 12, 13, 20, 29〜31, 36, 201, 218, 231, 294, 295
纐纈紬	232
交織織物	43
香染	242
腰機	140, 215, 267
五倍子	27, 215, 242
小鮒草	27
コンピューター・ジャカード装置	163

さ

指図	157, 160, 256
サフロール	242
三枚綾	24, 85, 161

し

シコニン	28, 213
紫根	242, 293
地組織	263, 268, 270, 272
地経	160, 161
地内記組	287
柴	27, 215, 242
地機	130, 139〜143
ジャカード機	157, 160, 163, 219
ジャカード装置	215
斜文線	160
縮絨	174, 188
繻子	219
杼	165, 166
芯経	84〜86, 88, 259
振綜	215, 267

す

蘇芳	8, 26, 27, 215, 241, 242, 244, 293
杉	27
生絹	135, 136
整経	158, 159, 161

せ

西洋茜	27, 214, 243
精練	132, 139, 141
Z撚り	264, 265, 270
セリシン	132, 139, 220

そ

綜絖	14, 142, 143, 158, 160〜162, 260, 272
綜絖機	261
組織図	157, 160
組織要領図	157
纁	27
空引	47, 164
空引装置	166
空引機	87, 158, 160, 215, 261, 264, 272

た

大杼	130, 132, 141, 142, 163, 165
高機	132, 139, 140, 160, 163, 215
多綜絖機	160, 215, 264

401

蓼	8
蓼藍	26, 27, 213, 242
経綾	260
経糸密度	129〜134, 166
経三枚綾組織	160
経錦	20, 23, 24, 44, 45, 47, 87, 106, 158, 159, 162, 163, 166, 167, 234, 257, 258, 261〜264, 266〜272, 274, 292
経四枚綾組織	160
経六枚綾組織	160
タンニン	27, 28

ち

千巻	215
チャンチン	294
チャンプ	294
丁字	27, 215, 242
長班錦	261

つ

橡	8, 27, 28, 238, 242

て

手織り機	130
鉄漿	242
デニール	160, 161
天秤腰機	139〜143

と

刀杼	130, 163, 215
通糸	158
ドレープ性	129

に

二間組	285
二間組組紐	281, 282, 285, 286, 288, 289, 291
二色綾	24, 25, 159, 232
二色錦	166, 188, 261, 269
二重織物	23, 286
二重経	166
日本茜	8, 27, 28, 213, 214, 235, 243〜245

ぬ

縫取織り	259, 273
緯糸密度	130, 131, 166
緯打ち	130, 132, 139, 140, 158
緯打ち具	163, 165, 215
緯地合	85
緯錦	14, 20, 23, 24, 45, 47, 49, 87, 104〜106, 158, 159, 162〜166, 258, 259, 261, 262, 264〜270, 272〜274
布巻具	139

は

榛	27, 28, 215, 238, 242
蓮葉	27
櫨	8, 213, 215, 232, 241, 242
機仕掛	164
発酵建	27, 242
把釣	157, 161, 164〜166
羽二重	85, 88, 131, 160, 161, 164, 166

ひ

楸	27
屏風刺し	272
平打	286〜288, 291
平打組紐	290
平地綾	24
平地綾文綾	12, 24, 25, 104, 106, 218, 256, 260
平地浮文綾	24, 260, 274
平地経錦	234
平地四枚綾	44
平地四枚綾文綾	11, 12, 24
ピリング	129
広幅錦	104, 105
槟榔子	215, 242
槟榔樹	27

ふ

フィブロイン	220
風合	129, 160
風通	23
風通織物	188
複様綾組織	45, 104〜106, 162, 256
複様綾組織経錦	23, 46
複様綾組織緯錦	24
複様三枚綾組織	24, 47, 49, 164〜166
複様三枚綾組織経錦	162, 266, 270
複様三枚綾組織緯錦	42, 261, 265, 269
複様三枚綾経錦	268
複様三枚綾緯錦	268
複様組織	14, 23, 24, 106, 188, 259, 267, 270, 272, 273
複様組織緯錦	274
複様平組織	45, 162, 256
複様平組織経錦	11, 12, 23, 42, 46, 158, 257, 258, 261〜263

索　引

複様平組織緯錦　　　24, 46, 47, 50, 188, 261, 262, 264
複様四枚組織　　　24
付子　　　243
ブラジリン　　　27
フラボノイド　　　28, 213, 232
プルプリン　　　27, 28, 213, 243

へ

平安様緯錦　　　259
紅　　　238
紅花　　　8, 26, 27, 213, 215, 239, 240〜242
ベルベリン　　　28, 213

ほ

棒綜絖　　　158, 162, 166, 167, 215

ま

前機　　　160, 164
丸打　　　287〜290

み

三ツ打組紐　　　291
三ツ組　　　285
三ツ組組紐　　　281〜286, 288, 289
耳　　　141, 158
耳糸　　　265
明礬　　　28, 242, 243

む

無撚糸　　　264, 265
紫草　　　8, 26, 28, 213, 238, 240〜242, 293
ムンジスチン　　　27, 28, 235, 243

も

木芙蓉　　　27
捩織物　　　25
捩組織　　　25
紋意匠図　　　256
紋織機　　　163
紋綜絖　　　160, 162〜166, 267
紋棒機　　　87, 158, 162, 163, 166

や

矢車　　　27, 215, 242
八ツ打組紐　　　290, 291
山藍　　　27, 238
山藍摺り　　　27
山桃　　　242

よ

洋角打組紐　　　290
楊梅　　　27, 213, 215, 232, 242
四ツ平組　　　289, 291
四枚綾　　　78, 79, 260

り

両耳　　　161, 260

ろ

﨟纈　　　9, 12, 13, 16, 20, 29〜31, 36, 136, 189, 201, 210, 219, 221, 231, 271, 292〜296
﨟纈絁　　　232
﨟纈屏風　　　294, 295
ログウッド　　　293
六枚綾　　　24, 260
六枚綾地　　　273
六枚綾地絵緯固文縫取織錦　　　273

わ

枠綜絖　　　260

"A STUDY OF THE TEXTILES IN THE SHOSO-IN"

Table of contents

1. On the Textiles of the Shoso-in
    1-1. The Shoso-in Textiles of the era of Emperor Shomu ································3
    1-2. General View of the Textiles in the Shoso-in ································ 11
    1-3. A Study of Textiles among Shoso-in Treasures ································ 36
2. A Study of the Textiles in the Shoso-in
    2-1. On *Aya*(Twilled Silk) with Patterns of Floral Vine Scroll and Lions···················· 77
    2-2. Research on the *Nishiki* Silk Cloth with Patterns of Beaded Medallions Enclosing
         Rhinoceroses ································ 82
    2-3. On the Large Buddhist Barnners in the Shoso-in································ 100
    2-4. A Study of the Plane Weave Silk in the Shoso-in, on which written an Ink Inscription
         stating the Silk is submitted as Payment of *Cho* Tax ································ 128
    2-5. A Study on the Weaving Technique of Antique Fabrics
         — Focusing on *Nishiki* of the Shoso-in································ 156
    2-6. On the Motifs of the flower patterned felt rugs of the Shoso-in ···················· 174
3. On the Conservation and Construction of the Textiles in the Shoso-in
    3-1. Classification of Old Textiles in the Shoso-in Treasure House ···················· 195
    3-2. Reproduction of the Textiles in the Shoso-in—Using silkworm *Koishimaru* species ······ 210
    3-3. On the Conservation Science of the Textiles in the Shoso-in ································ 217
    3-4. On the dyed Colors of the Cloth of the Shoso-in ································ 229
4. A Investigation and Study outside of the Textiles in the Shoso-in
    4-1. Silk Textiles Excavated in the Astana Burial Ground, Turfan································ 251
    4-2. On the Braids Excavated from *Fujinoki* tumulus ································ 281
    4-3. On the *Roketsu* dyeing invented by Dr. Tsuruichi Tsurumaki ···················· 292

著者略歴

尾形充彦 （おがた・あつひこ）

昭和29年3月	京都市生まれ。
昭和54年3月	京都工芸繊維大学大学院繊維学研究科修士課程修了。
同　年10月	宮内庁正倉院事務所採用、研究職技官として染織品整理担当。
平成6年3月	保存課整理室長として現在に至る。これまで一貫して正倉院の染織品の整理・調査・研究に従事。

しょうそういんせんしょくひん　けんきゅう
正倉院染織品の研究

2013(平成25)年9月30日発行

定価：本体20,000円（税別）

著　者	尾形充彦
発行者	田中　大
発行所	株式会社　思文閣出版
	〒605-0089　京都市東山区元町355
	電話 075-751-1781(代表)
印　刷 製　本	図書印刷株式会社

Ⓒ A. Ogata　2013　　　　　ISBN978-4-7842-1707-6　C3072

◎既刊図書案内◎

奈良国立博物館編
正倉院宝物に学ぶ

日々、宝物の保存と修理に携わる宮内庁正倉院事務所の研究者をはじめ、東大寺・奈良国立博物館ゆかりの国内外の研究者が、正倉院研究の現在、8世紀の東アジア文化、宝物の保存・伝承の3つのテーマで報告・討論。正倉院宝物の精粋がわかる一書。

ISBN978-4-7842-1439-6　　▶四六判・438頁／定価3,150円

奈良国立博物館編
正倉院宝物に学ぶ2

宮内庁正倉院事務所の研究者らが、正倉院宝物の様々な面を報告・討論する第2弾。今回は2008～2010年の正倉院学術シンポジウム「正倉院研究の現在」「皇室と正倉院宝物」「正倉院宝物はどこで作られたか」の3テーマを収録。

ISBN978-4-7842-1658-1　　▶四六判・348頁／定価2,625円

奈良国立博物館 編集・発行
正倉院展六十回のあゆみ

終戦後すぐの昭和21年に奈良帝室博物館で第1回正倉院展が開始されて以来、今年で60回を数え、秋の風物詩となっている正倉院展の歩みを、各回の主な出陳宝物の図版や特徴・エピソード・出陳一覧などのデータと、各分野の研究者によるエッセイでたどり、毎回の図録に付されている用語解説を整理・集大成して巻末に付す。

ISBN978-4-7842-1440-2　　▶A4判・286頁／定価3,150円

上村六郎著
上村六郎染色著作集
〔全6巻〕

第1巻 東方染色文化の研究／民族と染色文化　第2巻 上代文学上に現れたる色名色彩並に染色の研究／日本上代染草史考　第3巻 万葉染色考／万葉染色の研究　第4巻 村々の民俗と染色（近畿・東日本山陰地方）　第5巻 村々の民俗と染色（山陽地方）／染色随筆　第6巻 ハワイ・アメリカ民芸の旅／旅つれづれ／越後・佐渡民芸の旅／丹波布　▶A5判・平均500頁／揃定価40,425円

山崎一雄著
古文化財の科学

古文化財の科学的研究の第一人者による45年余にわたる成果をまとめる。正倉院宝物の調査、装飾古墳・高松塚・法隆寺金堂壁画・栄山寺八角堂・醍醐寺五重の塔・源氏物語絵巻などの顔料分析、正倉院の陶器・ガラスや緑釉陶などの科学分析、および銅鏡・銅鐸・青銅器などの成分分析に関する諸報告を収録。

ISBN4-7842-0482-2　　▶A5判・380頁／定価6,615円

大塚和義編
北太平洋の先住民交易と工芸
ISBN4-7842-1087-3

歴史学・考古学・化学分析などの学際的な最新の成果を盛り込んだ多彩な執筆者による全34編。先住民の暮らしと産業をビジュアルに理解できるカラー図版150点を収録。

▶A4判・150頁／定価2,940円

金谷美和著
布がつくる社会関係
インド絞り染め布とムスリム職人の民族誌

染色業者カトリーと、カトリーの生産する布について民族誌的記述を行うことで、布を生産することによって構築される社会関係と、布の使用によって構築される社会関係について明らかにする。従来の宗教イデオロギー的解釈から解放され、衣服のもつジェンダー・コミュニティ・階層などの属性を示す記号的意味など、同じ布の文化を共有する様相に迫る。

ISBN978-4-7842-1341-2　　▶A5判・330頁／定価6,510円

武田佐知子編
着衣する身体と女性の周縁化

着衣という共通の素材を通して、さまざまな社会におけるジェンダーのあり方を考察。グローバルな視点から、衣服と身体の表象について解き明かす論文集。取り上げる素材は、「民族衣装」「魔女」「リカちゃん人形」「マイケル・ジャクソン」等、多岐にわたる一書。

ISBN978-4-7842-1616-1　　▶A5判・500頁／定価6,090円

思文閣出版　　（表示価格は税5％込）